Ein Jahr Weltreise
Das mutigste Abenteuer meines Lebens

Ein Reisetagebuch von Christina Strasser

CHRISTINAS
REISE

VOM MUT UND DER WELT

Druck: PRINT GROUP Sp. z o.o. BOOKSFACTORY.AT
ISBN Nummer: 978-3-200-05501-8

1. Auflage Februar 2018

www.christinasreise.com

Über die Autorin

Christina Strasser wurde am 20. Februar 1988 in Korneuburg, Österreich, geboren. Sie arbeitete nach ihrer Matura mehrere Jahre als Assistentin in größeren Unternehmen. Nach einigen Jahren gesammelter Berufserfahrung kam das Gefühl in ihr auf, im Leben etwas verpasst zu haben und in Windeseile älter zu werden. Von diesen Emotionen getrieben, dass das Leben an ihr vorbeizieht, ohne dass sie etwas Großartiges erlebt hat, ließ sie ihren Alltag hinter sich und beschloss, ein Jahr auf Weltreise zu gehen.

Sie durchlebte zwölf intensive Monate, in denen sie alleine durch viele Länder reiste, fremde Kulturen kennenlernte und außergewöhnliche Erfahrungen machte, die schlussendlich zu dem vorliegenden Buch führten.

Heute lebt sie in Wien, ist der Büroarbeit entkommen und hat sich als Reiseautorin, Trainerin und Speakerin selbstständig gemacht.

www.christinasreise.com
christinasreise
christinasreise

Widmung

Ich möchte dieses Buch meinen Eltern widmen. Ihr seid es, die mich nicht nur emotional bei dieser Reise unterstützt habt, sondern mich schon mein Leben lang bei allem begleitet und immer meinen Vorhaben und Plänen gegenüber zuversichtlich wart. Materielle Dinge werden wertlos, wenn man stattdessen das Vertrauen seiner Familie bekommt, dass man alles, was man sich vornimmt, schaffen und bewältigen kann. Vielen Dank dafür!
Ich weiß auch, dass es oft nicht einfach für euch war und ist, mich losziehen zu lassen. Ihr habt mir immer wieder zu verstehen gegeben, wie stolz ihr auf mich seid, und dass ihr wisst, dass ich alles meistern kann, was ich mir vornehme und jedes Hindernis bewältigen kann, das mir in die Quere kommt. Ihr habt oft mehr Vertrauen in mich gesetzt als ich es selbst hatte und das lässt mich weitermachen und nicht aufgeben.
Vor allem für meine Mama, die den Großteil meiner Erziehung übernommen hat, empfinde ich eine unendliche Dankbarkeit. Du bist so ein großartiger Mensch und verkörperst für mich das Ebenbild einer perfekten Mutter. Du bist für mich der Fels in der Brandung und ich danke dir von tiefstem Herzen dafür, dass ich immer und jederzeit über alles mit dir sprechen kann, du keine meiner Ideen als absurd oder unmöglich ansiehst und mir beigebracht hast, in Allem das Positive zu sehen. Du hast mir gezeigt, dass es immer einen Weg gibt!

Für alle Reisebegeisterten und diejenigen,
die es noch werden wollen.

Vorwort

Wie alles begann und wie es überhaupt dazu kam? Ich war 24 Jahre alt, hatte einen 40-Stunden-Job im Büro, war eigentlich rundum glücklich und zufrieden und dennoch fehlte mir etwas. Ich hatte das Gefühl, in Windeseile älter zu werden, und dass mein Leben rasend schnell an mir vorbeizieht, ohne dass ich etwas Großartiges erlebe.
Eine Reise hingegen ist voll mit Erlebnissen und Abenteuern und es passiert ständig etwas Neues. Doch es bleibt einem kaum Zeit, das Erlebte zu verarbeiten und nicht immer befinden sich Menschen um einen, denen man sich anvertrauen möchte. Das Schreiben war für mich auf meiner Reise deshalb die perfekte Möglichkeit, all das Geschehene zu verarbeiten. Somit entstand die Idee zu diesem Buch und es ist an jedem Ort, an dem ich auf meiner Reise war, gewachsen.
Das Allerwichtigste ist mir die Ehrlichkeit und das Abbilden der Realität in meinen Erzählungen. Ich möchte euch all meine Erlebnisse so nahebringen, wie ich sie wirklich erlebt und mit eigenen Augen gesehen habe. Alles, was ihr in der kommenden Zeit lesen werdet, entspricht deshalb zu 100 Prozent der Wahrheit und wird von mir so dargestellt, wie ich es wahrgenommen und empfunden habe. Andere Reisende hätten vielleicht an den exakt gleichen Orten die exakt gleichen Dinge komplett anders als ich erlebt.
Ich habe diese Reise bis ins Detail vorher durchgeplant und durchdacht gehabt. Aber nicht was die Reise an sich und deren Ziele oder Sehenswürdigkeiten betrifft, sondern alles rundherum: Meine Ausrüstung, die Versicherungen, die beste Möglichkeit der Geldübermittlung und noch Vieles mehr. Ich überlegte mir vorab, was alles passieren könnte und welche Lösungen ich für den Ernstfall parat habe. Sobald ich allerdings das erste Mal auf meiner Reise im Flugzeug saß, machte ich mir darüber keine Gedanken mehr. Hauptsache weg und einfach treiben lassen.
Ich habe zwei Monate lang an den Planungen gesessen – das hat mich fast 24 Stunden am Tag beschäftigt – und ich habe sonst nichts mitbekommen. Es war, als ob mein ganzer Körper und Geist

taub gewesen wären! Man kann das vielleicht damit vergleichen, wenn einem das Bein oder der Arm einschläft.

Um vorab die Frage zu klären, wieso ich zu dieser Reise überhaupt angetreten bin, hier eine etwas wackelige Antwort darauf: Eine Weltreise war kein jahrelanger Traum von mir, sondern diese hat sich mit der Zeit aus vielen Gründen heraus für mich ergeben. Ins Ausland hat es mich schon immer gezogen und ich empfand oft Fernweh, vor allem, wenn bei uns – wie so oft – das Wetter alles andere als warm und sonnig war. Darüber hinaus fühlte ich mich in Wien oft klein und unbedeutend. Passiert es euch auch, dass wenn ihr in der Stadt unterwegs seid oder mit der U-Bahn fahrt und sich rund um euch eine Schar von Menschen befindet, ihr euch trotzdem alleine fühlt? So ging es mir in Wien. Ich hatte deshalb manchmal das intensive Gefühl, dass mein scheinbar funktionierendes Leben nicht genug für mich ist. Was letztlich aber das ausschlaggebende Ereignis war, das mich dazu brachte auf diese lange Reise zu gehen, war folgendes: Ich surfte im Internet und stieß auf eine Seite, wo sich Reisende über deren Erfahrungen austauschen und sich gegenseitig Tipps zur Reiseplanung geben. Ich fing an zu lesen und kam nicht mehr davon los. Ich studierte die verschiedenen Beiträge der Reiselustigen und dachte mir dann plötzlich: „Wieso eigentlich nicht?" Das erschien mir als die beste Möglichkeit, in kürzester Zeit so viel wie möglich von der Welt zu sehen.
Ich wusste von Anfang an, dass es mir nicht so wichtig ist, welche Länder ich sehe. Viel mehr wollte ich die Menschen, deren Kulturen und ihre Lebensstile kennenlernen und vielleicht auch einen Ort finden, an den ich immer wieder zurückkehren möchte oder an dem ich mir sogar vorstellen könnte zu leben. Ich wollte mich auch selbst besser kennenlernen und war neugierig auf mein Verhalten während der Reise. Ich hatte mit mir den Pakt geschlossen, dass ich diese Reise durchziehen würde. Komme was wolle.

Der Anfang meiner Geschichte

Eines weiß ich von Anfang an und zwar, dass ich mir nicht vorstellen kann, so eine Reise alleine zu starten. Zumindest zu Beginn brauche ich jemanden, der mit mir gemeinsam die Welt des Backpackings und des Reisens erkundet. Daher sehe ich mich nun vorab in dem Forum der Website *Weltreise-Info*, in dem sich Reisende austauschen, um und entdecke schnell die Kategorie „Reisepartner gesucht". Es klingt zwar zunächst nach einer Singlebörse, ist es aber definitiv nicht. Dort suchen Reisende für eine ganze Route oder nur für Teilstrecken andere Menschen, die dasselbe Reiseziel verfolgen wie sie. Ich schreibe spontan einen Beitrag und unterhalte mich schon kurz darauf mit zwei Forenmitgliedern per Mail. Allerdings habe ich schnell das Gefühl, dass wir nicht miteinander harmonieren würden. Mir ist vor allem wichtig, dass sich die Reise nicht nur auf einen Kontinent beschränkt, dass man die gleiche Art und Weise zu reisen bevorzugt und dass die Budgetvorstellungen und die Länge der Reise übereinstimmen. Insgesamt sind das verdammt viele Punkte für ein so breitgefächertes Thema wie das einer Weltreise.
Nach längerem Suchen stoße ich auf Thorsten, einen 24-jährigen Berliner, mit dem meine groben Vorstellungen ganz gut zusammenpassen. Wir fangen an, Nachrichten zu schreiben und wechseln bald zu einem wöchentlichen Skype-Meeting, in dem wir uns über unsere Vorstellungen einer Reise unterhalten und die ersten organisatorischen Dinge besprechen. Natürlich wollen wir uns nicht ohne ein persönliches Kennenlernen auf eine solche Reise begeben und so treffen wir uns für ein Wochenende in Budapest. Nach dem Wochenende ist uns klar, dass wir uns zwar in vielen wichtigen Punkten durchaus einig sind, es aber charakterliche Eigenschaften gibt, an denen wir anecken. Aber wie gesagt, wir haben uns ja nicht bei einer Singlebörse kennengelernt, sondern in einem Reiseforum. Wir einigen uns schlussendlich darauf, gemeinsam zu starten und zu schauen, wie lange es funktioniert.
Ich kann mir zwar zum jetzigen Zeitpunkt nicht vorstellen alleine weiterzureisen, aber allzu viele Gedanken möchte ich mir darüber jetzt noch nicht machen.

Auch ob das Backpacking – also das Reisen mit einem Rucksack –, für das ich mich entschieden habe, etwas für mich ist, werde ich euch erst am Ende meiner Reise beantworten können, denn ich war zuvor noch nie mit einem Rucksack unterwegs. Entweder ist es für mich passend und es macht mir Spaß, oder das Gegenteil tritt ein – und dann wäre es auch in Ordnung. Es wird so kommen, wie es kommen soll. Wenn etwas nicht klappt, gibt es immer und überall Mittel und Wege, etwas zu verändern.

Zweieinhalb Monate vor Abflug empfinde ich dann ein wahres Wirrwarr von Gefühlen. Nichts Besorgniserregendes, nichts, was mich zu einem Abbruch veranlassen würde, aber dennoch stimmt es mich nachdenklich. Dieses Gefühlschaos schwankt zwischen extremer Vorfreude auf das, was mich erwarten wird, Bedenken, dass es mir nicht gefallen könnte und Angst, zu starkes Heimweh zu bekommen. Ich weiß aber durch andere Forenmitglieder, dass ich mit meinem Gefühlschaos nicht alleine bin, und das beruhigt mich ungemein.

Die Woche vor dem Abflug

Nun sind es nur mehr zwei Tage bis zur Abreise. Da die letzten Wochen sehr stressig waren, hatte ich keine Zeit, all das, was auf mich zukommt, so richtig zu realisieren. Erst vor einer Woche wurden meine Nervosität und Aufregung auffällig stark und das ist gut so. Ich sprinte auf die Zielgerade zu – nämlich hin auf den Abflug zu einem anderen Kontinent.

Ich bin in den letzten Tagen kaum fähig, Informationen aufzunehmen oder letzte Änderungen an meiner Ausrüstung und Planung vorzunehmen. Mir fallen die Gespräche mit meiner Familie und meinen Freunden schwer und mit den Gedanken bin ich nicht mehr im Hier und Jetzt, sondern wandle zwischen zwei Welten. Am liebsten würde ich nur noch dasitzen und die Zeit abwarten, bis es endlich losgeht. Ich möchte mir keine Ratschläge von anderen mehr anhören und auch keine Belehrungen oder Besorgnisse.

Das Beste, das man als Familienmitglied oder enger Freund im Moment für mich tun kann, ist mich einfach ziehen zu lassen. Mir alles Gute zu wünschen, mir zu sagen, dass man hinter mir steht und für mich da ist, wenn ich etwas brauche – und mir natürlich viel Spaß zu wünschen! Alles andere ist eine unnötige Belastung für mich und verdirbt mir die Vorfreude.

Brasilien

Der Start meiner Reise

Endlich ist es soweit! Am 6. März um 15 Uhr geht es mit dem Flugzeug von Wien nach Frankfurt, wo ich meinen Weltreisepartner treffen werde und wir eine Nacht bei der Couchsurferin Maike verbringen werden. Dies wird meine erste Couchsurfing Erfahrung. Hierzu gibt es eine Couchsurfing-Plattform im Internet – *couchsurfing.com* –, über die jedes Mitglied nach einer kostenfreien Schlafmöglichkeit suchen kann. Mittels genauer Personenbeschreibung, Fotos sowie Bewertungen von anderen Couchsurfern bekommt jeder User vorab Informationen über den zukünftigen Gastgeber beziehungsweise Gast.
In Frankfurt angekommen gehe ich geradewegs zu Maikes Wohnung, um dort meinen zukünftigen Reisepartner Thorsten anzutreffen. In der Wohnung entsteht sofort eine gute Gesprächsbasis. Wir erzählen uns gegenseitig, was wir in unserem Leben bis jetzt gemacht haben und wie es zu dem Schritt kam, eine Weltreise zu machen. Unsere Unterhaltung über dies und das halten über eine Stunde an ohne zu versiegen.
Am nächsten Tag wird es hier von Frankfurt aus nach Rio de Janeiro in Brasilien gehen, mit 15 Kilo im großen Trampingrucksack und sechs Kilo im Daypack, meinem kleinen Rucksack für die wichtigen und alltäglichen Dinge. Mittlerweile bin ich richtig aufgeregt. Ich glaube, ich realisiere das Ganze noch nicht! Ich bin gespannt, wann bei mir der Zeitpunkt kommen wird, an dem ich merke, dass ich für das ganze nächste Jahr durch die Welt trampen werde. Ich freue mich wahnsinnig darauf, das Leben zu spüren, es mit jedem meiner Sinne wahrzunehmen und einfach zu genießen.

Am großen Tag geht es um sechs Uhr aus den Federn. Wir machen uns auf den Weg zum Bahnhof und von dort geht es zurück zum Flughafen Frankfurt am Main. Nachdem wir den Check-In Schalter

passiert haben und weiter zur Zollkontrolle gegangen sind, können wir nach fünf Minuten im Warteraum gleich direkt in den Flieger. Schließlich sitze ich in der Maschine, wir haben noch einen Zwischenstopp in Salvador und schon erreiche ich mein erstes Ziel: Rio de Janeiro!
Nach dem langen Flug und meiner großen Nervosität vor dem ersten Land meiner Reise kommen wir um halb neun abends am Flughafen in Brasilien an. Laut den Sicherheitshinweisen der Botschaft soll man nach 20 Uhr nicht am Flughafen sein und auf jeden Fall den Touristensicherheitsbus und niemals ein Taxi nehmen. Nachdem wir fünf Taxifahrer abgewimmelt haben, kommen wir endlich dazu, Geld abzuheben und fahren schließlich mit dem Bus in die Stadt. Da wir uns noch nicht auskennen, steigen wir zwei Stationen zu früh aus und nehmen dann verbotenerweise ein Taxi. Als wir endlich bei dem Couchsurfer ankommen, bei dem wir übernachten werden, unterhalten wir uns noch eine Zeit lang mit ihm, bevor wir schlafen gehen. Ricardo ist sein Name und er ist ein 37-jähriger alleinstehender Vater mit einem 14-jährigen Sohn, der in der nächsten großen Stadt São Paulo wohnt. Nach einer langen Unterhaltung fallen wir schließlich todmüde auf die Couch.

In den kommenden vier Tagen sehen wir uns die Stadt an und machen uns mit dem Klima, den Menschen und den neuen Eindrücken vertraut. Wir verbringen einen faulen Tag an der Copacabana, die voller Menschen ist. Überall befinden sich Einheimische und wollen Wasser, Eis, Essen, Bikinis, Uhren und Tücher verkaufen. Wir fahren nach Santa Teresa – das ist ein Stadtteil, der hoch gelegen ist, und, wie die Brasilianer erzählen, mit „Montmatre", dem Künstlerviertel in Paris, verglichen wird. Wir essen „Salgados", die mit gefüllten Croissants zu vergleichen sind, nur dass Salgados nicht aus Blätterteig bestehen und entweder mit Käse, mit Huhn und Käse oder mit Schinken und Käse gefüllt sind. Abends gehen wir aus, lernen viele neue Leute kennen und ich bekomme einen Eindruck davon, wie ein Caipirinha in Brasilien schmeckt. Da können wir Österreicher einpacken: Die Brasilianer trinken ihn drei Mal stärker als wir! Der aufregendste Abend ist, als uns Ricardo zu einer Party in eine Favela mitnimmt, das Armenviertel von Rio. Am Weg dorthin befinden sich Straßensperren, damit keine Autos durchkommen. Der Taxifahrer bekommt von uns extra Trinkgeld, damit er uns zu dem am Hügel gelegenen Slum bringt. Es ist stockdunkel, denn Straßenbeleuchtungen sind nicht vorhanden. Der Taxilenker setzt uns kurz vorher ab und wir gehen durch eine klapprige Holztür. Dahinter macht sich ein riesiges Areal breit, das voll mit Menschen ist und wir werden mit lauter Musik zugedröhnt. Thorsten und ich haben die Abmachung, uns nicht aus den Augen zu verlieren. Auch auf die Toilette möchte ich nicht alleine gehen. Richtig entspannen kann ich mich an diesem Abend garantiert nicht.

Ich bin hier wahrhaftig in einer anderen Welt gelandet. Das Klima, das Meer und die Menschen lassen einen spüren, dass man hier auf einem anderen Kontinent ist. Alles ist neu für mich und mein Gehirn arbeitet nonstop.

Eine populäre Sportart hier ist Footvolley am Strand. Es läuft genauso ab wie Beachvolleyball, nur dass man den Ball mit den Füßen und dem Kopf über das Netz befördert und die Berührung mit Händen untersagt ist. Die Art, wie die Menschen in Rio leben, könnte ich am besten mit folgenden Worten beschreiben: Strand, Sonne, Party, Caipirinha und Sex. Die Frauen haben oft große Brüste und einen festen, knackigen Po. Auch wenn sie mehr auf den Hüften haben, tragen sie ohne Scheu knappe, enge Kleidung. Die Badebekleidung des brasilianischen Volkes fällt ebenfalls sehr knapp aus. Damit ist kein Bikini gemeint: Jede Brasilianerin trägt einen Bikini-String-Tanga, egal wie alt, groß, dick oder dünn sie ist. Die Frauen hier stehen zu ihren Körpern, egal wie viele Schwimmreifen und Speckfalten sie haben und das macht sie um einiges attraktiver. Richtig dicke Menschen gibt es hier kaum. Ob das damit zu tun hat, dass die Menschen hier auf gesunde Ernährung schauen oder ob die Brasilianer einfach nicht zur Fettleibigkeit neigen, weiß ich nicht. Die Tatsache, dass ich in Rio selten jemanden rauchen sehe, spricht allerdings für meine erste Vermutung. Die Tauben, die in Rio de Janeiro herumfliegen, schauen hingegen krank und verhungert aus.

An jeder Ecke befinden sich Fruchtbars, bei denen es frisch gepresste Säfte gibt. Man kann aus über 20 verschiedenen Früchten auswählen. Das Bier wird mit Wasser verdünnt und es wird auch verdünnt verkauft. Wegen der brennenden Hitze wäre das anders auch gar nicht möglich. Zu den Hauptnahrungsmitteln zählen Brot, Reis und Kartoffeln. Überall befinden sich kleine Stände, bei denen man Schlüssel nachmachen lassen oder Adapter kaufen kann. Es gibt auch einen extra Friseur nur für Frauen mit Locken.
Die Busse werden per Handzeichen angehalten, denn richtige Busstationen gibt es nicht. Es wird beim Ein- oder Aussteigen bezahlt, wofür es einen extra Kassierer im Bus gibt. In der Metro hingegen gibt es während der Rush Hour zwei Wagen, die für Frauen reserviert sind und von Securitys bewacht werden. Das Geschehen auf der Straße allgemein ist so lebendig wie kleine Kinder, die niemals müde werden. Zugleich ist das Leben hier langsamer und entspannter. An der Kassa im Supermarkt wartet man für das Bezahlen oft länger, denn das Zusammenbinden der Haare oder eine Textnachricht am Mobiltelefon geht bei den Kassierenden immer vor.
Ein wichtiges Wort, das man sich merken sollte, ist „obrigada" – von einer Frau gesagt – und „obrigado" – von einem Mann gesagt – und bedeutet „Danke" auf Portugiesisch.
Ein Einkommen von 200 bis 300 Euro ist übrigens normal hier in Brasilien. Da ist es schwer, sich eine Ausbildung an der Universität für 700 Euro im Monat leisten zu können. 60 Prozent der Bevölkerung waren vor der Revolution Sklaven. Die Schere zwischen Arm und Reich ist hier daher sehr groß. Vor besseren Wohnhäusern werden große Metallzäune aufgestellt und die Häuser stehen unter ständiger Bewachung. Die Eingangstüren der Bauten muss man nicht nur beim Hinein- sondern auch beim Hinausgehen aufsperren. Früher wohnte das reiche Volk unten in der Stadt und die Armen siedelten sich auf den Bergen an. Diese Gebiete nannte man Favelas und so werden sie auch heute noch bezeichnet.

Meine persönliche Grenze

Trotz der vielen neuen Erkenntnisse und spannenden Erlebnisse gefällt mir die Stadt nicht sonderlich und der Wow-Effekt bleibt nach dem ersten Kulturschock aus. Ich glaube, mir ging es selten in meinem Leben so miserabel wie in diesen Tagen in Rio. Ich bin bleich im Gesicht, lustlos und uninteressiert und bringe nicht einmal ein gezwungenes Lächeln zustande. Meine Körperhaltung sagt mehr über mein Wohlbefinden aus als meine Worte. Ich habe mich selbst noch nie so gesehen. Die Gründe dafür kenne ich.

Erstens ließ ich mir vor meiner Abreise von vielen Freunden und Bekannten in Österreich einreden, wie unsicher Brasilien sei und was alles Schreckliches passieren könnte. Dies mag durchaus stimmen, aber die Sorgen darüber halfen nicht, sondern zerstörten nur meine Vorfreude und nun den Aufenthalt hier. Zweitens kommen mein Reisepartner und ich einfach nicht miteinander klar. Es funktioniert nichts, was wir gemeinsam anpacken und wir kommen nie auf einen Nenner. Im Alltagsleben, mehr aber noch beim Reisen, ist es so, dass man täglich mit Entscheidungen zu kämpfen hat und seien es noch so kleine: was man heute unternimmt, was wer sehen möchte, wann man essen geht und, und, und. Das alles ergibt auf den Tag verteilt sicher eine erstaunlich große Zahl kleiner Entscheidungen. Wenn man bei all diesen eigentlich lächerlichen Dingen ewig herumdiskutiert, kann das auf Dauer zu einem nervenaufreibenden Kampf werden. Damit aber nicht genug: Während der ersten paar Tage wird ständig mein Englisch kritisiert, dass ich mehr auf die Leute zugehen muss und mehr reden soll. Ich werde ständig von Thorsten schlecht gemacht und er stellt all mein Handeln in Frage.

Der Höhepunkt geschieht dann aber am dritten Tag unseres Aufenthaltes in Rio. Überraschenderweise überlässt uns Ricardo seine Wohnung, während er für drei Tage nach São Paulo fliegt. Thorsten und ich beschäftigen uns damit, an unseren Netbooks die weiteren Reisepläne zu recherchieren, als folgende Frage von Thorsten kommt: „Könntest du bitte ins Zimmer nebenan gehen? Ich würde mir gerne einen runterholen." Das ist der Originalsatz und den werde ich mein Leben lang nicht vergessen. Daraufhin

lache ich laut los, da ich glaube, dass das ein Scherz ist. Als er nicht wie erwartet reagiert, schaue ich ihn mit großen Augen an: „Ist das dein Ernst?“
Tja, das ist es wohl. Da ich es im ersten Moment locker sehe – oder einfach unter Schock stehe –, klappe ich mein Netbook zu und verdrücke mich ins Nebenzimmer. Als ich endlich realisiere, was vorgefallen ist, sitze ich verunsichert und mit offenem Mund im Nebenzimmer und frage mich, ob es sich hierbei um eine versteckte Kameraaktion handelt.
Einige Minuten später ist es auch schon wieder vorbei. Thorsten schaut zu mir rein und sagt: „So, ich bin jetzt fertig, du kannst wieder kommen.“
Zurück im Wohnzimmer schaue ich auf die Couch. Sie ist mit all unseren Sachen belegt – Rucksack, Kleidung und anderem Krimskrams. Der einzig freie Platz befindet sich am Kopfende meines Schlafsackes.
„Du hast dich hoffentlich nicht auf meinen Schlafsack gesetzt …“
Seine Antwort ist ebenso absonderlich wie seine Bitte zuvor: „Nein, denn wenn es so wäre, würde ich es dir sagen, weil ich dann stolz darauf wäre.“
Genau so lasse ich das hier stehen und werde es nicht weiter kommentieren.

Am nächsten Tag stellt mir Thorsten die Frage, wie es von meiner Seite aus läuft, das gemeinsame Reisen. Ich bin der Meinung, dass es nicht besonders gut klappt und wir lassen das offen im Raum stehen. Für mich ist diese Feststellung aber der blanke Horror und somit befinde ich mich kurz darauf online, um nach Lösungen zu suchen. Wo kann ich hin, was soll ich machen? Ich schreibe einen Artikel in ein Forum, erkläre die Situation und bitte um Ratschläge, was ich tun kann. Antworten von „Halte durch!“, „Reise alleine in Brasilien weiter!“ bis hin zu „Fliege nach Asien, dort ist es sicherer als Frau alleine unterwegs zu sein!“ sind dabei. Ich sitze stundenlang vor dem Bildschirm und bekomme Schweißausbrüche und Zitteranfälle, weil ich weiß, dass es zu zweit einfach nicht funktioniert. Ich muss mich nun entscheiden, wie es weitergehen soll.

Zwei Stunden später ist es geschehen. Die monatelange Planung meiner Weltreise und meine Reisebegleitung lasse ich in nur zwei Stunden hinter mir. Ich entschließe mich dazu, alleine weiterzureisen, werfe meinen kompletten Ein-Jahres-Plan über Bord und nehme mir etwas anderes vor. Ich glaube, ich bin das allerbeste Beispiel dafür, dass man niemals nie sagen sollte! Schon zu Beginn meiner Planung habe ich gesagt, dass das Alleinreisen für mich nie in Frage käme und Neuseeland würde ich mir auch nie anschauen. Aber wie es kommt, so kommt es.
Ich buche einen Flug nach Neuseeland und reise am nächsten Tag alleine weiter. So schnell kann sich alles ändern! Ich freunde mich mit dem Gedanken an, alleine unterwegs zu sein und ich mag diesen Gedanken von Stunde zu Stunde mehr. Eigentlich bin ich jemand, der sich oft und gerne nach anderen richtet, und ich höre nie wirklich darauf, was ich selbst gerne möchte. Damit ist ab diesem Zeitpunkt Schluss. Nun beginnt meine Reise und ich werde nur noch tun, wozu ich Lust habe. Ein ungewohntes Gefühl, aber trotzdem gut.
Ich kann jetzt natürlich noch nicht wissen, ob und wie es mir in Neuseeland gefallen wird und noch dazu weiß ich so gut wie gar nichts über dieses Land. Doch ich werde bei meinem 33-stündigen Flug von Brasilien nach Neuseeland Zeit genug haben, mich über das Land zu informieren.

Zweite Chance – Neue Reise

Meine ersten Erfahrungen als Alleinreisende bleiben nicht lange aus. Ich bin noch eine Nacht in Rio bei Ricardo, bevor es am nächsten Tag zum Flughafen geht. Der Fußweg zur Bushaltestelle beträgt nur fünf Minuten, aber bei der prallen Hitze in einer langen Jeans, festen Sportschuhen und mit 21 Kilo Gewicht auf den Schultern ist es kein Spaziergang.
Als ich gerade erst seit drei Minuten auf den Bus warte, spricht mich ein typischer Brasilianer an. Er ist 1,80 Meter groß, seine Haut hat eine karamellartige Farbe, seine Augen sind groß und dunkel und seine schwarzen Haare ringeln sich zu kleinen Locken. Es

stellt sich ziemlich rasch heraus, dass er Portugiesisch, Spanisch, Italienisch und ein schlechtes Schweizer-Französisch spricht. Eine Übereinstimmung mit meinen Fremdsprachenkenntnissen, also Englisch, Französisch und Deutsch, ist somit gering bis nicht vorhanden. Nach ein paar fehlgeschlagenen Versuchen, sich mit mir zu verständigen, gibt er trotz allem nicht auf. Zwei Stunden später unterhalten wir uns noch immer und es ist eines der lustigsten Gespräche meines Lebens, vor allem genau wegen unserer Verständigungsprobleme. Von jeweils drei Sätzen verstehe ich nur zwei Wörter zur Hälfte und male mir durch seine Körpersprache aus, was er mir erzählen möchte.
Da er ebenfalls zum Flughafen will, um seine italienische Freundin abzuholen, hilft er mir bei der Suche des Check-In Schalters. Das erweist sich als sehr hilfreich, da ich spät dran bin – wir haben eine gute halbe Stunde auf den Bus warten müssen und dieser hat auch noch extrem lange gebraucht, um sein Ziel zu erreichen.

Der anschließende Flug verläuft für mich angenehm ruhig und ich habe endlich ein bisschen Zeit, um zu schreiben. Nach einem kurzen Zwischenstopp in São Paulo geht es weiter nach Buenos Aires in Argentinien.
Kurz darauf stehe ich beim Check-In in Argentinien, um meinen Weiterflug nach Neuseeland zu erreichen, und die Dame am Schalter sagt nach einer Weile zu mir: „Tut mir leid, aber ich kann Sie ohne ein Ausreiseticket nicht fliegen lassen."
Beim Buchen meines Flugs nach Neuseeland habe ich durchaus darüber nachgedacht, ob ich mir auch ein Ausreiseticket kaufen sollte, da so etwas oft vor der Einreise in bestimmte Länder vorzuweisen ist. Das Vorlegen eines solchen Tickets bei der Einreise in ein Land hat den Hintergrund, dass die Regierung sichergehen möchte, dass man auch wieder aus dem Land ausreist und sich dort nicht sesshaft macht. Ich habe mich aber dummerweise gegen das Buchen eines Ausreisetickets entschieden, da ich in Foren mehrfach gelesen habe, dass in Neuseeland nicht danach gefragt wird.
Ich gebe der Schalterdame zu verstehen, dass ich kein Ausreiseticket habe, und frage sie: „Woher bekomme ich noch so

schnell ein Flugticket?“
Sofort hetze ich zum nächsten Schalter. Mir bleibt nur noch eine halbe Stunde Zeit bis zum Abflug und somit nur wenige Minuten, um mir zu überlegen, wohin es nach meinem Aufenthalt in Neuseeland gehen wird und wann ich von dort wieder aufbrechen will. Fest entschlossen, nach ungefähr vier Wochen Neuseeland zu verlassen und auf die Cook Islands, nach Tahiti oder die Fidschis zu fliegen, frage ich nach einem Ticket. Die Verkäuferin am Schalter erklärt mir daraufhin, dass sie nur Flüge von Auckland nach Sydney hat. Ich muss kurz schlucken. Da ich keine Wahl habe, entscheide ich mich kurzerhand dazu, ein Ticket in sechs Wochen von Auckland nach Sydney zu kaufen. Wie es der Zufall aber will, habe ich ein paar Tage zuvor jemanden über das bereits erwähnte Forum kennengelernt, der sich auch beim Reisen einsam fühlt, sich gerade in Neuseeland befindet und am selben Tag nach Sydney wie nun ich auch weiterfliegen wird.
Nach meinem übereilten Kauf hetze ich nun als Letzte zum Check-In Schalter. Ich muss einige Minuten lang verarbeiten, dass ich mich so rasch für einen Flug entschieden habe. Eigentlich wollte ich ganz woanders hin und gebe nun einiges an Geld dafür aus, um in ein Land einreisen zu dürfen, das ursprünglich nicht auf meinem Plan stand. Ich muss gleichzeitig aber grinsen und lache fast los, weil mir all die Dinge, die in den letzten zwei Tagen passiert sind, so surreal vorkommen.
Ich habe am Gate noch eine Stunde Zeit bis das Boarding beginnt. Viele Menschen sind der Meinung, dass diese ständige Warterei und die elendslangen Flüge richtig langweilig sind, aber ich hätte nichts gegen noch längere Wartezeiten. Das ist die Zeit, in der ich endlich zur Ruhe kommen kann. Ich bin ein Mensch, der ständig etwas unternehmen möchte und nur selten zur Ruhe kommt und gerade beim Warten am Flughafen und während des Fliegens kann ich nichts anderes tun, als mich mit mir selbst zu beschäftigen und nachzudenken, Musik zu hören, Leute zu beobachten, ein Buch zu lesen oder zu schreiben. Das sind Dinge, für die ich zwar Stunden vergeuden könnte, nur für die ich mir leider selbst nie Zeit nehme.
Im Flieger nach Auckland in Neuseeland sitze ich nun neben einem sympathischen 28-jährigen Argentinier. Leider ist sein

Englisch sehr schlecht und daher beschränken sich unsere Gespräche auf ein Minimum. Er hat ein Jahr Work and Travel vor sich und startet dies nun in Neuseeland.

Ein Blick über eine Favela in Rio de Janeiro

Am Strand der berühmten Copacabana

Ein erzwungenes Lächeln in einer schwierigen Phase meiner Reise

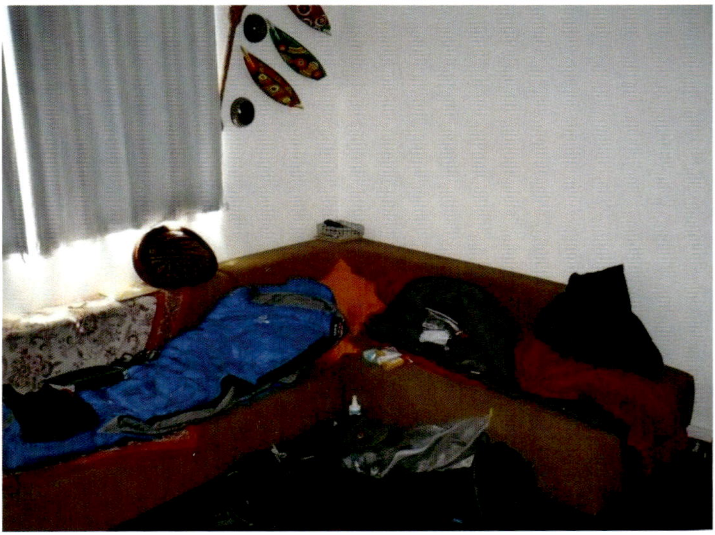

Der Schlafplatz meines Reisepartners und mir bei unserem Gastgeber

Neuseeland

Horrorszenario am Neuseeländer Flughafen

Nach dem 14-stündigen Flug von Buenos Aires nach Auckland steht mir trotz meiner Erschöpfung und dem unbändigen Wunsch, endlich im Hostel anzukommen, noch einiges bevor.
Nach der Gepäckabholung muss man noch zwei Mal durch eine Art Check-Out-Schalter. Beim ersten geht noch alles gut. Die Dame am Schalter will nur wissen, was ich in Neuseeland machen werde und wieso ich erst am Tag zuvor ein Ausreiseticket gekauft habe. Beim nächsten Schalter wird noch einmal der Pass kontrolliert und man wird weitergeschickt – normalerweise! Ich aber komme zu dem besagten zweiten Schalter und werde als einzige Passagierin von zwei angekommenen Flugzeugen an einen extra Schalter verwiesen.
„Vielleicht hat das etwas mit der Staatsangehörigkeit zu tun?" denke ich, aber darüber mache ich mir in diesem Moment keine weiteren Gedanken. Ein Pärchen vor mir diskutiert mit dem Mann am Schalter bezüglich ihres Ausreisetickets. Ich hoffe, dass ich keine Probleme bekommen werde, da ich mein Ausreiseticket erst kurz vorher gekauft habe.
Endlich werde ich aufgerufen. Der Mann am Schalter schaut sich in aller Ruhe meinen Pass und meine Flugtickets an. Auf die Fragen, wo ich herkomme, von wo ich weggeflogen bin und wieso ich das Ausreiseticket erst gestern gekauft habe, antworte ich in ganz normalem, ruhigem Ton. Nach einigen Minuten werden die Fragen jedoch immer zahlreicher und merkwürdiger: Wieso ich nur so kurz in Brasilien gewesen bin, was ich dort gemacht habe, welcher Beschäftigung ich vorher in Österreich nachgegangen bin und was ich jetzt in Neuseeland vorhabe.
Die Befragung dauert schon gute 20 Minuten und fängt langsam an zu nerven. Schließlich meint der Sicherheitsmann am Schalter, dass er mein Gepäck anschauen muss und ich kurz warten soll. Minuten später taucht er wieder auf und fordert mich auf mitzu-

kommen.
Ich betrete eine Halle mit vielen langgezogenen Metalltischen. Ich muss mein Gepäck auf einen dieser Tische legen und mich auf einen Plastiksessel setzen. Ich bekomme ein Stück Papier und verlange es auf Deutsch, da ich sichergehen möchte, alles richtig zu verstehen. Ich beantworte schriftlich die darauf gestellten Fragen, wie zum Beispiel, ob ich Nahrungsmittel, Alkohol, Tabak, Medikamente oder Ähnliches mitführe, Dinge geschenkt bekommen habe oder Sachen für jemand anderen in meinem Gepäck transportiere. Ich kann alles mit ruhigem Gewissen verneinen, außer der Frage nach den Medikamenten. Für mich selbst habe ich eine kleine Hausapotheke dabei.
Bis dahin war alles noch im Rahmen des Ertragbaren, aber dann geht es erst richtig los. Der Flughafenbeamte befiehlt mir, mich einen guten Meter von dem Metalltisch wegzusetzen, auf dem mein Gepäck liegt. Der Mann zieht sich Handschuhe an und fängt damit an, zuerst mein Handgepäck und anschließend meinen Trampingrucksack komplett auseinanderzunehmen. Er bringt jedes kleine Reiseutensil nacheinander zutage, öffnet es und kontrolliert alles genauestens. Egal, was es ist, er durchstöbert alles: meine Schachtel mit den OBs, die Seife, das Erste-Hilfe-Set und Zettel, auf denen belanglose Dinge stehen.
Zwischendurch muss ich endlos Fragen doppelt und dreifach beantworten: Wo ich herkomme, was meine Eltern machen, mit wem ich in Brasilien unterwegs war, wieso wir nicht mehr gemeinsam reisen, wie mein ehemaliger Reisepartner heißt, was er macht und was ich mache.
Das alles passiert immer mit Pausen dazwischen, in denen der Mann in einen anderen Raum hinter einer Glaswand verschwindet und nach ein paar Minuten wieder zurückkommt. Er nimmt meinen Pass mit, mein Netbook und meinen leeren Trampingrucksack. Er meint, er müsse die Dinge genauer untersuchen. Es geht immer weiter und weiter mit der Durchsuchung meiner privaten Sachen, bis der gesamte Inhalt meiner beiden Rucksäcke auf dem Metalltisch verteilt ist und alles noch mal durchstöbert wird.
Nun erreiche ich den Punkt, an dem ich mich nicht mehr zurückhalten kann und losweine. Es ist so ein demütigendes Gefühl,

wenn jemand Fremder deine kompletten – teilweise auch sehr privaten Sachen – angreift und durchsucht. Wenn man es schon einmal gemacht hat, weiß man, wie viel Arbeit hinter dem Packen eines Trampingrucksackes steckt und dass man dabei ein System verfolgt hat – und nun wird alles ausgepackt und liegt verstreut und im kompletten Durcheinander herum.

Die Fragen zwischendurch und das Verschwinden des Flughafenmitarbeiters für einige Minuten machen alles noch schlimmer. Der Mann spricht zwischendurch immer wieder mit anderen Sicherheitsbeamten. Teilweise stehen sie einige Meter entfernt von mir in einer Gruppe von zwölf Personen und ich sitze ganz verloren da und kann meine Tränen nicht mehr unterdrücken.

Anfangs habe ich keine Angst vor dem Auspacken und davor, dass sie eventuell etwas finden könnten. Irgendwann fängt man aber an, sich die schlimmsten Dinge auszumalen. Man weiß ja nie, ob einem nicht irgendjemand etwas untergejubelt hat, ohne dass man es bemerkt hat. In diesem Moment fällt mir der Brasilianer ein, der mich in Rio überaus freundlich zum Flughafen begleitet und mir beim Check-In mit meinem Gepäck geholfen hat. Ein kalter Schauer läuft mir über den Rücken, mein Mund wird ganz trocken und ich bin starr vor Schreck. Was ist, wenn er mir etwas in mein Gepäck geschmuggelt hat? Meine Gedanken machen eine Achterbahnfahrt und ich fange an zu schwitzen.

Der Flughafenbeamte versichert mir, dass, wenn ich all seine Fragen beantworte, ich bald gehen könne. Davon bin ich jedoch noch weit entfernt. Es ist bereits über eine Stunde vergangen und noch kein Ende in Aussicht.

Irgendwann sind wir soweit, dass ich ihm meinen kompletten beruflichen Werdegang bis zur Schulzeit erzähle und er sich alles ganz genau notiert. Wieder vergeht eine halbe Stunde. Die Fragen nehmen einfach kein Ende. Er verschwindet wieder für einige Minuten in ein Nebenzimmer und ich bin am Verzweifeln. Als er wiederkommt, hat er einen kleinen weißen Streifen in der Hand. Damit streicht er über einige meiner Sachen, geht zu einer Maschine und holt sich eine Auswertung.

Klar ist mir jetzt auf jeden Fall, dass er mich für eine Schmugglerin hält und mit dem weißen Streifen feine Reste von Drogen auf

Rucksack, Netbook und Toilettsachen nachweisen will. Ich habe ein Trockenshampoo in Pulverform mit. Das nimmt er sich, mit der Begründung, dass er es testen muss, ob es Drogen sind.
Nach einer weiteren Stunde dieser nicht enden wollenden Horrorszene kommen zwei weitere Männer dazu, die mich nochmals befragen. Nachdem ich ihnen erzähle, dass ich Thorsten über ein Forum im Internet kennengelernt hatte, muss ich mich auf der Seite einloggen. Ich muss Fotos von Thorsten zeigen, die auf meinem Netbook abgespeichert sind. Es nimmt kein Ende und geht immer weiter, bis ich schließlich sogar meinen Facebook Account vorzeige und sie meine letzten Nachrichten überprüfen. Sie wollen außerdem meinen E-Mail-Account sehen und die Buchungsbestätigung des Hostels, das ich in Auckland – zum Glück – bereits gebucht habe.
Ob das gesetzlich alles korrekt ist, weiß ich nicht und in diesem Moment ist es mir auch egal, denn ich wünsche mir nichts sehnlicher als hier endlich wegzukommen.
Die Tränen sind schon lange versiegt und stattdessen steigt der Zorn in mir auf. Als ich von drei Männern umgeben bin, fragt mich einer: „Weißt du, wieso wir dich hier festgehalten haben?"
Ich antworte knapp: „Nein. Wieso?"
Ein anderer der drei Männer macht einen Schritt auf mich zu und erwidert mit einem kaum verständlichen neuseeländischen Akzent: „Es war für uns sehr verdächtig, dass du von Österreich nach Brasilien reist, dort nur fünf Tage bleibst und dann einmal quer über alle Kontinente nach Neuseeland kommst. So etwas kommt öfters vor, aber nur bei Drogenschmugglern."
Daraufhin kontere ich mit ernster Miene: „Ich komme mir vor wie in einem schlechten Film. Und wissen Sie, ich schreibe ein Buch über meine Reise und werde das hier bestimmt erwähnen."
Auf die Frage hin, ob sie mir beim Einpacken meines Rucksackes helfen sollen, schüttle ich nur grimmig den Kopf, ohne den drei Männern nochmal einen Blick zuzuwerfen.
Nach ganzen vier Stunden Quälerei am Flughafen – und ich habe noch nie in meinem Leben Drogen genommen – werde ich endlich entlassen und darf nach Neuseeland einreisen. Was für ein herzlicher Empfang.

Zuerst fahre ich mit dem Bus in das Stadtzentrum von Auckland. Ich marschiere mit meinem großen Backpack auf dem Rücken und dem Daypack vorne von der Busstation die Straße bergauf zum Hostel. Ausgelaugt, erschöpft, kraftlos und durcheinander komme ich dort an und versuche nun, mich zu akklimatisieren. Im Zimmer – es handelt sich um ein gemischtes Sechsbett-Zimmer, obwohl nur Frauen untergebracht sind – stelle ich mich gleich einer jungen Dame vor, die sich bei meiner Ankunft im Zimmer befindet. Es ist eine 26-jährige Kanadierin, die mir einiges über Auckland, das Hostel und über sich erzählt. Sie gibt mir gute Tipps und ist wirklich nett.

Nachdem ich mich einquartiert habe, mache ich mich auf den Weg, um die Stadt zu erkunden. Auckland ist gut überschaubar und nicht zu groß, sodass sogar ich den Überblick bewahre. Ich gehe durch die Straßen und nehme die Eindrücke der Stadt und die der Menschen auf. Eines der ersten Dinge, die mir auffallen, ist, dass die Stadt sehr rein, sauber und geordnet wirkt. Außerdem bemerke ich früh, dass hier viele Chinesen wohnen. Es gibt sehr viele chinesische Geschäfte und Sushi Restaurants. Während ich umherschlendere und die Sonne über den Himmel wandern sehe, denke ich daran, dass Neuseeland Österreich zwölf Stunden voraus ist und es somit hier in Auckland einen Tag später ist. Eine lustige Vorstellung, dass bei mir zu Hause erst Montag ist, wenn in Neuseeland schon der Dienstag begonnen hat.

Nach dem Stadtrundgang kaufe ich mir eine Kleinigkeit zu essen und begebe mich in den nahegelegenen Albert Park, wo ich es mir auf einer Parkbank bequem mache und entspannt den Vormittag verstreichen lasse. Zurück im Hostel setze ich mich in den Aufenthaltsraum und lerne eine junge Frau aus Österreich sowie zwei Belgier kennen.

Die zwei Belgier nehmen mich am nächsten Tag mit ihrem Campervan nach Raglan mit. In Raglan angekommen quartiere ich mich in einem Surfer Hostel ein. Dort muss ich mich erst einmal sammeln und mir überlegen, was ich in Neuseeland eigentlich machen möchte. So ganz wohl fühle ich mich mit dem Alleinreisen noch nicht. Was ich tun und wohin ich reisen will, weiß ich genauso wenig. Bevor ich den Flug nach Neuseeland gebucht hatte, hatte

ich kaum etwas über das Land gehört und an Reiseerfahrungen mangelt es mir ebenso.
Mittlerweile bin ich aber schon eine Zeitlang unterwegs und weiß, dass es unter Reisenden meist gemütlich und gelassen abläuft. Wer mich kennt weiß, dass ich ein ungeduldiger Mensch bin, der alles mit Power angeht. So ein typischer neuseeländischer Tramperalltag ohne besondere Aktivitäten sieht ungefähr so aus: relaxen, schlafen, ein Buch lesen, im Internet surfen, sich unterhalten und wieder alles von vorne. Darauf muss ich mich erst einstellen und mich daran gewöhnen. Es kann auch sein, dass das alles gar nichts für mich ist und ich einfach nicht der Typ für diese Art des Reisens bin.
Um ehrlich zu sein hänge ich zurzeit ziemlich in der Luft und weiß nicht so recht, was ich will. Ich hatte immer ganz klare Ziele vor Augen und plötzlich ist alles vage. Vielleicht habe ich auch zu hohe Erwartungen an diese Reise gestellt. Ein weiteres Problem ist, dass ich sehr sozial bin und es mir jedes Mal einen kleinen Stich versetzt, wenn ich unterwegs jemanden kennenlerne, von Anfang an eine Sympathie besteht und ich mich wieder von der Person verabschieden muss.
Es ist alles sehr verwirrend und ein großes Durcheinander, aber ich hoffe, dass sich das bald gibt. Ich glaube auch, dass ich mich zurzeit einfach zu sehr in die Suche nach vorläufigen Reisebegleitungen verbeiße.

Der Alltag in einem Hostel

Es ist zwar erst das zweite Hostel, in dem ich gerade wohne, aber trotz allem kann ich bereits etwas über den Hostelalltag schreiben. Es wird herumgelegen, viel gelesen, geschrieben und gekocht – das sind die Hauptbeschäftigungen während eines Tages im Hostel.
Ich sitze im Wohnzimmer des Hostels und schreibe. Es regnet, daher wollen wir Reisende nicht viel unternehmen. Mit mir befinden sich acht Leute in dem Raum. Eine junge Frau sitzt auf der Couch und liest ein Buch, das Mädchen neben ihr schmökert sich durch einige Reiseführer und scheint sich einen Überblick über die

sehenswerten Orte Neuseelands zu machen. Zwei weitere Frauen gegenüber lesen ebenfalls ein Buch und essen dabei Nudeln mit Tomatensauce. Zwei Freundinnen auf einer anderen Couch spielen Scrabble. Ich sitze an einem Esstisch und mir gegenüber ein Engländer, der sich am Puzzlespielen versucht. Vor einigen Minuten habe ich ihm noch dabei geholfen.
Das ist ein treffendes Beispiel dafür, wie man in einem Hostel zusammenlebt. Ich saß hier und wollte anfangen zu schreiben, als er mit seinem Puzzle in der Hand zum Tisch kam und sich setzte. Ich fragte ihn ganz unumwunden, ob ich ihm helfen sollte. Als er das bejahte, setzte ich mich zu ihm und wir puzzelten eineinhalb Stunden zusammen.
Man muss sich nicht immer unterhalten und ständig fragen, was der andere so macht, wieso man hier ist und was die weiteren Pläne sind. Neben einem Fremden zu sitzen, nichts über ihn zu wissen und ganz gemütlich zusammen ein Puzzle zu machen, passiert einem im normalen Alltag nicht so oft.
Jeder folgt dem Gefühl, das er im Moment verspürt. Isst man gerade etwas und sitzt dabei am Tisch, hat aber plötzlich das Bedürfnis, doch aufzustehen und herumzugehen, dann gibt man dem einfach nach und tut das auch. Möchte man einfach nur dasitzen, in die Luft starren, andere beobachten oder nachdenken, tut man das, ohne sich komisch vorkommen zu müssen. Unter den Reisenden hat jeder seine ganz eigene Geschichte und oft geht viel in einem vor. Deswegen ist alles, was sonst seltsam oder unhöflich wirkt, total normal und wird so hingenommen, wie es ist.

Mit einem geführten Bus Richtung Süden

Ich habe mich dazu entschlossen, mich einer Busreiseagentur anzuschließen, die für Touristen eingeführt worden ist – besser gesagt: für junge Tramper. Es gibt drei oder vier solcher Busorganisationen in Neuseeland. Ihr könnt euch den Bus wie einen Hop-On Hop-Off Bus in einer Stadt vorstellen, nur dass er hier durch ganz Neuseeland fährt. Hostels zur Übernachtung und Aktivitäten zur Bespaßung werden angeboten und man kann frei wählen, jederzeit

auszusteigen und einen Stopp für längere Zeit – sei es einen Tag oder mehrere Wochen – einzulegen und wieder einzusteigen, wann immer man möchte. Die Busfahrten in Neuseeland sind turbulent, da die Straßen sehr – wirklich sehr – kurvenreich sind.
Ich habe mir ein Ticket für die Nord- und Südinsel Neuseelands gekauft und am nächsten Morgen geht es auch schon los. Um acht Uhr in der Früh warte ich im kleinen Raglan auf den Bus, um zuzusteigen.
Unser erster Stopp sind die Waitomo Caves. Es gibt dort die Möglichkeit, sich in die Tiefen der Höhlen zu begeben oder eine kleine Wanderung zu machen. Ich entscheide mich für die zweite Variante. Mit vier anderen Backpackern aus dem Bus breche ich zur zweistündigen Wanderung auf. Die Landschaft rund um mich ist saftig grün. Ich bin von riesigen Bäumen und Sträuchern umgeben. Es führt ein naturbelassener aber gut begehbarer Weg durch die urwaldähnliche Gegend. Wir überqueren immer wieder kleine Bäche, deren glasklares Wasser sich seinen Weg durch das Erdreich und zwischen Steinen hindurch bahnt. Die Landschaft verändert sich und es tauchen große Felsgebilde mit einem tiefen Loch auf. Weiter entfernt vernehme ich das Geräusch eines Wasserfalls. Die dunklen Höhlen und das Rauschen des Wasserfalls faszinieren mich. Ich kann zum ersten Mal seit dem Abflug von Wien wirklich durchatmen und die wunderschöne Natur genießen. Von der tropischen Waldlandschaft wandern wir weiter und vor mir macht sich die typisch neuseeländische Hügellandschaft breit. Ein grasbewachsener Hügel geht in den anderen über. Ich kann das frische und saftige Gras förmlich riechen. Es sind nur vereinzelt Bäume oder Sträucher auf den Hügeln ersichtlich und zwischendurch sind Zäune aus Holzpfosten und Maschendraht aufgebaut. Meist grasen Kühe in Herden an einer Hangseite, Schafe stehen in Gruppen zusammen und die Pferde fühlen sich sichtlich wohl. All diese Schönheiten sauge ich in mich auf. Es ist eine traumhafte Wanderung mit vielen wunderbaren Eindrücken.
Danach geht es weiter zu unserem Übernachtungsort Maketu: ein Aufenthalt der etwas anderen Art. Dort lernen wir die traditionelle Maori-Kultur kennen. Es erwartet uns der typische Haka- und Poi-Tanz der Maoris, den man uns beibringt. Haka ist der Tanz für

Männer und Poi der für Frauen. Wichtig bei dieser Vorführung der Maoris ist, dass wir aus Respekt zu deren Kultur nicht lachen. Das ist manchmal gar nicht so einfach. Der Tanz der Maoris ist eine Mischung aus festem Aufstampfen und lautem Geschrei. Ein breitbeiniger Stand, weit aufgerissene Augen sowie das Herausstrecken der Zunge bis zum Kinn wird mit unschönen Grimassen verbunden.

Abends schlafen wir in einem Maori Meeting House auf Matratzen, die wir nebeneinander auf den Boden legen. Es ist ein lustiges Erlebnis so nah beieinander zu schlafen und so kommen wir uns als Gruppe näher.
Am nächsten Morgen fahren wir nach Rotorua, wo wir einen kurzen Spaziergang durch die sehr unauffällige Stadt machen. Nach zwei Stunden Rast geht die Reise weiter in Richtung Taupo. Auf dem Weg dorthin halten wir an einer heißen Wasserquelle. Raus aus dem Bus, rein in die Badebekleidung und ab ins Wasser. Die Lufttemperatur ist nicht fürs Baden ausgelegt und kann vorsichtig ausgedrückt als frisch bezeichnet werden. Von außen sieht die heiße Quelle wie abgestandenes Wasser aus und ist so warm wie das in einer Therme. Es ist ein befremdliches Gefühl mitten am Straßenrand anzuhalten, bei geringen Temperaturen auszusteigen und in eine Geothermal-Area zu hüpfen. Beim Schwimmen ist mir wohlig warm und mein Kopf ist von kühler Luft umgeben.
Die Fahrt wird fortgesetzt, doch eine halbe Stunde später halten wir schon wieder – diesmal bei den Huka Falls, einem zehn Meter hohen, mächtigen Wasserfall, versteckt mitten im Nirgendwo.
Nach diesem erstaunlichen Zwischenstopp fahren wir weiter zur Endstation des heutigen Tages, nämlich Taupo. Die Stadt ist in ihrer Größe Rotorua ähnlich und nicht besonders spektakulär. Die Aktivitäten und Wanderungen, die man rund um diesen Ort unternehmen kann, sind die eigentlichen Highlights.
Bilder, die mir sicher ewig in Erinnerung bleiben werden, mache ich mir von der Landschaft, durch die wir hier fahren. Mit dem Bus unterwegs, über Kopfhörer Musik hörend, die unter die Haut geht, zieht die vorher beschriebene neuseeländische Hügellandschaft an mir vorbei. Nach und nach kommen in mir immer mehr absurde,

unwichtige und kleine Geschehnisse hoch, über die ich anfange nachzudenken. Das gehört wohl dazu, wenn man auf Reisen ist: Kleinigkeiten, die in der Vergangenheit passiert sind und über die man vielleicht zum ersten Mal nachdenkt. Sonst so große und wichtige Dinge werden plötzlich nichtig und klein. Trauer über vergangene Beziehungen oder andere unangenehme Geschehnisse vergehen plötzlich und der Grund wird unbedeutend. Die Gedanken schweifen zu lassen, ohne Heimweh zu bekommen oder jemanden zu vermissen – das war es, was ich gesucht habe. Das Hier und Jetzt genießen und mich einfach treiben lassen.

Am nächsten Morgen brechen wir um neun Uhr nach Whakahoro auf. Von Taupo fahren wir nach Whakahoro auf die Blue Duck Lodge, eine 9.000 Hektar große Farm.
Eine halbe Stunde vor dem Ziel führt uns der Weg über einige schlecht befahrbare Straßen. Um einen entgegenkommenden Laster vorbeizulassen, fahren wir ein Stückchen links ran. Kurz darauf kommt eine Herde von schätzungsweise 80 Schafen auf uns zu. Die Herde wird von drei Hunden und einem Mann auf einem Minitraktor vorangetrieben. Nach rund zehn Minuten kommen noch weitere 120 Schafe dazu. Es bietet sich ein Wahnsinnsbild, das man sonst nur im Fernsehen sieht. Der Bus, in dem wir sitzen, steht auf dem linken Straßenrand und ein Lastkraftwagen ist auf der anderen Seite der Straße zum Stehen gekommen. Einige der wolligen Tiere sind sichtlich aufgeregt und laufen hastig zwischen den beiden großen Fahrzeugen durch, während sie des Öfteren ihre Richtung wechseln. Die restliche Schafsherde marschiert zwischen den Transportfahrzeugen hindurch, ohne sich aus der Ruhe bringen zu lassen. Wir versammeln uns im Bus vorne neben dem Chauffeur, um dieses Spektakel mit den Kameras festzuhalten.
Angekommen auf der Farm staune ich über die Umgebung und das Tal, in dem die Farm liegt. Leider haben wir seit zwei Tagen Pech mit dem Wetter und die Sonne lässt sich nur selten blicken. Davon lassen wir uns nicht abschrecken und machen uns auf den Weg zu einer weiteren zweistündigen Wanderung über die Berge rund um die Farm. Die gemütliche Tour wird unerwarteterweise zu einer abenteuerlichen Kletterpartie, als unsicheres Terrain und

die Feuchtigkeit des Bodens zusammenkommen. Fürs Auge gibt es dafür ein wunderschönes Dschungelgebilde: Kräftige Bäume mit dicker Rinde stehen dicht nebeneinander. Sie sind mit gräulichen und grünen Moosflechten bewachsen und Lianen hängen bis zum Boden herunter. An den Spitzen gehen die Baumkronen ineinander über. Meine Schritte werden von dem weichen Untergrund abgedämpft und mir steigt der Geruch von nasser, schwerer Erde in die Nase. Der Dschungel strahlt für mich Ruhe und Kraft aus und ich vernehme nur zwischendurch das Knacken der Äste, die unter unseren Füßen zerbrechen. Durch die Baumkronen kann ich den grauen, wolkenverhangenen Himmel erspähen.
Diese Wanderung ist nicht ohne und fordert von unserer Gruppe Opfer. Einige können der schlammigen Erde, die durch den unaufhörlichen Regen entstanden ist, nicht trotzen und rutschen stellenweise mit dem Hintern die steilen Hänge hinunter. Wir müssen immer wieder anhalten, um uns kurz zu fangen. Stellenweise reichen wir uns gegenseitig die Hände, um Hürden über Wurzelgebilde oder Löcher besser zu meistern. Dieser Pfad erfordert Konzentration und viel Aufmerksamkeit, um nicht auszurutschen.
Zurück auf der Blue Duck Lodge verschwinden die ersten aus der Gruppe gleich unter der Dusche. Bei zwei Duschen und über 20 Leuten dauert es jedoch eine ganze Zeit, bis alle an der Reihe waren. Glücklicherweise haben wir einen 33-jährigen englischen Koch unter uns, der zum Abendessen freiwillig Curryhuhn mit Reis und dazu Nachochips mit einem unglaublich erfrischenden Dip zubereitet.
Am nächsten Morgen startet der Bus um halb acht Uhr zu unserem Hostel beim Nationalpark. Wir sind deswegen heute Morgen so zeitig losgefahren, weil wir ursprünglich eine 20-Kilometer-Wanderung machen wollten, die sieben bis acht Stunden gedauert hätte. In Neuseeland schwingt das Wetter jedoch so schnell um, dass man oft erst kurz vorher sagen kann, ob eine Wanderung stattfindet oder nicht. Wir alle hatten Ausrüstung und Proviant schon vorbereitet und uns auf einen heftigen Marsch im Nationalpark eingestellt – einer der bekanntesten Wanderungen Neuseelands. Als wir mit dem Bus beim Ausgangspunkt ankommen, sagt

unser Führer jedoch, dass die Wanderung abgesagt ist. So entscheiden wir uns spontan für die alternative zweistündige Wanderung. Zurück im Hostel gönnen wir uns eine halbe Stunde im Whirlpool. Der restliche Nachmittag und Abend verläuft ruhig. Internetupdates, Gespräche und ein selbstgemachtes Omelett von unserem Koch sind vielleicht nicht besonders spannend, aber gemütlich.

Die Reise führt mich nun weiter nach Wellington – der Hauptstadt Neuseelands. Von dort aus nehmen wir die Fähre, um von der Nord- zur Südinsel zu kommen. 55 Neuseeland-Dollar (NZD) (=36€) weniger und drei Stunden später kommen wir im Süden, in Picton, an. Die Fahrt verläuft ruhig – bis auf ein leicht mulmiges Gefühl, das sich bei mir im Magen bemerkbar macht. Die meiste Zeit wird geschlafen, da wir am Vortag noch bis spät in die Nacht in der Stadt unterwegs waren. Ich gönne mir eine Stunde auf dem Deck der Fähre, um in der Sonne Energie zu tanken.
Nach der Ankunft in Picton steht uns eine dreistündige Busfahrt nach Nelson bevor, die jedoch durch die berühmte Marlborough-Weingegend versüßt wird. Die kommenden zwei Nächte verbringen wir auf der Mac Donalds Farm in Marahau nahe dem Abel Tasman National Park.
Kurz bevor wir dort ankommen, machen wir Halt bei einem kleinen, überschaubaren Flugplatz. Als ich den kleinen Sportsegler sehe, der für Tandem Hang Gliding und Skydiving eingesetzt wird, denke ich mir sofort: „Das hat was!" Nach einer halben Stunde steht mein Name auf dem Anmeldeformular fürs Tandem Hang Gliding.
Am nächsten Tag komme ich frisch und munter und natürlich voller Vorfreude am Flugplatz an. Ich werde mit einem Guide, der das alles perfekt beherrscht, in eine Art Tragetasche gespannt und sie wird an einem Gleiter befestigt. Dieser funktioniert ohne Motor und wird mittels eines Seils, das an einem Sportflieger befestigt ist, in die Höhe gezogen. Wir gewinnen immer mehr an Höhenmeter, bis wir schließlich auf 2.000 Meter angelangt sind. Bis dahin fühle ich mich sicher. Ganz oben angekommen passiert dann das absolute Highlight: Das Seil wird abgespannt und wenige Sekunden

später ist der motorgesteuerte Segelflieger bereits außer Sichtweite und ich habe freien Blick auf die unendlichen Weiten des Horizonts. Nun herrscht eine absolute Stille und in meinem Bauch fängt es heftig an zu kribbeln. Sich so hoch oben ohne die Kraft eines Motors zu befinden und wie ein Vogel schön langsam nach unten zu segeln, ist ein atemberaubendes Gefühl von Freiheit.
Anschließend sind wir mit dem Abel Tasman Aqua Taxi auf dem Weg zur Anchorage Bay, um von dort die dreistündige Wanderung zurück zu unserer Old McDonalds Farm in Angriff zu nehmen. Die Wanderung gestaltet sich als ein wahres Naturzusammenspiel und führt auf einem erdigen und sandigen Weg an der Küste entlang. Links von uns geht es felsig bergauf und rechts neben uns geht es ebenso felsig bergab. Niedrige benadelte Sträucher verleihen der Landschaft etwas Grünes. Ich lasse meinen Blick in die Ferne schweifen und nehme saftig grün bewachsene Berge wahr, die vom Ozean umgeben sind. An manchen Stellen unseres Weges können wir bis runter zu den menschenleeren Stränden sehen. Zu verlockend ist der Gedanke, einen dieser Strände für uns zu haben, also bahnen wir uns einen Weg von unserem Pfad nach unten in Richtung Strand. Unten angekommen ziehen wir unsere Schuhe aus und spüren den warmen, weichen Sand zwischen unseren Zehen. Obwohl das Wasser zu dieser Jahreszeit kühl ist, können wir dem Drang ins Meer zu springen nicht widerstehen. Anschließend setze ich mich in die Sonne und lasse mich von ihren kraftvollen Strahlen wärmen. Mitten im Meer, einige Meter entfernt vom Strand, befindet sich ein Fels, der – so wie es scheint – ursprünglich die Form eines Balls hatte. Nun ist er in der Mitte gespalten, sodass zwei Hälften aus dem Wasser ragen. An der Spitze auf einer der Hälften hat es sich eine Möwe gemütlich gemacht. Dieses Bild wie das einer Postkarte bleibt in meinem Kopf hängen.

Am nächsten Tag geht es munter weiter. Gott sei Dank klopfen unsere Zimmernachbarn eine halbe Stunde vor Abfahrt an unsere Tür, sonst hätten wir verschlafen. Den Rucksack zu packen – falls nötig in Rekordgeschwindigkeit – lernt man als Tramper zwangsläufig, sodass wir es noch schaffen, pünktlich abreisefertig zu sein. Auf der Busfahrt nach Greymouth, wo wir als Nächstes übernach-

ten werden, gibt es wie immer einige Zwischenstopps. Es ist anstrengend und erschöpfend und ich habe das Gefühl, die Reise nur vage mitzubekommen. Ein Halt ist in Punakaiki, um uns die Pancake Rocks anzusehen. Wie der Name schon sagt, handelt es sich um Felsen, die aussehen wie leckere Pancakes: ganz flach und rund. Auf diese überragende Naturformation prallen die Wellen des Pazifiks mit solch einer Kraft, dass ich nur noch dastehe und wie hypnotisiert dem mächtigen Geräusch lausche.
Bevor wir in Greymouth ankommen, haben wir noch die Möglichkeit Bone Carving oder Jade Carving zu machen. Ich und ein zweiter aus der Gruppe entschließen uns fürs Bone Carving. Ausgestiegen in Barrytown, auf einem sehr abgelegenen Fleckchen neuseeländischer Landschaft, werden wir von Mutter und Tochter begrüßt und in eine andere Welt entführt. Durch einen Vorgarten mit Hühnern, Enten, einem dicken Schaf und ein paar Ziegen stampfen wir vorsichtig durch ein kurzes Waldstück und stehen plötzlich mitten in einem Garten, in dem eine niedliche, kleine Holzhütte steht. Die Hütte ist verwinkelt gebaut und das Holz scheint durch die Witterung mitgenommen zu sein. Die Türen sind niedrig gebaut, sodass ich mich bücken muss, um durchzugehen. Die Atmosphäre, die dort in dem versteckten Waldstück herrscht, hat ein richtiges Hippie-Flair und ist absolut urig. Der Garten umfasst nur wenige Quadratmeter und das Grün nimmt wild wuchernd seinen Lauf. In der Mitte steht eine rostige Waschmaschinentrommel, in der Holz von loderndem Feuer umschlossen ist. Eine Art, ein Lagerfeuer zu machen, die ich bisher noch nicht kannte, die aber auf jeden Fall einen ganz eigenen Stil hat.
Die Werkstatt, in der das Bone Carving stattfindet, ist drei bis vier Quadratmeter groß. Beim Bone Carving werde ich mir aus Tierknochen meinen eigenen Anhänger für eine Halskette schleifen. Das Gleiche hätte ich auch mit einem grünen Jadestein machen können, genannt Jade Carving.
Nach langem Hin und Her, welches Motiv ich wählen soll, fangen wir endlich an. Es gibt vier Schleifmaschinen, die ich in einer bestimmten Reihenfolge verwenden muss, um ein schönes Ergebnis zu erzielen. Alles in Allem brauchen wir knappe vier Stunden. Nach der harten Arbeit gönnen wir uns Würstchen, die wir wie

das Dessert, Marshmallows am Stiel, über der ultimativen Feuerstelle der Waschmaschinentrommel grillen.

Wir reisen weiter von Greymouth zum Franz Josef Gletscher. Anstatt am nächsten Tag den achtstündigen Ausflug zum Gletscher mitzumachen, beschließe ich so wie drei andere Männer aus unserer Gruppe, einen Ruhetag einzulegen. Um sieben Uhr am nächsten Morgen brechen wir auf Richtung Queenstown – das Zentrum des Abenteuertourismus und somit die Anlaufstelle vieler junger Menschen. Die Fahrt dauert bis 17 Uhr und bringt eine Menge Zwischenstopps mit sich: wunderschöne Seen und eine Menge toller Naturlandschaften. Der Spiegelsee Lake Matheson zeigt eine wunderschöne Berglandschaft und im Hintergrund kann ich die schneebedeckten Spitzen des Mount Cook und Mount Tasman sehen. Das Besondere an diesem See ist, dass sich die Berglandschaft auf der Wasseroberfläche perfekt widerspiegelt. Anschließend fahren wir nach Makarora und weiter zu den zwei Seen Hawea und Wanaka. Der Weg dorthin erinnert mich wieder an ein Postkartenmotiv. Unser Bus fährt auf der asphaltierten Straße entlang und kein anderes Fahrzeug ist weit und breit zu sehen. Rechts und links neben uns ist alles grün in grün und ich habe das Gefühl, dass die kurvenreiche Straße direkt in den vor uns gelegenen See mündet.

In den letzten Tagen und Wochen hat sich eine richtig enge Reisegruppe gebildet und wir haben alles zusammen unternommen. Es ist nun aber leider so weit, dass sich unsere elfköpfige Familie für einige Tage aufteilt. Ich fahre mit drei Deutschen weiter.

In Queenstown haben wir endlich zwei Nächte hintereinander, die wir in einem Hostel verbringen. Zuerst unternehmen wir einen Rundgang durch die Stadt, gehen etwas essen, verbrauchen die 30 Minuten gratis Internet, die jedem Gast vom Hotel zur Verfügung stehen, und nachdem wir uns geduscht haben, verschlägt es uns an die hauseigene Bar. Ein paar Getränke später ziehen wir in die nächste Bar, der im Verlauf der Nacht eine weitere folgt, bis wir schließlich um fünf Uhr morgens ins Bett fallen. Meine drei deutschen Weggefährten sind zwischen 24 und 28 Jahre alt. Im Grunde genommen handelt es sich um total liebe Kerle, aber, wie sie sofort

zugeben, die „von der asozialen Sorte" – meinem Empfinden nach bewegt es sich noch im Rahmen. Ich habe Unmengen lustiger Erlebnisse mit – wie sie sich nennen – Frosch, Bärchen und dem Araber. Drei Spitznamen, die meiner Meinung nach zum Schreien sind. Rülpsen, Furzen und blöde-Sprüche-Klopfen sind bei den Dreien Normalität. Die Hemmungen vor mir haben alle drei sehr schnell verloren.
Queenstown – zehn Uhr morgens. Unausgeschlafen beschließen wir aufzustehen und frühstücken zu gehen. Anschließend machen sich die drei Jungs auf den Weg mit der Gondel zum Sommerrodeln und ich gehe mit zwei anderen Gästen vom Hostel auf eine Wiese unten beim Wasser. Hier sitzen wir den ganzen Tag und lassen uns die Sonne ins Gesicht scheinen, reden und relaxen. Abends gehen wir alle gemeinsam aus und haben wie immer viel Spaß dabei.

Die drei Arten von Backpackern

Es gibt, wie ich gemerkt habe, drei unterschiedliche Arten von Backpackern.
So ein typischer männlicher Hardcore-Backpacker sieht wie folgt aus: Die Haare sind etwas länger und kraus und der Bart gedeiht langsam, aber stetig. Wenn wir unseren Blick an ihm ein Stückchen tiefer wandern lassen, finden wir meist ein T-Shirt, das ein wenig abgetragen aussieht und sich nach einem Waschvorgang sehnt. Es folgen Dreiviertelstoffhosen, die sich zwischen den Farben Grau, Grün oder Beige bewegen. Schauen wir weiter, entdecken wir schließlich nackte und an den Sohlen sehr dreckige Füße.
Kommen wir zu der zweiten Sorte von Backpackern und zwar dem Durchschnittsbackpacker. Der unterscheidet sich vom oben genannten Hardcore-Backpacker wie folgt: er hat einen Kurzhaarschnitt, ist meist rasiert und trägt ein T-Shirt, das nur ganz leicht nach Schweiß riecht – gerade so, dass es nicht unangenehm ist. Dazu hat er eine Jeans und Trekking- oder Sportschuhe an.
Für die dritte Sorte der Backpacker, den Luxus-Backpacker, würde ich gerne ein weibliches Beispiel aufgreifen. Fangen wir auch hier

oben an: Die Haare entweder offen oder lässig zu einem Dutt hoch gefasst, längere Ohrringe und auf jeden Fall Wimpertusche und Kajal. Wenn wir unseren Blick schweifen lassen, können wir eventuell noch eine Kette wahrnehmen oder es geht direkt weiter mit dem Ausgehtop, einer Leggings und wenn's gut geht Ballerinas oder eleganteren Sandalen. Die Luxus-Backpacker haben meist einen Rollkoffer statt eines Trampingrucksacks mit.
Diese drei Sorten von Reisenden findet man unterwegs oft vor und aus dieser Einteilung der einzelnen Kategorien lässt sich sehr viel schließen. Man kann zum Beispiel feststellen, wie lange sie reisen, durch wie viele Länder, ob sie Work and Travel machen oder jeden Euro dreimal umdrehen.
Es ist interessant, wie sich die eigene Beobachtungsgabe und Menschenkenntnis entwickelt und verfeinert, wenn man länger reist und mit vielen verschiedenen Nationalitäten und Arten von Menschen zu tun hat. Auch am Aussehen oder dem jeweiligen Akzent zu erkennen, aus welchem Land jemand stammt, lernt man auf Reisen mehr und mehr.

Das Verhalten in einer Gruppe

Seit ich reise, habe ich Zeit über Vieles nachzudenken. So kam es dazu, dass ich mein eigenes Verhalten in einer Gruppe und unter anderen Leuten beobachtete.
Als ich in Neuseeland mit dem Bus reiste, war ich die meiste Zeit mit einer Gruppe von elf Leuten unterwegs. Ich stieß erst zwei Tage später zu der Gruppe und zu dieser Zeit war diese schon zusammengewachsen und es hatten sich engere, kleinere Grüppchen gebildet. Ich schloss mich trotzdem an, fühlte mich auch gleich wohl und hatte nicht das Gefühl, dass ich eine Außenstehende war. Die Gruppe bestand aus vielen Deutschen aber auch Schweden und Engländern – größtenteils wie ich im Alter zwischen 20 und 30.
Die ersten paar Tage verlief alles gut, doch nach einiger Zeit bemerkte ich, dass es schwierig für mich war, mich wirklich in die Gruppe einzufügen, da sich schon die einzelnen Grüppchen gebil-

det und angefreundet hatten. Hinzu kam, dass eine Person in der Gruppe es sichtlich genoss, im Mittelpunkt zu stehen und viel zu viel redete. Das kann nach einigen Tagen ganz schön anstrengend werden. Durch diese dominierende Person und die bereits geschlossenen Freundschaften fühlte ich mich noch nicht zu 100 Prozent wohl in dieser Gruppe.
Ich ertappte mich selbst dabei, dass ich mich anders benahm als normalerweise, eher ruhig und zurückhaltend. Ich seilte mich des Öfteren von der Gruppe ab, obwohl ich doch sonst sehr sozial bin. Bei Partyabenden ging ich früher heim oder kam erst gar nicht mit. Mir war anfangs gar nicht bewusst, dass mein Verhalten sich geändert hatte. Schließlich unterhielt ich mich mit jemandem aus der Gruppe und bekam dadurch bestätigt, dass die dominierende Person in der Gruppe auch ihr anstrengend und belastend erschien, obwohl sie wirklich sehr lieb war.
Dieses Gespräch erinnert mich an die ersten Tage meiner Reise, in denen ich mich selbst nicht mehr wiedererkannte und erst später merkte, dass ich von Thorsten ständig kritisiert wurde. Oft bekomme ich mein verändertes Verhalten in dem Moment, indem es passiert, gar nicht mit und mir wird es erst später bewusst. Daraus ergibt sich meist schnell der Grund, wieso ich mich anders verhalte oder mich nicht wohl gefühlt habe.

Alleinreisen – die Wahrheit dahinter

Mittlerweile habe ich verstanden, worum es beim Reisen wirklich geht. Es ist keine ewig lange schöne Zeit, sondern ein ständiges Hoch und Tief von Gefühlen. Mit ständig meine ich nicht, dass ich auch mal schlechte Tage habe, sondern dass sich meine Laune stündlich ändern kann. Ich komme neu in ein Hostel und fühle mich zuerst unwohl, weil alles neu ist, ich mich noch gar nicht auskenne, sich schon Gruppen gebildet haben und ich noch kein bekanntes Gesicht sehe. Sobald ich eine Nacht geschlafen habe und den zweiten Tag in einer Unterkunft verbringe, ist alles schon so gut wie Routine. Ich weiß, wo die Küche ist, kenne mich im Hostel aus und sehe manche Leute schon zum zweiten Mal – es läuft von

selbst. Dabei ist ganz klar, dass ich, wenn ich nach einer Reise nach Hause komme, sage, dass alles super und unglaublich war. Das trifft auf die gesamte Reise ja auch meist zu, aber es steckt oft viel mehr dahinter. Ich habe Glück, dass ich ein paar Ausnahmen von Personen treffe, die ehrlich zugeben, dass das Alleinreisen nicht immer ein Zuckerschlecken ist. Es ist oft schwer und man hat Phasen, in denen einem zum Heulen zumute ist und man sich kurz vor dem Aufgeben befindet.
Ich selbst hatte solche Phasen noch nicht, aber die werden kommen und es ist sehr gut zu wissen und von anderen zu hören, dass es ihnen nicht anders ergeht. Sobald man sich denkt, man ist alleine mit diesem Gefühl, wird es schlimmer. Ruft man sich hingegen ins Gedächtnis, dass es vielen – nein, sogar fast allen – genauso ergeht, wird es besser.

Die neueste Christina-Statistik ergibt aufgrund vieler intensiver Beobachtungen Folgendes: 90 Prozent der Backpacker sind alleine unterwegs und davon ist der Großteil weiblich. Manchmal trifft man zwei Freundinnen, die gemeinsam reisen, eine Dreier-Männer-Gruppe, die es noch zusammen aushält, oder ein Pärchen, das sich gemeinsam auf Reisen begeben hat. Aber in der Regel sind die Reisenden alleine unterwegs.
Wenn man zu zweit reist, lernt man um 70 Prozent weniger Leute kennen als wenn man alleine unterwegs ist. Eine heftige Zahl, ich weiß, aber für mich trifft sie zu. Es kann aber auch angenehm sein, eine Zeit lang nicht so viele neue Leute kennenzulernen und jedem dieselbe Geschichte erzählen zu müssen. Zurzeit geht es mir so. Ich bin froh, wenn ich ein bisschen Abstand vom Neue-Kontakte-Knüpfen bekomme und habe gar keine Lust darauf, viele Leute kennenzulernen oder gemeinsam zu reisen. Außerdem wird das Reisen so nie langweilig, weil es von Abschnitt zu Abschnitt geht und sich tagtäglich etwas ändert.
Man merkt auch wer schon länger alleine unterwegs ist und wer nicht. Nach einer gewissen Zeit hat man einen sehr ausgeprägten eigenen Willen und ist sehr bestimmt in den Dingen, die man tut und möchte. Ich beobachte immer wieder, dass diejenigen, die schon länger unterwegs sind, im Hostel einchecken und gleich eine

Vorstellung davon haben, was sie als Nächstes tun wollen. Mir fällt das noch immer schwer. Man glaubt gar nicht, wie viele Entscheidungen beim Reisen täglich und stündlich anstehen: wann und wohin gehe ich essen, was sehe ich mir heute an, welches Transportmittel nehme ich, wo übernachte ich heute, reise ich morgen weiter, wie lange bleibe ich hier, und so weiter.

Wenn mich jemand vor meiner Abreise aus Österreich gefragt hätte, ob es viele Menschen gibt, die ich unsympathisch finde, hätte ich voller Überzeugung geantwortet, dass ich mich prinzipiell mit jedem gut verstehe – außer vielleicht fünf Prozent der Leute. Beim Reisen ist es genau das Gegenteil: Hier treffe ich etwa fünf Prozent, bei denen ich sagen kann, dass ich mit ihnen auf einer Wellenlänge bin. Der Grund dafür liegt auf der Hand: Beim Reisen – noch dazu beim Alleinreisen – hat erstens jeder seinen ganz eigenen Kopf und nimmt weniger Rücksicht auf die Wünsche anderer. Zweitens ist man meistens von der ersten Sekunde an so, wie man wirklich ist. Niemand verstellt sich, um anderen zu gefallen, denn vermutlich sieht man sich ohnehin nie wieder.

Der südlichste Punkt Neuseelands

Nun fahren wir durch Invercargill und mit einer Fähre rüber nach Steward Island, die auf jeden Fall einen Besuch wert ist.
In zwei Stunden rund um die Insel? Nein, unmöglich! In dieser Zeit kann man alle vorhandenen Straßen auf der Insel abfahren. Den Rest von Steward Island könnte man wahrscheinlich in nicht einmal 14 Tagen zu Fuß erkunden. Die Fläche dieser kleinen Insel umfasst rund 1700 km², davon sind 20 km Straßennetze rund um die Siedlungen der 600 Einwohner. Nur dieser Teil ist bewohnt – der Rest der Insel besteht aus reiner Natur.
Um acht Uhr morgens legt die Fähre von Steward Island ab und fährt zurück nach Invercargill. Ich marschiere ein bisschen früher von unserer Unterkunft los, um den Sonnenaufgang zu fotografieren. Ein traumhafter Anblick. Ich stehe auf dem hölzernen Steg, vor mir ankern einige Boote im spiegelglatten Wasser und Vögel

mit kräftigen Flügelschlägen kreisen über der Bucht ihre Runden. Zwei dünne Wolkenstreifen hängen über einem Hügel hinter der Bucht. Die aufsteigende Sonne wirft im Minutentakt mehr und mehr orange-rötliches Licht auf die Wolkenschlieren, steigt weiter nach oben und verfärbt das Wasser mit ihrem prachtvollen Morgenrot. Ich genieße ganz alleine diesen wunderschönen Anblick, nur die Schreie der Vögel unterbrechen mich zwischendurch in meiner Träumerei.

Zurück auf der Südinsel

Wir machen uns auf den Weg zur nächsten Übernachtung im Gunn`s Camp. Das Camp, in dem wir heute Nacht schlafen, ist abgelegen und uns erwartet ein Abend ohne Elektrizität. Der Bus bleibt in einem Tal von grün bewachsenen Bergen umgeben stehen. Es wird gerade dunkel und ich erspähe die vielen kleinen bunt gestrichenen Holzhütten. Sie sind sehr spärlich eingerichtet, erfüllen aber ihren Zweck für diese Nacht. In dieser Nacht bekommen wir von den gefürchteten Sandflies einen Besuch abgestattet. Das sind ganz kleine Fliegen, die stechen – sie findet man überall in Neuseeland und die Stiche jucken extrem und halten bis zu zwei Wochen an. Diese nervigen Fliegen zeigen sich meist in der Morgen- und Abenddämmerung. Sie halten sich gerne bei fließendem Wasser und im Urwald auf, am liebsten dort, wo es feucht ist. Wo sie auch oft anzutreffen sind, ist am Strand, wenn es windstill ist. Durch das Bedecken der Haut und mit einem entsprechenden Insektenspray kann man sich gegen diese Tierchen schützen.
Vom Gunn`s Camp aus setzen wir unsere Reise über Milford Sounds fort, zurück nach Queenstown und weiter zum Mount Cook. Nach einer zweistündigen Wanderung dem Mount Cook entgegen verbringen wir unseren Abend mit Relaxen. Endlich komme ich wieder dazu, meine Wäsche zu waschen, die langsam aber sicher einen komischen Geruch angenommen hat. Auch habe ich wieder einmal Zeit, an meinem Reiseblog zu schreiben und Berichte über Bali zu lesen, meinem übernächsten Reiseziel.

Vom Mount Cook nach Rangitata

Bevor wir im Hostel ankommen, steige ich bei einer Pferdefarm aus. Das erste Mal auf einem Pferd zu sitzen und das gleich in Neuseeland ist eine tolle Erfahrung. Eine Stunde darf ich auf der zauberhaften, braunen Stute Spirit reiten.

Bei uns in Österreich würde eine Anfängerreitstunde wahrscheinlich wie folgt ablaufen: 15 Minuten theoretische Einführung, wie man auf ein Pferd steigt und die Befehle, die es gibt, besprechen, sowie eine genaue Aufklärung der Risiken und was im Notfall zu tun ist. Anschließend würde in einem Reitstall Schritt für Schritt in die Praxis übergegangen werden und das Pferd, auf dem man sitzt, von einem Reitlehrer an einem Seil im Kreis geführt werden. Das Reiten an sich würde höchstens eine halbe Stunde dauern und die letzten 15 Minuten, die noch übrig blieben, wären wahrscheinlich dazu da, das Pferd abzuzäumen und zu bürsten.

Ganz anders geht es in Rangitata zu. Der Reitfarmbesitzer fragt kurz nach, wer Anfänger und wer fortgeschritten ist und dann wird jedem ein Pferd zugeteilt. Innerhalb weniger Minuten zeigt er uns, wie man auf ein Pferd steigt und erklärt die wichtigsten Verhaltensweisen beim Reiten. Gleich darauf hat jeder sein Pferd aus dem Stall geführt, ist selbstständig aufgestiegen und schon reiten wir los in die freie Natur. Außer mir sind noch sieben andere Reiter und ein Reitlehrer dabei. Ich habe ein haselnussbraunes Pferd zugeteilt bekommen und reite in der Kolonne eher am Ende. Ich fühle mich zu Beginn noch sehr unsicher und wackelig auf dem starken, breiten Pferderücken. Ich verkrampfe mich immer wieder und muss mir ins Gedächtnis rufen, mit ruhigem Oberkörper mit der Rhythmik des Pferdes mitzugehen. Langsam aber doch entspanne ich mich, während wir über Stock und Stein reiten. Plötzlich galoppieren wild lebende Pferde an uns vorbei. In dem Moment wird mir völlig anders, weil sich mein Pferd ganz unkontrolliert bewegt und mir fast durchgeht. Mein Herz rast und mein ganzer Körper verkrampft sich. Ich ziehe leicht an den Zügeln und übe mit meinen Schenkeln Druck auf das Pferd aus. Es dauert einige Zeit bis sich mein Pferd und ich wieder beruhigen. Nach einer Weile bekomme ich das Gefühl, mit dem Pferd in Harmonie zu reiten. Unsere Tour führt über Waldwege, enge Pfade und durchs Wasser. Es ist ein Gefühl von Freiheit, oben auf einem starken Tier zu sitzen, die warme Luft auf der Haut zu spüren und der Wind bläst mir durch die Haare. Meine Sinneseindrücke spielen verrückt. Ich weiß nicht, worauf ich mich zuerst konzentrieren soll: auf das Gefühl, auf einem Pferd zu sitzen und durch die Wildnis zu reiten, auf die warmen und angenehmen Temperaturen oder auf die Landschaft, die an mir vorbeizieht. Es sind so viele Eindrücke, die auf mich gleichzeitig niederprasseln, sodass ich einfach alles rund um mich geschehen lasse.

Danach folgt die Trennung meiner elfköpfigen Reisegruppe – diesmal endgültig. Diese Trennungen von Reisegefährten sind nicht einfach und danach fühle ich mich einsam. Aber vielleicht gewöhne ich mich während meiner Reise daran.
In Kaikoura entschließe ich mich zu einer Whale-Watching Tour. Nach einer 20-minütigen Bootsfahrt raus auf das offene Meer halten wir an und sehen auch schon den ersten Wal. Die Wale werden mittels GPS und Hörfunk geortet, sodass der Kapitän in diese Richtung steuern und eine hohe Erfolgsquote garantieren kann. Die Giganten der Meere müssen alle zwei Stunden auftauchen, um Luft zu holen und tauchen dann langsam wieder ab. Es verschlägt mir die Sprache als ich den ersten Wal langsam an die Wasseroberfläche kommen sehe. Seine glatte, glänzende Lederhaut kommt zum Vorschein und lässt die Sonne darauf reflektieren. Er bewegt sich in aller Seelenruhe ohne sich von dem Boot, auf dem wir uns befinden, stören zu lassen. Ich habe genügend Zeit Fotos zu machen, da sich die Atemlöcher der Wale einige Minuten lang über Wasser befinden. Ich beobachte wie ein Teil seines Rückens über Wasser kommt und kurze Zeit ist nichts von ihm zu sehen bis seine gigantisch große Flosse an die Luft kommt. Die perfekt geformte Flosse biegt sich nach hinten, zieht einen Wasserstrahl nach sich und verschwindet langsam in den Tiefen des Meeres. Insgesamt bekommen wir drei Wale, einige Delphine und einige Robben, die sich ausgestreckt die Sonne auf den Bauch scheinen lassen, zu Gesicht.

Auckland und die Hop-On Hop-Off Schiffstour

Nun bin ich wieder zurück in Auckland und lege einen sechstägigen Zwischenstopp ein. Ich komme am Montag gegen Mittag an – diesmal alleine, ohne Busmitreisende. Übernachten werde ich in einem Zehnbett-Zimmer in einem siebenstöckigen Hostel mit einer Küche im obersten Stock, einer Dachterrasse und einem Whirlpool. Es tut gut länger als nur ein oder zwei Nächte an ein und demselben Ort zu bleiben. Ich hätte auch schon während der Bustour eine Pause einlegen können, um längere Zeit an einem Ort zu verbringen. Aber ich habe das Gefühl genossen, die Leute um mich herum schon zu kennen und deswegen war ich nicht bereit, mich von ihnen zu trennen. Es ist selten, dass eine Gruppe von elf Leuten über einen Zeitraum von drei Wochen gemeinsam reist.

Es ist Anfang der Woche und ich mache mich auf den Weg zum Hafen von Auckland. Er ist riesig und ich bin von wahnsinnig großen und schönen Yachten umgeben. Die schwimmenden Luxusimmobilien strotzen förmlich vor Ruhm und Glanz. Auf einigen sehe ich Angestellte, die die Über-Deck-Sitzecke saubermachen oder ihren Arbeitgebern etwas zu trinken servieren. Etwas außerhalb, in einem zweiten Hafen, stehen Unmengen an Segelbooten. Manche sind mit Blumen verziert, ein anderes wird gerade mit einem Schlauch abgespritzt. Kurzzeitig überlege ich mir sogar, bei einer Yacht zu fragen, ob sie Arbeit für mich haben. Ich entscheide mich dagegen, weil es nicht in meinen Zeitplan passt – und ehrlich gesagt traue ich mich nicht zu fragen.

Ich schlendere weiter Richtung Fischmarkt und werfe einen Blick darauf. Häfen und Fischmärkte haben für mich etwas sehr Faszinierendes. An Häfen finde ich die großen, prachtvollen Boote und Schiffe besonders toll und ich male mir gerne das Leben der Besitzer vor meinem geistigen Auge aus. An Märkten liebe ich das wilde Durcheinander. Ein Marktstand neben dem anderen, meist von Einheimischen besetzt, und es herrscht ein wildes Getümmel, das von lautem Geschrei untermalt wird. Jeder bietet seine Waren an und versucht sie anzupreisen.

Nun ist wieder ein Tag um und ich bin gemeinsam mit einer Deut-

schen namens Imke auf dem Weg zurück zum Hafen, um einen Zwei-Tages-Pass für eine Hop-On Hop-Off Schiffstour zu kaufen. Dieses Boot bringt seine Passagiere zu verschiedenen Inseln, bei denen man je nach Belieben zu- oder absteigen kann.
Die erste Insel namens Motuihe Island, die wir wählen, ist ganz klein und entzückend und hat etwas sehr Idyllisches. Saftig grünes Gras, gesunde, große und grüne Bäume, einen wahnsinnig tollen Strand mit feinkörnigem Sand und nur wenige Menschen sind hier zu sehen. Dazu ist es so ruhig wie nirgendwo sonst. Zuerst verbringen wir unsere Zeit mit einem Spaziergang auf der dicht bewachsenen Seite der Insel. Ein angenehmer Weg, der uns an weitläufigen, grünen Wiesen und urigen, selbstgebauten Holzzäunen mit Blick auf das offene Meer vorbeiführt. Von hier oben können wir in die Bucht der Insel sehen und die Segelboote beobachten, die hier ankern. Zwischen den vielen großen Bäumen entdecken wir immer wieder Zelte, die im Schatten der Baumkronen aufgestellt wurden. Nach unserer Erkundungstour gehen wir nach unten zum Strand und lassen uns, gemeinsam mit einigen Möwen, die Sonne auf den Bauch scheinen.
Unser nächster Halt ist in einem Vorort von Auckland und wird Devenport genannt. Devenport ist eine entzückende kleine Seniorenstadt. Bei unserem Spaziergang begegnen uns ausschließlich ältere Leute. Ein Ehepaar, das langsam Hand in Hand durch die Stadt spaziert und sich zwischendurch ein Lächeln schenkt, bringt mich zum Schmunzeln. Die Häuser erstrahlen mit ihren perfekt gepflegten Vorgärten, ihren hübsch dekorierten Eingangsbereichen und den liebevoll gepflanzten Blumen. Unser Spaziergang führt uns zu einer Anhöhe, von der wir einen schönen Blick über Devenport und den Hafen von Auckland haben.

Am Tag darauf nehmen wir an einer gratis Stadtführung teil und haben im Zuge dessen die Möglichkeit, auf die Harbour Bridge zu gehen. Es ist auf jeden Fall ein Erlebnis für sich, auf dem Geländer unter so einer mächtig großen Brücke entlangzugehen. Man kann von der Harbour Bridge auch Bungeespringen und das sehen wir uns live an. Bungeespringen wird genau wie Skydiving in Neuseeland viel beworben und an allen möglichen Orten angeboten.

Von Auckland nach Paihia

Nach meiner Rast in Auckland reise ich mit dem Bus weiter Richtung Norden, diesmal mit einem Zimmerkollegen, den ich im Hostel kennengelernt habe: Jörg.
In Paihia, im nördlichen Neuseeland, habe ich mich gleich verliebt. Es ist ein kleiner Ort mit vielen liebevoll hergerichteten Häusern direkt am Wasser. Vom Strand aus sehe ich kleine, grün bewachsene Inseln, die sich Bay of Islands nennen. Der Ort hat etwas Friedliches und doch Lebendiges. Von den Einheimischen sehe ich auf der Straße nicht viel, aber die jungen Leute, die an diesen Ort kommen, bringen Leben in den Ort. So beschließe ich, sieben Tage hier zu verbringen.

Am Ankunftstag haben Jörg und ich den Ort erkundet, waren gemütlich Abendessen und anschließend lassen wir all unsere Energie beim Tanzen in einer Disco raus. In einem Acht-Bett-Zimmer mit sieben Männern bin ich die einzige Frau. Am Tag nach der langen Partynacht werde ich um sieben Uhr geweckt und merke gleich, dass ich einen Hangover habe. Es steht eine Tagestour zum nördlichsten Punkt Neuseelands an, Cape Reinga. Wir fahren mit dem Bus über den 90 Miles Beach, einen ewig langen Strand. Woraus sich der Name ergeben hat ist unklar, da der Strand 88 Kilometer lang ist. Das Meer hat hier einen starken Wellengang und man darf mit dem Auto oder Bus direkt am Strand entlangfahren. Ich sehe einen kilometerlangen breiten und festgefahrenen Sandstreifen und nur hie und da ein paar Autos oder Fischer, die ihr Glück versuchen.
An einer Stelle biegt der Bus ab und wir fahren geradewegs zum Sandboarding. Jetzt heißt es raus aus den Schuhen, das Board unter den Arm klemmen und den steilen Sandhang hinaufklettern. Der Weg nach oben ist eine echte Tortur und ich hoffe, dass es sich auch lohnt. Bei jedem Schritt sinke ich mit meinen nackten Füßen tief in den Sand ein. Geschwächt und müde von der gestrigen langen Nacht bin ich genervt und jeder Schritt kostet mich einiges an Energie. Ich überlege schon umzudrehen und bleibe kurz stehen um durchzuatmen, aber gehe dann doch langsam weiter und

verwende mein Board als Stütze. Ich stecke es vor jedem zweiten Schritt vor mir in den Sand und hole mir somit Schwung für den nächsten Schritt. Oben angekommen lege ich das Board wie all die anderen auf den Sand und mich selbst auf den Bauch mit dem Kopf voran darauf. Ein nervöses Gefühl macht sich in mir breit und ich warte noch und gebe einigen anderen den Vorrang. Ich beobachte sie dabei, wie sie den Hang runterrutschen. Die ersten sind unten angekommen, wieder nach oben gestapft und bereit für die zweite Rutschpartie. Sie geben uns noch ein paar Tipps und somit wage auch ich den Weg nach unten. Leicht verkrampft liege ich auf dem Board und sobald ich von oben weggefahren bin, beschleunigt sich die Geschwindigkeit rasant. Ich bin froh, dass sich das Board relativ gerade nach unten bewegt und ich nur sehr leicht mit den Armen dem Brett die Richtung angeben muss. Zwischendurch schließe ich kurz die Augen, da mir der Sand direkt entgegenfliegt. Es macht eine Menge Spaß auf dem Sand nach unten zu gleiten. Je weiter ich nach unten komme, desto langsamer wird mein Board, bis es schließlich von selbst zum Stehen kommt. Der Kampf den Hang hinauf hat sich für mich definitiv ausgezahlt. Der einzige Nachteil an der Sache ist, dass sich der Sand während der Fahrt überall in der Kleidung und am Körper verteilt. Ich versuche mich so gut es geht vom Sand zu befreien, bis ich wieder in den Bus einsteige und wir Richtung Cape Reinga aufbrechen. Der Bus bleibt stehen und wir gehen oben auf einer Hügellandschaft entlang. Rechts und links von mir führt eine grüne Wiese tief nach unten zu Felsen, die ins Meer ragen. Der Weg über die grün bewachsene Hügellandschaft zieht sich über zwei Kilometer lang. Am Ende dieses Weges sehe ich schon von weitem einen kleinen weißen Leuchtturm und somit ist das Bild perfekt. Tief Luft holen, die Frische des Meeres aufsaugen und die Landschaft genießen. Ich stehe hier am nordwestlichsten Punkt der Nordinsel Neuseelands, die Sonne scheint mir auf meine nackten Arme und Beine und ich habe zur selben Zeit Gänsehaut. Beim Leuchtturm angekommen sehe ich wie der Pazifische Ozean im Osten und die Tasmansee im Westen aufeinanderprallen. Diese Kraft des Wassers, die Begegnung zweier verschiedener Meere, hat so etwas Starkes, dass ich das Gefühl bekomme, dass diese Macht in meine Glieder

übergeht.
Am darauffolgenden Nachmittag mache ich mich auf den Weg vom Hostel zum Strand, als mir ein Kiwi entgegenkommt. Als „Kiwi“ werden nicht nur die Frucht, sondern auch das Nationaltier Neuseelands und die Einwohner selbst bezeichnet. In diesem Fall meine ich einen der Einwohner. Er wohnt im Zimmer nebenan und fragt mich, ob ich Kajak fahren gehen möchte. Ich sage spontan zu. Die Bay of Islands umfasst 144 Inseln und ist ein wahres Paradies. Ich sitze zum ersten Mal in einem Kajak. Wir nehmen uns ein Zweierkajak – rein ins Meer, rauf aufs Kajak. Er mietet es für vier Stunden, doch schon nach ein paar Minuten auf dem Wasser bereue ich das Doppelkajak. Erstens ist es sehr anstrengend und zweitens sitzt man unbequem. Mein Rücken tut von der verkrampften Sitzposition nach kurzer Zeit weh und mein Hintern schläft alle paar Minuten ein, da ich so einen harten Untergrund nicht gewohnt bin. In den Armen brauche ich besonders viel Kraft, die ich nicht habe und dies führt sehr schnell zur Erschöpfung. Wir steuern auf Umwegen die nächstgelegene Insel an und ich wünsche mir nichts sehnlicher, als so schnell wie möglich anzulegen und zu relaxen. Schon nach wenigen Minuten muss ich zwischendurch unterbrechen und ihn alleine weiterpaddeln lassen, um mich zu erholen. Nach gut einer Stunde Kajakfahrt machen wir bei einer Insel Halt, auf der wir weit und breit die Einzigen sind. Innerhalb von fünf Minuten spazieren wir einen engen Pfad entlang bis ans Ende des kleinen, idyllischen Eilands. Der Weg endet ohne jegliche Vorwarnung und wenn ich nicht aufgepasst hätte, wäre der nächste Schritt in die Luft gegangen und ich würde im Meer liegen. Ich stehe hier, schaue auf den Pazifischen Ozean und zwischendurch ragen kleine grünbewachsene Fleckchen Erde aus dem tiefblauen bis türkisen Wasser. Weiter hinten erkenne ich weiße Segelboote, die sich ihren Weg durch das Inselparadies bahnen. Vereinzelt treiben Fischer mit ihren Holzbooten am Wasser und versuchen ihr Glück beim Angeln. Einer dieser schaut zu mir herauf, winkt mir zu und lächelt. Er ist so nah an der Insel, dass ich das in Falten gelegte Gesicht, seine Zahnlücke, die durch das Lächeln zum Vorschein kommt, und seine großen, klobigen Hände erkennen kann. Mein Blick fällt auf Albatrosse und ich beobachte sie dabei, wie sie

ins Wasser eintauchen, um Fische zu fangen. Es ist eine wahnsinnig tolle Aussicht und eine schöne Landschaft.

Nach dem Ausflug genieße ich die Zeit alleine. Ich spaziere durch den Ort, setze mich zum Strand und fange an, diese Zeilen zu schreiben. Ab und zu unterbreche ich das Schreiben, sitze einfach nur da und lausche den sachten Wellen, die auf den Strand zurauschen. Die Regelmäßigkeit der Wellen hat für mich etwas unheimlich Beruhigendes und dennoch strahlt das Wasser eine enorme Kraft und Stärke aus – einfach herrlich. Wenn ich ganz leise bin, kann ich manchmal hören, wie die Muscheln, die an Land gespült werden, die anderen Muscheln, die schon gestrandet sind, berühren. An diesem Tag habe ich kein Bedürfnis danach, mich zu unterhalten. Den Abend nütze ich zum Schreiben, Internet surfen und Wäsche waschen.

Ein lustiger Zwischenfall

Nicht nur im alltäglichen Leben zu Hause, sondern auch beim Reisen sind Dinge wie das Wäschewaschen natürlich ein Thema. Auch bei mir ist es wieder so weit. Voller Eifer und Vorfreude auf saubere, frisch riechende Wäsche schnappe ich mir all meine Kleidung und werfe sie in die Waschmaschine. Fast immer gibt es in Hostels Öffnungszeiten für die Waschküchen, in denen Waschmaschinen und Trockner stehen. Ich suche zwar nach einem derartigen Hinweis, aber es ist kein Schild mit den Öffnungszeiten zu entdecken. So schalte ich die Waschmaschine mit meiner gesamten Kleidung darin ein und erledige in der Zwischenzeit andere Dinge. Als ich frohen Mutes zurückgehe, um meine Wäsche in den Trockner zu geben, ist die Tür verschlossen und es steht außen drauf: „Von zehn Uhr bis 22 Uhr ist die Waschküche geöffnet."
Abgesehen davon, dass meine nasse Wäsche nun über zehn Stunden in der Waschmaschine liegen muss und deswegen wahrscheinlich nicht mehr den besten Geruch haben wird, bin ich wie folgt gekleidet: lange Skiunterhose, langes Skiunterleibchen, darüber eine Fleeceweste und dicke Socken mit Flip-Flops. Sonst ist alles –

wirklich alles – in der Waschmaschine. Ich habe kein Gewand zum Schlafen, kein Handtuch und weder Hose noch Oberteil, mit dem ich mich in die Öffentlichkeit trauen kann.
So sitze ich also auf dem Balkon und versuche, mir aus den Blicken der anderen einfach nichts zu machen. Nachdem ich am nächsten Morgen schon um sieben Uhr aufwache, frage ich nach dem Schlüssel für die Waschküche und gebe meine Wäsche sofort in den Trockner. Ich will während des Trockenvorgangs in Ruhe frühstücken und im Internet surfen – diesmal wird ja wohl niemand die Waschküche abschließen.
Als ich meine Milch aus dem Kühlschrank unseres Zimmers holen will, ist sie nicht mehr da. Entweder wurde sie aus Versehen mitgenommen oder jemand hat es darauf angelegt. Das Einzige, was ich noch habe, ist Müsli. Ich kann nicht einmal zum nächsten Supermarkt gehen, da ich noch immer mit meiner langen Unterwäsche herumlaufe.
Ich beschließe also die Zeit, bis die Wäsche fertig ist, mit Magenknurren und Internetsurfen zu überbrücken. Ich hatte am Abend zuvor meine 24-Stunden Internetkarte angefangen, doch plötzlich funktioniert sie nicht mehr.
Tja und so sitze ich in der Gemeinschaftsküche in meinem schrägen Outfit, mein Internetzugang funktioniert nicht, ich habe keine Wäsche und nicht die Möglichkeit zu frühstücken.

Hitchhiking

Neuseeland ist angeblich das sicherste Land, was das Fahren per Anhalter angeht. Will man Einheimische kennenlernen, funktioniert das am besten mit dem sogenannten Hitchhiken. Hitchhiking ist etwas, das ich schon immer einmal ausprobieren wollte.
Nach den letzten Tagen in Paihia auf der Nordinsel von Neuseeland habe ich mich dazu entschlossen die restliche Zeit, die mir noch in Neuseeland bleibt, auf eine etwas andere Art und Weise zu genießen. Weg von den Touristenbussen und her mit unvorhersehbaren Abenteuern.
Vor zwei Tagen traf ich mich in Paihia mit einem 23-jährigen Deut-

schen namens Lukas, den ich über das bereits zu Beginn genannte Forum kennenlernte und schon einmal kurz erwähnt hatte. Denn dieser junge Mann ist dafür verantwortlich, dass ich am argentinischen Flughafen mein Ausreiseticket von Neuseeland nach Australien sechs Wochen nach der Einreise buchte, da er zur selben Zeit fliegen wollte. Wir halten, seit ich in Rio war und verzweifelt nach anderen Reiseplänen suchte, Kontakt. Er ist noch immer in Neuseeland und wir werden am selben Tag nach Sydney und auch weiter nach Bali fliegen. Da wir darüber hinaus auch noch ungefähr dieselben weiteren Reiseziele haben, trafen wir uns, um zu schauen, ob wir uns verstehen und eventuell eine Zeitlang gemeinsam reisen wollen. Unsere erste Begegnung hatte etwas Magisches. Der vereinbarte Treffpunkt war eine Bank nahe beim Strand mit Blick auf das offene Meer. Wir setzten uns und verstanden uns auf Anhieb gut. Als wir miteinander redeten, huschte plötzlich eine Sternschnuppe über den Himmel und uns blieb beiden kurz das Herz stehen, da dieser Moment etwas ganz Besonderes an sich hatte.

Gleich am nächsten Tag haben wir beschlossen gemeinsam aufzubrechen und so trampen wir nun für die nächsten fünf Tage gemeinsam von Paihia nach Auckland zurück, wo unsere Flüge nach Sydney gehen. Wir wollen zuerst von der Ost- auf die Westküste an einen Ort, der Omapere heißt und von dort runter Richtung Süden zu unserem Zielort.
Lukas ist ungefähr so lange in Neuseeland unterwegs wie ich und hat seine Tour hier als Autostopper bestritten. Autostoppen ist eine Art des Reisens, die auf jeden Fall etwas sehr Reizvolles und Abenteuerliches hat. Ich freue mich darauf, mit ihm in diese für mich neue Welt einzutauchen.
Wir gehen zunächst zu Fuß aus dem Ort Paihia raus, um eine Stelle zu finden, an der man mit dem Auto gut stehen bleiben kann und wir für die Autofahrer gut sichtbar sind.
Ich lasse mich von Lukas in die Kunst des Autostoppens einweihen und gebe dies hiermit weiter: Man sollte zunächst so stehen, dass man gut gesehen wird. Unsere beiden großen Trampingrucksäcke stellen wir auf die Seite – ebenfalls gut sichtbar. Hinter unseren

großen Rucksäcken verstecken wir unsere beiden kleineren Rucksäcke, die Daypacks, damit es nicht nach zu viel Gepäck aussieht. Nun kann es losgehen: Runter mit der Sonnenbrille und auf den Straßenrand stellen, den Daumen raushalten und ganz freundlich lächeln. Zehn Minuten und zwölf Autos später hält der erste Wagen an. Darin sitzen zwei junge Männer, etwa in unserem Alter, von denen ich mich ganz sicher ferngehalten hätte, wenn ich alleine gewesen wäre. Auch Lukas zögert zunächst, ist sich aber dennoch sicher genug, dass man sich auf eine Fahrt mit den zwei Burschen einlassen kann. Sie nehmen uns zehn Minuten mit und lassen uns auf einer großen Kreuzung raus. Fünf Minuten und nur wenige Autos später sitzen wir im nächsten Auto und landen in einem Ort namens Kaikohe. Wir gehen bis ans Ende des Ortes und nach gefühlten drei Minuten hält das nächste Auto. Darin sitzen richtige Maoris, die Ureinwohner Neuseelands: ein Ehepaar um die 50. Hier eine Beschreibung von dem netten Mann, der sich am Steuer befand: groß, imposanter Bauchspeck, überall tätowiert – zumindest vermute ich das, ich konnte nur seine Hände sehen –, Dreadlocks, die nicht so aussehen, sondern eher wirken als hätte er sich lange Zeit die Haare nicht gewaschen, Kleidung, die nicht gerade frisch gewaschen aussieht, ein starker, schwer verständlicher neuseeländischer Akzent und außerdem hat das Auto einen komischen Geruch, der gerade noch erträglich ist.
Wir fahren eine halbe Stunde bis zu dem Ort Rawene mit. Von dort aus marschieren wir einige Minuten zu einer halbwegs guten Stelle auf einer schlecht befahrenen Straße. Der Ort, zu dem wir wollen, ist wahrscheinlich mit Abstand das ruhigste Fleckchen der Erde. Hier müssen wir einige Zeit warten, da selten ein Auto vorbeikommt, und so machen wir uns über ein gekochtes Ei her, das den ersten Hunger stillen soll.
Wie lange wir diesmal warten, weiß ich nicht. Waren es 15 oder 25 Minuten oder eine halbe Stunde? Schließlich hält ein Auto mit zwei jungen, sehr sympathischen Männern unseres Alters. Sie müssen in denselben Ort wie wir und die übrige Fahrtzeit beträgt nur mehr zehn Minuten.
Es ist eine sehr nette und angenehme Fahrt und wir vier verstehen uns auf Anhieb. Der eine ist ein echter Kiwi, seine Eltern aber

kommen aus Sri Lanka, was man an seiner Hautfarbe erkennen kann. Sein Freund ist Brasilianer, der seit fünf Jahren in Neuseeland lebt. Beide leben in Auckland, sind aber nach Omapere gekommen, da sie auf einer Hochzeit eingeladen sind.
Wir kommen zuerst mit in ihre Unterkunft, trinken etwas und werden von den beiden jungen Männern für später zum Abendessen eingeladen. Anschließend gehen wir in unsere eigene Unterkunft, um unsere Sachen abzuladen und es uns gemütlich zu machen. Wir haben noch etwa drei Stunden Zeit bis zum Abendessen. Die Unterkunft in dem kleinen Ort, in dem wir gelandet sind, spricht absolut für sich: ein wenig erhoben auf einem Hügel, mit Blick aufs Meer und zwei Hängematten vor der Terrasse. So heißt es für uns raus aus den Schuhen, her mit dem Buch und rein in die Hängematten. Lesen, die frische Luft einatmen, zwischendurch den Wellen lauschen und den Vögeln beim Singen zuhören.
Nach zwei Stunden Relaxen geht es zum minimalistischen Supermarkt, um Salat und Chips zu kaufen, damit wir bei der Einladung nicht mit leeren Händen dastehen. Zu dem Salat gibt es beim Abendessen Lamm und einige Drinks. Nach ein paar Stück Profiteroles und ein bisschen Eis schauen wir uns zwei Filme an und lassen so den Abend gemeinsam ausklingen.
Wenn ich etwas unbedingt von meiner Reise in Neuseeland mitnehmen möchte, dann ist es die Gastfreundschaft der Einwohner. Der Abend endet unter sternenklarem Nachthimmel mit den Geräuschen verschiedenster Grillen, Kleintierchen und einem Wellenrauschen, das beruhigender nicht sein könnte, während ich in der Hängematte vor unserem Hostel liege. Das war ein perfekter Tag mit meiner ersten Autostopperfahrung und einer tollen Reisebegleitung.

Als ich ins Bett gehe, weiß ich noch nicht, dass es am nächsten Tag noch um einiges spannender und emotionaler werden wird. Ausgangspunkt am nächsten Morgen ist klarerweise Omapere. Nach 15 Minuten hält auch schon das erste Auto mit einem Neuseeländer, der uns zehn Minuten den Berg hinauf mitnimmt. Jetzt dauert es wieder zehn Minuten bis uns ein anderer Neuseeländer mitnimmt, der uns direkt zu unserem Wunschort im Wald bringt,

dorthin, wo der größte Kauri-Baum steht. Von der Straße sind es nur drei Minuten Fußweg über einen Holzsteg bis zu dem riesengroßen Kauri-Baum. Der Baum scheint sich gegen den Wald hindurchzusetzen und bildet erst ganz weit oben Äste. Der Stamm ist so breit wie eine Autolänge und größer als die Freiheitsstatue in New York. Diesen Eindruck müssen wir auf uns wirken lassen. Wir setzen uns für ein paar Minuten hin und starren den Baum an. Ein lustiges Bild: Zwei Menschen sitzen vor einem Baum und begutachten ihn minutenlang ehrfürchtig.
Es geht zurück zu dem bescheidenen Parkplatz, doch dies ist kein guter Platz, um Autos anzuhalten, sodass ich ein Ehepaar anspreche, das gerade zu ihrem Auto geht. Wir dürfen in dem Camperbus der beiden Engländer, die für zehn Wochen Neuseeland erkunden, mitfahren. Sie lassen uns nach einer 20-minütigen Fahrt an einer kleinen Straßenkreuzung raus. Wir bedanken uns überschwänglich, doch nach einiger Zeit stellen wir fest, dass wir an einem sehr abgelegenen Ort sind. Es fährt geschätzt nur ein Auto innerhalb von zehn Minuten vorbei und weit und breit ist kein Haus zu sehen.

Nach einiger Zeit erscheint ein großes, weißes Auto, das in die entgegengesetzte Richtung fährt. Es ist mit einer vierköpfigen Maori-Bande besetzt, die uns beim Vorbeifahren direkt anschaut, ein paar Meter weiter bei einem Schotterweg einbiegt und hinter einem Baum stehenbleibt. Plötzlich wird uns ganz anders. Verlassen in einer Gegend, in der weit und breit absolut nichts ist und eine Bande, die es – wie wir glauben – auf uns abgesehen hat. Da sehen wir, wie das Auto auf die Straße zurückkehrt und Gott sei Dank nicht in unsere Richtung weiterfährt. Mir fällt ein Stein vom Herzen, aber gleich im nächsten Moment befürchte ich, dass sie vielleicht doch nochmal umdrehen. Ein heftiges Gefühl zwischen schnell aufkommender Panik, Angst und rasendem Herzklopfen durchströmt mich. Es lässt erst nach, als der weiße Wagen hinter dem nächsten Hügel außer Sichtweite verschwunden ist und keine Anstalten macht umzukehren.
Wir warten eine gute halbe Stunde, bis wir beschließen weiterzu-

ziehen. Die Straßen führen bergauf und bergab, sodass ich bereits nach einem Kilometer mit einem Tragegewicht von 21 Kilo auf meinem Rücken eine Pause brauche.
Fünf Minuten vergehen – ein Auto. Zehn Minuten – drei Autos. 14 Minuten – ein Auto. Und niemand hält an. Es hat keinen Sinn noch länger zu warten und wir gehen wieder ein Stück bis zu einem Haus, das verlassen und alleine in kilometerweiter leerer Landschaft steht. Dort versuchen wir erneut unser Glück. Ewig lange kommt kein Auto, dann fahren vereinzelt ein paar an uns vorbei, die, wie wir sehen, alle voll besetzt sind und gar keine Möglichkeit haben jemanden mitzunehmen. Ich bin schon ganz schwach vor Hunger und fange an den Honig – das einzig Essbare, das ich mithabe – löffelweise zu vertilgen.
Langsam machen sich dunkle Wolken am Himmel bemerkbar und in der Ferne sehe ich, dass es regnet. Ich entdecke in der Nähe des Hauses, vor dem wir stehen, eine kleine Hütte aus Metall, die zwar nicht sehr vertrauenserweckend aussieht, aber besser als nichts ist. Sollte es zu schütten beginnen, wäre das unser einziger Unterschlupf. Wir sind schon kurz vor dem Aufgeben, da hält plötzlich ein Auto an. Das Gefühl, das ich in diesem Moment verspüre, werde ich wahrscheinlich nie vergessen: Erleichterung und absolute Erfüllung. Endlich nach so langer Zeit werden wir von diesem unheimlichen Fleck wegkommen.
Eine Neuseeländerin mit einem Hund und ihren zwei kleinen Söhnen nimmt uns mit. Das grünlackierte Auto ist, obwohl es eine Klapperkiste und innen sehr verdreckt ist, unsere Rettung. Auf den Sitzbezügen befinden sich dunkle, schwer zu definierende Flecken, alles ist voller Bröseln und es liegen Spielzeuge und kleine Plastikteile herum, die ausschauen als wären sie von irgendwo abgebrochen. Ich nehme das Chaos rund um mich nur am Rande wahr, da ich so froh über diese Mitfahrgelegenheit bin. Wir haben noch dazu das Glück, dass sie uns nach Dargaville bringt, den Ort, der unser nächstes Etappenziel darstellt. Es folgt eine 146 Kilometer lange Autofahrt, die alles andere als langweilig wird. Die Lenkerin des Wagens redet unaufhörlich mit uns. Sie erzählt uns von ihrem stressigen Tag und fragt uns über unsere bisherigen Reiseerfahrungen aus. In dem Auto befinden sich aber nicht nur wir Men-

schen, sondern auch ein Hund. Er ist groß, hat braunes Fell mit weißen Flecken und hat sein Erkennungsmerkmal – nämlich seine Haare – überall im Auto verteilt. Er sitzt zwar im Kofferraum, welcher jedoch zur Rückbank hin offen ist und der Hund scheut sich nicht davor, mir ab und zu mit seiner sabbernden Schnauze durch die Haare zu streifen. Seinen Blähungen lässt er freien Lauf und der Gestank raubt uns den Atem. Der Geruch hat es eindeutig in sich, trotzdem kann ich mir ein Lachen nicht verkneifen. Eines der beiden Kinder – beide blond wie die Mutter – sitzt auf dem Beifahrersitz und das andere hinten bei uns auf dem Boden. Nicht, dass ihr denkt, wir hätten dem armen Jungen seinen Platz weggenommen. Es wäre genügend Sitzfläche frei, aber ich glaube, er fühlt sich da unten ganz wohl. Das Kind neben uns am Boden ist dreckig und knochendünn. Es sitzt trotzdem ganz zufrieden auf seinem Hintern und spielt mit allem, was es so am Boden des Autos finden kann – und da hat es genug Auswahl. Mit den schmutzigen Fingern fährt der Bub sich immer wieder durch das Gesicht. Das Kind auf dem Vordersitz ist nicht angeschnallt und döst friedlich vor sich hin. Es kippt immer wieder mit dem ganzen Oberkörper nach vorne und stößt sich den Kopf am Armaturenbrett. Ich weiß aus eigener Erfahrung, wie so etwas ist, und finde es belustigend dies aus der Sicht der Nichtschlafenden zu sehen.
Nach dieser spannenden Autofahrt machen wir uns in Dargaville zuerst über ein großes Sandwich her. Es ist schon fast 16 Uhr und so beschließen wir, höchstens eine halbe Stunde zu versuchen, durch Autostoppen zur nächsten Stadt, nämlich Whangarei, zu kommen. Diesmal haben wir Glück und werden direkt von einem sympathischen Mann in seinem Großraumwagen mitgenommen. Am nächsten Tag werden wir von einer entzückenden älteren Dame mitgenommen und anschließend nehmen wir den Bus nach Auckland.
Fünf Tage Hitchhiking – und ich habe ein ganz anderes Gefühl zu Reisen kennengelernt. Eine sehr anstrengende, abenteuerliche und spannende, aber auch lustige Art des Reisens. Sie ist sehr empfehlenswert, um Land und Leute noch besser kennenzulernen. Wichtig ist jedoch, in welchem Land man sich ans Autostoppen traut, da es eine nicht ganz ungefährliche Sache ist, wie ich selbst im siche-

ren Neuseeland an ein paar Stellen zu spüren bekommen habe.

Nun habe ich fünf Wochen Neuseeland-Luxusreisen hinter mir und es ist an der Zeit, dass der Ernst des Backpackerlebens beginnt. Ich habe diese Zeit mit dem Touristenbus gebraucht, um mich zu sammeln, mich von den Anfangsturbulenzen zu erholen und einen kleinen Einblick und Vorgeschmack in das Leben als Backpacker zu bekommen. Aber jetzt freue ich mich sehr darauf, das Backpacken ernster zu nehmen und die Wege abseits der Touristenpfade zu erkunden.

Das Leben als Backpacker

Da ich bis vor meiner Abreise aus Österreich gar keine Backpacker-Erfahrung besessen hatte und ich daher weiß, wie planlos man sein kann, möchte ich euch einen kleinen Einblick in das Leben eines Backpackers geben.
Die Hostels in Neuseeland kosten im Durchschnitt 27 NZD (=18€) pro Nacht und pro Person. In Hostels gibt es alle Varianten von Zwei- bis Zwölf-Bett-Zimmer. Außerdem ist meistens ein Fernsehraum mit einigen Sofas und Sesseln vorhanden, in dem entweder Filme laufen oder DVDs zur Verfügung stehen, die sich die Gäste gratis ausborgen können. In der großen Gemeinschaftsküche stehen jedem Gast Töpfe, Pfannen, Teller, Besteck, Mikrowellen und Toaster zur Verfügung.
Es gibt Kühlschränke, in denen jeder seine Lebensmittel unterbringen kann. Wichtig dabei ist, alles gut zu verpacken und mit dem eigenen Namen und dem aktuellen Datum zu kennzeichnen, da es sonst bei der nächsten Reinigung entsorgt wird.
Das Leintuch und der Bezug des Kopfpolsters muss beim Auschecken zur Rezeption mitgebracht werden. Hier stellt sich die Frage, wie viel von dem Bettbezug des Vorgängers tatsächlich gewaschen wird. Der Kopfpolster ist erfahrungsgemäß so gut wie immer frisch, die Decke allerdings nur selten. Darum ist es von Vorteil, ein Inlett mitzuhaben. Das ist ein hauchdünner Schlafsack aus Seide oder Baumwolle, der einem Leintuch ähnelt. Ich glaube

aber, dass man sich als Backpacker nach einer gewissen Zeit an recht viel gewöhnen kann – auch an ungewaschene Bettwäsche.

Ein Rückblick auf Neuseeland

Kulturell ist Neuseeland nicht sehr anders als Europa. Die meisten Backpacker in Neuseeland kommen aus Deutschland, Holland oder Kanada. Die Speisen und Getränke sind den unseren ähnlich und es ist von allem etwas dabei: Chinesische und indische Restaurants, Fast-Food-Ketten und viele Bäckereien, die unterschiedlich gefüllte Toasts oder Baguettes, Muffins oder auch besondere Kuchen anbieten. Diese kleinen Kuchen werden meist warm serviert und mit den verschiedensten Dingen gefüllt, wie zum Beispiel Schwein und Käse oder Curry und Huhn. Im Supermarkt übernehmen die Kassiererinnen das Einpacken der Produkte in Einkaufstaschen, was ich in Österreich noch nie gesehen habe. Als Getränke gibt es Säfte, Softdrinks und Bier und das Wasser kann aus der Leitung getrunken werden.

Landschaft, Landschaft, Landschaft – das stellt die Besonderheit Neuseelands dar. Es ist absolut naturbelassen und alles nimmt von selbst seinen Lauf. Auf der Südinsel, die landschaftlich mehr zu bieten hat als der nördliche Teil Neuseelands, findet man jede Art von Naturwunder: von spiegelglatten Seen, Wasserfällen, saftig grünen Wiesen, Stränden und urwaldartigen Gebilden bis hin zu weißen Gletschern – alles ist dabei.

Auckland ist flächenmäßig die viertgrößte Stadt der Welt und ist im Besitz des größten Yachthafens der Südhalbkugel. Die komplette Südinsel besitzt insgesamt nur so viele Einwohner wie die Stadt Auckland allein. Dies vermittelt ein ungefähres Bild davon, wie weitläufig im Süden alles ist. Eine Stadt – oder nennen wir es einen Ort – besteht aus ein paar Geschäften und Häuschen. Danach folgt kilometerweit nur Landschaft. Ich saß oft im Bus, die Natur zog an mir vorbei und ich hatte das Gefühl, mir ein Bilderbuch anzuschauen. Ich hatte in Neuseeland schon einige Male den Wow-Effekt erleben dürfen. Man fährt durch wahnsinnig schöne Hügellandschaften mit Schaf-, Kuh-, Pferde- oder Rehherden.

Ein kleiner Tipp für diejenigen von euch, die auch einmal nach Neuseeland kommen möchten: Fliegt her und mietet euch für ein bis zwei Wochen ein Auto, mit dem ihr Neuseeland in aller Ruhe bereisen könnt. Ein eigenes Auto ist – sobald man sich an den Linksverkehr gewöhnt hat – das beste Verkehrsmittel, um dieses Land so richtig zu spüren und all die Schönheiten auszukosten.

Wie schon zuvor erwähnt werden die Ureinwohner Neuseeland Maoris genannt. Sie haben ihre eigene Kultur, Sprache und Kleidung. Meistens haben sie dunkle Haut, schwarze längere Haare, Bone-Carving-Ketten um den Hals hängen und Tattoos. Neuseeland ist sogar das Land, in dem die meisten Menschen tätowiert sind. Ihre eigene Art zu tätowieren besteht darin, die Lebensgeschichte eines Menschen in eine ganz spezielle Zeichnung zu verpacken.
Was noch sehr typisch und vor allem einzigartig für Neuseeland ist, sind die flugunfähigen Vögel namens Kiwi. Auch eng mit Neuseeland verbunden ist ihre Nationalpflanze, der Silberfarn. Im neuseeländischen Wappen sowie im Logo der bekanntesten Hockeymannschaft, die sich Black Sticks nennt, ist der Silberfarn ersichtlich.

Aus Neuseeland werde ich auf jeden Fall die Offenheit und Freundlichkeit der Leute mitnehmen und die atemberaubende Landschaft.

Beim Baden in einer Geothermal-Area

Am Ende des zehn Meter hohen, mächtigen Huka Wasserfalls

Kurz vor dem Start mit dem Sportflieger

Der Fels in Form eines Balls

Auf der dreistündigen Wanderung im Abel Tasman Nationalpark

Der Sonnenaufgang auf Steward Island

Der Weg zum Mount Cook

Auf der Stute Spirit durchquerte ich einen Fluss

Beim Sandboarding ging es einen steilen Sandhang hinunter

Der kleine weiße Leuchtturm beim Cape Reinga

Schafe gibt es auf Neuseeland zur Genüge

Beim Autostoppen mit Lukas wartete ich geduldig am Straßenrand

Der riesengroße Kauri-Baum

Australien

Ein Zwischenstopp in Sydney

Lukas und ich werden nun gemeinsam eine Woche in Sydney verbringen und fliegen danach weiter nach Bali. Wir wollen spontan schauen, wie es läuft und wie lange wir es miteinander aushalten. Im Moment aber habe ich das Gefühl, dass wir uns sehr gut verstehen. Wir sind auf derselben Wellenlänge und uns sehr ähnlich. Darüber hinaus ist er einer der ersten und wenigen Menschen in meinem Leben, der mich auf intellektuelle Weise bei einem Gespräch herausfordert. Ich bin jemand, der nicht viel über sich selbst preisgibt, aber bei unseren Gesprächen hatte ich das erste Mal das Bedürfnis danach und gleichzeitig ein gutes Gefühl dabei. Ich hatte keinerlei Erwartungen an Sydney und freute mich eher schon auf Indonesien. Wir sehen uns die Oper an, ein absolutes Must-See, aber umhauen tut sie mich nicht. Der botanische Garten und die Harbour Bridge stehen natürlich auch auf dem Programm. Wie bereits erwähnt finde ich Häfen faszinierend und die Stimmung am Darling Harbour ist etwas ganz Besonderes für mich. Jeden Samstagabend gibt es am Darling Harbour ein Feuerwerk, das von riesigen Menschenmassen bestaunt wird. Bei dem Gedanken an zu viele Personen auf engem Raum bekomme ich Bauchkrämpfe, aber dort ist es eine angenehme Art der Menschenansammlung. Ich sitze neben Lukas auf den Treppen, vor uns der Hafen, als die ersten Raketen in der Luft explodieren. Das orange Licht reflektiert an der Wasseroberfläche und lässt das Farbenspiel noch stärker erleuchten. Beim dritten Knall setzt in der richtigen Sekunde die passende Musik ein. Die Feuerwerkskörper werden immer imposanter und stellen eine richtige Performance mit perfekt abgestimmter Musik dar. Lukas und ich sitzen nebeneinander, mit offenem Mund, auf das Feuerwerk konzentriert und ich habe, trotz warmer Abendluft, eine Gänsehaut. Auch dieser Abend neigt sich dem Ende zu und die Tage in Sydney sind morgen schon vorüber. Als Backpacker ohne Abendgarderobe und High-Heels im

Gepäck kann man sich das Nachtleben hier abschminken. Frauen mit heißen Outfits, kurzen Röcken, hohen Schuhen und Männer mit unfehlbarem Kleidungsgeschmack beherrschen die Straßen und das Nachtleben der Clubs und Bars an den Promenaden und im Stadtzentrum.
Die Tage hier in Sydney sind für mich nun rückblickend eher ein Stadtbummel und eine nachdenkliche, in mich gekehrte Zeit gewesen.

Meine Gefühlswelt

Ich habe mich ins Bett gelegt, Musik gehört, nachgedacht und den Gefühlen und Tränen freien Lauf gelassen. Absolutes Gefühlschaos! Wieso? Ich weiß es nicht.
Das Reisen hängt für mich mit dem Nachdenken eng zusammen. Klar, man ist auf Reisen und sollte es genießen, einfach in den Tag hineinzuleben, alles auf sich zukommen lassen, sich zu entspannen und nicht zu viel nachzudenken. Wenn man jedoch so eine lange Reise macht und das noch dazu immer wieder alleine, dann ist Nachdenken meiner Meinung nach eine schöne und sinnvolle Nebenbeschäftigung, die einem dabei hilft, etwas zu verarbeiten. Oft sitzt ein Reisender nur da und starrt in die Luft. Das ist kein ungewöhnliches Bild, weder in einem Hostel noch im Touristenbus. Ich beobachte auf meiner Reise oft junge Leute beim Nachdenken – jederzeit und überall. Jemand liegt im Bett, starrt an die Decke, steht am Balkon und schaut in die Ferne oder sitzt mitten im Fernsehraum und starrt an die Wand. Solche Bilder habe ich schon oft gesehen und auch ich lege solche Verhaltensweisen an den Tag.
Die, die mich gut kennen, wissen, dass ich vor meiner Reise kein nachdenklicher Mensch war, sondern einfach in den Tag hineingelebt habe und mir keine Gedanken über „Was wäre wenn…?" gemacht habe. Aber jetzt Zeit zu haben, Dinge Revue passieren zu lassen, ist ein gutes Gefühl. Das Nachdenken ist etwas, das ich definitiv von dieser Reise in Zukunft mitnehmen werde.
Was ich noch am Reisen genieße, ist, dass ich heute nicht weiß, wo

es mich morgen hin verschlägt und wozu ich am nächsten Tag Lust habe. In der Früh aufstehen, frühstücken, aus dem Hostel gehen und nicht wissen, wohin es geht – das nenne ich Entspannung, Spontanität und Freiheit! Wieso Pläne schmieden, wenn sie sich innerhalb der nächsten paar Minuten sowieso wieder ändern können? Sei es, weil man keine Lust mehr auf die Pläne hat, das Wetter nicht passt oder weil man gefragt wird, ob man sich einer Gruppe anschließen möchte.

Wie ihr seht, lebe ich beim Reisen von Minute zu Minute und wenn ich mir heute denke: „Dort kann es als Nächstes hingehen!", ist es morgen vielleicht schon ganz anders.

Ein Blick auf die Skyline von Sydney

Im Hintergrund die Oper in Sydney

Am Hafen von Sydney

Das spektakuläre Feuerwerk

Indonesien

Vom Südpazifik nach Südostasien

Von dem geordneten, strikten Europa zu den körperfixierten, offenen Brasilianern, den gastfreundlichen Neuseeländern und dem High-Society-Leben der Australier geht es nun für mich in ein Land, das kulturell nicht unterschiedlicher sein könnte – Indonesien. Hier ist man als Europäer Millionär – denn 80 Euro entsprechen in Indonesien ungefähr einer Million Rupiah (IDR). Und das merkt man auch. Außer von der Hitze werden Lukas und ich von einem wahren Getümmel von Taxifahrern begrüßt, die uns für viel zu viel Geld zu unserer Unterkunft bringen möchten. Wir handeln, denn der Preis ist zu hoch. Endlich finden wir einen Einheimischen, der anscheinend versucht, mit seinem Privatauto als Taxifahrer Geld zu verdienen. Wir nehmen an und fahren von Denpasar nach Kuta – Fahrzeit etwa 15 Minuten, Preis rund vier Euro.
Das Hotel, das wir ausgewählt haben, entspricht einem guten Standard und liegt etwas abseits vom touristischen, hässlichen Kuta. Weit und breit sind keine Touristen zu sehen, nur Einheimische und wir.

Anfang Mai reisen Lukas und ich von Kuta auf die Gili Inseln. Diese Inselgruppe besteht aus drei kleinen Inseln und liegt zwischen Bali und Lombok, angrenzend an die Nordwestküste von Lombok. Wir wählen den längeren und günstigeren, sowie weniger touristischen Weg, der uns zwölf Stunden kostet und eine Ersparnis von 34 Euro bringt. Diese Reise beinhaltet Busfahrten, eine Fährenfahrt und eine Bootsfahrt.
Wir sind sehr gespannt, was für ein Boot uns erwartet. Ich habe Schauergeschichten darüber gelesen, dass Boote bei Fahrten zwischen einzelnen indonesischen Inseln entweder nicht ankommen oder es sehr unangenehm ist, mit ihnen zu reisen. Wir haben Glück und steigen auf eine riesengroße Fähre, die für balinesische Verhältnisse wahrscheinlich nicht sicherer sein könnte.

Außer uns und sieben anderen Backpackern befinden sich nur Einheimische auf der Fähre. Die meisten schlafen auf den Bänken im Fähreninnenraum, es wird geraucht und die Luft ist schlecht. Ich gehe an Deck und lausche einem Balinesen, der seine Gesangskunst, untermalt vom Klang seiner Gitarre, zum Besten gibt. Ich mag diese Kultur, diese Einfachheit und ich finde es toll, endlich etwas ganz anderes zu sehen als Europa.
Die Fährenfahrt dauert fünf Stunden. Anschließend geht es für eineinhalb Stunden mit einem Shuttle zu einer anderen Anlegestelle. Die letzten 100 Meter legen wir zu Fuß zurück. Es regnet, aber das macht mir nichts aus. Die Luft ist warm und die kleinen Regentropfen fallen kerzengerade und dicht mit einer beharrlichen Regelmäßigkeit vom Himmel. Während ich durch den Regen spaziere, lasse ich alles auf mich wirken: die Menschen, die mir mit Körben auf dem Kopf entgegenkommen, Menschen, die am Straßenrand sitzen und sich die Läuse aus den Haare ziehen und die streunenden Katzen, die umherlaufen.
Uns erwarten schließlich 25 Touristen und ein kleines Boot, das alle drei Gili Inseln ansteuert. Ein Boot nach indonesischem Standard – klein, abgenutzt und sehr simpel –, aber trotzdem gefällt es mir. Es erfüllt seinen Zweck, was braucht man mehr?
40 Minuten später sind wir auf der westlichsten der drei Gili Inseln angekommen – die sogenannte „Partyinsel" Trawangan. Wenn man drei Wochen Urlaub auf Bali macht und einen Abstecher auf die Gili Inseln plant, ist das für manch einen sicher eine lohnenswerte Reise, aber ich muss ehrlich zugeben, dass es mir als Backpacker viel zu touristisch ist. Hier wimmelt es nur so von Urlaubern und es ist alles auf den Tourismus ausgerichtet.

Eine nette Begegnung am Strand

Am zweiten und letzten Tag auf Gili Trawangan gönne ich mir ein paar Stunden am Strand. Endlich – das erste Mal seit ich unterwegs bin – habe ich die Gelegenheit dazu, einfach nur am Strand zu liegen, zu entspannen, dem Wasser zuzuhören, schwimmen zu gehen, zu schlafen und zu lesen.

Nach eineinhalb Stunden Ruhe kommt plötzlich ein Indonesier auf mich zu. Hinter ihm stehen mehrere Mädchen mit Kopftüchern und einen Augenblick später bin ich umringt von einer ganzen Schulklasse. Wie sich herausstellt, sind sie von Lombok für drei Stunden auf die Insel gekommen, um Englisch zu üben. Die jungen Schüler und Schülerinnen waren anfangs noch schüchtern, aber kamen nach einiger Zeit immer mehr aus sich heraus. Es ist eine tolle Erfahrung und macht viel Spaß. Ich werde mit Fragen überhäuft und versuche langsam und deutlich zu sprechen und jede Frage in einfachem Englisch zu beantworten. Ein kleiner, zierlicher Junge fragt mich: „Wie alt bist du?" Ein Mädchen, das sich durch ihre Größe von ihren Klassenkameraden unterscheidet, fragt zaghaft: „Woher kommst du?" Die Schulmädchen und Schuljungen wissen gar nicht, dass es Europa überhaupt gibt. Ein Mädchen, das weiter hinten steht, ruft nach vorne: „Hast du Schwestern und Brüder?" Der zierliche Junge von vorher fragt: „Was machst du zu Hause? Hast du einen Beruf?" Bei der Unterhaltung lerne ich neue Dinge über die Menschen und ihre Kultur. So wird beispielsweise im Alter zwischen 20 und 25 Jahren geheiratet – den Ehepartner darf man sich aber selbst aussuchen. Ein Junge, der sich bis jetzt hinter seinem Freund versteckt hat, sagt: „Ich bin glücklich in die Schule gehen zu dürfen." Daraufhin wirft das Mädchen neben ihm ein: „Ich auch, das ist nicht selbstverständlich." Zwei Freundinnen, die sich bis jetzt ruhig verhalten haben, kommen näher auf mich zu und fragen: „Findet ihr Touristen uns freundlich oder ignorant?" Durchaus überrascht von dieser Frage stimme ich Ersterem zu. Danach flacht das Interesse sehr rasch ab und ich werde von den Schülern wieder alleine gelassen. Genau diese Unterschiede an Menschen in den unterschiedlichsten Ländern zu entdecken macht für mich das Reisen so wertvoll. Jedes Land, jede Kultur und jede Bevölkerung hat ihre Eigenheiten und es ist interessant sie zu entdecken, zu beobachten und mitzuerleben.

Gili Air

Da uns Gili Trawangan viel zu touristisch ist, beschließen Lukas und ich nach zwei Tagen, die Weiterreise mit dem Boot nach Gili Air – eine der zwei Nachbarinseln – anzutreten. Da gerade Nebensaison ist, erwarten wir auf Gili Air nicht viele Touristen – und so ist es auch.

Das Boot ist vollgestopft mit 40 Personen und so hat es eine extreme Schräglage. Einer der Bootsmänner fordert uns auf, dass sich jemand auf die andere Seite setzen soll. Ein kleiner Chinese folgt seinem Rat und siehe da, das Boot ist kurz darauf im Gleichgewicht. Es ist für uns alle sehr überraschend, dass bei so vielen Leuten an Bord so ein kleiner, dünner Mensch die Schräglage ausgleichen kann.

Gili Air ist die von den drei Inseln, die am nächsten zum Festland liegt. Man kann die Insel in 90 Minuten zu Fuß umrunden. Bei der Ankunft auf Gili Air merken wir sofort, dass es hier eindeutig ruhiger ist als auf Gili Trawangan. Die Einheimischen sind schon bei der Ankunft freundlicher und nicht vom Tourismus verdorben. Wir bleiben vier Tage und unser Aufenthalt beschränkt sich auf folgende Aktivitäten: im Schatten auf einem Art Liegepavillon entspannen, schlafen, schwimmen, lesen, essen, schlafen, einen erfrischenden Zitronenfruchtsaft trinken, Kinder beim Spielen beobachten, schnorcheln gehen, nochmal ein wenig schlafen, sich mit den Einheimischen unterhalten, wieder schnorcheln gehen, etwas essen … und das vier Tage lang! Entspannung pur. Gili Air wäre mir definitiv noch einmal einen zweiten Besuch wert.

Allgemeines über die Gili Inseln

Die Strände auf den Gili Inseln sind nicht ideal zum Liegen: Am Strand und im Wasser befinden sich überall Korallen und das macht das Barfuß-Gehen unangenehm.

Es kommen viele Europäer – Holländer, Franzosen und Deutsche – hierher und lassen Bungalows als Feriendomizile bauen. Ich frage mich, ob wir Europäer die Indonesier damit unterstützen oder

ihnen ihr Land wegnehmen.
Die Kinder auf den Gili Inseln gehen täglich von acht bis elf oder zwölf Uhr zur Schule und tragen Uniformen. Die Eltern sitzen vor ihrem Geschäft bis Touristen kommen und sprechen diese an. Die Hitze ist für die Einheimischen belastend, weil sie tagsüber, wenn es am heißesten ist, arbeiten müssen. Viele junge Angestellte kommen von Lombok auf die Gili Inseln, um zu arbeiten. Ihre Arbeitsplätze hier sind Touristenunterkünfte und Restaurants. Die Angestellten schlafen auf den Liegepavillons im Freien am Strand, ihre Zahnbürsten liegen am Gästeklo und die wenige Kleidung, die sie besitzen, liegt unter der Bar. Gearbeitet wird von dem Zeitpunkt, wenn die ersten Gäste aufstehen, bis zu dem Zeitpunkt, wenn die letzten schlafen gehen – sieben Tage die Woche bei einem Verdienst von 800.000–900.000 Rupias (=63€ bis 70€) pro Monat in der Hochsaison und in der Nebensaison rund 600.000 Rupias (=47€). Die Hälfte des Geldes wird nach Hause zur Familie geschickt. Essen und Trinken sowie manchmal auch Zigaretten bekommen sie von ihrer Arbeitsstelle zur Verfügung gestellt.
Es gibt auf den Gili Inseln keine Straßen und die Wege bestehen aus festgetretenem Sand. Sie werden gekehrt und mit Wasser besprüht, damit es nicht so staubt. Das Haupttransportmittel ist eine Kutsche, die von einem Pferd gezogen wird. Autos und Mopeds gibt es hier auf den Inseln nicht.
Auch eine Polizei sucht man hier vergeblich. Das wird ausgenutzt, denn viele Einheimische bieten Magic Mushrooms zum Verkauf an. Das sind Pilze, die eine ähnliche Wirkung wie LSD haben, jedoch von kürzerer Wirkungsdauer sind. Auf Drogen steht hier in Indonesien übrigens die Todesstrafe.
Von Gili Air aus sieht man deutlich, dass es fast täglich ab Mittag anfängt auf Lombok zu regnen. Das ist die nächste große Insel zu den Gili Inseln und wird als Dschungelparadies bezeichnet. Eigentlich ist ein hohes Malariarisiko auf den Gilis, aber ich habe mich nie mit Insektenschutzmittel eingesprüht und auch keine Moskitos gesehen. Manchmal hatte ich trotzdem Stiche, aber habe mir keine Gedanken darüber gemacht.
Es gibt keine Hostels und man zahlt pro Zimmer, nicht pro Person. Überall ist das Frühstück inklusive. Man bekommt Kaffee oder Tee

und kann meist aus Folgendem wählen: Toast mit Omelette oder Rührei, Toastwaffel – normales Toastbrot zusammengedrückt mit einem Waffeleisen oder Toaster – mit Tomaten und Zwiebeln darin, Obstsalat, vegetarische Suppen sowie Pancakes mit Banane oder Ananas.
Auf Gili Air halten sich die Frauen wie auch im Rest von Indonesien oft im Hintergrund und bereiten das Essen zu, während die Männer die Touristen bedienen. Das Thema der Partnerschaft gestaltet sich hier anders als in Europa. Ich hatte ein Gespräch mit einem Einheimischen auf Gili Air, der mir erzählte, dass man für eine Hochzeit um die 220 Euro benötigt. Die Eltern der Braut müssen den Mann vor der Hochzeit von seiner Familie abkaufen. Das besagt die Tradition.
Man geht hier jeden Tag fischen, um am Abend frischen Fisch für das Barbecue zu haben. Einmal hatte ich das Glück, beim Speerfischen auf Gili Air zuschauen zu dürfen. Die Männer tauchen unter Wasser, setzen sich mit dem Speer auf den Meeresgrund und warten bis Fische vorbeikommen, um sie blitzschnell aufzuspießen. Eine faszinierende Sache und erstaunlich, wie lange ein Mensch die Luft unter Wasser anhalten kann.

Wenn ich zwischendurch alleine war – wie schon erwähnt reise ich gerade mit Lukas –, merkte ich sofort, dass die Leute offener auf mich zukamen und ich alles rund um mich viel intensiver wahrnehmen konnte. Ich beobachtete mehr, fühlte mehr, hörte mehr und roch mehr. Man hat alleine Zeit, alles rund um sich viel deutlicher zu sehen und ist nicht ständig durch die Begleitung abgelenkt. Es hat aber auch Vorteile, gemeinsam zu reisen: Oft sagten Lukas und ich, dass wir ein Paar und verheiratet sind, weil man hier nicht verstand, wieso man alleine ohne Partner reist und keine Kinder hat. Wenn mich Einheimische fragten, wie lange ich in ihrem Land bleibe, sagte ich oft nur zwei oder drei Wochen. Es ist für sie schwer vorstellbar, dass man so viel Geld und die Möglichkeit hat, für ein ganzes Jahr um die Welt zu reisen.

Glücksfälle

Um acht Uhr legt die einheimische Fähre vom Gili Air-Hafen ab, wie uns gesagt wurde. Allerdings hieß es, dass wir um halb acht am Hafen sein sollen. Dementsprechend läutet unser Wecker gegen halb sieben und kurz darauf sitzen wir bereits beim Frühstück. 20 Minuten später machen wir uns auf den Weg zum Hafen. Normalerweise nimmt der Fußweg eine Viertelstunde in Anspruch, sodass wir zwar nicht um halb acht, sondern etwa fünf Minuten später am Hafen gewesen wären.

Obwohl es noch früh ist, fühlt es sich schon sehr heiß an und unsere Motivation für den heutigen zwölf-Stunden-Weg nach Kuta ist gleich Null. Ein Indonesier mit Kutsche und Pferd fährt vorbei. Er möchte uns mitnehmen, doch ich erwidere: „Nein, ist uns zu teuer." „Wie viel wollt ihr zahlen?", kommt von ihm zurück. Ich weiß, dass wir mit circa 40.000 bis 50.000 IDR für eine Fahrt rechnen können und so biete ich ihm 30.000 IDR (=2,40€) an. Überraschenderweise stimmt er zu und somit wird aus dem Viertelstunden-Marsch eine achtminütige Kutschfahrt. Zum Glück haben wir das Angebot angenommen, sonst hätten wir das Boot verpasst, da es schon 15 Minuten früher – also um dreiviertel acht – ablegte.
Als wir in Lombok in einem Café auf die Weiterfahrt warten, setzt sich ein Einheimischer zu uns, um sich mit uns zu unterhalten. Nach kurzer Zeit möchte er uns Ketten und Anhänger aus Tierknochen verkaufen. Er fragt uns, ob wir Münzen von zu Hause mithaben. Ich gebe ihm einen australischen Dollar, für den ich keine Verwendung mehr habe, und einen Euro, mit dem ich hier genauso wenig anzufangen weiß. Dafür suche ich mir einen Anhänger aus, der die drei Gili Inseln abbildet. Ab jetzt ist es ein Symbol für mich, das mir auf meiner Reise Glück und Kraft geben soll.

Zum zweiten Mal nach Kuta

Nun ist es an der Zeit, den Rest von Bali näher zu erkunden. Das erste Mal als ich in Kuta war, erlebte ich diese Stadt anders. Der-

selbe Ort kann unterschiedlich wirken, wenn man mit anderen Menschen unterwegs ist, in einer anderen Unterkunft schläft und sich an einem anderen Eck herumtreibt. Ich lande dieses Mal so richtig im Tourismusviertel. Ein Geschäft steht neben dem anderen, überall werde ich angequatscht und es herrscht ein reges Getümmel. Zum Glück bin ich von den vier Tagen auf Gili Air so entspannt, dass mir das Chaos nichts ausmacht.
Thomas, ein ehemaliger Arbeitskollege, macht zwei Wochen Urlaub auf Bali und wir beschließen, in dieser Zeit gemeinsam zu reisen. Von Lukas trenne ich mich an dieser Stelle, in der Hoffnung, ihn irgendwann wiederzusehen.
Nach ewigen Preisvergleichen und -verhandlungen fahren Thomas und ich mit einem Minibus zwei Tage später von Kuta nach Ubud. Es kostet 45.000 IDR (3,60€) pro Person und dauert eineinhalb Stunden. Dort herrscht wesentlich weniger Tourismus als in Kuta. Es ist ruhiger und wir werden nicht von jedem Verkäufer penetrant angequatscht. Vielleicht gibt es einige Straßenhunde mehr, aber das ist nicht der Rede wert.
Nach rund 50 Minuten Quartiersuche entscheiden wir uns für ein Zimmer, das aber leider zu den schlechtesten auf meiner gesamten Reise zählt. Die Bettwäsche ist dreckig, der Boden staubig, im Badezimmer sitzen Spinnen an der Wand, einige Fließen sind aus der Wand gebrochen und in der Badewanne klebt eine schmierige, rot-braune Flüssigkeit. 140.000 IDR (=11€), also pro Person 70.000 IDR, kostet uns das Zimmer. Dabei wäre es mir aber nicht einmal die Hälfte wert.
Nachdem wir unser Gepäck abgeladen haben, starten wir eine Erkundungstour. Wir spazieren durch den einheimischen Markt und bei Tempeln vorbei, bis wir schließlich einen Weg zu Reisfeldern finden. Ein kleiner schmaler Pfad fängt inmitten der Stadt Ubud an, führt einen langgezogenen, nicht zu steilen Berg hinauf und endet inmitten der Felder. Es wird ein traumhafter Spaziergang durch die saftig grünen Reisfelder. Wir beobachten die Enten dabei, wie sie in den mit Wasser gefüllten Feldern schwimmen und sich gegenseitig ärgern. Irgendwann kommen wir an einer kleinen versteckten Gaststätte aus Holz vorbei. Wir setzen uns dort auf die Terrasse, die mitten in die Reisfelder ragt, und genießen ein köstli-

ches Mittagessen.
In Indonesien besteht eine Art des Kochens darin, Fisch, Reis, Huhn oder Nudeln in ein Bananenblatt einzuwickeln und darin zu garen. Das ist wohl die gesündeste Art zu kochen. Dies wird aber nur von den Armen gemacht, weil sie meist kein Öl haben. Sonst wird das Essen gerne frittiert.

Von Ubud nach Lovina

Während einer dreistündigen Shuttlebus-Fahrt begeben wir uns für 125.000 IDR (=10€) nach Lovina. Es handelt sich um einen Bus für 20 Leute, doch wir sind nur zu viert – durchaus angenehm. Die löchrigen und schlecht asphaltierten Straßen lassen uns auf unseren Sitzen auf und ab hüpfen, sodass wir so richtig durchgerüttelt werden.
Zwischendurch beginnt es zu schütten und ich sehe die Mopedfahrer mit Regenponchos vorbeifahren. Die Frauen am Straßenrand halten sich ein riesig großes Blatt über den Kopf, um vor dem Regen geschützt zu sein.
Als wir in Lovina ankommen, merke ich, dass ich schon ein gutes Preisgefühl besitze, was die Unterkünfte angeht. Der Mann von der Busagentur möchte uns für den Preis, den wir ihm nennen, ein viel zu schäbiges Zimmer andrehen. So etwas macht mich wirklich sauer, denn Touristen werden hier oft ausgenommen. Wir machen uns schlussendlich selbst auf die Suche nach einem passenden Quartier. Der große Unterschied zu Ubud besteht darin, dass uns in Lovina sofort drei Mopeds nachfahren, als wir aus dem Shuttlebus steigen, um uns für ein Quartier anzuwerben. In Ubud hingegen wurden uns ständig Taxifahrten aufgedrängt, in Kuta waren wiederum die Verkäufer total lästig. So hat jede Stadt ihre Eigenheiten.
Lovina ist eine ruhige kleine Stadt oder viel eher ein Dorf. Wir finden ein Zimmer ein paar Schritte vom Strand entfernt, für 125.000 IDR (=9€) pro Nacht pro Person.
Den Preisvergleich für Mahlzeiten nehme ich immer an zwei Gerichten vor: dem traditionellen Reisgericht Nasi Goreng und fri-

schen Fruchtsäften. Bei den Restaurants stehen nämlich die Speisekarten draußen vor dem Lokal, sodass man einen Blick hineinwerfen und sich einen Preisüberblick verschaffen kann.
Thomas und ich spazieren am Abend nach dem Essen an den Strand. Wir entdecken eine kleine Menschenansammlung hinter einer Statue und uns packt die Neugierde. Als wir näher kommen, sehen wir 15 bis 20 Leute im Kreis zusammensitzen und an einem Glücksspiel teilnehmen. Eine Öllampe steht am Boden, daneben ein paar Wasserflaschen, ein Brett mit Zahlen und eine Art Plastikunterlage, ebenfalls mit Zahlen darauf. Es wird Geld auf die einzelnen Zahlen der Unterlage gelegt. Anschließend rollt jemand eine Kugel auf die Platte bis sie auf einer Zahl liegen bleibt. Das System gleicht Roulette.
Auch das Glücksspiel ist hier illegal und daher sieht man Spielende nur in der Dunkelheit bei Kerzenschein.

Hahnenkämpfe in Lovina

Am nächsten Tag führe ich ein Gespräch mit einem Einheimischen am Strand, der mir einige interessante Dinge erzählt. Wenn Männer beispielsweise starke und schöne Nägel haben, lassen sie sie wachsen – manchmal nur einen Nagel, zum Beispiel am kleinen Finger, oder an einer Hand alle Nägel –, denn das ist für sie ein Schönheitsideal. Der Rufname einer Person hängt davon ab als wievieltes Kind man geboren wurde und er zeigt auch an, ob ein Einheimischer von Bali stammt oder nicht.
Er erzählt mir auch, dass es verschiedene Zeremonien gibt, die nur für Tempel gelten und andere, die für das Meer und die Tempel gleichermaßen gedacht sind. Sie finden bei Vollmond statt und jeder Tempel besitzt eine andere Zeremonie. Dort wird unter anderem auch das Blut von Hahnenkämpfen geopfert. Auf bis zu 20.000.000 IDR (=1.400€) wird bei Hahnenkämpfen gewettet. Es gibt bestimmte Rassen von Hähnen, die aggressiver sind als andere. Der Hahnenkampf ist auf Bali ein Brauch, der sich bis heute gehalten hat. Als ich das erste Mal davon hörte, dachte ich sofort, dass es bei uns Tierquälerei wäre. Doch hier ist es ein fester Be-

standteil der Kultur und das möchte ich respektieren.
So landen nun auch Thomas und ich als einzige Touristen inmitten von 300 Balinesen bei einem Hahnenkampf. Es gibt Essen, Trinken und auch Popcorn – wie bei uns im Kino. Um in die Kampfarena zu kommen, muss ein Eintrittsgeld bezahlt werden.
Zuerst werden zwei Hähne ausgewählt. Es wird danach entschieden wie schwer und kräftig die beiden sind. Anschließend wird geschaut, ob die zwei Hähne aufeinander losgehen oder sich mögen. Um das herauszufinden, halten die Besitzer ihren jeweiligen Hahn nahe aneinander. Im Zuge der Auswahl wird das Preisgeld festgelegt, woraufhin der Hahn noch vor dem Kampf weiterverkauft werden kann. Es gibt zwei Arten zu wetten: draußen vor der Kampfarena offiziell oder im Kampfring untereinander.
Vor dem Startzeichen gibt jeder seine Wette ab. Kurz bevor der Kampf losgeht, stehen alle auf und wie aus dem Nichts fängt eine unglaublich laute Schreierei an. Jeder hat nochmals die Möglichkeit interne Wetten abzuschließen. Alle schreien durcheinander und fuchteln mit den Händen herum. Das ist ein Spektakel, das man gesehen haben muss. Den beiden Hähnen wird ein Messer an den Fuß gebunden, als ob sie einen weiteren Zeh dazubekommen hätten. Der Gedanke dahinter ist, dass sich die Hähne dadurch schneller verletzen, der Kampf nicht zu sehr zur Qual wird und nach wenigen Sekunden vorbei ist.
Jetzt erst beginnt der Kampf. Die zwei Männer, die die Hähne halten, machen diese noch einmal richtig aggressiv, indem sie sie an den Federn zupfen, ihnen ins Gesicht blasen und sie gegeneinander aufhetzen. Sie lassen die Hähne an den Enden des Kampfringes frei und los geht es: Die Hähne laufen aufeinander zu, fangen an aufeinander einzupicken und sich gegenseitig zu treten und nach einigen Sekunden ist meist einer verletzt. Sie werden wieder voneinander getrennt und müssen ein weiteres Mal aufeinander zulaufen. Wenn ein Hahn schon zu schwer verletzt ist, fällt er daraufhin meist zu Boden. Ab diesem Zeitpunkt wird bis elf gezählt und der Hahn, der sich nicht wieder aufrappelt, hat verloren. Der Besitzer des Gewinnerhahns bekommt das Preisgeld und den toten Hahn des Verlierers.

Meine erste Schnorchelerfahrung

Wir ziehen weiter nach Pemuteran in den Norden von Bali. Thomas und ich haben das Glück, eine ganz neue Unterkunft zu finden. Es hat sogar den Anschein, dass wir die allerersten Gäste sind, denn die Angestellten sowie der Besitzer sind sehr nett und bemüht. Von dort aus geht es zu einem Tagesausflug zur Menjangan Insel, um zu schnorcheln.

Ich dachte nach meinen bisherigen Erfahrungen, dass das, was ich in dem Film „Findet Nemo" gesehen habe, gar nicht wirklich existiert, doch ich werde eines Besseren belehrt und erlebe die Schönheit der Unterwasserwelt. Die Menjangan Inseln zählen zu den besten Schnorchel- und Tauchgebieten von Südostasien und das kann ich nur bestätigen.

Am Abend sitzen wir gemütlich beisammen und genießen den sternenklaren Nachthimmel. Der Gästehausbesitzer setzt sich zu uns und erzählt uns davon, dass eine Zeremonie abgehalten wird, wenn neues Land erschlossen wird. Hindus glauben, dass allem die Kräfte der sowohl guten als auch bösen Geister innewohnen, mit denen man ein Einvernehmen herstellen muss, um in Frieden auf einem neu erworbenen Land leben zu dürfen. Es gibt drei Götter, denen mitgebrachte Gaben geopfert werden. Diese Zeremonien sind wie ein Volksfest, an dem die ganze Gemeinde mit all seinen Familien zusammenkommt.

Außerdem erzählt er uns, dass jede Familie mindestens einen Sohn haben sollte, da er sich als Stammesträger um die Eltern kümmern muss. Wenn es keinen Sohn gibt, kommt der nächste männliche Verwandte – zum Beispiel ein Cousin – an die Reihe, um diese Aufgabe zu erfüllen. Eine Tochter hingegen wird verheiratet und sorgt für die Familie ihres Mannes. Man achtet daher darauf, dass der Sohn gut erzogen ist und die Traditionen weiterführt. Wenn eine Familie mehrere Söhne hat, machen sie untereinander aus, wer sich um die Eltern kümmert. Die anderen Söhne dürfen wegziehen, wenn sie möchten, müssen aber Geld nach Hause schicken.

Das Wichtigste für einen Hindu ist Respekt gegenüber anderen und das Verfolgen eines Lebenstraums. Ich merke, dass die Balinesen ein sehr offenes Volk sind und gerne etwas über ihre Traditionen und Brauchtümer erzählen.

Später an diesem Abend werden wir von einem Angestellten der Unterkunft zu einer der eben beschriebenen Hauseinweihungszeremonien mitgenommen. Eine balinesische Tradition, die bisher wahrscheinlich nur von sehr wenigen Touristen gesehen wurde. Zuerst betet die versammelte Gemeinde, dann wird gemeinsam gegessen und am Schluss folgt ein Tanz. Dieser Tanz bewegt sich jenseits jeglicher Vorstellungskraft. Es ist vielmehr ein großes, verrücktes Spektakel. Die Hindus beten die guten und die bösen Geister an, indem sie sich auf unerklärliche Weise in eine Art Trancezustand versetzen. Wer in diesen Zustand verfällt, wird nach ihrem Glauben von den Geistern bestimmt. Nachdem die bösen Geister die Körper der jeweiligen befallen haben, passiert etwas, was man als Normalsterblicher nicht für möglich halten würde. Thomas und ich beobachten dieses Geschehen mit aufgerissenen Augen und weit offenem Mund: Die in den Trancezustand Versetzten tanzen und lassen sich komplett gehen: essen wie Hunde vom Boden, trinken aus Töpfen, werfen Opfergaben zu Boden, zünden sich die Haare an und tanzen auf brennenden Kokosnüssen. Rundherum stehen Familien, Kinder und alle anderen Einheimischen der Gemeinde und sehen zu. Es gibt drei Wächter, die auf die Tanzenden aufpassen, damit das Ganze nicht zu sehr außer Kontrolle gerät.
Ich bin mitten im Geschehen und hautnah dabei und es ist absolut spektakulär.

Südbali

Mitte Mai ziehen Thomas und ich weiter nach Jimbaran in Südbali. Dort gibt es nur wenige Unterkünfte und das Highlight sind die vielen tollen Fischrestaurants direkt am Strand, bei denen sich ein Abendessen zur richtigen Uhrzeit dank des Sonnenuntergangs auszahlt.
Am zweiten Tag schwingen Thomas und ich uns aufs Moped, um einen Tagesausflug auf dem südlichen Teil Balis zu machen. Diese

Gegend ist von wunderschönen Stränden geziert. Wir fahren mit dem Moped die asphaltierte Straße entlang und können dabei immer wieder einen Blick auf die hohen Klippen erhaschen und beobachten, wie das Wasser gegen die Felsen prallt.
Bei einem Halt sehen wir zwischen grünem Gebüsch hindurch einen kleinen Strand in einer Bucht. Der Sand glitzert gelb-weißlich im Sonnenlicht und riesige Felsen ragen aus dem Wasser. Es befinden sich nur wenige Menschen auf dem Strand und so beschließen wir, hier einen Zwischenstopp einzulegen, schwimmen zu gehen und am Strand zu liegen.
Nach einer einstündigen Rast erkunden wir die Küste fahrend weiter. Währenddessen sauge ich die Landschaft in mir auf. Der Fahrtwind streift meine Wangen und ich spüre die salzige Luft auf meiner Haut. Ich versuche den Geruch des Meeres tief einzuatmen, sodass ich mich noch ewig daran erinnern kann.
Wir entdecken noch weitere Strände und fahren von Ulu Watu zum Padang Padang Beach, weiter zum Bingin Beach und machen Halt beim Dreamland Beach. Wir lassen schließlich den Tag in einem Restaurant mit Pool bei Sonnenuntergang und klarem Sternenhimmel ausklingen. Das Restaurant ist höher gelegen – direkt an einem Küstenvorsprung. Vom Pool aus habe ich eine uneingeschränkte Sicht direkt auf die Weiten des Indischen Ozeans. Wir machen es uns in Liegestühlen gemütlich und warten entspannt und zufrieden nach diesem ereignisreichen Tag mit einem Cocktail in der Hand auf den Sonnenuntergang. In dieser Abenddämmerung erlebe ich den schönsten Sonnenuntergang meiner gesamten Reise: Knapp über dem Meeresspiegel zieht sich eine strukturlose, niedrige Wolkenschicht entlang. Die Sonne ist bereits so tief gesunken, dass sie langsam hinter dem Wolkennebel verschwindet. Es entsteht ein weiß-gelbes Licht, das hinter den Wolken noch grell hervorleuchtet. Je weiter die Sonne untergeht, desto mehr verfärbt sich der wolkenbehangene Himmel in orangene Töne und es entsteht eine romantische Abenddämmerung. Der Sonnenball ist schließlich verschwunden und hinterlässt ein prächtiges Farbenspiel am Horizont. Die Wolkendecke gewährt dem Sonnenlicht nur noch teilweise freie Stellen und so ergeben sich daraus fünf breite orangefarbene Lichtkegel, die den gesamten Himmel in einer

atemberaubenden Stimmung erstrahlen lassen.
Nachdem die Sonne untergegangen ist, fahren wir zurück nach Kuta, wo ich mich von Thomas nach zwei Wochen gemeinsamer Reise verabschiede. Nun bin ich das erste Mal seit meinem Abflug von Wien, also seit über zwei Monaten, wirklich alleine – aber ich freue mich darüber.

Am Morgen in aller Ruhe aufstehen, das Frühstück im Hotel zu mir nehmen, den Tag am Strand verbringen und abends alleine etwas trinken gehen – so sieht mein erster Tag als Alleinreisende aus. Ich verrate euch aber etwas: Ich habe es richtig genossen Essen zu gehen, wann und wohin ich möchte, mein eigenes Tempo bestimmen zu können, die Stille zu genießen, nachzudenken und beobachten zu können. Ich glaube, ich weiß, was ihr jetzt denkt: „Das wird doch langweilig nach einiger Zeit." Und das streite ich auch gar nicht ab! Aber ab und zu ist das Alleinsein sehr angenehm, wenn auf die eigenen Bedürfnisse gehört werden kann und alles rundherum viel intensiver wahrgenommen wird.
Die erste Nacht alleine in Kuta verbringe ich in einem bescheidenen Zimmer. Grundsätzlich stellt das kein Problem für mich dar, wenn nicht die Straße direkt an meinem Fenster vorbeiführen würde. Kuta ist für den wilden und heftigen Mopedverkehr bekannt. Es ist ein unschönes Gefühl in einem Bett zu schlafen, in dem man das Gefühl hat, dass die Mopeds direkt neben dem eigenen Kopf vorbeirauschen, während man gerade versucht nach einem anstrengenden Tag einzuschlafen. Trotz allem wache ich früh auf und bin wild entschlossen, etwas Besseres für die nächsten zwei Nächte zu finden. Die Essensstände und Geschäfte sperren gerade auf, als ich nach draußen gehe. Mein Preisbudget für die zwei kommenden Nächte in Kuta setze ich auf ein Maximum von 180.000 IDR (= ca. 15€) fest. Ich biege um die Ecke und stehe direkt vor einem Viersternehotel. Ich trete ein und erkenne einen großen, noblen Frühstückssaal und dahinter befindet sich in der Mitte einer gepflegten Grünanlage ein Pool. Ich frage nach dem Preis, der aber weit über meinen Möglichkeiten liegt. Der Rezeptionist erkundigt sich überraschenderweise nach meinem Budget. Anschließend meinte er, dass er ein ganz kleines Zimmer für mich

hätte, das 150.000 IDR kostet. Ich schaue ihn interessiert an und lasse mir von ihm den Zimmerschlüssel zur Besichtigung geben. Es handelt sich um eine schöne Besenkammer, die auf jeden Fall besser ist als die restlichen Zimmer, die ich mir in der vergangenen Stunde angeschaut habe und tausendmal besser als das, in dem ich die letzte Nacht verbracht habe. Klein, aber fein, mit Pool, Frühstücksbuffet, Internetanschluss und nahe am Strand. Schlussendlich bekomme ich das Zimmer für zwei Nächte um 125.000 IDR und bin somit innerhalb des von mir geplanten Budgets geblieben. Darüber hinaus habe ich den Luxus eines Pools und eines riesigen Frühstückbuffets.

Der kommende Tag und die Nacht sind komisch. Es gehört leider auch zum Reisealltag dazu – besonders wenn man alleine unterwegs ist – dass man sich manchmal, ohne es genau beschreiben zu können und ohne Grund, eigenartig fühlt. Ist es Einsamkeit, Verletzlichkeit oder Kraftlosigkeit? Ich weiß es nicht. Auf Reisen passiert so viel in kürzester Zeit, sowohl emotional als auch gedanklich. Was zu Hause Monate dauern würde, passiert hier innerhalb von ein paar Tagen, wenn nicht sogar Stunden. Denn zu Hause würde ich eine Reise für ein Land lange vorher planen, mir genau überlegen, was ich sehen möchte und wann ich wohin reise. Während ich unterwegs bin, entscheidet sich das meist innerhalb kürzester Zeit. Auch Freundschaften entwickeln sich auf Reisen viel schneller. Wenn ich mich zu Hause im Alltag befinde und neue Leute kennenlerne, kann es Monate dauern bis sich daraus eine enge Bindung entwickelt. Wenn ich jedoch unterwegs bin, fühle ich mich oft nach wenigen Stunden mit einer Person verbunden. Die Gesprächsthemen sind intensiver und man lernt sich auf einer ganz anderen Ebene kennen.

Surfen auf Bali

Nach dem zweiten Tag ist es schon wieder vorbei mit dem Alleinsein: Ich entscheide mich für einen dreitägigen Surfkurs. Kuta liegt wahrscheinlich am besten Strand- und Meeresabschnitt, um das

Wellenreiten zu erlernen. Ich habe vor Jahren ins Blaue hinein gesagt, dass ich gerne auf Bali surfen lernen möchte und hätte mir zu dem Zeitpunkt niemals träumen lassen, dass ich wirklich nach Bali komme.
Ich bin die einzig Englischsprechende, die diesen Surfkurs machen möchte – alle anderen sind Russen – weshalb ich einen Surflehrer für mich alleine bekomme. Oh, ich sehe schon wie sich die Augen meiner Freundinnen bei den Worten *Surflehrer, ganz für dich alleine* weiten werden. Um jede Hysterie gleich zu unterbinden: Ich bekomme nicht den typischen Surflehrer. Ja, er ist braungebrannt und nicht schlecht gebaut, aber er ist zwei Köpfe – zwei enorme Köpfe – kleiner als ich. Auch sonst ist er nicht mein Typ, mit seinen längeren Haaren, seinen groben Gesichtszügen und seiner schrulligen Art. Es bleibt somit bei einer Erzählung über einen Surfkurs und driftet nicht in die Ecke einer schnulzigen Liebesgeschichte ab.
Zuerst werde ich mit einem Surf-T-Shirt aus Neopren und einer lässigen kurzen Shorts eingekleidet. Anschließend hieve ich mir das Surfboard auf die rechte Schulter und halte es mit einer Hand fest, so wie es mir Setia, mein Surflehrer, zeigt. Am Strand bekomme ich eine 15-minütige Theorieeinführung. Dann geht es ab ins Wasser und rein in die Fluten.
Ich stand noch nie auf einem Skateboard, noch nie auf einem Snowboard und schon gar nicht auf einem Surfbrett. Wir gehen so weit raus bis ich nicht mehr stehen kann. Ich folge den Anweisungen meines Surflehrers, der ohne Surfbrett immer in meiner Nähe ist. Er unterstützt mich durch Zurufe oder indem er mein Board richtig ausrichtet und mich daran erinnert auf die Surfer rund um mich zu achten, um einen Zusammenprall zu vermeiden. Wir sind sowieso etwas abseits von den anderen, damit ich nicht zu sehr abgelenkt werde.
Ich lege mich mit dem Bauch aufs Surfbrett und paddle einige Meter weiter aufs offene Meer. Das Paddeln mit den Armen kostet mich gleich zu Beginn sehr viel Kraft. Nach den ersten paar Kraulbewegungen mit den Armen steigt in mir ein Hauch von Panik auf. Wenn ich die Anstrengung jetzt schon in den Armen spüre, wie soll ich noch die Kraft aufbringen, mich von der liegenden Position auf dem Brett in eine stehende zu bringen? In Gedanken und

Zweifel versunken höre ich nach dem dritten Rufen das Kommando von Setia, dass ich mich mit meinem Surfbrett umdrehen kann, sodass ich Richtung Strand schaue. Ich bringe mich in die richtige Position und sehe schon weiter hinten die erste kleine Welle auf mich zukommen, als er mir kurz darauf zuruft: „Fang an zu paddeln!" Daraufhin nehme ich all meine Kraft zusammen und kraule mit meinen Armen drauf los.

In der Theorie hat Setia mir beigebracht, dass wenn ich paddle und die Welle von hinten die Spitze meines Boards und somit meine Zehen berührt, ich genau in diesem Moment aufstehen muss. Beim ersten Versuch klappt es nicht. Ich stehe zu spät auf und fliege vom Board – noch bevor ich ganz aufgestanden bin. Dieses Szenario wiederholt sich noch zweimal. Beim vierten Mal, als die Welle wieder mein Board berührt, schaffe ich es, mich mit meinen Armen in die Höhe zu drücken, das linke Bein nach vorne zu ziehen, die Füße in die richtige Position zu bringen und das Gleichgewicht zu halten.

Ich stehe! Es ist ein tolles Gefühl, es geschafft zu haben auf dem Board zu stehen und auch ein Gefühl von Freiheit, vom Wasser getragen zu werden. Nun heißt es keine Müdigkeit vorzutäuschen und es noch weitere Male zu versuchen. Es tut gut, endlich wieder ein bisschen Bewegung zu haben. Man glaubt gar nicht, wie wenig man sich als Backpacker eigentlich bewegt.

Es fängt an Spaß zu machen und ich möchte immer mehr Wellen erwischen, es schaffen länger oben stehenzubleiben und immer besser zu werden. Der Ablauf ist immer der gleiche: Wenn ich im Wasser bin, lege ich mich aufs Board und paddle raus aufs Meer. Weiter draußen drehe ich das Brett um, sodass ich mit dem Kopf Richtung Strand schaue. Anschließend suche ich mein Gleichgewicht, warte auf die Welle und bevor sie das Board erreicht, fange ich kräftig an zu paddeln. Sobald mich die Welle antreibt, also von hinten andrückt, stehe ich auf. Das Aufstehen ist trickreich: Mit den Armen stütze ich mich auf dem Board ab, komme auf die Knie, stelle mein linkes Bein nach vorne in die Mitte und mit den Armen hole ich Schwung, damit ich mich auch auf das rechte Bein stellen kann. Wichtig ist, dass ich nach vorne schaue und nicht nach unten und, dass ich nicht zu hektisch aufstehe. Ich habe genügend Zeit.

Sollte ich das Gleichgewicht verlieren, muss ich einfach in die Hocke zurückkehren, um mich festhalten zu können und das Gleichgewicht nochmals zu suchen. Die Knie zeigen beide schräg nach vorne – genau wie die Arme. Ich darf nicht mit den Armen herumwirbeln, sondern muss die Spannung halten.

Drei Stunden später ist es eine Sucht. Ich bin am Ende meiner Kräfte, möchte es aber dennoch solange versuchen, bis ich mich bis zum Strand auf dem Board halten kann. Langsam bewegt sich die Sonne immer tiefer in Richtung Meeresspiegel. Gegen Abend hin werden die Wellen höher und stärker. Ich nehme noch einmal all meine Kraft zusammen, obwohl meine Armen schon schwach sind und meine Knie aufgestoßen. Ich paddle diesmal weiter raus und drehe mich samt Board um – diesmal klappt es schon ohne vom Board runterzugehen. Dann warte ich auf eine Welle. Kurz bevor ich beginnen sollte zu paddeln, beschließe ich doch auf die nächste Welle zu warten. Ich liege am Board, Richtung Strand gerichtet, und schaue zurück, um zu sehen wann die nächste Welle kommt. Kurz darauf kommt eine weitere auf mich zu, die mir extrem groß erscheint. Ein ungutes Gefühl macht sich in mir breit und ich bin hin- und hergerissen von dem Gefühl drauflos zu paddeln oder noch eine Welle abzuwarten. Ich entscheide mich für Letzteres. Mittlerweile merke ich deutlich, dass es für heute genug ist, beschließe aber trotzdem noch auf eine passende Welle zu warten.
Und da kommt sie. Ich sehe wie sich das Wasser leicht nach oben wölbt und mit zunehmender Geschwindigkeit auf mich zukommt. Ich packe die Gelegenheit beim Schopf und fange mit meiner letzten Kraft heftig an zu paddeln. Ich spüre das Salzwasser auf meinen Zehen und drücke mich mit einer schwungvollen Bewegung nach oben. Ich ziehe ein Bein nach vorne, richte die Füße aus, gehe leicht in die Knie und strecke eine Hand nach vorne in die Richtung, in die ich surfen möchte.
Trotz der vielen Dinge, die ich zu beachten habe, gelingt es mir diesmal das Wellenreiten zu genießen und es intensiver wahrzunehmen. Es ist ein überwältigendes Gefühl, ohne jegliche Hilfe auf dem Board zu stehen und sich von der brechenden Welle nach vorne drücken zu lassen. Ich fühle mich in diesem Moment un-

glaublich frei und verbunden mit der Natur und der Kraft des Wassers. Es ist einerseits ein beängstigendes Gefühl, der Wasserkraft völlig ausgeliefert zu sein, und andererseits fühlt es sich nach absoluter Freiheit an. Die Wellen tragen mich dieses Mal bis an den Strand und mein Surflehrer ist sichtlich stolz auf mich. Ich bin es auch und habe das Gefühl, in der kurzen Zeit sehr viel gelernt zu haben. Wie es wahrscheinlich dazugehört, habe ich aufgeschürfte und blutige Knie und spüre jede Faser meiner Rückenmuskulatur und Arme.

Wie ich bereits bemerkt habe, bin ich im Allgemeinen sehr ungeduldig. Hinzu kommt, dass ich auch sehr selbstkritisch sein kann. Es ist klar, dass man am ersten Surftag am meisten lernt. Ich war zuvor noch nie bei höheren Wellen im Wasser, habe ein Surfboard nie aus der Nähe gesehen und darauf gestanden sowieso nicht. Der Lernprozess, wenn man ein Surfbrett zum ersten Mal sieht und zwei Stunden später schon drauf steht und einige Meter surft, ist offensichtlich. Am zweiten Surftag geht es nun darum, nicht nur geradeaus zu fahren, sondern dabei zu lenken. Und da hört der schnell voranschreitende Lernprozess für mich auf. Kurven fahren kann man, indem ich die Arme und das Gewicht auf die eine Seite verlagere, dann zur Mitte zurückkehre und wieder den Druck auf das vordere Bein vergrößere. Anschließend drehe ich mich zur anderen Seite. Die Arme werden langsam und stabil mitgeführt. In der Theorie klingt das Ganze recht simpel, aber in der Praxis schaut es anders aus. Ich verbringe den zweiten Surftag damit, Kurven nach rechts und links zu üben und zu versuchen, dabei nicht allzu belämmert auszuschauen. Ich stehe unentwegt auf dem Surfbrett, perfekt eingekleidet von der Surfschule, und grinse vor mich hin, während meine Arme unkontrolliert in der Luft herumschlenkern und sich meine Beine alles andere als gut positioniert auf dem Surfbrett befinden. Mein Oberkörper wankt meist vor und zurück und von der Geduld vom ersten Tag des Surfkurses ist nicht mehr viel übrig. Ich setze mich selbst unter Druck und der Lernprozess dauert mir zu lange. Diese Unkontrolliertheit, die mein Körper bei dem Versuch, das Board in eine bestimmte Richtung zu lenken, annimmt, deprimiert mich. Meine Motivation ist deutlich weniger geworden und ich hoffe darauf, dass es morgen wieder besser geht.

Neuer Tag, neue Kraft – naja, nicht ganz. Ein bisschen erschöpft vom Vortag, mit Muskelkater und aufgeschürften Knien, stelle ich mich nochmal aufs Board. Nach ein paar Wellen bin ich wieder drin und übe, übe und übe. Die Wellen sind eindeutig stärker als die zwei Tage zuvor – ungefähr zwei Meter hoch. Aber wer nicht wagt, der nicht gewinnt. Am Ende des Tages sagt mein Surflehrer etwas zu mir, das mir wahrscheinlich ewig in Erinnerung bleiben wird: „Du musst die Welle fühlen." Ich nicke und versuche es: Ich vergesse alle Techniken und Tipps, die mir mein Lehrer gegeben hat, warte auf die nächste Welle, stehe auf und versuche, die Welle zu fühlen und mich auf mein Gespür zu verlassen. Ich stehe mit beiden Beinen sicher auf dem Surfbrett, halte das Gleichgewicht und meine Arme zeigen in die richtige Richtung. Ich spüre durch den schnelleren und stärkeren Herzschlag, wie sich mein Brustkorb in kürzeren Abständen auf und ab bewegt und es fühlt sich so an, als ob mein Herz kleine Luftsprünge vollführen würde. Ich spüre die wärmende Kraft der Sonne auf meinem Körper, aber gleichzeitig habe ich Gänsehaut auf den Armen und Beinen. Ich spüre die salzigen Wassertropfen auf meiner Haut und den Druck der Welle unter meinem Board. Ich habe das Verlangen einen Luftsprung zu machen und laut kreischend meine Arme in die Luft zu werfen. Ich fühle die Kraft des Wassers, spüre, wie sich das Board mit der Welle vereint und mit ihr zusammenarbeitet und erkenne, dass ich von dieser vereinten Kraft getragen werde. Es ist ein atemberaubendes Gefühl und trotz der Anstrengung bin ich zur gleichen Zeit tief entspannt. Mir kommt es so vor, als ob dieser Wellenritt im Zeitraffer passiert und ich selbst von oben auf mich herabschauen würde. Mein Kopf ist in dem Moment losgelöst von allem und ich genieße das Gefühl von Freiheit. Ich freue mich jetzt schon wahnsinnig darauf, das nächste Mal auf einem Surfbrett zu stehen und weiter zu üben.

Abends nimmt mich mein Surflehrer zu einer Party mit und holt mich mit dem Moped ab, was sich als ein heftiges Erlebnis heraus-

stellt. Wenn ihr auf Abenteuer steht, dann empfehle ich euch, hinten auf dem Moped eines Balinesen durch Kuta zu fahren. Wer eher ein ängstlicher Typ ist, sollte es lieber bleiben lassen.
Während dieser Fahrt habe ich meine Knie ganz nah an das Moped gedrückt, damit ich nicht eine Hauswand oder ein Auto ramme. Wir haben uns ganz knapp an anderen Mopedfahrern vorbeigeschlängelt und sind durch enge Gassen gerast. Es war für mich ein unvergessliches und lustiges Erlebnis.

Roadtrip

Von Kuta aus starte ich gleich am nächsten Tag mit dem Schweizer Urs einen viertägigen Roadtrip durch Bali. Wir haben uns durch Zufall über die Couchsurfing-Plattform kennengelernt und beschlossen, die Insel einige Tage gemeinsam zu erkunden. Urs und ich haben uns für ein Mietauto, einen Jeepli – wie er den Jeep mit seinem Schweizer-Dialekt nennt –, entschieden. Hier noch ein paar weitere lustige Ausdrücke, die ich von Urs mitgenommen habe: „aufwachen" nennt er „verwachen" oder „erwachen", zum „Frühstück" wird „Morgenessen" gesagt und eine „Saftschubse" ist für ihn eine „Stewardess". 125.000 IDR (=9,80€) kostet uns der Jeep pro Tag. In jedem Reiseführer und in vielen Internetforen steht geschrieben, dass es Unsinn ist, sich ein eigenes Auto zu mieten, um Bali zu erkunden. Es wird empfohlen, dass man sich – wie es hier normalerweise üblich ist – einen Fahrer mieten soll, der einen überall hinbringt. Das hat einen nachvollziehbaren Grund: Es gibt hier keine Straßen- und Ortsschilder. Auch sonst ist die Orientierung erschwert: Wenn auf der Straßenkarte – es sind nie alle Straßen eingezeichnet und auch nicht immer korrekt – etwa eine große Abbiegung eingetragen ist, handelt es sich in Wirklichkeit um eine winzig kleine Gasse, die bei uns als Hauseinfahrt wahrgenommen werden würde. Aber wer genügend Zeit, Spontanität, Geduld und Abenteuerlust mitbringt, macht bei so einem Roadtrip sicher die besten und außergewöhnlichsten Erfahrungen.

In den kommenden Tagen lauschen wir den Klängen der Gamelan-

Musik in dem Tempel Taro. Die Balinesen spielen sitzend am Boden auf den unterschiedlichsten Instrumenten wie beispielsweise Trommeln, Metallophonen oder Holzinstrumenten. Alle Instrumente sind groß und vergoldet verziert. Das häufigste Instrument schaut unserem Xylophon sehr ähnlich, nur das dieses um einiges größer ist – fast wie ein riesiger Bauklotz, den man vor sich hinstellt, der bemalt ist und auf dem man mit zwei Aufschlagstäben Musik erzeugt. Wir verweilen eine Zeit lang vor den Musikern und lauschen dem harmonischen Stück.
Wir schauen uns die Reisterrassen in Jatiluwih an. Saftig grüne Reishalme wuchern aus dem nassen Untergrund der einzelnen Reisterrassen. Diese gehen wie Stiegen immer weiter hinauf. Zwischen den vielen Ebenen befinden sich ganz kleine Häuschen, von denen ich meist nur noch das Dach erspähen kann, weil sie von der wuchernd-grünen Landschaft fast verschlungen werden. An den Stellen, wo der Reis schon zum Ernten bereit ist, können wir die Einheimischen bei der Arbeit beobachten. Dort ist es nicht mehr grün und die Halme sind bereits getrocknet und abgeschnitten. Es liegen hohe Haufen aus Halmen übereinander, die von den Arbeitern auf dem Kopf balancierend weggetragen werden – manchmal mit der Unterstützung ihrer Hände, manchmal ohne.
Außerdem beobachten wir die Einheimischen beim Vorgang des Reistrocknens am Straßenrand. Es liegt eine Plane auf dem Asphalt der Straße, wo der Reis aufgeschüttet wird. Ich beobachte eine Frau dabei, wie sie mit einem Holzstab, an dem vorne ein Brett montiert ist, den Reis auseinanderträgt, um ihn so besser zu trocknen.
Wir sehen einem Vater und seinem Sohn dabei zu, wie sie Denkmäler aus Beton und Holz herstellen und bemalen. Sie knien vor den großen Gebilden und verzieren in aller Ruhe meist in Gold und Rot die Denkmäler, die man auf Bali an jeder zweiten Ecke findet. Wir entdecken auch eine junge Mutter, die Dachziegel formt. Jede Region und jedes Dorf ist auf etwas anderes spezialisiert: Holz, Stein, Chili oder Reis – jeder Baustoff und jedes Produkt hilft den Menschen dabei, in ihren Dörfern zu überleben.
Wir fahren an den drei Seen Danan Bratuan, Buyan und Tambolingas Munduk vorbei. Die Natur ist in diesem Teil von Bali anders. Es wachsen andere Bäume – keine Palmen und Sträucher. Darüber

hinaus ist es kühler und in der Nacht kann es richtig kalt werden.

Nach den vier Tagen machen wir uns auf den Rückweg nach Kuta. Kurz vor Kuta hält uns ein Polizist auf, weil wir angeblich über eine rote Ampel gefahren sind. Wir sollen 500.000 IDR (=30€) zahlen und den internationalen Führerschein abgeben. Im ersten Moment sind wir total entsetzt und wissen nicht so recht wie uns geschieht. Nach einer kurzen Verhandlung bezahlen wir 150.000 IDR (=8€) und fahren mit dem Führerschein in der Hand weiter. Die Geschichte mit der roten Ampel war wahrscheinlich nur erfunden, um uns Geld abzuknöpfen. Deswegen ging auch die Einigung so rasch über die Bühne. Nach dieser Aufregung brauchen wir beide eine kleine Pause und halten am Straßenrand zum Mittagessen.
Nachdem wir das Mietauto zurückgebracht haben, unterhalten wir uns über unsere jeweiligen Reisepläne und beschließen spontan, gemeinsam für sechs Tage eine Wanderung durch Papua zu machen. Der Plan besteht darin, dass ich nach unserem viertägigen Roadtrip alleine für drei Tage nach Singapur fliege, da ich meinen Flug schon vorab gebucht habe. Anschließend fliegen Urs und ich gemeinsam von Jakarta – der Hauptstadt Indonesiens – nach Papua. In der Zeit, in der ich in Singapur bin, bleibt Urs in Kuta und organisiert unseren Trip.

Wie es nach Papua für mich weitergeht, steht noch in den Sternen – das werde ich noch nach Lust und Laune entscheiden. Aber ich bemerke seit einer guten Woche eine Reisemüdigkeit und deswegen ist es bald an der Zeit, für zwei Wochen oder länger an einem Ort zu bleiben und zu entspannen. Reisemüdigkeit macht sich bei mir dadurch bemerkbar, dass ich neue Dinge schwerer aufnehmen kann, Sachen mich nicht mehr so interessieren oder faszinieren, ich foto- und schreibfaul werde und das Bedürfnis verspüre, an einem Ort zu bleiben, ohne mich täglich mit neuen organisatorischen Dingen auseinandersetzen zu müssen.

Allgemeines über Bali

Indonesien ist der größte muslimische Staat, zugleich aber auch eine der wenigen Regionen mit einer hinduistischen Bevölkerungsmehrheit. Auf Bali sieht man überall die Opfergaben für Hindugottheiten liegen: kleine Behälter aus Blättern mit Blumen und Keksen gefüllt. Vor den Häusern auf der Straße, in Autos, auf Mopeds – überall sind sie zu finden.
Bali ist auch ein Land voller Armut. Die Gesichter der Menschen sprechen Bände, ihre Augen sagen mehr als tausend Worte und ihre Hände zeigen, wie viel Arbeit sie in ihrem Leben schon geleistet haben. Ich verspüre eine Faszination und eine absolute Hingabe für dieses Land – Respekt, so könnte man es auch nennen. Respekt den Menschen gegenüber, deren Geldmittel so gering sind und die dennoch nicht verzweifeln und aufgeben, obwohl sie sehen, wie gut es Menschen aus anderen Ländern geht.
Die Menschen in Indonesien wollen wissen woher man kommt, in welchem Hotel man gerade ist und wie lange man bleibt. Sie fragen sehr oft, was man heute noch vor hat, wo man gerade herkommt und wohin man geht. Das ist ganz normal für die Menschen hier und daran sollte man sich gewöhnen. Anfangs habe ich mich oft gefragt, wieso die das wissen wollen und ob ich etwas Böses befürchten muss. Aber Nein, keine Sorge, das ist deren Art und nach kurzer Zeit hat man es lieb gewonnen.
Ich bin in diesem Land und möchte mich der Kultur anpassen, die Religion und die Menschen so respektieren, wie sie sind. Nichts anderes erwarte ich von den Menschen, die in unser Land kommen. Die Schultern müssen hier bedeckt sein und ich schäme mich nun für das Trägertop, das ich anfangs trug. Mein „Reichtum" war mir ebenfalls peinlich: Es fiel mir schwer, meine Kamera rauszuholen, um zu fotografieren. Nicht aus Angst bestohlen zu werden, nein, die Menschen hier sind ehrlich. Man sollte das Ganze gedanklich umdrehen: Wie würden wir uns fühlen, wenn Millionäre zu unseren Häusern kommen würden und sie fotografieren, um Freunden und Bekannten zu zeigen, wie bescheiden wir im Gegensatz zu ihnen leben? Das ist eine kranke Vorstellung. Nein, ich möchte den Menschen lieber auf gleicher Stufe begegnen und die

Bräuche und Traditionen aus erster Hand lernen.

Die Menschen hier verwenden die linke Hand für unsaubere Dinge, etwa wofür wir Toilettenpapier benutzen. In Indonesien sind europäische Toiletten sehr selten. Guter Standard bedeutet hier Folgendes: eine normale Kloschüssel mit einem Kübel und einem Wasserhahn daneben, mit dem man Wasser in den Kübel rinnen lässt. Von dort schöpft man das Wasser mit einer kleinen Kelle in die Kloschüssel. Eventuell gibt es einen Mistkübel daneben und Klopapier, das man danach im Mülleimer verschwinden lässt, um das Klo nicht zu verstopfen. Ein Waschbecken ist so gut wie nie vorhanden. Schlechter Standard kommt jedoch häufiger vor: eine Art Kloschüssel oder eher ein Kloloch im Boden. Man stellt oder hockt sich darüber und verrichtet sein Geschäft. Mistkübel, Waschbecken und Klopapier sind dann nicht vorhanden. Der Kübel, in den man Wasser füllen kann, steht daneben. Entweder verwendet man selbst mitgebrachtes Toilettenpapier, hat aber keine Möglichkeit, es zu entsorgen, oder man lässt es abtropfen und benutzt seine linke Hand und Wasser, um die Überreste von Urin oder Kot zu entfernen. Waschbecken gibt es in diesem Fall auch nicht. Man hat entweder feuchte Tücher bei sich und wieder keine Möglichkeit, sie zu entsorgen, oder man lässt das Händewaschen aus oder verwendet das Wasser in dem Kübel, das zum Runterspülen der Exkremente vorgesehen ist. Ein Badezimmer sieht meist wie folgt aus: ein Klo und daneben die Dusche ohne Abtrennung auf derselben Ebene. In den Zimmern gibt es selten Mistkübel. Außerdem sitzen fast immer Geckos an den Wänden, da es im Badezimmer meist keine Klimaanlagen gibt und sie versuchen diese zu vermeiden.
Eine Übernachtung in einem Hotel kostet rund zehn Euro pro Person pro Nacht und meist ist hier in Indonesien das Frühstück inklusive.
In den Wäschereien wird die Kleidung für einen kleinen Betrag gewaschen, getrocknet und zusammengelegt. Indonesien ist dennoch ein Land, in dem die Bettwäsche immer Flecken hat und ich war sehr dankbar, meinen Seidenschlafsack mitzuhaben. Eine Decke ist nicht nötig, da man in der Nacht schwitzt und es ohne

Ventilator oder Klimaanlage nicht auszuhalten ist.

Die linke Hand ist wie gesagt unrein, deswegen darf man damit auch kein Geld annehmen und beim Essen wird sie unter dem Tisch gehalten. Gegessen wird ausschließlich mit der rechten Hand. Nach drei Tagen in Indonesien war ich so weit, dass ich ebenfalls meine rechte Hand zum Essen benutzte.
Die Füße bleiben immer am Boden und man sollte niemals seine Sohlen zeigen oder sie auf Stühle oder Taschen legen, denn das hat dieselbe Bedeutung wie bei uns das Zeigen des Mittelfingers.
Diese Regeln setzten sich in kürzester Zeit in meinem Kopf fest und ich richtete mich danach.

Es ist interessant, die Gestik und Mimik der Menschen in den unterschiedlichen Ländern zu beobachten. Mir fiel zum Beispiel immer wieder auf, dass die Handbewegungen in Indonesien anders sind, wie etwa beim Zählen mit den Fingern. Unsere Ausgangsstellung zum Zählen ist die Faust und wir öffnen die Hand bei jeder Zahl um einen Finger mehr. Hier ist es umgekehrt: Die Hand ist zu Beginn offen und es wird ein Finger nach dem anderen bei jeder Zahl geschlossen. Wenn wir jemanden zu uns heranwinken, zeigt der Handrücken nach unten und wir bewegen die Finger gleichzeitig zum Körper hin. Bei den Indonesiern ist es so, dass der Handrücken nach oben zeigt, während sich die Finger zum Körper bewegen. Das sind Kleinigkeiten, die für mich sehr spannend und faszinierend zu beobachten waren.
Die Menschen beginnen zu lachen, wenn man sie auf Englisch anspricht und sie die Sprache nicht beherrschen. Bei ihnen stellt das eine Reaktion aus Scham heraus dar. Stellt euch aber dabei kein peinlich berührtes Lachen vor, denn hier fangen die Menschen an richtig loszulachen. Das war anfangs sehr verwirrend für mich, weil ich mir ausgelacht vorkam, aber dann, als ich wusste warum sie es taten, gewöhnte ich mich langsam daran.
Was mir noch zum Leben auf Bali einfällt, ist, dass ich mir in manchen Geschäften oder Restaurants die Schuhe ausgezogen habe, um den Balinesen meine Wertschätzung zu zeigen. Wenn ich gesehen habe, dass vor der Türe einige Schuhe stehen und die Einhei-

mischen den Raum barfuß betreten, habe ich mich dem angeschlossen. Wenn mich eine balinesische Frau mit einer leichten Verbeugung begrüßt hat, habe ich die Geste mit einem Händezusammen-Falten erwidert und dabei leicht den Kopf nach unten gebeugt.
Gewöhnungsbedürftig ist es, wenn ein Einheimischer auf dich zukommt und ein Foto von oder mit dir machen möchte. Das Ganze lief meist so ab: Eine Person aus einer Gruppe traute sich, nach einem Foto zu fragen, woraufhin sich meistens zwei oder drei Personen der Gruppe neben mich stellten, um auf dem Foto drauf zu sein. Schließlich wollte jeder aus der Gruppe ein Einzelbild mit mir machen und anschließend in Teilgruppen. Lachend und kichernd bedankten sich die Fotointeressierten mit einem Händeschütteln und einem „Termia kasih", was „Danke" bedeutet.
Weitere wichtige Wörter, die ihr euch merken solltet, sind „Warung", das bedeutet so viel wie „Essensstand", „Gastwirtschaft" oder „Restaurant". „Home Stay" wird hier eine günstige Unterkunft bei Leuten zu Hause genannt und „Terima kashi" heißt „Dankeschön". Die am meisten ausgesprochenen Englischvokabeln, die ihr von Einheimischen hören werdet, sind: „cheap, cheap, cheap", „including breakfast" oder „massage including breakfast".

Am Straßenrand sind auf Bali Essensstände aufgebaut. Diese findet man überall und sie sind von der Fläche her nicht größer als eine Schubkarre. Trotz der unreinen Straßen und verdreckten Tische kommt mir das Essen nicht unhygienisch vor. Mit den einfachsten Mitteln zaubern die Einheimischen schnelle und gute Gerichte. Das Frühstück besteht aus Eiern, Rührei oder Omelett zwischen zwei Toastbrotscheiben. Alternativ kann man Pancakes mit Apfel-, Ananas- oder Bananenstücken wählen oder auch vegetarische Suppen, Toasts gefüllt mit Tomatenscheiben und Zwiebel oder einen Obstteller. Die Portionen sind klein, ungefähr die Hälfte von einer Hauptmahlzeit von unseren österreichischen Speisen. Mittags und abends zählen zu den Spezialitäten Nasi Goreng und Mie Goreng: gebratener Reis oder gebratene Nudeln mit Huhn, Gemüse oder Meeresfrüchten, immer mit einem Spiegelei obendrauf. Hühnerspieße mit Erdnusssauce, Tofu und gekochtes Gemüse mit einer

Süßsauersauce gibt es auch. Genauso wie Suppe mit Fleischbällchen, Reiskracker oder Hummerchips. Eine bunte Auswahl von allem ist vorhanden und mein Favorit sind die frisch gepressten Fruchtsäfte. Man kann aus vielen verschiedenen Früchten eine Sorte wählen oder gleich drei zusammenmixen lassen. Ein großer Becher kostet 0,60€ – bei uns würde das wahrscheinlich das Fünffache kosten.
Bis jetzt war es in Asien so, dass es für die Touristen Löffeln und/oder Gabeln gibt, aber keine Messer. Egal, ob es Fleisch gibt oder andere Dinge, die man eigentlich schneiden müsste – Messer sind nicht vorhanden.

Die Indonesier selbst gehen keinen Meter zu Fuß, denn sie fahren stets mit dem Moped. Helme für Mopeds dienen dabei nur zur Zierde, da sie meist schon sehr demoliert sind und einen echten Unfall nicht überstehen würden. Die Mopeds hier sind aber keine alten, klapprigen Zweiräder – was man aufgrund der eben angesprochenen Armut vermuten könnte –, sondern schöne, polierte und hochwertige Fahrzeuge. Dasselbe gilt auch für Taxis, Shuttles und private Autos auf den Straßen. Der Straßenverkehr auf Bali allgemein ist wild. Es wird gehupt, bevor man jemanden überholt, wenn man sich einer Kurve nähert oder einfach zur Begrüßung. Die Kreuzungen sind verkehrsstark und zu allem Überfluss gibt es keine Ampeln.
Benzin gibt es überall am Straßenrand in Wodkaflaschen zu kaufen und ein Liter kostet 5.000 IDR (=0,39 Cent). Diese 5.000 IDR kann man sich merken, da es für vieles ein Einheitspreis ist, wie zum Beispiel für ein Mittagessen oder eine Flasche Wasser. Ich wollte mich schon oft nach öffentlichen Bussen erkundigen, aber niemand gab mir Auskunft über die Fahrverhältnisse dieser bemo-Busse. Stattdessen wollten die Leute mir überteuerte Fahrten in eigenen Transportmitteln andrehen. Das ist wirklich nervig, weil man nicht mal in einem Touristenbüro oder bei Touristenständen diese Auskunft bekommt.

Gedanken, die hochkommen

Ich liege gerade im Bett. Es ist später Nachmittag und ich sitze da, höre Musik und schreibe. Plötzlich fangen meine Gedanken an zu kreisen. Gedanken über Vergangenes. Meine letzte Beziehung endete vor ungefähr einem Jahr und seitdem bin ich Single. Mir kommt es noch nicht so lange vor und ich brauche sicher noch einige Zeit, bevor ich für die nächste Beziehung bereit bin – Zeit, die ich gerne alleine verbringen würde. Nicht, weil ich meine letzte Beziehung noch nicht verarbeitet habe, nein, ganz im Gegenteil. Es geht nicht um den letzten Partner, den ich hatte, oder um den Trennungsschmerz, sondern vielmehr darum, dass ich so wenig auf mein Bauchgefühl und meine innere Stimme gehört habe. Damals habe ich mich auf die Beziehung eingelassen, obwohl ich wusste, dass es nicht klappen würde. Mein Partner hat mir oft vorgeworfen, dass er mir nichts recht machen könne und ich nicht gut fände, was er tut und ich niemals stolz auf ihn wäre. Dinge, die sehr wichtig in einer zwischenmenschlichen Beziehung sind. Mehr noch: Es sind Dinge, die man vom Partner zu spüren bekommen muss. Ich habe diese Vorwürfe immer abgestritten und nun, ein Jahr später, kommt mir plötzlich die Antwort: Ich war tatsächlich niemals stolz auf ihn, habe ihn niemals bewundert oder gut gefunden, was er gemacht hat. Das tut mir jetzt im Nachhinein sehr leid, denn damit war ich mir selbst nicht treu. Ich habe ihn und mich belogen, indem ich mir einredete, dieser Partner sei toll und es gäbe gute Gründe, ihn zu bewundern. Man muss zu seinem Partner aufschauen können und sich denken: „Wow, toll, was er bis jetzt in seinem Leben geleistet hat! Toll, was er hier und jetzt gerade tut!“ Das ist für mich etwas sehr Wichtiges.

Und da ich jetzt anfange, mehr und mehr darüber nachzudenken, gibt es sehr wenige Menschen, die in mir Bewunderung für das, was sie tun, hervorgerufen haben. Eigentlich ist das sehr schade, weil ich mir jemanden wünsche, zu dem ich aufschauen und bei dem ich mir denken kann: „Wahnsinn, was dieser Mensch macht, wie er denkt, lebt und liebt.“ Einen Menschen kennenzulernen und dieses Wow-Erlebnis zu verspüren ist mir schon lange nicht mehr

passiert.
Die Herausforderung, die ich habe, besteht sicherlich auch darin, dass ich schon zu genau weiß, was ich möchte und was mir an einem Partner wichtig ist. Es gibt bestimmte Prinzipien, die für mich zählen und Gültigkeit haben. Ich bin mit Sicherheit dazu bereit, all meine jetzigen Vorstellungen von einem tollen Partner über Bord zu werfen, wenn mir jemand mit Ecken und Kanten gegenübersteht und die Gefühle stimmen.

Am Flughafen auf Bali

Heute fliege ich von Bali nach Singapur und bleibe dort für drei Tage. Um sechs Uhr früh bin ich fast alleine am Flughafen und er ist wie ausgestorben. Seit dem Zwischenfall mit den Behörden in Neuseeland habe ich ein komisches Gefühl und einen nervösen Magen vor dem Fliegen, ganz besonders vor dem Ein- und Auschecken.
Bald bin ich seit drei Monaten unterwegs und ich kann nicht sagen, ob die Zeit schnell oder langsam vergeht. Wenn ich im Kopf durchgehe, was ich bis jetzt erlebt habe und wo ich schon überall war, kommt es mir vor, als wäre ich seit einer Ewigkeit unterwegs, aber andersherum rennt mir die Zeit davon, wenn ich nicht darüber nachdenke. Ich bin an einem Punkt angekommen, an dem es mir nichts ausmacht, alleine zu reisen, und ich mich sogar freue, nach Papua wieder ohne Begleitung unterwegs zu sein. Bis jetzt habe ich mich noch nie einsam gefühlt. Ich fliege beispielsweise jetzt alleine nach Singapur, fühle mich aber nicht einsam, weil ich dort bei dem Couchsurfer Pierre schlafen werde und eine Indonesierin aus Jakarta bei demselben Couchsurfer übernachten wird.
Für Singapur habe ich mich übrigens nicht vorbereitet, weil ich nur kurz dort bin und ich es einfach auf mich zukommen lassen möchte.
Ohne Lautsprecher wird uns mitgeteilt, dass die Passagiere nun zum Bus runtergehen können, der uns zum Flugzeug bringt. Dort sitzen nur ich und einige Chinesen ganz hinten auf der Rückbank des Busses. Zwei von der chinesischen Gruppe machen ein Foto

vom Bus und den Passagieren darin. Sie schießen gleich noch eines, vermutlich, weil das Motiv des Businneren so schön ist. Es wird noch einmal aus dem Bus rausfotografiert, ah, und noch einmal – das erste Bild hätte ja verwackelt sein können. Daraufhin sagt sein Freund etwas, den er auch gleich fotografiert. Knips, knips – ah, tolles Motiv! Der Bus fährt langsam ein paar Meter zurück. Es folgt noch ein Foto, und was für eines: ein Bus von innen, während er rückwärtsfährt. Schließlich wechselt unser Transportmittel die Richtung – knips, knips! Das Motiv im Hintergrund hat sich bestimmt verändert. Und nochmals knips.
Ah, tolle Bilder, der Chinese ist sichtlich stolz auf seine Fotos! So und jetzt werden noch einmal die Menschen im Bus fotografiert, falls das vorherige Bild langweilig geworden sein sollte. Die Passagiere im Bus sind zwar dieselben geblieben, aber vielleicht haben sie ihre Position vorteilhaft geändert. Knips.
Der Abflug erfolgt übrigens schließlich kurz nach neun Uhr und drei Stunden später kommen wir an.

Ein Einheimischer kurz bevor er zum Speerfischen ins Meer ging

Das Haupttransportmittel auf den Gili Inseln

Anfangs schlenkerten meine Arme beim Surfen unkontrolliert in der Luft

Endlich stand ich dann mit beiden Beinen sicher auf dem Brett

Die Klänge der Gamelan-Musik in dem Tempel Taro

Eine Indonesierin beim Reistrocknen am Straßenrand

Die Denkmäler werden mit Bedacht bemalt

Bei unserem Roadtrip durch Bali zeigte mir dieser Junge stolz seinen Fischfang

Die wuchernd grüne Landschaft bei den Reisterrassen in Jatiluwih

Die Reisernte wird von den Einheimischen händisch vollzogen

Singapur

Ankunft in Singapur

Nach vier Wochen Indonesien bin ich in Singapur gelandet. Ich merke sofort, dass es vermutlich die einzige Stadt in Südostasien ist, die sich von allen anderen abhebt. Singapur ist sauber und diszipliniert und im Gegensatz zu Indonesien sehr europäisch. Es stellt eine gute Abwechslung zu den sonst so chaotischen und dreckigen Städten Südostasiens dar und ich bin gespannt, was ich alles sehen werde.
Zuerst will ich mit den öffentlichen Verkehrsmitteln vom Flughafen in die Stadt fahren, was mich eineinhalb Stunden kosten würde. Von der Zeit her wäre das kein Problem, aber der Aufwand wäre zu groß. Im Flugzeug saßen drei Inder in meiner Nähe und beim Aussteigen hat mich einer von ihnen – sein Name ist Ganan – angesprochen. Als wir uns nach der Gepäckabholung wiedersehen, frage ich, wo sie hinfahren und ob wir uns zu viert ein Taxi teilen wollen. So werde ich an meinem gewünschten Ort abgesetzt und sogar von meinen Mitfahrenden auf die Taxifahrt eingeladen. Insgesamt spare ich über 40 Singapur-Dollar (SGD) und habe eine Abendverabredung zum Partymachen mit den drei Indern.
Ich hatte anfangs große Zweifel, ob ich als Frau alleine bei einem Couchsurfer übernachten sollte. Als mich Sinta aus Jakarta dann über die Couchsurfing-Plattform angeschrieben hatte und meinte, dass sie zur selben Zeit wie ich bei Pierre, dem Gastgeber, sein wird, war ich beruhigt. Ich hoffe, dass ich gemeinsam mit ihr etwas unternehmen kann und sie sich besser über Singapur und die lokalen Aktivitäten informiert hat als ich.
Während meiner nächsten vier Tage in Singapur kümmert sich Urs um unsere Flüge von Jakarta nach Papua und um die geplante sechstägige Wanderung. Das kommt mir mehr als gerufen, denn so habe ich ein Abenteuer vor mir und jemanden, der die organisatorischen Dinge erledigt. Umgekehrt kommt es auch für ihn gelegen, da er unbedingt nach Papua will, aber bis jetzt keinen Reisepartner

dafür gefunden hatte. Ich bin wirklich froh, dass ich mir das Übernachtungsgeld in Singapur dank des Couchsurfens erspare, da die Flüge nach Papua teuer werden und nicht in meinem Budget eingeplant sind. Ich hoffe, es hält sich finanziell in Grenzen und der Abenteuertrip zahlt sich aus.

Pierre und Sinta sind sehr nett. Die Wohnung liegt in einer großen und modernen Anlage, die nur für Unterrichtende einer polytechnischen Schule gedacht ist. An unserem ersten gemeinsamen Abend gehen wir zu dritt Abendessen. Pierre nimmt uns zu einem typischen Hawker Center mit oder auch „Food Court" genannt. Das ist die traditionellste und einfachste Art, in Singapur essen zu gehen. Ein Essensstand reiht sich dort an den nächsten. Die meisten sind im Buffetstil eingerichtet und die Sitzmöglichkeiten stehen für alle zur Verfügung. Es ist ein chaotisches Getümmel, da der Food Court sehr gut besucht ist. Pierre fordert Sinta und mich auf uns hinzusetzen, während er zu einem Essensstand geht und uns verschiedene Dinge bestellt und bringt. Wir greifen alle drei von überall zu. Es gibt Thosai Eier, Huhn Korma, Butterhuhn Masala, einen gemixten Brotkorb und Reis. Einiges schmeckt interessant, anderes wirklich gut oder gewöhnungsbedürftig. Da dieser Food Court nicht im Stadtzentrum liegt und öffentlich schwer zu erreichen ist, ist der Preis für das Essen dementsprechend günstig. Eine weitere Spezialität des Landes, die ich während meines Aufenthaltes in Singapur entdecke, sind die sogenannten Chicken Coins. Das ist nichts anderes als zusammengepresstes Hühnerfleisch, das süßlich aber gut schmeckt. Auch Eis im Toastbrot probiere ich zum ersten Mal. Das Brot selbst ist grün und pink eingefärbt, die Eiskugeln kommen oben auf das Brot und das Ganze wird in der Mitte zusammengeklappt.
Nach dem Essen fahre ich mit Sinta in das Ritz Carlton Hotel, um dort die drei Inder zu treffen, die mich im Taxi vom Flughafen mitgenommen haben. Ich trage Flip-Flops und eine Schlabberhose und gehe so in das Luxushotel rein – durch die Lobby und weiter in den Salon. Dort setzen wir uns zu fünft zusammen und lassen uns eine Sangria einschenken. Ich bin anscheinend an reiche und etwas berühmtere Inder aus New Delhi geraten, weshalb mir mein

Aufzug im Schlabberstil nun sehr unangenehm ist. Ich versuche mir einzureden, dass ich gar nichts Passendes in meinem Tramperrucksack dabei gehabt hätte. Nach einigen Drinks in der Hotelbar fahren wir weiter in einen riesigen Club. Auf unserem Tisch steht bereits eine Flasche Wodka und die Party ist in vollem Gange. Als einzige Weiße im Club und wegen meiner unpassenden Kleidung ziehe ich die Aufmerksamkeit auf mich, aber ich versuche mich von den vielen Blicken nicht ablenken zu lassen und tanze mit Sinta die ganze Nacht durch.

Am nächsten Tag mache ich mich mit Sinta zu einer Stadterkundungstour auf. Das Mustafa Center ist ein siebenstöckiges Einkaufszentrum, wo man wirklich alles bekommen kann. Es gibt keine abgetrennten Geschäfte und alles fließt ineinander über. Ich nutze die Gelegenheit dazu, mir ein neues Netbook zu kaufen. Mein derzeitiges Gerät ist ein älteres Modell und daher recht unhandlich und schwer. Um Gewicht zu reduzieren, habe ich beschlossen, mein aktuelles nach Hause zu schicken und kaufe mir nun ein neues und vor allem leichteres Gerät. Das Chinatown Heritage Center hingegen ist die Shoppingstraße der Chinesen: Die typisch runden, roten Laternen hängen über der Straße und traditionelle chinesische Kleidung wird zum Verkauf angeboten. Die Wohnhäuser werden hauptsächlich von Chinesen bewohnt – ganz im Gegensatz zum Stadtteil Little India, wo die meisten Inder leben. Sim Lim Square wiederum ist ein Einkaufszentrum voll von Elektrogeschäften, eines neben dem anderen – so etwas habe ich noch nie gesehen. Allgemein sind nur wenige Touristen unterwegs, außer auf der Orchard Road, der teuersten Shoppingmall Singapurs. Dort befinden sich mehr weiße Menschen als sonst wo in der Stadt. Es ist sehr angenehm, dass man hier nicht angequatscht wird, ob man etwas kaufen möchte.
Sinta und ich setzen uns schließlich in den Fort Canning Park. Wir wollten eigentlich hindurchspazieren, aber dazu kommt es nicht, da wir beide total erledigt sind, ohne zu wissen wovon. Daher legen wir uns jeweils auf eine Parkbank und dösen vor uns hin, während einige Regentropfen durch die Baumkrone fallen, unter der unsere zwei Bänke stehen. Vielleicht ist es diese stehende Hitze

ohne ein Lüftlein, die uns so müde macht? Ich hoffe an dieser Stelle, dass es mir bei der sechstägigen Wanderung durch Papua nicht genauso ergehen wird.

Ich nutze Singapur auch gleich dazu, meine kosmetischen Pflichtartikel aufzufüllen und sonstige Kleinigkeiten zu besorgen. In erster Linie besorge ich mir Malarone – Tabletten gegen Malaria – für Papua, da ich nur zwölf Stück mithabe und sie in Papua lieber prophylaktisch einnehmen möchte. Sie wirken sowohl vorbeugend, als auch wenn man bereits Malaria hat. Im vorbeugenden Fall muss man einen Tag vor Einreise in das malariagefährdete Land mit der Einnahme beginnen und jeden Tag eine Tablette zur selben Tageszeit einnehmen – bis eine Woche nach Ausreise aus dem jeweiligen Gebiet. Ich habe vorher zum Glück im Internet recherchiert, ob ich diese Tabletten in Singapur bekomme. Allerdings weiß ich jetzt, dass man entweder ein Rezept dafür braucht – das ich nicht habe – oder man sein Flugticket herzeigen muss und somit vorweist, dass man 24 Stunden später aus Singapur ausreist. Ich bekomme zwölf Stück Malarone für teure 98 SGD (=60€). Unter anderem kaufe ich mir auch Notizhefte und Kugelschreiber für meine Reisenotizen, die sich ganz schön häufen. Man glaubt gar nicht, wie schwer es ist, so etwas zu finden. In Indonesien habe ich kein einziges Mal Schreibhefte gesehen und auch in Singapur fand ich ein entsprechendes Geschäft erst nach längerem Suchen. Ich habe außerdem eine Uhr für sage und schreibe 4 SGD erworben.
Hier dreht sich übrigens hauptsächlich alles ums Einkaufen, denn überall sind Einkaufszentren und Shopping Malls. Die Einheimischen sind stylisch gekleidet und tragen oft Netbooks in der Hand. Ich habe auch schon viele Kinder alleine im Lebensmittelgeschäft einkaufen gesehen.

Allgemein kann ich über Singapur noch sagen, dass ein Drittel bis die Hälfte der Einwohner Inder sind.
Das öffentliche Verkehrsnetz ist top und man kann sogar das Wasser aus der Leitung trinken. Es gibt hier zu allem Überfluss auch normale westliche Toiletten mit Klopapier und Waschbecken, was mir meinen Reisealltag ein Stück weit erleichtert hat.

Während der vier Tage, die ich in Singapur verbracht habe, gewitterte und regnete es jedes Mal in der Nacht. Die Tage wurden größtenteils von Sonnenschein und Hitze bestimmt. Die letzte Nacht schlief ich kaum, da es ein heftiges Gewitter mit lautem Donner und hellen Blitzen gab. So etwas habe ich noch nie erlebt und die Regengüsse ließen das ganze Theater noch heftiger wirken. In Singapur kann man, wie mir gesagt wurde, das Wetter nie länger als sechs Stunden voraussagen und die Stadt ist für heftige Gewitter bekannt. Angeblich ist Singapur der Ort auf der Welt, an dem die meisten Menschen von Blitzen getroffen werden.

Rückblickend auf die letzten vier Tage kann ich sagen, dass Singapur die reinlichste, gesittetste und organisierteste Stadt Südostasiens ist. Nach vier Wochen Indonesien durfte ich hier also den absoluten Luxus genießen. Sinta und ich konnten uns die Stadt gemütlich ohne Stress und Hektik ansehen und auch öfters mal in unserer Unterkunft auf der Couch chillen.

Von Singapur über Jakarta nach Jayapura

Mein Plan ist es nun, dass ich den Flieger von Singapur zurück nach Jakarta nehme und dort gemeinsam mit Urs zwölf Stunden auf dem Flughafen verbringe. Anschließend werden wir zusammen weiter nach Jayapura in Papua fliegen. Den Anschlussflug zu unserem finalen Ziel Wamena kann man nicht über eine Webseite buchen, da schlichtweg keine existiert. Man wartet wie bei einem öffentlichen Verkehrsmittel auf den nächsten Flieger und zahlt bar.

Beim Abflug in Singapur gibt es wieder mal Probleme. Das Bodenpersonal am Flughafen möchte mein Ausreiseticket für Indonesien sehen und da ich keines habe, heißt es wieder mal, ganz spontan einen Flug irgendwann und irgendwohin zu buchen. Mir steht das Wasser in den Augen. Das kann doch wirklich nicht möglich sein! Jedes Forum und alle, mit denen ich bis jetzt gesprochen habe, konnten bestätigen, dass sie noch nie ein Ausreiseticket in einem dieser Länder vorzeigen mussten. Nun – ich muss es anscheinend

schon.
Also buche ich ein Ticket von Jakarta nach Kuala Lumpur in Malaysia für Mitte Juni. Ich hetze mich zusätzlich ab, um mir vor meinem Flug die Steuern von meinem neu gekauften Netbook zurückzuholen. Dazu gehe ich mit der Rechnung zum Tax-Refund-Schalter. Dort wird an einem Automaten der Pass eingescannt und die Rechnung kontrolliert. Ich bekomme einen Stempel, gehe einen Schalter weiter und kann mich dort entscheiden, ob ich die Steuern bar oder auf die Kreditkarte ausgezahlt bekommen möchte. Ich hatte nach den unvorhergesehenen Komplikationen mit dem Ausreiseticket nicht gedacht, dass es so einfach und vor allem schnell gehen würde.
In Jakarta angekommen vergehen die zwölf Stunden Wartezeit wie im Flug: Zuerst müssen Urs und ich uns orientieren und nehmen schließlich einen gratis Shuttlebus, um von einem Terminal zum nächsten zu gelangen. Dort verbringen wir einige Stunden in einer Food Mall, um unseren Hunger zu stillen und uns mit meinem neuen Netbook und seinen Einstellungen zu beschäftigen. Anschließend schlendern wir in Ruhe zum Gate, wo wir noch über zwei Stunden absitzen. Hier am nationalen Flughafen in Jakarta sind wir übrigens die einzigen Weißen.

Ein Blick auf die Skyline von Singapur beim Stadtspaziergang

Das berühmte Marina Bay Sands Hotel

Ein typisches Hawker Center oder auch „Food Court“ genannt

Eis im Toastbrot

Indonesien

Eine andere Welt

In Jayapura kommen Urs und ich nach sechs Stunden Flug erschöpft an. Wir sind seit Jakarta weit und breit die einzigen Touristen. Zuerst besorgen wir uns ein Flugticket – mit freier Platzwahl im Flugzeug – von Jayapura nach Wamena. Man bekommt es nur gegen Bargeld direkt am Flughafen und auch nur, wenn ein Platz frei ist. Das Hin- und Rückreiseticket kostet mich 1.600.000 IDR (=126€).

Bis zum Abflug bleiben uns zwei Stunden, um ein Taxi zur Polizeistation zu nehmen und uns dort eine Reisegenehmigung für Wamena zu besorgen. Die zusätzliche Reisegenehmigung ist aufgrund von Spannungen zwischen der indonesischen Zentralregierung und den Papuas, die für ihre Unabhängigkeit kämpfen, notwendig. Wir finden endlich die Wache, doch diese ist nicht so, wie es sich eine Europäerin wie ich vorgestellt hat. Zwar handelt es sich um ein – für dortige Verhältnisse – großes Gebäude, aber es steht so gut wie leer. Wir suchen die ersten zehn Minuten nach einem Beamten, Polizisten oder sonst einer Person, die uns weiterhelfen könnte. Endlich finden wir jemanden. Uns betreut schließlich der Polizeiinspektor höchst persönlich – in Jogginghose und Flip-Flops.

Ganz ungeniert frage ich: „Gibt es bei Ihnen gar keine Uniformen?“

„In meiner hohen Position brauche ich so etwas nicht mehr“, meint er daraufhin gelassen.

Gut, hätten wir das auch geklärt. Die Reisegenehmigung ist abgestempelt und das Taxi bringt uns zurück zum Flughafen.

Es gibt drei Sicherheitskontrollen, die sehr schlampig durchgeführt werden. So wie bei uns vor einer Kontrolle ein Schild steht, dass man keine Flüssigkeiten mitnehmen darf, hängt dort ein Schild mit Pistolen, Gewehren und Granaten. Es ist neun Uhr und um elf geht laut Plan unser Flug. Beim Check-In Schalter herrscht ein großes

Gedränge und Durcheinander. Die Menschen hier drängeln sehr gerne, wenn sie in Schlangen stehen, aufs Einsteigen warten oder durch beengte Bereiche müssen. Eine Schlange existiert nicht, stattdessen werden sowohl wir als auch unsere Rucksäcke neben den Plastiktüten der Papuaner geschubst und gedrängelt. Jeder schiebt sich mit Koffern und zwei bis drei Tüten oder Kartons im wilden Durcheinander vor. Wir passen uns dem an, sonst wären wir eine Stunde später vermutlich die Letzten in der Schlange.
Einiges fällt mir gleich zu Beginn auf: Die Menschen sehen anders aus, riechen anders und verhalten sich anders. Sie sind insgesamt kleiner und haben mehr Speck auf den Hüften. Sie besitzen eine knollige Nase und habe unreine Haut sowie krauses Haar. Ihr Geruch ist schwerer zu beschreiben – er ähnelt altem Holz.
Man sagt uns beim Boarding-Schalter, dass wir noch eine Stunde Zeit haben. Der Flug geht also eine Stunde später als ursprünglich geplant. Nach einiger Zeit merken wir jedoch, dass es insgesamt drei Flieger nach Wamena gibt, die auch noch nicht gestartet sind. Kein Stress, alles ganz entspannt. Wir warten zehn Minuten und weitere 20 Minuten. Zweieinhalb Stunden nach der geplanten Flugzeit heben wir schließlich mit einem Mini-Flieger und freier Sitzplatzwahl in die Lüfte ab. 45 Minuten später kommen wir an. Wenn man diesen Weg mit einem Fahrzeug zurücklegt, kann dies bis zu einer Woche brauchen, da die Fahrbedingungen sehr schlecht sind.

Urs und ich sind von dem langwierigen und sehr anstrengenden Weg total erledigt. Wir schliefen während des Fluges ständig ein und wachten noch müder wieder auf. Draußen aber kommt uns der erste Dani entgegen, die Einheimischen hier, die sich die papuanische Tradition bis heute nicht haben nehmen lassen und sich nur mit einem Penisfutteral – „Koteka" in ihrer Sprache – bekleiden. Dieser Peniskoteka wird mit einer ganz dünnen Schnur um den Bauch und um den Hodensack herum gebunden.
Im Flugzeug lernten wir einen Einheimischen mit dem Namen Mentari kennen, der uns nun mit dem Gepäck und dem Transport hilft. Wir nehmen ein Fortbewegungsmittel der etwas anderen Art: ein Fahrrad mit einem gemütlichen Sitz vorne dran. Der Sitz ist für

zwei Personen etwas eng, aber alleine hat man ausreichend Platz. Ich sitze auf einer weichen Unterlage und über meinem Kopf befindet sich ein im Bogen gespanntes Stoffstück, das mich vor der Sonne schützt.

Mentari bringt uns zu einem Hotel von einem Freund von ihm und schafft uns einen aufdringlichen Einheimischen vom Hals, der uns eine Tour andrehen möchte. Vielleicht fragen sich jetzt ein paar von euch, warum wir dem einen Einheimischen trauen und dem anderen nicht: reine Gefühlssache!

Nachdem wir im Hotel angekommen sind, schlendern wir durch die Stadt und machen uns mit dieser neuen Welt vertraut. Am Straßenrand, rechts und links von uns, liegen Berge von Müll, in denen Schweine ihre Nasen vergraben, in der Hoffnung etwas Essbares zu finden. Diese Müllberge werden von den Einheimischen angezündet und man sieht Rauchwolken aufsteigen. Überall gibt es Schweine, die wichtigsten Tiere für die Dani-Stämme. Ich bemerke zwei Männer, die beide an einer Hand lange Nägel haben, die schwarz eingefärbt sind. Mentari erzählt uns später, dass es ein Zeichen von Mode und Style ist. Immer wieder fallen mir Männerpaare auf, die Hand in Hand nebeneinandergehen. Das ist hier das Zeichen für eine sehr gute und enge Männer-Freundschaft.

Überall befinden sich rote Flecken auf dem Asphalt der Straße. Sie stammen von der Betelnuss, die von den Einheimischen gekaut wird. Die Betelnuss wird zerkleinert und mit anderen Gewürzen vermischt. Anschließend wird darauf herumgekaut, wodurch sich Zunge und Zähne rot färben, und man wird in einen leicht benebelten Zustand versetzt. Die Hälfte davon wird hinunter geschluckt und die andere Hälfte auf die Straße gespuckt – so hat mir das ein Einheimischer erzählt. Beim Bankautomat hängt sogar ein Verbotsschild, dass man dort das rote Zeug nicht hinspucken darf.

Was mir bei unserem Spaziergang bewusst wird, ist, dass egal, in welchem Land man ist, welche Kultur, Hautfarbe oder Religion die Menschen dort haben oder wie sie leben – Musik verbindet alle auf der ganzen Welt. Jedes Land besitzt seine eigene Musik und seine eigenen Musikinstrumente, gar keine Frage, aber die Musik, die wir vom Radio kennen – obwohl sie schon zehn Jahre alt ist – die kennen die Leute hier auch. Das ist für mich ein schöner Gedanke:

Es gibt etwas, das die ganze Welt auf eine gewisse Art und Weise verbindet.

Am Abend treffen wir uns mit einem Guide, der uns die nächsten sechs Tage durch die Wildnis begleiten wird. Kosman ist gute zehn Zentimeter kleiner als ich und zuerst etwas schüchtern. Trotzdem begrüßt er uns mit einem Händeschütteln und einigen Berührungen am Arm, wie es hier üblich ist.

Der sechstägige Trip durch das Baliem-Tal

Gleich am nächsten Tag geht es früh los. Zuerst treffen wir uns mit Kosman in seinem Haus. Er erzählt uns Allgemeines über das Leben hier.
Es gibt drei verschiedene Stämme: die Yali, die Dani und die Lani. Wir werden zu den Dani-Stämmen gehen. Der Unterschied zwischen den einzelnen Stämmen besteht in ihrer Kultur. So hat etwa nicht jeder Stamm Schrumpfmumien von seinen Stammesoberhäuptern hergestellt. Diese Schrumpfmumien werden auch „Mummys“ genannt. Zunächst wird der Magen des Verstorbenen rausgenommen und anschließend der Verstorbene selbst über einem Feuer aufgehängt und getrocknet. Die Mumien, die es hier noch gibt, sind etwa 200 Jahre alt. Viele wurden schon von Würmern oder Insekten zerfressen. Heutzutage wird diesem Brauch nicht mehr nachgegangen, da die Missionare sehr viel Einfluss auf das Leben, die Kultur sowie die Religion der Papuaner genommen haben.
Kosman erzählt uns von den ersten Missionaren, die hier herkamen. Die Dani-Stämme hatten zunächst Angst vor ihnen, weil sie noch nie weiße Menschen gesehen hatten. Die Missionare ließen sich am Flussrand in Zelten nieder und warteten ab, bis die Danis neugierig wurden. Zuerst versteckten sich die Einheimischen im Wald und beobachteten die Weißhäutigen von dort aus. Nach einiger Zeit gewannen die Missionare ihr Vertrauen und langsam traute sich ein Dani nahe heran. Die Missionare gaben ihm Salz zum Probieren. Die Papuaner fanden das gut. Als Nächstes gaben

sie ihnen Seife zum Waschen. Danach bekamen die Einheimischen Äxte, um einen Baum innerhalb von Minuten zu fällen, anstatt dafür wie bisher mit einem Stein eine ganze Woche zu benötigen. Sie zeigten ihnen auch, dass man sich im Fluss wäscht und die Leute sahen wie sauber man sein kann. Andere Missionare bauten Häuser und Schulen und erzählten ihnen etwas über das Christentum – das ist es jedenfalls, was man uns erzählt.
Mir fallen an der Wand von Kosman zwei Bilder von Jesus am Kreuz auf, die für mich nicht hierher passen. Auf unsere Frage, ob er es gut findet, dass die Missionare hier waren und teilweise noch immer sind, antwortet er: „Es macht vieles einfacher für die Menschen hier."

Das Klo von Kosman steht im Garten und ist von drei Holzwänden umgeben. Am Boden sind Steine im Kreis aufgelegt und in der Mitte ist lediglich eine Vertiefung. Klopapier habe ich selbst mitgehabt und ich schmeiße es nach dem Toilettengang in das Loch. Ich befürchte, dass ich in den nächsten Tagen Verstopfungen bekommen könnte, wenn ich beim Toilettengang unentspannt meine akrobatischen Übungen durchführen muss.

Kurz vor unserem Aufbruch kommt unser Träger Jonas. Er unterstützt uns die nächsten Tage beim Tragen der Nahrungsmittel und Kochutensilien. Den Großteil unseres Gepäcks lassen wir im Haus von Kosman zurück, den Rest tragen Urs und ich selbst. Das Gepäck, das Kosman und Jonas tragen, enthält nur Nahrungsmittel und Kochutensilien. Sie selbst brauchen nichts außer der Kleidung, die sie Tag und Nacht am Körper tragen.
Die erste Etappe unserer Reise bewältigen wir mit einem Public Car. Im Prinzip ist das nichts anderes als ein öffentlicher Bus, nur dass es in diesem Fall ein Auto ist. In dem Gefährt, das normalerweise für acht Personen zugelassen ist, sitzen 18 Personen und ein Schwein. Die Gepäckstücke sind oben auf dem Dach befestigt, wo jemand sitzt und darauf aufpasst. Hätte ich der Fahrt als Außenstehende zugesehen, hätte ich sie für eine Szene aus einer übertriebenen Hollywood-Komödie gehalten. Nun sitze ich selbst mittendrin. Bei der Fahrt sind viele Kirchen zu sehen und bei einer be-

merke ich eine riesige Jesusstatue davor, die ungefähr sechs Meter hoch sein müsste. Die Straßen sind in Ordnung. Hie und da fahren wir durch ein kleines Flüsschen und über Schotterwege, doch daran habe ich mich mittlerweile gewöhnt.
Nach 40 Minuten Fahrt und einem kleinen Zwischenstopp wegen eines Gebrechens am Fahrzeug beginnen wir unsere Wanderung. Zunächst bewegen wir uns durch zwei langgezogene Berghänge, das sogenannte Baliem-Tal. In der Mitte fließt ein breiter, reißender Fluss, der Baliem.
Wir kommen nur langsam voran, da wir einen Pfad entlangwandern, der so schmal ist, dass beide Füße nebeneinander keinen Platz haben. Wir müssen jeden einzelnen Schritt zu 100 Prozent kontrolliert auf den Boden setzen, denn wenn wir eine Sekunde aufschauen und mit einem Fuß falsch auftreten würden, würden wir einige hunderte Meter in den Abgrund stürzen. So geht es Meter für Meter weiter den Berghang entlang. Ich setze vorsichtig einen Fuß vor den anderen, ohne dabei den Weg aus den Augen zu lassen. Es ist ein steiniger Trampelpfad und ich bemerke aus dem Augenwinkel den steilen Abgrund rechts neben mir. Ich möchte einerseits die Umgebung rund um mich intensiv wahrnehmen und genießen, andererseits bin ich aber zu sehr auf meine Schritte fokussiert.
Aufgrund des anspruchsvollen Weges kommen wir nur langsam voran. Ich spüre, wie mein Herz schneller klopft als sonst und manchmal wird mir ein klein wenig schwindelig – vielleicht weil ich mich zu sehr auf den Boden konzentriere oder mir die pralle Sonne auf den Kopf scheint.
Trotz meines durchaus guten und festen Schuhwerks habe ich Angst umzuknicken. Die Einheimischen gehen barfuß und ihre Füße sind platt getreten und rissig. Unser Träger Jonas legt die Wanderung in den sechs Tagen auch barfuß zurück und unser Guide Kosman bewältigt die schwierigen Pfade mit Flip-Flops, was für mich unbegreiflich ist.

Unterwegs treffen wir immer wieder auf Einheimische und Urs und ich merken bald, dass es hier üblich ist, jedem die Hand zu geben und eine Begrüßung entsprechend der Tageszeit zu mur-

meln. Die Menschen berühren jeden, wenn sie ihn begrüßen. Sie geben die Hand und fassen einen an der Schulter und den Armen an. Das ist hier etwas ganz Normales und für uns zu Beginn gewöhnungsbedürftig. Man kennt das Winken nicht – wenn ich winke, schauen die Menschen oft verwirrt drein.
Ein intensiver und unangenehm stechender Geruch kommt uns oft entgegen, wenn uns die Einheimischen auf dem Weg begegnen. Ein Zeichen dafür, dass der letzte Waschtag schon etwas länger zurückliegt, denke ich. Waschtag ist üblicherweise jeden Sonntag. Am Fluss wird die Kleidung, die die Einheimischen tagein und tagaus tragen, gereinigt, und auch sie selbst baden im Fluss, erzählt uns Kosman. Urs und ich fragen uns, ob sie sich mit Seife waschen oder nur mit dem Flusswasser. Auch Jonas und Kosman fangen nach einigen Tagen an, sehr unangenehm zu riechen und machen keine Anstalten, sich im Fluss zu baden. Gestern haben wir eine schwangere Frau gesehen und da fängt man an, darüber nachzudenken, wie eine Geburt ohne jegliche Hygienemaßnahmen abläuft. Immer wieder werden wir mit Dingen konfrontiert, die schwierig für uns nachzuvollziehen sind. Wir hinterfragen vieles und bei einigen Dingen erkundigen wir uns auch bei Kosman – aber nicht bei allem.

Nach einer langen Wanderung an unserem ersten Tag kommen wir bei einer kleinen provisorischen Polizeistation vorbei, bei der wir unsere Reisegenehmigung vorzeigen und als Bestechung eine Packung Zigaretten dalassen müssen. Uns wurde vorab von Kosman nahegelegt, dass wir Zigaretten kaufen sollen, weil die Leute hier viel rauchen und uns immer wieder danach fragen werden. Die Zigaretten dienen auch als Geschenk dafür, dass wir die Einheimischen fotografieren dürfen. Für die Kinder haben wir Süßigkeiten mit. Die Zigaretten riechen angenehm und man sagt mir, dass sie sehr gut schmecken, weil Nelken enthalten sind. Anhand des Buches, in das wir uns eintragen, können wir ableiten, dass in diese Gegend nur selten Touristen kommen.
Wir marschieren weiter. Nach einiger Zeit halten wir an und setzen uns am Straßenrand hin. Wir bekommen von Kosman Süßkartoffeln in Fett gebacken und Bananenbrot.

Nach 15 Minuten Rast brechen wir wieder auf und kommen bald zu einer weiteren Polizeistation. Wir müssen nochmals die Reisegenehmigung vorzeigen und diesmal lässt Kosman zwei Zigarettenpackungen dort.
Der Weg führt uns weiter zu einer Brücke, die uns auf die andere Seite eines kleineren Flusses bringen soll. Fünf Minuten zuvor haben wir von einem Einheimischen erfahren, dass weiter vorne, wo unser Weg hinführen soll, eine Brücke kaputt gegangen ist und diese unpassierbar sei. Es handelt sich um eine Hängebrücke, bei der zwar viele Holzlatten fehlen, die wir aber dennoch passieren wollen. Einzeln, einer nach dem anderen, überqueren wir die Brücke. Stabilität ist eine Eigenschaft, die in keinster Weise auf diese Brücke zutrifft. Jonas macht den Anfang und überquert schwer beladen die Brücke. Ich komme als Nächstes dran. Schon bei dem Gedanken, eine Brücke zu überqueren, unter der ein reißender Fluss ist, rennt mir ein kalter Schauer über den Rücken. Es kommt hinzu, dass die Brücke sehr instabil ist und das vermindert meine Angst nicht. Bevor ich losstarte, lege ich mir ein Mantra fest: rasch und zügig über die Brücke gehen und nur nach vorne schauen. Ich mache den ersten Schritt, während ich mein Mantra wie ein Gebet innerlich immer und immer wieder aufsage. Mein ganzer Körper verkrampft sich, während ich einen Fuß vor den anderen setze. Ich spüre, wie sich Schweißperlen auf meiner Oberlippe und Stirn bilden und mir ist heiß und kalt zugleich. Ich konzentriere mich auf jeden einzelnen Schritt. Ich mache sehr kleine Schritte und immer wieder auch große, um Lücken zu überspringen, wenn Holzbretter fehlen.
Ich habe bereits das erste Drittel überquert und merke, wie sich die große Hängebrücke leicht hin und her bewegt. Ich sehe Jonas am Ende der Brücke geduldig auf mich warten und wünsche mir, ich wäre schon näher am Ende.
In der Mitte der Brücke wird meine Panik am größten. Hier hängt sie am meisten durch und schwankt am stärksten nach rechts und links. Ich würde am liebsten stehen bleiben, aber gleichzeitig ist mir klar dass ich dann nicht mehr die Überwindung hätte weiterzugehen. Ich rufe mir wieder mein Mantra ins Gedächtnis und sage es mir selbst immer wieder vor: „Rasch und zügig über die

Brücke gehen und nur nach vorne schauen." Ich habe das Gefühl mich jede Sekunde übergeben zu müssen und bringe all meine innere Stärke auf, um nicht stehen zu bleiben. Ein Schweißtropfen läuft mir von der Stirn über meine Schläfen, runter auf die Wange und versiegt. Ich vernehme das Rauschen des Flusses, der sich 30 Meter unter meinen Füßen befindet und gehe wie in Trance weiter. Ich sehe, wie der Abstand zu Jonas immer kleiner wird und merke, dass meine Schritte immer schneller werden. Die Brücke führt nun vom tiefsten Punkt in der Mitte leicht nach oben zum Ende. Ich gehe die letzten Schritte auf Jonas zu, er streckt mir seine Hand entgegen und ich habe es geschafft. Ich spüre wieder festen Boden unter meinen Füßen und vor Erleichterung, endlich auf der anderen Seite zu sein, hocke ich mich hin und vergrabe mein Gesicht in meinen Händen. Das hat mich viel Kraft und Energie gekostet und umso dankbarer bin ich, es geschafft zu haben.
Nun wandern wir weiter, einen Fuß vor den anderen und in vollster Konzentration. Das Gepäck ist auf unseren Rücken, die Sonne brennt herunter und meine Gedanken fangen an zu schweifen.

Wir kommen schließlich zu einem Dorf. Ein solches besteht meist aus vier bis sieben Hütten, die aus Bambus, Stroh und Holz gebaut sind. Strom oder fließendes Wasser gibt es nicht. Stattdessen werden Kerzen verwendet, Wasser vom Fluss geholt oder Regenwasser in Behältern gesammelt. Eine Kirche, die sehr schön und modern aussieht, steht in der Mitte des kleinen Dorfes, doch irgendwie passt sie nicht hierher.
Kosman klärt uns über die Kirchen, die als Holzhäuser mit Wellblechdächern inmitten der alten traditionellen Hütten stehen, auf. Die Missionare, die meistens von Europa hier herkommen und die Dörfler zu ihrem Glauben bekehren wollen, bringen sie dazu, Kirchen zu bauen und sich dem christlichen Glauben voll und ganz hinzugeben. Das ist ein Thema, zu dem ich hier nichts schreiben werde. Ich kann nur so viel sagen, dass es sich verkehrt anfühlt, dass inmitten von so viel Armut und Hütten aus Stroh plötzlich ein Haus mit Wellblechdach gebaut wird. Die Menschen jedoch sind dankbar und froh darüber und ich denke, das ist ein Thema, worüber man lange diskutieren könnte. Die Missionare haben den

Danis beispielsweise auch gezeigt, was man alles anbauen kann und ihnen Gemüse mitgebracht.
Wir sitzen vor einer Strohhütte und erst morgen geht es zum nächsten Dorf weiter. Am Abend sitzen wir mit den Einheimischen in ihren Küchen zusammen, obwohl es nicht solche Küchen sind, wie ihr euch sie womöglich vorstellt. Vielmehr handelt es sich um Holzhütten, die so niedrig sind, dass wir uns beim Hineingehen tief hinunter bücken müssen. Drinnen befindet sich eine Feuerstelle und man sitzt rund um das Feuer auf dem Boden, der mit trockenem Gras ausgelegt ist. Hier wird gekocht und zusammen gesessen.
Zwischendurch werde ich nachdenklich. Es ist toll, was ich hier erlebe und dass ich die Möglichkeit habe, in so eine andere Welt Einblick zu erhalten. Wenn ich mich mitten im Geschehen befinde, wird das Ungewöhnlichste schon nach kurzer Zeit zur Normalität und ich nehme Dinge, die mich im ersten Moment erschreckt haben, nicht mehr wahr. Zur gleichen Zeit erscheint es mir so unwirklich, mit diesen Menschen in ihren Hütten am Feuer zu sitzen. Das ist keine touristisch nachgebaute Veranstaltung, sondern es ist so, wie es wirklich ist. So weit in eine fremde Kultur einzutauchen und hautnah zu erfahren, wie die Menschen hier leben und wie sie täglich ums Überleben kämpfen, ist schön aber hart. Es wird einige Zeit brauchen, bis ich verarbeiten werde, was ich hier erlebe und sehe. Ich hoffe sehr, dass mir genau diese wundervoll unrealistischen Momente immer in Erinnerung bleiben und sie sich auch später noch greifbar nahe anfühlen werden.
Kosman und Jonas machen schließlich Feuer in der Hütte und wir setzen uns dazu. Wir sind erst eine Minute drinnen und müssen schon wieder raus, weil uns die Augen tränen und die Nase zu laufen anfängt. Der Rauch, der sich in der Hütte entwickelt, kann nicht – wie ich es angenommen habe – durch eine Öffnung im Strohdach abdampfen. Er staut sich in der Hütte an und somit erklärt sich eine andere Sache: Alle Menschen in den Dörfern haben laufende Nasen. Eingetrockneter Rotz klebt ihnen über der Oberlippe. Durch die starke Rauchentwicklung in den Hütten fängt die Nase an zu rinnen und so etwas wie Taschentücher gibt es hier nicht. Nach einer Weile gewöhnt man sich aber an die star-

ke Rauchentwicklung – jedenfalls ein bisschen. Endlich ist das Essen fertig. Es gibt weißen Reis, Nudeln und dazu grünes Gemüse, Dosenfleisch und Tofu im Fett gebacken, wie es hier üblich ist. Klarerweise essen Kosman und Jonas mit, aber auch drei Kinder, ein Mann, der öfter auf die Kinder aufpasst, und noch ein weiterer Einheimischer sind dabei. Beim gemeinsamen Essen in den Hütten beobachte ich die Kinder dabei, wie sie riesengroße Portionen verdrücken. Im Alter von fünf Jahren essen sie oft mehr als ich.
In unseren Preisberechnungen ist das Budget fürs Essen ziemlich hoch einkalkuliert und bald wissen wir auch wieso. Wir zahlen den Menschen in dem jeweiligen Dorf Geld für die Übernachtungen und versorgen täglich vier bis – sage und schreibe – 20 Leute beim Mittag- sowie auch beim Abendessen. Zuerst bekommen wir ausreichend zu essen und der Rest wird an die Familien im Dorf aufgeteilt. Es wird uns beim Essen zugesehen und erst wenn wir fertig sind, fangen die Dorfbewohner zu essen an. Es bleibt immer genügend für alle übrig. Mir ist das sehr unangenehm. Auf meine Aufforderung hin, dass ich gerne mit den Dorfbewohnern gemeinsam essen möchte, lehnt Kosman ab und erklärt mir, dass dies nicht üblich ist.
Das Hauptnahrungsmittel sind Kartoffeln und deswegen wird der Reis, den wir mitbringen, in Unmengen gekocht. Wir fragen Kosman, ob die Menschen hier die Touristen mögen und er meint darauf: „Sehr, weil sie Geld bringen, Essen und auch manchmal Medizin gegen Malaria und Kopfschmerzen. Durch die Armut können sich die Menschen nur Kartoffeln leisten. Wenn aber Touristen kommen, kriegen sie auch mal Reis, Nudeln oder andere Nahrungsmittel. Deswegen mögen sie die Touristen.“

Wir sitzen alle zusammen und Kosman erzählt: „Es gibt in den Dörfern getrennte Schlafräume: eine Männer- und eine Frauenschlafhütte. Die Männer schlafen eher weiter oben am Berg und die Frauen talwärts. Die Kinder sind in den Frauenhütten untergebracht und schlafen nicht wie die Eltern am Boden, sondern auf etwa ein Meter hohen Gestellen, die sich knapp unter dem Strohdach befinden, weil es dort wärmer ist. Die Hitze des Feuers, das die ganze Nacht über brennt, steigt auf. Die Dani-Stämme schlafen

grundsätzlich zusammen mit ihren Schweinen in den gleichen Hütten. Die Tiere schlafen bei der Tür und die Menschen weiter hinten in der Hütte." Ich denke mir, dass das wahrscheinlich als Schutzmaßnahme vor unerwünschten Eindringlingen dient.
„Wie kommt es eigentlich zum Geschlechtsakt, wenn die Einheimischen in unterschiedlichen Hütten übernachten?", frage ich an Kosman gerichtet.
„Wenn die Kinder eingeschlafen sind, machen die Männer manchmal mit den Frauen aus, dass sie zu ihnen herunterkommen und Sex haben. Das passiert zwei bis drei Mal pro Woche", meint Kosman. „Die Männer dürfen nicht zum Frühstück in die Frauenhütte kommen. Stattdessen stehen die Frauen in der Früh auf, kochen und bringen das Frühstück hinauf zu den Männern. Am Abend passiert dies genauso. Es wird nur zwei Mal am Tag gegessen, morgens und abends", fährt er fort. „In Wamena war es früher so, dass die Familie des Mannes der Familie der Braut ein Schwein überlassen muss. Es sind reine Zweckehen, keine Ehen aus Liebe. Der Vater des Bräutigams oder der Bräutigam selbst schaut, welche Familien viele Schweine halten, und fragt, ob er eine Tochter dieser Familie heiraten darf. Im Laufe der Zeit hat sich das etwas geändert und die Ehepartner, die heiraten, lieben sich meist auch. In den Dörfern hingegen haben die Männer oft mehrere Frauen, fünf bis sechs."
Wir lassen den ersten Tag mit Kosman, Jonas und den Dorfbewohnern ausklingen und ich verarbeite in Gedanken die ersten Eindrücke des Abenteuer-Trips.

Heute schlafen wir in einem Haus. Wir haben eine Matratze bekommen und darauf legen wir unsere Schlafsäcke. Normalerweise wohnt in dem Haus eine Mutter mit ihren drei Kindern. Der Vater ist vor zwei Jahren gestorben und die Mutter ist nun die meiste Zeit in Wamena, um dort Geld zu verdienen. Sie kommt alle drei Wochen zu den Kindern, doch in der Zeit, in der die Mutter nicht da ist, sind die drei Kinder im Alter von ungefähr vier, sechs und acht Jahren alleine.
Die drei Kinder gehen am nächsten Tag eine Stunde mit uns mit und helfen Jonas und Kosman beim Tragen. Nach unserer Wande-

rung heute, die nur sehr kurz gedauert hat, kehren wir in das nächste Dorf ein. Hier gibt es kein Licht und zum Glück haben wir zwei Kerzen und Stirnlampen mit. In den Dörfern gibt es kein fließendes Wasser und so müssen wir wahrscheinlich die nächsten Tage auf unsere Körperhygiene verzichten. Tagsüber sind viele Fliegen unterwegs, die ständig überall auf mir sitzen: auf meinen Beinen, auf meinen Armen und in meinem Gesicht. Dafür habe ich von Moskitos noch gar nichts mitbekommen.
In dem Dorf gehen wir ein bisschen herum, Urs und ich. Ein Kind folgt uns. Ich strecke dem Kind die Hand entgegen und biete ihm an, uns zu begleiten. Nach nur drei Minuten drängen sich sieben Kinder rund um uns und es werden immer mehr. Wir werden ununterbrochen angestarrt, jeder Schritt und jede Bewegung wird beobachtet. Das kann nach einer Weile ganz schön anstrengend werden. Wir setzen uns auf den Boden in die Wiese und die Kinder bleiben stehen und starren uns weiterhin an.
Wir versuchen mit Händen und Füßen mit den Kindern sowie der Frau eine Zeitlang zu kommunizieren, bis wir uns schließlich langsam zurückziehen. Bei uns gilt es als unhöflich zu starren, die Dani hingegen scheinen damit kein Problem zu haben. Wenn wir in ein Dorf kommen, sind wir prinzipiell der Mittelpunkt. Kinder, aber auch Erwachsene, sitzen oft um uns herum oder starren uns an, beobachten uns oder begleiten uns ein Stück auf unserem Weg. Viele Menschen hier haben noch dieses herzlich Kindliche in sich und es ist schön, mit ihnen gemeinsam zu lachen. Gestiken sind sehr hilfreich, denn man muss nicht immer eine Sprache beherrschen, um sich verständigen zu können.
Die Dani werden nicht älter als 40 oder 50 Jahre. Jonas sieht aus als wäre er zwischen 22 und 25 Jahre alt, er ist aber erst 17. Kosman hätte ich auf 44 Jahre geschätzt, aber er ist erst um die 34. Er kennt sein Alter selbst nicht genau, weil seine Eltern gestorben sind als er noch ein Kind war und so ergeht es leider vielen hier. Die Menschen schauen viel älter und mitgenommener aus. Mit rund 20 Jahren oder teils noch jünger haben sie oft schon drei Kinder. Oft zeigen uns die Frauen ihre Hand und wir sehen ein bis vier abgeschnittene Finger. Manchmal haben sie auch ein zur Hälfte abgeschnittenes Ohr. Wenn in der Familie ein Sohn, eine Tochter oder

ein anderer naher Verwandter stirbt, erklärt uns unser Guide, schneiden sich die Mütter mit einem scharfen Stein einen Finger ab. Wenn sie schon zu viele Finger abgeschnitten haben, fangen sie an, den oberen Teil eines Ohres schräg abzuschneiden. Damit bringen sie ihre Trauer zum Ausdruck.

Das Leben läuft in den Dörfern wie folgt ab: Die Menschen stehen mit der Sonne auf und gehen mit der Sonne schlafen – eigentlich das Natürlichste auf der Welt. Tagsüber kümmern sie sich um die Kartoffelernte, damit sie für den Abend etwas zu essen haben. Mehrmals im Monat müssen sie den langen Weg nach Wamena zurücklegen, um dort ihre Ernte zu verkaufen und dafür andere Nahrungsmittel zu erwerben. Je weiter wir uns von Wamena entfernen, desto ärmlicher werden die Verhältnisse, in denen die Menschen leben, und desto längere und härtere Wege müssen diese zurücklegen, um in die Stadt zu kommen.
Am Morgen unseres dritten Tages gibt es um halb acht Uhr Frühstück und danach brechen wir zu einem fünf- bis sechsstündigen Marsch auf. Ich habe das Gefühl, dass es Kosman und Jonas gut geht, weil sie sich keine Sorgen ums Essen machen müssen. Wie das sonst so ist, weiß ich nicht, doch ich kann mir vorstellen, dass sie oft hungrig zu Bett gehen.
Wir haben Glück mit dem Wetter. Tagsüber haben wir Sonnenschein, es ist aber nicht so heiß wie beispielsweise auf Bali. Nachts regnet es. Umso mehr Vorsicht ist dadurch geboten, denn die Wege werden noch gefährlicher, weil sie rutschig und matschig sind. Wir gehen langsam und konzentriert. Jeder Schritt muss vorsichtig und zielsicher vor den anderen gesetzt werden, sonst besteht die Gefahr, auszurutschen oder umzuknicken. Da kann es leicht passieren, dass man einen Abhang hinunterrutscht. Die Wanderungen sind körperlich nicht sehr anstrengend, aber geistig dafür umso mehr. Man muss die ganze Zeit voll da sein und sich konzentrieren. Nach einiger Zeit Fußmarsch kommen wir zu einem Fluss und machen dort Rast. Wir sind nicht alleine und es springt kurze Zeit später eine Schar von Kindern um uns herum. Kosman macht Feuer, um uns Mittagessen zu kochen – Nudelsuppe mit Gemüse. Die Menschen in den Dörfern essen immer mit der Hand, aber

unser Guide hat für uns Löffel mit. Als Kosman den Kindern, die sich um unsere Feuerstelle versammelt haben, einen Löffel anbietet, streiten sie sich darum, wer mit dem Löffel essen darf. Besteck besitzen diese Menschen nicht, deswegen ist es etwas Besonderes für sie.
Urs geht nach dem Essen im Fluss baden und wäscht sich. Ich verzichte darauf, weil ich mich unmöglich vor Kosman, Jonas und den Kindern ausziehen kann.

Wir gehen weiter zum nächsten Dorf. Dort werden wir beim Pastor des Dorfes in einem Holzhaus übernachten, das mit Stroh bedeckt ist. Nach unserer Ankunft und der Begrüßung unternehmen wir mit dem Pastor einen Rundgang durchs Dorf. Wir treffen jede Menge Leute, die uns die Hand schütteln. Im Dorf stehen schöne klassische, runde Hütten mit Strohdach.
Die Behausungen in den Dörfern des Baliem-Tals sind meistens rund oder ellipsenförmig und nicht höher als ein groß gewachsener Mann. Es gibt verschiedene Hütten, die für unterschiedliche Zwecke genutzt werden: die, in denen nur geschlafen wird, sind kleiner und vier kräftige Holzstäbe ragen oben aus dem Dach raus. Bei länglichen Hütten stecken auf der einen Seite des Daches außen vier Stäbe, auf der anderen Seite aber keine. Somit erkennt man schon von außen, in welcher Hütte das Schlaflager ist und welche Hütte als Küche dient. Bei dem Rundgang entdecke ich vor einer Hütte eine Feuerstelle. Ich frage nach, wieso die Einheimischen eigentlich nicht draußen kochen, dann würde schließlich nicht so eine extreme Rauchentwicklung in den Hütten entstehen. Daraufhin meint Kosman, dass, wenn die Frauen alleine sind, sie drinnen kochen und wenn mehrere anwesend sind oder Zeremonien stattfinden, draußen gekocht wird. Die Wände der Hütten bestehen aus geflochtenen Blättern, wovon nur ein halber Meter ersichtlich ist. Der Rest wird von getrocknetem Grün, das von der Dachspitze bis nach unten gelegt wird, verdeckt. Um durch den Eingang zu kommen, muss man sich weit nach unten bücken oder sogar in die Hocke gehen. Es befinden sich eine oder sogar zwei Feuerstellen in der Mitte der Hütte. Wir sitzen immer beim Aus- und Eingang, weil dort die Luft am besten ist. Es ist amüsant zu beobachten, dass

die Papuaner, wenn sie aus der Hütte wollen, ihre Hand mit den Fingerspitzen nach unten ausstrecken, wie eine umgekehrte Haifischflosse. Damit zeigen sie den Weg an, den sie hinausgehen möchten. Das macht hier wirklich jeder.
Die Wege vor den Hütten sind rechts und links mit Holzscheiten versehen, sodass ich klar erkennen kann, wo sich der Eingang der Behausung befindet. Zwischen den runden Strohhäusern gehen Mauern aus Stein durch. Es macht für mich den Anschein, als ob diese Steinmauern sorgfältig erbaut worden sind. Sie sind knapp einen Meter hoch und die Steine, jeweils halb so groß wie ein Fußball, sind übereinander geschlichtet. Dazwischen gedeiht saftig, grünes Gras und Palmen ragen in die Höhe.
Die Männer tragen oft einen Kranz am Kopf, der mich an einen Heiligenschein erinnert. Der Kranz wird aus Hühnerfedern gemacht. Sie brauchen ihn unter anderem als Sonnenschutz, wie Kosman verrät.
Die Dani haben eine andere Zeiteinschätzung, besser gesagt, ein anderes Zeitgefühl als wir. Anfangs meinte Kosman, dass wir jeden Tag bis zu fünf oder sechs Stunden unterwegs sein werden. Die ersten beiden Tage marschierten wir nicht lange und gestern kündigte er an, dass wir drei Stunden wandern würden und es waren nur eineinhalb. Einmal meinte Kosman: „Wir brauchen noch 20 Minuten zum nächsten Dorf." Angekommen sind wir höchstens fünf Minuten später.
Wir schlafen in einem grausigen Bett, in dem des Priesters. Es ist schmutzig und riecht ekelhaft nach modrigem, verschimmeltem Stoff. Trotz allem schlafen wir lange, über zwölf Stunden. Urs hat seit gestern in der Nacht Bettwanzen. Das sind Tierchen, die in Matratzen oder Bodenmatten leben und uns Menschen beißen und lauter rote Punkte auf der Haut hinterlassen. Es juckt fürchterlich und die roten Punkte halten circa zwei Wochen an.

Im nächsten Dorf bekommen wir unsere eigene Hütte, genauso wie ich es mir vorgestellt habe: eine richtige Strohhütte, mit Strohdach und einem Stück Fleecestoff auf dem Boden. Wir legen unsere Schlafsäcke hin und schlafen direkt am Boden. Das ist mir um einiges lieber als in einem stinkenden Bett übernachten zu müssen.

Es wird wahrscheinlich härter und kälter werden als die Nächte zuvor, aber das ist es mir wert.
Ich habe in den sechs Tagen nur einmal die Möglichkeit mich am Rande des breiten, reißenden, lauten, eiskalten und nicht gerade sauberen Flusses Baliem zu waschen. Gestern habe ich mich mit Feuchttüchern am ganzen Körper abgewischt, um mich wieder halbwegs sauber zu fühlen, doch das hat nur spärlich funktioniert. Urs und ich gehen an den Fluss und versuchen die Einheimischen, die uns nachgehen, abzuwimmeln, um in Ruhe unser Waschritual durchführen zu können. Die Wassermassen sind so laut, dass wir nicht hören können, ob jemand in der Nähe ist. Urs macht den Anfang, zieht sich aus und verschwindet bis zum Hals in dem stark strömenden Gewässer. Seine Körperpflege ist schnell geschehen. Nun bin ich an der Reihe. Ich mache mir einige Gedanken, dass mich Einheimische sehen könnten und dies löst in mir ein ungutes Gefühl aus. Dennoch ziehe ich mich bis auf die Unterhose aus, gehe bis zu den Knien ins eiskalte Wasser, halte mich an einem Stein fest, beuge mich mit dem Kopf vor und mache meine Haare nass. Das Wasser ist so kalt, dass ich es nicht schaffe ganz einzutauchen und des Weiteren habe ich Angst der starken Strömung nicht standhaft genug zu sein und weggespült zu werden. Ich shampooniere meine nassen Haare ein und wasche den Rest des Körpers rasch ab, bevor ich meinen Kopf wieder ins kühle Nass strecke, um das Shampoo auszuwaschen. Nach vollendetem Waschgang lege ich mir mein Handtuch um und säubere Teile meiner Kleidung im Fluss. Anschließend setze ich mich am Flussrand auf einen Stein.
Ich fühle mich in diesem Moment so wohl und endlich wieder frisch und sauber, sodass ich diesen Moment noch einige Minuten genieße, mein Gesicht der Sonne entgegenstrecke und mich von ihr trocknen und wärmen lasse.

Als wir uns auf den Retourweg machen, wartet ein Einheimischer auf uns, der uns Ketten verkaufen möchte. Ich kaufe mir eine, auf der Kerne von einem Strauch aufgefädelt sind, die aber ausschauen wie schöne, kleine Muscheln. Als Anhänger ist der Hauer eines Wildschweins dran.

Nicht nur den Schmuck machen die Einheimischen, auch die Tragetaschen werden selbst gehäkelt. Damit werden die eingekauften Dinge von Wamena ins Dorf über die Berge transportiert. Die Tragebeutel sind extrem elastisch und dehnbar und darin wird alles Mögliche transportiert. Es gibt zwei verschiedene Größen dieser von Hand gemachten Tragetaschen. Der Sack wird randvoll beladen – meist mit Lebensmitteln – und die Umhängeschlaufe wird um den Kopf gelegt, sodass sie an der Stirn liegt und der Sack hinten am Rücken herunterhängt. So werden die schwersten Dinge über kilometerweite Pfade nach Wamena und wieder zurück ins Dorf transportiert.
Mit den Klos ist das auch so eine Sache. Man sieht meistens irgendwo im Dorf einen flach getretenen Weg zwischen Sträuchern. Dort geht man entlang, bis man sich irgendwo hinhockt. Meistens sieht man neben sich das Geschäft des Vorgängers und erleichtert sich einfach daneben in der wilden Natur. Der Unterschied bei mir ist der, dass ich danach Taschentücher verwende und dies die Einheimisch nicht tun. So weiß jeder, der nach mir geht, dass das von mir ist, weil nur dort Taschentücher danebenliegen.
Manchmal ist das mit dem Klogang auch gar nicht so einfach, vor allem als Frau. Zuerst muss man sich ausziehen, sein blankes Hinterteil dem Grünzeug entgegenstrecken, das in die nackte Haut piekt, und letztlich muss man auch noch vorsichtig sein, dass man sich nicht ans eigene Bein pinkelt.

Als wir das nächste Mal in ein Dorf kommen, sehen wir eine junge Frau, die an der Wadeninnenseite blutet. Ich frage sofort ganz entsetzt nach, was passiert ist. Kosman erklärt uns, dass sie beim Arbeiten am Feld auf den Rücken und Kopf gefallen ist und dort nun Schmerzen hat. Die Tradition besagt, wenn man Schmerzen hat, muss man das schlechte Blut, das durch eine Verletzung entsteht, aus dem Körper fließen lassen. Deswegen schneiden sie sich mit einer Messerklinge, die an einen Ast gebunden wird, in die Ellenbogenkehle oder die Innenseite der Wade. Es bildet sich um die Wunde sofort eine Art Beule und das Blut fängt an zu rinnen. Das ist für die Dani die Bestätigung der Heilung und der Beweis, dass das Schlechte aus dem Körper entfernt wird. Diese Frau hat

sich wahrscheinlich nur etwas geprellt und nach drei Tagen Ruhe wäre sie kuriert gewesen. Da bereitet ihr der Schnitt sicherlich größere Schmerzen als die eigentliche Verletzung. Ein großer Kulturunterschied, den ich erst verarbeiten muss.
Ein weiterer Kulturunterschied besteht darin, dass sich die Männer ein großes Loch durch die Nasenmittelwand stechen. Das sieht man meist dann, wenn man die Männer von der Seite anschaut. Bei Zeremonien stecken sie sich dort den Zahn eines männlichen Schweins durch. Solche Zeremonien finden nicht allzu oft statt, zum Beispiel zu Weihnachten oder bei der Eröffnung einer neuen Kirche. Wenn nichts Derartiges stattfindet, bleibt das Loch in der Nase frei und somit ist es möglich durch die Nasenwand hindurchzusehen.
Wir haben bereits zwei Danis in diesem Dorf getroffen, die außer eines Peniskotekas aus Holz nichts tragen. Urs kauft sich selbst auch ein Peniskoteka und wir holen uns noch jeweils eine Kette.

Ein wenig später machen wir eine ungewöhnliche Begegnung: Mitten in all den dunklen Papuanern entdecke ich plötzlich einen Albino. Er ist komplett weiß, von der Haut bis zu den Haaren und seine Augen besitzen eine rote Iris. Nicht nur, dass es ein heftiger Kontrast zu den anderen Einheimischen ist, es ist zweifelsohne auch sehr schwierig für so einen Menschen hier zu überleben. Albinos müssen das Sonnenlicht meiden und das ist hoch oben in den Bergen sehr schwierig.

Am fünften Tag sind Urs und ich früh wach. Es ist sieben Uhr, die Sonne scheint und es wird sicher ein traumhafter Tag. Die Nacht am Boden in einer Strohhütte war ein bisschen hart, aber besser als ich gedacht hätte. Kosman und Jonas schlafen immer in der Küche beim Feuer und nach dem Aufstehen gesellen wir uns für das Frühstück zu ihnen.
Ein Dani hat sich seit einiger Zeit unserer kleinen Gruppe angeschlossen. Man merkt an ihrem Verhalten, dass diese Menschen einem ganz anderen Kulturkreis entstammen, beispielsweise wenn sie lachen und kichern wie kleine Kinder. Wir haben Konservendosen mit und der Dani hat eine entdeckt und ist fasziniert von dem

Verschluss, der am Deckel befestigt ist. Als er versucht die Öffnungslasche abzunehmen, es ihm aber nicht gelingt, helfe ich ihm. Ich händige es ihm anschließend aus und der Mann zeigt absolute Begeisterung und steckt sich die Öffnungslasche als Ring an einen seiner Finger. Es ist schön anzusehen, wie ein Erwachsener so unbekümmert und fröhlich auf Kleinigkeiten reagiert.

Heute ist die letzte Nacht unserer Wanderung und morgen kehren wir wieder nach Wamena zurück. Der Weg zurück ist sehr einfach und führt uns die meiste Zeit flach geradeaus. In unserer letzten Unterkunft ist es allerdings wirklich ekelhaft. Unser Schlafplatz befindet sich heute wieder am Boden, aber der Bodenbelag selbst ist so widerlich, dass ich nicht einmal meinen Schlafsack darauf legen möchte. Überall sind Spinnweben und Käfer, es stinkt furchtbar nach einer Mischung aus modrigen, alten Socken und Urin und es befinden sich zwei große, nasse und dunkle Flecken am Boden – genau dort, wo wir uns hinlegen sollen. Um uns von diesem Schock zu erholen, setzen wir uns in die Kochhütte, schauen beim Kochen zu und essen gemeinsam. Kosman erzählt uns: „Es ist nicht üblich, dass die Touristen bei so einem Trip mit den Einheimischen zusammen in derselben Hütte sitzen."
Ich entgegne darauf: „Wieso? Und wo essen die Touristen denn sonst?"
„Die meisten Touristen essen immer getrennt abseits der Küchen, weil die Rauchentwicklung zu extrem und die Hitze kaum erträglich ist und es zudem sehr unbequem ist." Aber das wollen wir uns nicht nehmen lassen, denn dazu sind wir ja hier: um so viel und so nahe wie möglich mit den Einheimischen zusammen zu sein.
Die Feuerstellen in den Holzhüttenküchen werden übrigens so eingerichtet, dass die Frauen ein kleines Loch im Boden machen, Äste darüber legen und am Schluss ein Feuer entfachen. Zwei dickere Äste werden quer über die Feuerstelle gelegt und dort kommt ein Topf mit Wasser darauf.
Heute ist es zwei Mal passiert, dass der Topf ins Feuer gekippt ist und dadurch eine riesige Rauchwolke entstanden ist. Ich bin sofort aus der Hütte gesprungen. Die anderen sind vor Schreck sitzen geblieben. Jonas lacht über diesen Zwischenfall so viel und auf so

eine lustig erheiternde Art, sodass man einfach mitlachen muss.
Der letzte Tag unserer sechstägigen Wanderung ist der 3. Juni. Wir stehen gegen fünf Uhr auf und bekommen stark gesüßten Tee und Kekse, weil unsere Essensvorräte bereits aufgebraucht sind. Wir brechen Richtung Wamena auf und nach einer halben Stunde haben wir es fast geschafft.
Wir überquerten in den sechs Tagen insgesamt drei Brücken, die allesamt sehr instabil und nicht gerade vertrauenswürdig wirkten. Hier überqueren wir nun die letzte. Sie war wahrscheinlich die stabilste von allen, aber trotzdem bin ich erleichtert als ich sicher und unverletzt auf der anderen Seite ankomme.
Erst als wir auf der anderen Seite des reißenden Flusses angekommen sind, erzählt uns Kosman: „Diese Brücke stand früher einige Meter weiter links und ist vor ein paar Wochen eingestürzt."
Ich schaue ich die Richtung, in die er mit seinem Kopf deutet, und ich kann außer den beiden Pfeilern nichts mehr von ihr wahrnehmen.
Mit aufgerissenen Augen frage ich ihn entgeistert: „Und wurde jemand verletzt?"
„Es befanden sich zu dieser Zeit eine Gruppe wie wir es jetzt sind auf der Brücke. Der Guide und zwei Touristen sind hinabgestürzt und dabei ertrunken."
Ich kann es kaum glauben, versuche aber meine Entgeisterung so gut es geht zu verbergen und wir marschieren weiter.
Urs und ich wollen beide so schnell wie möglich ins Hotel zurück. Innerhalb dieser sechs Tage haben wir beide den unangenehmen Geruch der Leute angenommen.
Im Hotel angekommen wasche ich mir zwei Mal hintereinander die Haare und betreibe eine rundum Körperpflege: shampoonieren, rasieren, Hornhaut abrubbeln, Nägel machen, Augenbrauen zupfen und eine Gesichtsmaske auflegen. Danach fühle ich mich endlich wieder sauber und dieses Gefühl ist nach sechs Tagen Dreck und Gestank sehr angenehm.

Jetzt sind wir seit zwei Nächten in Wamena. Anschließend fliegen wir weiter nach Jayapura, bleiben dort eine Nacht und schließlich geht es wieder nach Jakarta zurück.

Die Kosten für diese Wanderung betrugen 25 Euro pro Person und pro Tag. Da waren der Guide, unser Träger, die Unterkünfte, Transportmittel vor Ort, Essen, Brennholz und Reisegenehmigung beinhaltet. Nach meiner Rückkehr von der Tour recherchiere ich im Internet über die Dani-Kultur in West-Papua. Da der Trip spontan war, hatte ich vorher keine Zeit dafür. Erst dadurch wird mir richtig bewusst, wie wenige Touristen sich bisher in diese Gegend gewagt haben, um die traditionell gekleideten Dani-Völker zu sehen.
Den ersten Tag nach unserer sechstägigen Wanderung verbringen Urs und ich in einem Hotel in Wamena, schauen Filme, lesen, ich schreibe an meinem Blog, wir schauen uns die Fotos von unserem Trip an und lassen alles Revue passieren. Abends treffen wir uns mit Mentari zum Essen, dem Einheimischen, den wir auf unserem Flug von Jayapura nach Wamena kenngelernt haben. Mentari nennt uns ein Hotel in Jayapura und eine Wegbeschreibung vom Flughafen dorthin, wo wir vorhaben eine Nacht zu bleiben, um am nächsten Tag den Anschlussflug nach Jakarta zu nehmen.
Nach unserem Rückflug von Wamena nach Jayapura kommen wir im von Mentari empfohlenen Hotel an. Das Hotelzimmer gehört zu den schlechtesten, in denen ich bis jetzt übernachtet habe. Es ist dreckig und ekelhaft. Dass heute Nacht mein Seidenschlafsack zum Einsatz kommt, steht für mich fest. Die Toiletten besitzen keine Klospülung und nur ein Eimer voll Wasser mit einem Schöpfbehälter steht daneben. Die Dusche funktioniert eher schlecht als recht: Der dürftige Duschkopf ist knapp über der Schüssel angebracht und spritzt kleine Wasserstrahlen quer durch das zwei Quadratmeter große Bad. Einen Abfluss gibt es zwar, dieser ist aber, nach der zehn Zentimeter hohen Überschwemmung zu urteilen, verstopft. Für die Klimaanlage gibt es nur eine Fernbedienung im ganzen Hotel und so muss man jedes Mal, wenn man die Temperatur verstellen oder die Anlage ein- und ausschalten will, den Rezeptionisten holen. Mülleimer gibt es keinen und so sind wir diesmal so unverschämt, unseren Müll einfach auf dem Boden liegen zu lassen und nicht unsere letzten Plastiksäcke zu opfern, um den Mist fein säuberlich zusammenzusammeln, wie wir es sonst tun. Der letzte gemeinsame Tag von Urs und mir

bricht an, denn danach geht es für ihn, nach einem Zwischenstopp in Bangkok, zurück in sein Heimatland, die Schweiz.
Am nächsten Tag heißt es um fünf Uhr aufstehen, alles zusammenpacken und wasserdicht machen, denn es regnet draußen in Strömen. Zum Glück sind es nur drei Minuten zu Fuß von unserem Hotelzimmer zum Flughafen.

Die Schweine in der Stadt Wamena

Die gefährliche Brücke, die über den reißenden Baliem Fluss führt

Ich mit einem Dani, der ein typisches Koteka trägt

Ein einheimisches Dorf, das meist aus vier bis sieben Hütten besteht

Eine Kirche mit Wellblechdach

Bei unserer Wanderung mit Blick auf das Baliem Tal

Vor jedem Dorf mussten wir eine Steinmauer überqueren

Kosman und ich bei unserer gemeinsamen Wanderung

Ich musste mich weit nach unten bücken, um in die Hütte reinzugehen

Die Feuerstelle in einer Holzhütte, die als Küche dient

Eine der Brücken, die uns auf die andere Seite des Flusses brachten

Ein Einheimischer mit einem traditionellen Kranz am Kopf

Die Frau, die mir ihre Hand mit vier abgeschnittenen Fingern zeigte

Eine selbstgemachte Tragetasche der Einheimischen

Jakarta – mein letzter Stopp, bevor ich Indonesien verlasse

Nach der Ankunft am Flughafen in Jakarta beschließe ich, mir ein Taxi zu leisten. Diesmal habe ich mir schon vorab eine Unterkunft organisiert. Eine ältere und sehr nette Dame leitet das Hostel mit Wohnzimmeratmosphäre und lebt gleichzeitig selbst darin. Das Hostel befindet sich in einem riesigen Gebäudekomplex mit einem großen Pool in der Mitte. Ich bin der einzige Gast im Hostel, was etwas deprimierend ist und somit versuche ich mich abzulenken. Entweder bin ich unterwegs und schaue mir Sehenswürdigkeiten an, treffe neue Leute, erledige Alltägliches oder ich habe Zeit zu schreiben, Bilder zu sortieren, vor meinem Netbook zu sitzen, online zu sein, Kontakt mit Familie und Freunden zu Hause zu pflegen, über den weiteren Verlauf der Reise oder schon das nächstmögliche Reiseziel zu recherchieren, eine richtig lange Dusche mit Ganzkörperpflege zu machen oder einfach zu relaxen. Ich habe von anderen Backpackern gehört, dass sie noch nie so viel gelesen haben wie auf ihrer Reise – das trifft bei mir nicht zu. Vielleicht liegt es daran, dass ich oft meine Blogeinträge vorbereite oder einen ersten Entwurf für mein Buch niederschreibe.
Ich muss mich zurzeit sehr dazu überwinden, aus dem Hostel rauszugehen, weil ich in einem richtigen Tief versinke. Ich fühle mich einsam und habe das Bedürfnis weiterzuziehen. Hinzu kommt, dass ich Kontakt zu Lukas habe, meinem Reisepartner vom Anfang meiner Reise in Neuseeland und Indonesien. Er ist gerade mit einem anderen Deutschen unterwegs, den ich ebenfalls über das Weltreiseforum kenne. Ich verspüre plötzlich eine unbändige Lust, mit den Zweien mitzureisen und nicht mehr alleine zu sein. Ich fange wie eine Wahnsinnige an, Flüge zu suchen und mir zu überlegen, wo ich als Nächstes hinfliegen könnte und ob ich die beiden begleiten soll. Ich sage mir aber gleichzeitig selbst, dass ich ruhig bleiben muss und nichts überstürzen darf. Ich bin froh, dass ich in letzter Sekunde doch nichts gebucht habe.
Mittlerweile ist eine Deutsche namens Silke im Hostel angekommen und meine Welt schaut gleich wieder positiver aus. Manchmal schafft es irgendetwas Kleines, mich auf meiner Reise von ganz unten rasch nach oben zu bringen.

Zurzeit bin ich für organisatorische Zwecke viel im Internet unterwegs – unter anderem, um mir einen Couchsurfing-Platz in einer neuen Unterkunft zu organisieren. Am Nachmittag treffe ich mich mit einem Couchsurfer aus Jakarta. Wir fahren gemeinsam in die Stadt, um uns mit 20 anderen Couchsurfern zum Essen zu treffen. Danach besuchen wir eine Reggae Bar und anschließend werde ich mit dem Motorrad sicher zurückgebracht.

Nach meinem zweitägigen Aufenthalt im Hostel nehme ich die Einladung von einem Couchsurfing-Mitglied an und übernachte gemeinsam mit Silke, die ich im Hostel kennengelernt habe, bei diesem. Bei unserem großzügigen Gastgeber handelt es sich um den 55-jährigen Noel, halb Schwede, halb Franzose, der alleine in einem Haus im Reichenviertel von Jakarta wohnt. Zwei Hausangestellte und einen privaten Fahrer zählt er zu seinen Angestellten. Zunächst klingt es komisch, dass ein solcher Mann junge Frauen zu sich einlädt, aber mein Bauchgefühl sagte mir: „Das ist absolut okay!" Und so ist es auch. Sowohl Silke als auch ich haben jeweils ein eigenes großes Zimmer mit eigenem Bad. Außerdem gibt es jeden Tag ein europäisches Frühstück und einen frei verfügbaren Pool im Garten. So lässt es sich leben!
Am ersten Tag nach unserem Einzug frühstücken wir gemeinsam und lassen uns danach mit unserem Gastgeber von seinem Fahrer durch die Stadt bis an den Hafen bringen. Die Bewohner am Hafen kommen fast alle aus Sulawesi, das liegt im westlichen Teil Indonesiens. Wir unternehmen einen Hafenrundgang und beobachten die Einheimischen beim Siesta-Machen, beim Fischverkauf und sehen, wie jemand Muscheln in einer Wasserschüssel säubert. Während wir am Hafen entlangspazieren, lässt mich der Gestank und Dreck nach Luft schnappen.
Noel spricht fließend Indonesisch, weshalb viele Gespräche mit Einheimischen entstehen. Die Leute freuen sich sichtlich, dass sich Touristen hierher verirren und Kinder kommen uns entgegengelaufen, wenn sie uns sehen. Eine Familie lädt uns in ihr Haus ein und wir setzen uns dort auf den Boden. Wir bekommen etwas zu trinken und unterhalten uns miteinander. Es ist interessant ein Haus aus ärmlichen Verhältnissen am Hafen von innen zu sehen.

Ein Einheimischer bietet Noel an, mit uns eine Fahrt in seinem alten, klapprigen Boot zu machen. Während der Bootsfahrt fahren wir durch den Hafen an Schiffen vorbei, die so groß sind wie riesige Autofähren. Sie werden nicht mit Schrauben zusammengehalten wie bei uns, sondern mit Holzdübeln. Wir sehen die Holzhütten – die sich kurz vor dem Zusammenfall befinden – vom Wasser aus und immer wieder winken uns Kinderhände zu. Wir können die Leute bei ihren täglichen Arbeiten beobachten oder wie sie auf ihren Booten in Gruppen zusammensitzen und tratschen. Zurück von der Hafenrundfahrt machen wir uns wieder auf den Weg zum Auto.
Abends gehen Silke und ich auf eine Tanzveranstaltung, für die sie zwei Freikarten hat. Diese Aufführung soll eine Kombination aus Tanzrhythmen aus Belgien, Deutschland und Kolumbien sein. Ich freue mich schon darauf. Die Tanzshow beginnt im Dunkeln und eine eigenartige Musik erklingt. Die Takte des Liedes wiederholen sich immer wieder und es klingt in meinen Ohren monoton. Plötzlich erscheint ein ganz grelles Licht und es vollführen Tänzer auf der Bühne sehr langsame Bewegungen. Zuerst denke ich mir: „Toll! Die beginnen langsam und gleich geht es richtig los!“ Nach fünf Minuten frage ich mich aber noch immer, wann die Tänzer richtig beginnen wollen. Nach 15 Minuten schaue ich noch immer den langsamen Bewegungen zu und denke mir, dass sie diesen Teil etwas kürzer hätten halten sollen und früher zum richtigen Tanzteil kommen könnten. Es stellt sich heraus, dass eineinhalb Stunden lang so getanzt wird, dass man sich denkt: „Jetzt wird es aber gleich losgehen!“ Ich schlafe zwischendurch sogar ein, weil es derart ermüdend auf mich wirkt. Nach einiger Zeit tanzt eine Frau ohne Musik alleine auf der Bühne. Zuerst denke ich mir: „Die Musik kommt bestimmt noch.“ Als nach einigen Minuten noch immer keine Musik zu hören ist, bekomme ich richtig Mitleid mit ihr, weil ich fürchte, dass die Technik vergessen hat, die Musik abzuspielen. Mittlerweile bin ich mir jedoch ziemlich sicher, dass es Absicht ist, was dort auf der Bühne abläuft. Vielleicht ist das unter Tänzern eine Kunst und Einzigartigkeit, aber für mich als Laienzuschauerin ist es eigenartig. Als sich die Bühne leert, herrscht eine Totenstille im Saal. Ich glaube, dass niemand weiß, ob

die Aufführung nun zu Ende ist oder nicht. Silke und ich grübeln ebenfalls, ob es vorbei ist oder ob nur eine Pause gemacht wird, weil wir die ganze Zeit das Gefühl haben, dass es noch nicht mal richtig begonnen hat. Nach einigen Minuten des Schweigens ertönt dann zum Glück endlich der Applaus.
Nach der Aufführung spazieren wir noch ein bisschen in der Gegend herum und entdecken auf der anderen Straßenseite eine Bühne, auf der gerade eine Veranstaltung im Freien stattfindet. Wir stellen uns dazu und sind innerhalb von wenigen Sekunden von 15 Kindern umzingelt. Jeder möchte mit uns reden und wir werden mit Fragen bombardiert. Die Kinder zeigen immer wieder auf unsere Nasen, weil es anscheinend so ist, dass die Einheimischen neidisch auf unsere Nasen sind, die nicht flach und breit geformt sind wie ihre, sondern eher Stupsnasen darstellen. Es findet ein kurzer, aber dennoch reger Austausch statt, bei dem wir uns zwar nicht verbal unterhalten, sondern mithilfe von Mimik und Gestik mit den Kindern kommunizieren und immer wieder dazwischen lachen. Bald darauf verliert die Rasselbande jedoch das Interesse an uns und wir packen die Gelegenheit beim Schopf und spazieren nach Hause.

Am nächsten Morgen stehe ich in aller Ruhe auf. Silke und Noel sind beide schon außer Haus gegangen. Ich frühstücke in Ruhe und verbringe einige Zeit im Internet. Schließlich treffe ich mich mit einer Couchsurferin aus Jakarta beim Semanggi Plaza, einem riesigen Shoppingcenter. Nach dem gemeinsamen Mittagessen kommen einige Freunde von ihr dazu. Zu sechst gehen wir Karaoke singen. Hier in Jakarta sind alle verrückt nach Karaoke. Bars, wo man wie bei uns Karaoke singen kann, gibt es hier nicht, sondern wie in der Größe unserer Spielhallen ganze Karaokehallen. Du kommst rein und hast abgetrennte Zimmer, die wie ein Wohnzimmer mit Couch und Tisch eingerichtet sind. Dort steht ein Fernseher mit allen möglichen Karaokeliedern zur Verfügung. Diese Räume kannst du stundenweise mieten und sie vermitteln dir eine Wohnzimmeratmosphäre. Es gibt auch verschiedene Raumgrößen je nach Personenanzahl. Mittels i-Pad kannst du dir die Lieder aussuchen und mit Mikrofonen singen. Zwei Stunden

sind wir dort und haben mächtig viel Spaß.
Als ich abends nach Hause komme, bin ich erschöpft und müde. Auf Reisen fühlt sich jeder Ort, an dem ich mich halbwegs wohlfühle und an dem ich mehr als zwei Nächte verbringe, gleich wie mein Zuhause an. Es ist oft anstrengend, die vielen täglich neuen Eindrücke bewusst wahrzunehmen und zu verarbeiten, wie beispielsweise Englisch und Indonesisch gleichzeitig zu hören. Jeder fragt dich über dein Leben aus, möchte deine Kontaktdaten haben und fragt dich, was du schon in Jakarta und in Indonesien gesehen hast. Viele dieser Fragen wiederholen sich mehrmals täglich.
Ich gehe trotz meiner Müdigkeit mit Silke in die deutsche Kneipe „Die Stube". Wir treffen eine Couchsurferin und befinden uns kurz darauf inmitten einer netten Gruppe von Leuten und genießen einen lustigen und entspannten Abend. Für den Rückweg nach Hause wollen Silke und ich uns ein Ojek nehmen – das ist ein Motorradtaxi. Plötzlich bleibt jemand am Straßenrand stehen und fragt uns, ob wir ein Ojek brauchen und bei ihm mitfahren möchten. Als er bei unserem Preisangebot ohne weiter zu verhandeln zustimmt, gehen wir auf sein Angebot ein. Es ist eine sehr wackelige und lustige Fahrt. Wir fahren zu dritt zusammengequetscht überall sehr knapp vorbei und ich habe das Gefühl, dass der Fahrer zum ersten Mal mit zwei Passagieren unterwegs ist. Wir biegen, ohne Rücksicht auf Verluste und mit zu hoher Geschwindigkeit, in eine große Kreuzung ein. Ein dunkelblaues Auto rast haarscharf an uns vorbei. Meine Knie zittern und mein Herzschlag wird schneller. Ich spüre sämtliche Knochen von der verkrampften Haltung, die ich auf dem Zweirad eingenommen habe. Wir biegen nach links in eine engere Straße ein und fahren dicht bei einer hohen Betonmauer vorbei, bei der ich mir beinahe mein Knie aufschürfe. In der Straße, in der wir wohnen, befinden sich Erhebungen aus Asphalt als Geschwindigkeitsregler, die jeden zwingen, langsamer zu fahren. Zu dritt sind wir so schwer, dass das Moped jedes Mal bei den Erhebungen auf dem Boden aufkommt oder den Boden streift. Ich muss deswegen so viel lachen, dass mir der Bauch wehtut. Bei der nächsten Bodenschwelle gleitet das Hinterrad leicht nach rechts weg und mir vergeht das Lachen wieder. Während des Fahrens denke ich mir, dass unser Fahrer vielleicht gar kein Ojek-

fahrer ist und uns einfach auf gut Glück als Privatperson gefragt hat, ob wir ein Taxi brauchen. Das würde die Unsicherheit beim Fahren erklären und die Tatsache, dass er unserem Preisangebot sofort zugestimmt hat. Beim Absteigen gibt er uns seine Nummer und meint, dass wir ihn jederzeit anrufen sollen, wenn wir wieder einmal eine Transportmöglichkeit brauchen.

Allgemeines über Jakarta

Jakarta, die Hauptstadt Indonesiens, ist eine stickige und heiße Stadt, in der es dennoch oft bewölkt ist. Hier ist es viel wärmer als beispielsweise in Singapur oder Papua. Auch verkehrstechnisch ist es in Jakarta unangenehm. Staus stehen hier an der Tagesordnung und Selbiges gilt für Sicherheitsmänner und Polizisten, die am Straßenrand stehen und wie wild mit einer Pfeife vor sich hin trällern, ohne dass es irgendjemanden interessiert. Da in Jakarta übermäßig viel Verkehr herrscht, gibt es die Regelung, dass zu den Hauptverkehrszeiten in jedem Auto mindestens drei Personen sitzen müssen, ansonsten ist das Weiterfahren nicht erlaubt. Um dieses Verbot und eine Geldstrafe zu umgehen, nehmen die Fahrer Einheimische mit, die darauf warten, gegen wenig Geld mitgenommen zu werden. Damit ist für die ärmlichere Bevölkerung eine neue Einnahmequelle entstanden. Das einzige Problem an der Sache ist, dass es auch für die Mitnahme von Einheimischen eine Geldstrafe für den Fahrer gibt und eine Inhaftierung von mehreren Monaten für die Mitfahrenden, sollten sie erwischt werden.
Abgesehen von den vielen Autos und den Motorrädern auf der Straße gibt es noch die TransJakarta. Das ist eine Buslinie, die ihre eigene Fahrbahnspur hat, da der Verkehr so heftig ist, dass der Bus anderenfalls gar nicht vorankommen würde. Die TransJakarta-Fahrzeuge sind in zwei Teile unterteilt: Vorne befindet sich das Abteil für Frauen und hinten das für Männer – eine Maßnahme, weil es in der Vergangenheit Belästigungen seitens der Männer gab. Man steigt ein und die Fahrgäste teilen sich automatisch in zwei Hälften – die Frauen gehen nach vorne und die Männer nach hinten.

Es gibt noch andere Busse, die extrem billig sind. Man steigt einfach irgendwo ein und irgendwo aus und zahlt dafür jedes Mal 2.000 IDR (=0,10€). Ein Angestellter, der sich im Bus, meistens bei einer der Türen, aufhält, ist dafür verantwortlich gegen die Scheibe des Busses zu klopfen, wenn er sieht, dass jemand ein- oder aussteigen möchte. Wenn zwei Personen einsteigen, klopft er zweimal an das Glas. So funktioniert die Kommunikation zwischen dem Busorganisator und dem Busfahrer: Wenn der Organisator gegen den Bus klopft, weiß der Fahrer, dass er anhalten oder weiterfahren muss. So etwas würde bei uns niemals funktionieren und es schaut nach reinem Chaos aus – funktioniert aber trotzdem.

In Jakarta ist die Schere zwischen Armut und Reichtum so groß, wie ich es bis jetzt noch nirgends wo sonst auf meiner Reise gesehen habe. Viele Menschen leben in Luxus, denn wenn sie Geld haben, dann haben sie mehr als genug. Andere wiederum leben auf der Straße und sind für jeden Tag, den sie überleben, dankbar. Es scheint nur arm oder reich zu geben und keine Mittelschicht. Ein Bild wird mir von Jakarta trotz der positiven Erfahrungen ewig im Gedächtnis bleiben: Vom Ticketschalter der TransJakarta ging ich die Stiegen hinauf zur Haltestelle. Ein schätzungsweise zwölfjähriger Junge lag auf der Zwischenstufe flach auf dem Bauch und schloss die Augen, um zu schlafen. Daneben ging eine Einheimische mit hochhackigen Schuhen und einer Gucci-Tasche vorbei.
Beim Party-Machen tragen übrigens alle Frauen High Heels und sind aufgestylt. Ich habe mir sagen lassen, dass es üblich ist, abends in jedem Club High Heels anzuziehen.
Wie sehr mich diese Kluft zwischen arm und reich abschreckt, so sehr machen die Menschen es wieder wett. Die Einheimischen in Jakarta sind freundlich und offen. Ich habe viele gute Erfahrungen gemacht, obwohl ich eine alleinreisende, weiße Frau bin. Leute haben mich auf der Straße angesprochen, um einfach für zehn Minuten zu quatschen, mir eine indonesische Spezialität mit auf den Weg zu geben oder sie haben mir freundlich zugewinkt. Jakarta gehört wahrscheinlich zu einer der größten Couchsurfing-Communities, was ich ausgenützt habe und mich in den fünf Tagen meines Aufenthalts mit vielen, in Jakarta lebenden, jungen

Menschen getroffen habe.

Ich reise nun weiter nach Malaysia, genauer gesagt nach Kuala Lumpur. Wie meine weiteren Pläne aussehen, möchte ich noch nicht verraten, denn – wie ihr ja sicher schon mitbekommen habt – ändert sich jeder Plan wöchentlich, stündlich oder täglich und keinen Plan zu haben ist der beste Plan für mich!

Von Indonesien nach Malaysia

Mein nervöser Magen, mein Herzklopfen und meine Übelkeit machen sich mittlerweile vor jedem Abflug bei mir bemerkbar – jedes Mal seit dem Zwischenfall am neuseeländischen Flughafen. Um dem ein wenig entgegenzuwirken, kaufte ich mir vorab online ein Fährenticket für sieben Euro von Pulau Langkwai nach Satun in Thailand. Viel hilft es gegen meine Aufregung jedoch nicht. Jetzt werden sich sicher ein paar von euch fragen, wieso mich das so nervös macht. Das Schlimmste, was passieren kann, ist, dass ich mir wiedermal spontan ein Ausreiseticket am Flughafen kaufen muss. Aber es ist so, dass ich mir mein Geld hart erarbeitet habe und irgendeinen Flug am Schalter des Flughafens zu kaufen aus mehreren Gründen ärgerlich ist: Erstens kommt es mir so um einiges teurer als über das Internet ein Ticket gut recherchiert zu buchen. Zweitens stehen nicht alle Reiseziele zur Auswahl und drittens möchte ich gerne individuell reisen und spontan entscheiden, wo und wann es weitergehen soll, was mit einem fest gebuchten Ausreiseticket schwierig ist.
Ich sollte, was das angeht, vermutlich trotzdem lockerer werden, aber es bleibt anscheinend mein großes Laster dieser Reise. Was mich umso mehr ärgert ist die Tatsache, dass fast jeder andere auch ohne Ausreiseticket problemlos durch die Check-In Schalter kommt. Wieso das so ist, weiß ich nicht. Vielleicht sehe ich einfach so aus, als ob ich Drogen nehme, Waffen mit mir führe, bankrott bin und außerdem auch noch ein Attentat auf das jeweilige Land ausüben möchte?
Zum Glück klappt diesmal alles problemlos am Flughafen in Jakar-

ta. Ich wusste nicht, ob die Buchung einer Fähre auch als Ausreiseticket aus einem Land gilt, da meist ein Flugticket verlangt wird, aber diesmal werde ich gar nicht danach gefragt und alles geht sehr rasch – eine absolute Erleichterung für mich. Am 11. Juni fliege ich schließlich drei Stunden von Jakarta nach Kuala Lumpur.

Anderen gegenübertreten

Ein Satz, den mir ein Freund meiner Eltern mit auf den Weg gegeben hat, lautete: „Traue niemandem, nur dir selbst!" Durchaus etwas, das ich mir im Hinterkopf behalten habe. Wenn man alleine unterwegs ist, ist es aber so, dass man den Kontakt und die Verbindung zu anderen Menschen braucht und dafür ist ein gewisses Grundvertrauen notwendig. Wenn du dir abends ein Zimmer mit jemandem teilst, den du erst am selben Tag kennengelernt hast, macht Misstrauen es um einiges schwieriger, ruhig zu schlafen. Daher habe ich diesen Satz während meiner Reise wie folgt für mich umgewandelt: „Traue deinem Gegenüber grundsätzlich, verlasse dich aber nur auf dich selbst!" Zwischen Vertrauen einerseits und sich auf jemanden verlassen zu können andererseits ist für mich ein Unterschied.

Obwohl ich ein Mensch bin, der nur sehr schwer jemandem vertrauen kann, habe ich es geschafft, eine Grundbasis davon aufzubringen. Gleichzeitig habe ich mir aber gesagt, dass ich auf mich selbst hören muss, weshalb ich jede Situation vermeide, in der ich mich alternativlos auf jemand anderen verlassen müsste. Wenn ich einen Treffpunkt mit jemanden ausmache, habe ich immer einen Ersatzplan parat oder gehe mit der Einstellung los, dass wenn es nicht klappen sollte, es auch okay ist und der Tag deswegen nicht vergeudet ist. Habe ich mit einem Gastgeber beispielsweise ausgemacht, dass er mich vom Flughafen abholt und zu sich bringt, suche ich mir trotzdem vorher ein Hotel raus und habe einen ungefähren Plan, wie ich vom Flughafen in die Stadt und zu diesem Hotel kommen würde. Auch wenn eine Verabredung zum Essen oder eine Besichtigungstour nicht zustande kommt, mache ich mir nichts daraus, denn ich habe sicherlich noch anderes zu erledigen

oder es stört mich nicht, alleine zu einem Stadtrundgang loszuziehen. Statt mich blind auf jemanden zu verlassen, wirke ich einer Enttäuschung somit mit einem Plan B entgegen.
Das grundsätzliche Vertrauen, das ich beim Reisen anderen Menschen gegenüber aufbringe, bezieht sich hingegen eher auf materielle Dinge. Teile ich mir mit jemandem ein Zimmer, dann vertraue ich darauf, dass mir mein Zimmergenosse nicht das Geld oder sonstige Wertgegenstände stiehlt. Wenn man diese Basis nicht aufbringt, kann es sehr anstrengend werden. Wenn ich schon einen Hinweis finde, dass ich einem Menschen nicht trauen kann, ist eine anfängliche Vorsicht sicher gut, aber übertreiben sollte man es nicht. Ein Gebot, das ich über all meine Vertrauensregeln auf dieser Reise dennoch stelle, lautet: „Lasse deine wichtigsten Wertgegenstände und deinen Pass niemals und unter keinen Umständen alleine!“ Das ist wohl eines der wichtigsten Dinge, auf die man bei Reisen achten sollte. Egal, wie nett und sympathisch jemand wirkt – ich nehme ein Angebot, auf mein Gepäck zu achten, während ich zum Beispiel auf die Toilette gehe, niemals an. Da bin ich bestimmt vorbelastet durch den Vorfall am neuseeländischen Flughafen, bei dem mein ganzes Gepäck nach Drogen untersucht wurde, aber Vorsicht ist in dem Fall besser als Nachsicht.

Beim Karaoke-Singen mit Leuten von der Couchsurfing Community

Der verschmutzte Hafen in Jakarta

Unser Bootsmann, der mit uns eine Hafenrundfahrt machte

Beim Hafenrundgang in Jakarta

Malaysia

Kuala Lumpur

Die Zeit vom 11. bis zum 17. Juni verbringe ich in Kuala Lumpur, in der Hauptstadt Malaysias. Hier ist es extrem heiß und stickig und über der ganzen Stadt liegt Smog. Zuerst denke ich, dass ein Gewitter kommt, bis mir bewusst wird, dass das der ganze Dreck und die Abgase der Stadt sind.

Tidjani ist Afrikaner und mein Couchsurfing-Gastgeber für die Zeit in Kuala Lumpur. Er wohnt in Cyperjaya etwas außerhalb der Stadt – ohne Auto ein längerer Weg und vor allem ein teurer Spaß. An und für sich wäre das kein Problem, weil er normalerweise ein Auto hat. Dieses erlitt aber ein technisches Gebrechen, einen Tag bevor ich ankomme. Dennoch war Tidjani so nett und hat mich mit einem Auto von Freunden vom Flughafen abgeholt und zu ihm nach Hause gebracht.

Am Abend meiner Ankunft schauen wir uns die durchaus schöne und saubere Stadt Putrajaya an. Am nächsten Tag besuchen wir das Chinatown von Kuala Lumpur. Die restlichen Tage verlaufen eher unspektakulär ab ohne Auto oder Stadtbesichtigungen. An einem Nachmittag fahre ich alleine in die Hauptstadt Malaysias und schaue mir die Twin Towers an. Im Anschluss führt mich mein Weg zur thailändischen Botschaft, um ein 60-Tage-Visum zu beantragen. Das geht beeindruckend schnell, da die thailändische Botschaft offenbar nur hinter Geld her ist. Der Wisch, den ich ausfüllen muss, wird keines Blickes gewürdigt: Unterschrift, ein Stempel drauf und schon kann ich wieder verschwinden und mir morgen meinen Pass und mein 27 Euro teures Visum für Thailand abholen.

Tidjani und drei seiner Freunde, mit denen er zusammen in einer Wohngemeinschaft lebt, sind Profifußballspieler und wissen wie man das Leben ohne Hektik und mit Genuss verbringt. Ich habe wahrhaftig meinen Spaß bei ihnen! Ein normaler Tag dieser Fußballer wird mit Herumlungern, Fernsehen, Biertrinken, Joints Rauchen, zwischendurch Fußballspielen oder Kochen verbracht. Wie sich jemand so ein Leben leisten kann, ohne richtig arbeiten zu gehen, weiß ich nicht, aber laut meines Gastgebers sind keine illegalen Dinge im Spiel. Manche von ihnen verdienen Geld mit dem Fußballspielen, andere studieren oder haben einen Job.

Afrikaner unter sich

„Broken English" heißt die Sprache, mit der sich Menschen aus Afrika hier unterhalten. Dabei handelt es sich um eine abgewandelte Form der englischen Sprache. Für jemanden, der sonst sehr gut Englisch versteht, ist dieses Broken English absolut unverständlich. Wenn es gut kommt, verstehe ich drei Worte pro gesprochene Minute.
Wenn in Afrika ein Minister, ein Präsident oder sonst jemand in der Regierung Kinder hat, werden sie ins Ausland geschickt, weil sie wegen ihres Reichtums im eigenen Land gefährdet sind. Einem Freund meines Couchsurfing-Gastgebers ist genau das widerfahren. Sein Vater, ein Minister, hat ihn nach Malaysia zum Studieren geschickt. Seine Geschwister befinden sich ebenfalls irgendwo im Ausland. Jeder hat sich ein Land aussuchen dürfen, weit weg von zu Hause, wo sie in Sicherheit sind.
Anscheinend ist es bei dunkelhäutigen Männern üblich, dass sie sich, wenn sie die Haare kurz abrasieren, schwarze Farbe draufgeben, damit es besser und sexier aussieht. Wofür sie noch bekannt sind, sind Dreadlocks. Sie rubbeln sich mit einem Handtuch die Haare, so wie wir es machen, wenn wir aus der Dusche kommen und unsere Haare trocknen. Dadurch entstehen bei ihnen die Dreadlocks von selbst.

In Kuala Lumpur habe ich endlich wiedermal die Gelegenheit auf eine Party zu gehen. Wir – Tidjani, einer seiner Mitbewohner, dessen Freundin sowie die Cousine von dieser – sitzen in der Wohnung gemütlich zusammen bevor es losgeht. Ich muss zugeben, dass ich noch nie so spät zu einer Party gegangen bin. Sage und schreibe drei Uhr morgens ist es, als wir von der Wohnung in Richtung Club aufbrechen. Bei der Fahrt zur Disco sitzt Tidjani am

Steuer des Autos seines Mitbewohners und dieser selbst auf dem Beifahrersitz. Ich befinde mich hinten in der Mitte zwischen den zwei fülligen Frauen. Ich bin als Backpackerin ganz gewöhnlich angezogen: flache Schuhe, eine kurze schwarze Hose und ein Trägertop – kein Schmuck und keine Schminke. Die beiden neben mir hingegen tragen eine dicke Schicht Make-up, haben stark getuschte Wimpern und einen auffallenden Lippenstift. Ihre langen Haare wurden mit einem Lockenstab gelockt und mit Haarfestiger fixiert. Sie tragen beide ein kurzes, schwarzes, enganliegendes und kurvenbetonendes Kleid und hochhackige Schuhe dazu. Die Gespräche sind einseitig. Erstens wegen des gebrochenen Englischs, das ich nicht verstehe und zweitens, weil mir die zwei Ladies unsympathisch sind. So verhalte ich mich ruhig.
So ruhig ich im Auto bin, so aktiv werde ich auf der Tanzfläche im Club. Als wir ankommen, bestellen wir uns etwas zu trinken und stellen uns an einen Stehtisch neben der Tanzfläche. Es ist ein rein afrikanischer Club mit genau meiner Musik und der richtigen Stimmung. Während die anderen schweigend an ihren Getränken nuckeln, kommt in mir die Lust aufs Tanzen hoch. Alleine zu tanzen stört mich nicht und ich bin froh mich endlich wieder einmal zu guter Musik bewegen zu können. Ich bewege mich immer weiter weg von der Gruppe, mit der ich gekommen bin, bis ich in der Mitte der Tanzfläche unter vielen anderen wild tanzenden Menschen bin. Ich schalte meinen Kopf aus, denke an nichts und lasse mich zur Musik gehen. Ich spüre den Rhythmus und den Beat, der von der lauten Musikanlage auf meinen Körper übergeht. Zwischendurch gesellen sich Tidjani und die beiden Frauen zu mir, um sich auch zur Musik zu bewegen. Es ist sechs Uhr morgens als wir zurückfahren. Zwei Stunden später heißt es raus aus den Federn und auf zum Busbahnhof Pudu Sentral in Kuala Lumpur.

Beim Stadtrundgang vor den Petronas Towers

Auf einer großen Einkaufsstraße mitten in Kuala Lumpur

Abends mit meinen afrikanischen Gastgebern

Thailand

Mit der schwimmenden Couch zu den unberührten Inseln Thailands

Über die Couchsurfing-Community habe ich eine Einladung auf ein Segelboot erhalten. So geht es für mich nun von Malaysia über See nach Phuket in Thailand. Wie lange ich auf dem Segelboot bleiben werde, ob es zwei Nächte sind oder zwei Wochen, weiß ich noch nicht, aber am Ende werde ich hoffentlich in Phuket landen und auf dem Weg dorthin die kleinen Inseln erkunden.
Am Busbahnhof Pudu Sentral in Kuala Lumpur treffe ich mich mit einer Ungarin namens Eszter, die ich über die Couchsurfing-Homepage kennengelernt habe und mit der ich den Segeltrip von Malaysia nach Thailand geplant habe. Mit Bus und Fähre erreichen wir die Insel Langkawi und fahren mit einem Taxi von dort aus zum Hafen, wo wir schließlich den Segelbootbesitzer Matt treffen. Er war es, der mich zu dem Segeltrip eingeladen hat, und da ich nicht alleine mit ihm unterwegs sein wollte, lud ich Eszter dazu sein. Matt stammt aus Kalifornien, hat als Pilot gearbeitet und ist nun seit 16 Jahren mit seiner Segelyacht auf den Meeren dieser Welt unterwegs. Ich war zuerst skeptisch, ob ich die Einladung eines 56-jährigen Mannes annehmen sollte. Da wir aber zu zweit sind, lasse ich mich darauf ein.
Wir kommen spät bei Matt an und lassen den Tag bei selbstgekochtem Fisch und einem Gläschen Wein ausklingen. Schlafen werde ich gemeinsam mit Eszter in der vorderen Kabine, die über ein offenes Fenster verfügt. Es herrscht eine angenehme Brise und es gibt keine Moskitos, was gut ist. Einschlafschwierigkeiten habe ich trotzdem, und zwar aus folgendem Grund: Kurz vor dem zu-Bett-Gehen, als Eszter gerade im Badezimmer ist, sagt Matt zu mir: „Komm mal eine Minute her."
Ich trete näher auf ihn zu und er spricht weiter: „Ihr beide habt sehr unterschiedliche Charaktere. Eszter besitzt eine sehr starke

Persönlichkeit und sollte irgendetwas passieren, möchte ich, dass du weißt, dass ich auf deiner Seite bin."

Auf meine Frage, was genau er damit meint, sagt er: „Ich möchte nur, dass du weißt, dass ich hinter dir stehe und zu dir halte. Ich bin auf deiner Seite. Das wollte ich dich nur wissen lassen und das meine ich wie ein Vater."

Ich verhalte mich zunächst ruhig und erzähle Eszter die abgeschwächte Version seiner Worte. Sie nimmt es kopfschüttelnd zu Kenntnis und fragt mich: „Was glaubst du, meint er damit?"

Und als ich zu ihr sage: „Ich habe keine Ahnung", nimmt sie das so zu Kenntnis und geht nicht weiter darauf ein.

Am nächsten Tag bleiben wir auf Langkawi, um die Insel zu erkunden und uns gegenseitig besser kennenzulernen. Danach starten wir von dort aus los mit der Segeltour. Nachdem wir die Marina verlassen, werden wir für die nächsten zwölf Tage keinen Hafen mehr sehen. Lebensmittel, Wasser und sonstige Utensilien müssen sparsamst verwendet werden.

Am zweiten Abend entwickelt sich ein längeres Gespräch mit Matt, während unsere ungarische Begleitung schon schläft. Wir sprechen hauptsächlich über seine bisherigen weiblichen Reisebegleitungen und seine Vorlieben.

Unter anderem frage ich ihn auch: „Hast du uns eigentlich gerne an Bord?".

Daraufhin antwortet er mir: „Ich würde, wenn sich die Möglichkeit ergeben würde, Eszter von Bord schicken und du könntest bleiben."

Ich fühle mich mittlerweile nicht mehr wohl und unser Gespräch läuft darauf hinaus, dass ich weiß, dass es die nächsten zehn Tage keine Möglichkeit gibt, das Boot zu verlassen und alleine weiterzureisen. Matt lässt mich wissen: „Ich habe euch beim Immigration Office in der Marina in Langkawi eingetragen und ihr seid somit verpflichtet, mit mir und dem Boot nach Thailand einzureisen." Würden wir auf einem anderen Weg nach Thailand kommen und würde das jemand herausfinden, hieße es für Eszter und mich ab ins Gefängnis. Demnach ist für uns klar, dass wir uns auf die Bootsreise mit Matt einlassen müssen.

Wir ankern vor der menschenleeren Insel Ko Jung. Sie besitzt einen schmalen, lang gezogenen Sandstrand und dahinter erstreckt sich ein dichter Dschungel, der von Affen besiedelt ist. Abgesehen von dem Dschungel gibt es auf der Insel nichts, aber dafür befindet sich ein guter Schnorchelspot zwischen unserem Segelboot und der Insel. Ich gehe über eine kleine Leiter vom Boot ins Wasser, setze meine Taucherbrille und den Schnorchel auf und schwimme los. Ich verzichte auf die Flossen, denn eigene Schwimmbewegungen ohne Hilfsmittel tun mir mit Sicherheit gut. Ich schnorchle gemütlich alleine vom Segelboot weg in Richtung Strand. Mein Kopf ist fast ganz unter Wasser und ich spüre die wärmenden Sonnenstrahlen auf meinem Rücken und den Unterschenkeln. Ich genieße es, weg vom Boot zu sein und Zeit für mich zu haben. Hier kann ich für eine Weile alles rund um mich vergessen. Unter mir macht sich eine bunte Unterwasserwelt mit Anemonen, vielen kleinen Clownfischen und anderen kunterbunten Meeresbewohnern breit. Zwischendurch versuche ich immer wieder im Wasser einige Zeit lang ruhig zu treiben und mich nicht zu bewegen. Nach kurzer Zeit kommen ganz viele Fische und suchen Schutz in meinem Schatten. Aus der Nähe kann ich sehen, wie die Fische aufeinander reagieren, kleine Pflanzenstücke fressen, sich unter Korallen verstecken oder fangen spielen. Ich fühle mich wie in einer anderen Welt, weit weg von allem. Es ist ein tolles Gefühl, im Wasser so nah an den vielen verschiedenen Lebewesen zu sein und sie beobachten zu können. Manche größeren Fische schauen mich direkt an und stehen für einige Sekunden still oder ich schwimme mitten durch einen großen Schwarm frisch geschlüpfter, kleiner, blau schimmernder Fische hindurch. Ich entdecke eine Seegurke und nehme sie langsam in die Hand und tauche auf. An einem Ende der Seegurke kommt ein Wasserstrahl heraus. Sie fühlt sich lustig an, weich und glitschig. Kurz darauf lasse ich sie wieder zurück ins Wasser, um ihr nicht zu schaden. Langsam merke ich, dass die Sonne meine Hinterseite verbrennt und ich schwimme zurück zum Boot. Am späteren Nachmittag höre ich oft hunderte kleine Fische gleichzeitig aus dem Wasser springen und wieder eintauchen.
Wir gehen in der Nacht öfters schwimmen. Was währenddessen passiert ist unglaublich. Bei jeder Schwimmbewegung glitzert

mein ganzer Körper, als ob ich ein Geist im Wasser wäre. Ich bin total gefesselt davon und mache im Wasser hastige Bewegungen um dieses Leuchten stärker hervorzubringen. Zwischendurch gehe ich zurück an Bord, um von oben dieses Phänomen bei Eszter und Matt zu beobachten. Dieses Phänomen tritt auf, weil es kleine Tierchen im Wasser gibt, die Licht reflektieren, wenn man sie berührt. Am intensivsten sehe ich es, wenn die beiden vom Boot ins Wasser springen. Beim Eintauchen ins Wasser umgibt sie ein hell glitzernder Schein. Nach dieser Entdeckung und der tollen Schnorchelerfahrung heute bin ich erschöpft und möchte gerade ins Bett gehen, als ich merke, dass es in Strömen regnet. Der Donner könnte nicht lauter sein und die Blitze nicht heller. Ich gehe nochmal an Deck und setze mich unter das Verdeck, um die Regenstimmung zu genießen.
Wahnsinn! Auf der einen Seite macht es mir Angst, im Ozean schutzlos auf einem Segelboot zu sitzen und der Kraft des Unwetters ausgeliefert zu sein, aber andererseits ist es ein atemberaubendes Gefühl. Es fühlt sich so an, als ob ich Teil des Gewitters wäre und mich mitten darunter befinde.

Von Ko Jung segeln wir acht Stunden nach Ko Rok. Ich schlafe die ganze Zeit über beinahe durch – ausgenommen von 45 Minuten, in denen Eszter und ich aufs Meer schauen müssen, damit wir nichts rammen und Matt in dieser Zeit schlafen kann. Wir segeln die verlassene Insel an, setzen den Anker in der Bucht vor der Insel und bleiben diesmal statt einer Nacht vier Nächte hier, weil es uns so gut gefällt. Diese Inseln und auch die davor sind in keinem Reiseführer zu finden. In meinem Gedächtnis speichern sich die Bilder von dem türkisblauen Wasser ab und dem menschenleeren, weißen Sandstrand, der sich vor uns breit macht. Es sind weit und breit keine Einheimischen oder Touristen zu sehen. Ich erkenne nur ein paar Affen und höre das Gezwitscher von Vögeln, die auf der Insel leben. Tagsüber erkunden wir die von Dschungel bewachsene Insel, machen kleine Wanderungen auf den Gipfel der Insel oder gehen schnorcheln. Manchmal liege ich in der Hängematte, die vorne am Boot montiert ist, und lasse meine Gedanken schweifen.

Es kehren immer wieder Bilder von meiner Papua-Wanderung in meinen Kopf zurück. Bilder, die ich niemals vergessen werde. Die starken Sonnenstrahlen brennen vom wolkenfreien Himmel auf mich herunter und ich habe dennoch Gänsehaut bei dem Gedanken an die Frau, die mir lachend entgegenwinkte und mir voller Stolz ihre Hand mit den zwei übrig gebliebenen Fingern zeigte. Hie und da sehe ich ein typisch thailändisches Boot an uns vorbeifahren, aber andere Segelboote wie unseres sind weit und breit nicht zu sehen.

An einem Nachmittag am Strand lernen wir Fischermänner kennen und sie bringen uns ein paar Worte Thai bei. Den Abend verbringen wir zusammen mit den thailändischen Fischermännern auf unserem Segelboot.

Am nächsten Tag zerlege ich zum ersten Mal Tintenfische, die wir von den Fischern geschenkt bekommen haben. Ich säubere sie und bereite sie zum Kochen vor. Ich habe so viel Spaß dabei, dass ich mir glatt überlege, in eine neue Berufsrichtung, nämlich ins Fischgeschäft, zu wechseln. Abends gönnen wir uns ein leckeres selbstgekochtes Essen auf dem Segelboot und lassen den Tag mit einem gut gemixten Cocktail an Deck des Bootes ausklingen, während wir Sterne und Sternschnuppen beobachten. Dies ist unser tägliches Abendritual. Draußen am Boot sitzen und in den Himmel schauen. Unter sternenklarem Nachthimmel erfülle ich mir einen kleinen Lebenstraum, indem ich einmal in der Hängematte unter freiem Himmel einschlafe. Dass es noch dazu den Bonus gibt, dies am offenen Meer auf einem Segelboot zu erleben, macht es ganz besonders für mich. Es herrscht absolute Stille, das Meer ist spiegelglatt und das Boot schwankt ganz sacht hin und her. Meine Hängematte bewegt sich im selben Rhythmus mit. Ich habe mich in zwei Decken eingewickelt und nur mein Kopf schaut heraus. In diesem Moment fühle ich mich der Natur so nahe und verbunden wie sonst kaum. Es huscht eine Sternschnuppe quer über den schwarzen Nachthimmel und ich schließe kurz meine Augen und schicke gedanklich einen Wunsch an das Universum. Kurz darauf erlischt die Sternschnuppe in der Unendlichkeit des Weltalls. Ich habe das Gefühl ganz alleine auf der Welt zu sein, genieße diese Stille in vollen Zügen und tanke Kraft für den nächsten Tag.

Der sieht so aus wie viele andere auch. Wir gehen schwimmen, schnorcheln, liegen in der Sonne, kochen, essen und schlafen. Ich lese mein Buch weiter und der Tag neigt sich langsam dem Ende zu. Heute Abend sind wir zu Besuch auf einem anderen Boot, das ein Stück weiter weg von uns ankert. Matt kennt die Bootsbesitzer anscheinend: ein 70-jähriger Australier mit seiner 42-jährigen thailändischen Frau. Wir werden aufs Boot eingeladen und kurze Zeit später bekommen wir Besuch von Fischermännern von einem Fischerboot draußen am Meer. In der Nähe ankern vier große Fischerboote, die Wochen oder manchmal sogar Monate auf dem Meer arbeiten. Sie kommen aufs Boot und bringen uns zwei Kisten voll mit Meerestieren mit. Die Fischermänner bleiben für ein paar Bier auf dem Boot, weil wir sie für den Fisch, den sie uns mitbringen, nicht bezahlen dürfen. Sonst würden sie auf dem Schiff von den eigenen Kollegen erstochen und des Geldes beraubt werden. Uns erzählen die Fischer, dass in der Nacht zuvor fünf Männer aus Burma geflohen seien. Oft leben die Menschen auf den Fischerbooten wie Sklaven, daher sprangen sie vom Boot, schwammen zur nächsten Insel und flüchteten. Für mich ist es sehr aufwühlend, Geschichten, die man sonst nur im Fernsehen sieht, live von Einheimischen erzählt zu bekommen.
Nachdem wir uns bereits einige Zeit unterhalten haben, fragt uns die Thai-Frau: „Soll ich euch zeigen, wie man Calamari richtig zubereitet?“ Dieses Angebot nehmen Eszter und ich dankbar und neugierig an. Wir gehen gemeinsam unter Deck in die Küche, waschen uns die Hände und machen uns bereit für unseren spontanen Kochkurs. Zuerst schälen wir die Calamari und anschließend brechen wir sie auf, schneiden sie in der Mitte durch und holen den Darm heraus. Wir geben die Calamari in kochendes Wasser, gemeinsam mit Lemonengras, Ingwer, Salz und Pfeffer. Zum Schluss kommen noch ein thailändisches Gewürz dazu sowie ausgepresste Limetten. Da Eszter und ich so interessiert und begeistert sind, zeigt uns die thailändische Hausfrau auch wie man Krabben zubereitet: Wir schneiden zuerst außen das erste Drittel der Füße ab und nehmen anschließend das Tier in der Mitte auseinander. Mit einem Klopfer klopfen wir die Zangen auf. Sie erklärt uns: „Dies macht man deswegen so, weil dort weiches Fleisch drinnen

ist, das man kurz mitkocht." Nachdem wir das Essen fertig zubereitet haben, gehen wir an Deck und genießen gemeinsam ein ausgiebiges Abendessen.

Bei meinen Reiseerzählungen über diesen Segeltrip habe ich nur wenige Tage mitgeschrieben. Ich war reisemüde und hatte fürs tägliche Schreiben keine Kraft und Energie, weshalb ich dies etwas vernachlässigt habe. Trotz allem möchte ich euch an dieser Stelle einen Überblick über die gesamte Segelroute geben: Wir starteten also von der Insel Langkawi in Malaysia direkt Richtung Thailand und landeten zuerst auf der Insel Ko Lipe, wo wir zwei Tage in der Bucht ankerten. Von dort aus ging es weiter auf Ko Adang, Ko Jung und Ko Rokroy. Von Ko Rokroy segelten wir zurück nach Ko Jung und von dort weiter auf Ko Rok, wo wir uns vier Tage aufhielten. Nach diesen traumhaften menschenleeren Inseln verschlug es uns auf die touristische Insel Ko Phi Phi, wo wir zwei Tage blieben und im Zuge dessen an der aus dem Film „The Beach" bekannten Insel Ko Phi Phi Leh vorbeisegelten. Von dort aus segelten wir nach zwei Wochen auf hoher See die Insel Phuket im Süden von Thailand an, wo wir schlussendlich auch an Land gingen.

Der Segeltrip liegt nun hinter mir und ich lasse die letzten Wochen nochmals Revue passieren. Was mir bereits in den ersten beiden Tagen mit Matt und Eszter bewusst geworden ist, ist, dass es zeitweise durchaus anstrengend für mich war, mit den beiden zusammenzusitzen. Beide hatten einen sehr starken Redefluss. Wenn zwei Menschen von der Sorte auf einem Boot sind, verträgt sich das nicht besonders mit meinem Bedürfnis nach Ruhe und Entspannung. Hinzu kommt noch, dass ich schon vor meiner Papua Reise das Verlangen nach Entspannung und Ruhe hatte und das hier verstärkte diesen Wunsch ungemein. Eszter musste stets auf eine etwas dümmliche und überflüssige Art etwas von sich geben und Matt erzählte viel zu viele und zu lange Geschichten. Ich verhielt mich ruhig, weil ich erstens nichts auf Eszters Unsinn zu antworten wusste und zweitens bei Matt das Gefühl hatte, dass er lieber seine eigenen Geschichten erzählte statt sich andere anzuhören.

Zu Eszter ist zu sagen, dass sie zwar eine liebe Person ist, aber wir nicht auf gleicher Wellenlänge waren. Sie wirkte auf mich jung, unreif, naiv und sehr redebedürftig. Das soll nicht so klingen als wäre sie absolut schrecklich. Sie ist ein echt liebes Mädel, ich konnte nur einfach nichts mit ihr anfangen. In der Gesellschaft von Matt und Eszter kam ich mir wie eine ganz andere Person vor. So ruhig kannte ich mich nicht. Ich hatte bei ihnen oft das Bedürfnis, ein wenig allein zu sein und meine Ruhe haben zu wollen. Eine schlechte Angewohnheit von mir ist, dass ich schnell anfange andere zu analysieren.
Bei Matt war es oft so, dass er drauflosredete, egal was man machte. Wenn ich zum Beispiel in einer Ecke saß und gerade ein Buch las, fing er einfach an ohne Pause irgendeine Geschichte über seine ehemaligen Bootsbegleiterinnen, die beispielsweise oben ohne herumliefen, zu erzählen. Was mich noch störte, ist, dass Matt sehr gerne andere zu Dingen ermutigte, die sie gar nicht tun wollten. Beispielsweise sagte er ständig zu uns, wir sollen vom Boot runter ins Wasser springen. Springen ist etwas, was ich gar nicht mag und bei dem ich mich nicht wohlfühle. Ich kann im Hängegleiter fliegen und irgendwo hinaufklettern, aber springen mag ich nicht. Seine Reaktion auf meine Weigerung bestand dann darin, dass er behauptete, dass ich langweilig und fad wäre, nur weil ich nicht vom Boot springe. Er meinte dann immer, dass wir überhaupt keine Abenteurer seien. Für mich ist ein Abenteurer aber nicht jemand, der von einem Boot springt – ich verstehe darunter etwas anderes. Weiters trank Matt jeden Abend sehr gerne, auch mal etwas mehr. Wenn ich einmal nichts trinken wollte, war ich gleich wieder langweilig. Nicht, dass ich nie etwas trinke, aber nur hie und da, wenn ich auf Partys gehe und vor allem nicht jeden Abend. Noch dazu mixte er Wodka-Mischgetränke immer so stark, dass man sie fast nicht trinken konnte. Matt ist ein Mann, der sich – auch wegen seines ehemaligen Berufes als Pilot – als harter Mann ausgab – nein, als selbstbewusster Mann trifft es wohl besser. Nun war es aber genau andersherum: Seine Unsicherheit und Angst ausgeschlossen zu werden, zeigte sich in den Tagen unseres Beisammenseins immer häufiger. Die Kommentare, dass Eszter 24 Stunden am Tag Entertainment braucht, machten mich schon stut-

zig, da er selbst Non-Stop redete. Wenn ich einen halben Satz zu Eszter sagte und er gerade nicht in Hörweite war, kam sofort ein „Um was geht es? Was ist los?". Dieses Verhalten zeigte mir, dass er sofort annahm, dass über ihn gelästert werden könnte. Auch die Bemerkung, dass er prinzipiell keine Pärchen oder Freundinnen aufnimmt, mit der Begründung, dass er sich dann als fünftes Rad am Wagen fühlen würde, sagt schon sehr viel aus. Was ihn in meinen Augen in ein noch schlechteres Licht rückte, ist die Tatsache, dass er Eszter und mir nach dem Trip eine Nachricht schrieb, dass wir die beste Gesellschaft waren, die er je hatte. Das wirkt sehr heuchlerisch auf mich, weil er immerhin zu mir sagte, dass er Eszter am liebsten nicht länger an Bord haben möchte.

Von diesen Verhaltensweisen bin ich genervt und vor allem erschöpft. Oder hat es mit meiner Reisemüdigkeit zu tun? Die Reisemüdigkeit wirkt sich bei mir so aus, dass ich zu absolut nichts zu gebrauchen bin und mich bereits Kleinigkeiten überfordern. Fakt ist, dass ich dann sehr zurückhaltend bin, alleine sein möchte, mich selten in Unterhaltungen einbringe und oft genervt bin, wenn es ums Kochen und Mithelfen geht. Ich versuchte mich auch beim Segeltrip abzukapseln. Wenn Matt und Eszter schwimmen gingen, blieb ich auf dem Boot oder ging schwimmen, wenn die beiden nicht im Wasser waren. So kannte ich mich nicht. Ich konnte mich zu dieser Zeit selbst nicht leiden. Wieso mich Matt dennoch so gut leiden konnte, ist mir ein Rätsel. Ich hätte mich schon längst selbst vom Boot geworfen, wenn ich er wäre. Ihm war meine Meinung hingegen wichtig und er wollte ständig wissen, was ich denke. Sogar wenn es darum ging, wo wir ankern oder welche Boje wir nehmen, fragte er mich als Laie nach meiner Meinung.
Dies klingt nun wahrscheinlich so, als ob der gesamte Segeltrip die reinste Tortur für mich gewesen ist. Natürlich war es anstrengend und kräfteraubend, aber es gab auch sehr schöne Momente und der Segeltrip an sich war etwas Einzigartiges. Ich weiß es auch durchaus zu schätzen, diese Möglichkeit gehabt zu haben, mit einem Segelboot Inseln und verlassene Strände Thailands zu erkunden, weit weg vom Massentourismus. In der Früh aufzustehen und gleich ins kühle Nass springen zu können, wenn einem da-

nach ist, hat schon etwas für sich. Die vielen Schnorcheltrips, die Inselerkundungstouren und die Freiheit, die ich verspürte, als wir mitten im Ozean segelten und weit und breit nichts außer der Horizont zu sehen war, kann mir keiner mehr nehmen.

Eszter und ich am Segelboot

Am Segelboot in der Hängematte las ich gerne

Der Ausblick von einer Insel auf die nächste

In einer einsamen Bucht auf dem Weg von Malaysia nach Thailand

Am Steuer des Segelboots Richtung Thailand

Auf der Insel Ko Rokroy

Der Sonnenuntergang vom Segelboot aus

Die Full Moon Party auf Ko Phangan

Nach unserem knapp zweiwöchigen Segeltrip kommen wir schließlich auf der thailändischen Insel Phuket an. Von Phuket geht es für mich und Eszter weiter nach Ko Phangan auf die Full Moon Party. Die Full Moon Partys auf Ko Phangan in Thailand sind absolut legendär und weltbekannt. Diese Partys finden einmal im Monat rund um Vollmond statt. Zehntausend junge Leute reisen jeden Monat an, um sich dieses Event nicht entgehen zu lassen. Der lange Strandabschnitt Haad Rin rüstet sich an diesen Nächten für die partywütigen Touristen als Tanzfläche aus. Es werden verschiedene Bühnen aufgebaut und auf jeder Bühne dröhnen lautstark die unterschiedlichsten Musikrichtungen aus den Boxen. Die Lokalbesitzer stellen direkt am Strand Bars auf und auch an Essensständen mangelt es nicht. Wir verschaffen uns zuerst einen groben Überblick über die Partylocation. Eine Bar? Nein. Vier Bars? Nein. Zehn Bars? Nein. 40 Bars? Nee. 100 Bars? Das kommt schon eher hin. 240 Bars? Kann gut möglich sein. An jeder Bar kann man kleine Kübel mit Wodka, Bacardi, Rum, Whisky und weiß der Teufel was noch alles kaufen. Der Alkohol ist in kleinen Miniflaschen original verschlossen und dazu kann man sich Beigetränke aussuchen. Der Spaß kostet 500 Baht (THB) (= ca. 12€) und schmeckt stark und süß.

Die einzigen Thais, die ich sehe, stehen hinter der Bar. Der restliche Strand ist von weißen Menschen überfüllt. Jeder hat etwas Neonfarbenes an oder ist mit Neonfarben bunt angemalt – das ist ein Hauptbestandteil dieser Full Moon Partys.

Für die Männer befindet sich die Toilette im Meer. Die Frauen, denen es nichts ausmacht, durch den Urin der Übrigen zu waten, bis sie so weit im Wasser sind, dass auch sie ihr Geschäft erledigen können, erleichtern sich ebenfalls auf diese Art und Weise. Oder sie wählen die Alternative des öffentlichen Klos, bei dem man sich anstellen und zahlen muss, nur um sich dort genauso zu ekeln.

Die Party ist absolut durchgeknallt. Überall sind schreiende Barkeeper, die einem einen Kuss oder eine Umarmung geben, wenn man bei ihnen den berühmtberüchtigten Kübel kauft. Verrückt tanzende Menschen in Neonoutfits und angemalt von oben bis unten laufen umher und thailändische Artisten bringen ihre Tänze und Kunstwerke mit Feuerstäben, brennenden Ringen oder sechs Meter langen brennenden Seilen zum Schnurspringen zum Ausdruck – und lassen die volltrunkenen Touristen auch ihr Glück als Feuerartisten versuchen. Es stört anscheinend die wenigsten verbrannt zu werden, denn es gibt schließlich unzählige Erste-Hilfe-Stände am Strand. Damit kommen die Einheimischen schließlich auch zu Geld.

Die Party ist in vollem Gange. Dass man die Leute, mit denen man zur Party kommt, innerhalb kürzester Zeit verliert – ob gewollt oder nicht – ist normal. Eszter und ich sind bald nach Ankunft auf der Party voneinander getrennt. So ganz dem Zufall habe ich es nicht überlassen, sondern ein wenig nachgeholfen.
Denn auf der Party merkte ich gleich zu Beginn, dass Eszter gerne Dinge unbezahlt mitgehen lässt. Das ist der Hauptgrund, warum ich lieber alleine die Partynacht bestreiten möchte. Beispielsweise kauften wir uns gleich zu Beginn etwas zu essen. Sie bestellte ihren Maiskolben und bezahlte, doch als wir warteten, bis er fertig gegrillt war, stand sie plötzlich mit einer Frühlingsrolle neben mir. Ich fragte nach, ob sie die einfach so genommen hätte und es kam nur ein angedeuteter Grinser zurück. Von zuvor wusste ich schon, dass sie von Matt drei Desinfektionspads mitgehen ließ und sehr gerne ungefragt seine Sonnencreme zum Strand mitnahm, anstatt ihre eigene zu verwenden, was einfach eine Unart ist. Darüber hat Matt auch des Öfteren mit ihr diskutiert. Auf der Party ließen wir uns anfangs auch mit Neonfarben bemalen, als sie plötzlich für 15 Minuten verschwand und mit zwei Getränken zurückkam. Als es darum ging, dass sie bemalt werden sollte und ich bedauerte, dass wir leider kein Orange und Pink haben, meinte sie gleich darauf: „Gib mir fünf Minuten und ich bring dir die Farben." Wahrhaftig, fünf Minuten später kam sie sogar mit vier neuen Farben zurück – ohne diese bezahlt zu haben.
Nun bin ich alleine und ich tanze mich von einer verrückten Bühne zur nächsten. Daraus mache ich mir nichts, denn so tanze ich zu zwei Liedern mit einem absolut schwul gekleideten Heteromann aus England. Auf eine Unterhaltung haben wir beide nicht sonder-

lich viel Lust und so ziehe ich bald weiter. Ich kaufe mir eine Kleinigkeit zu essen als neben mir plötzlich zwei sympathische Mädchen aus Schweden stehen. Ich frage die eine der beiden: „Seid ihr zum ersten Mal auf der Full Moon Party?"
Die größere der beiden bejaht dies und meint mit einem Schmunzler daraufhin zu mir: „Echt verrückt, was da abgeht."
Ich erwidere: „Ja das stimmt. Und die, mit der ich gekommen bin, habe ich auch schon verloren."
Die andere entgegnet mir etwas verunsichert: „Wirklich? Ich hoffe echt, dass uns beiden das nicht passiert."
Nach unserer Unterhaltung begebe ich mich weiter zur nächsten Bühne. Vier Männer und drei Frauen stehen unverkennbar als Gruppe in einem Kreis und geben ihre Tanzkunst zum Besten. Ich geselle mich zu ihnen und bekomme mit, dass sie aus Neuseeland kommen. Ich tanze eine Zeitlang mit ihnen mit, so als ob ich ein Teil ihrer Gruppe wäre. Das Tanzen im Sand ist anstrengend und irgendwann ziehe ich weiter. Und so verbringe ich die Partynacht bis die Sonne aufgeht mit, ich weiß nicht mehr wie vielen, unterschiedlichen Leuten. Ich tanzte mal dort und mal da, beobachtete die anderen Partygäste oder unterhielt mich mit Touristen oder Barkeepern.

Mit der Helligkeit kommt die große Enthüllung. In meiner rechten Hand trage ich meine Flip-Flops und so gehe ich nochmal den Strand entlang, um zu sehen, was sich so alles abspielt. Ich drehe meinen Kopf auf die linke Seite und sehe einen Typen, der sich direkt vor einem menschengroßen Lautsprecher aufhält – eine Kopflänge entfernt, als ob die Musik nicht schon laut genug wäre – und wie verrückt tanzt. Ich wundere mich darüber und verspüre nur durchs Hinsehen ein Stechen in meinen Ohren. Ich stapfe durch den Sand einige Meter weiter und entdecke ein knutschendes Pärchen, das sich gegenseitig ihre Zungen tief in den Hals stecken. Auf diesen Anblick hätte ich gut und gerne verzichten können. Sie scheinen rund um sich nichts mitzubekommen und sich in einer anderen Welt zu befinden. Ich drehe meinen Kopf zur linken Seite Richtung Meer und entdecke die nächste mir unangenehme Szene. Ein junger Mann steht mit herunter gelassener Hose

bis zu den Knöcheln im Wasser und erledigt gerade seine Morgentoilette. Ihm gleich tun das zehn andere Männer, die leicht schwankend im Wasser stehen. Mich ekelt es vor diesem Anblick und ich versuche die Gedanken daran, was da alles im Meer von der letzten Nacht herumschwimmt, schnell abzuschütteln. Zwei Meter neben den pinkelnden Typen liegt ein junges Mädchen gemeinsam mit einem Typen im Sand – ohne Unterbekleidung. Ich empfinde Scham und Mitleid zur gleichen Zeit. Was würden ihre Eltern bloß zu so einem Anblick sagen? Ich schäme mich sichtlich fremd, drehe schnell den Kopf weg und schaue wieder geradeaus. „Schlimmer kann es wohl nicht mehr werden", denke ich mir. Ich bin schon fast bei der Hälfte des Strandabschnittes und spaziere weiter. Immer wieder lasse ich meinen Blick von links nach rechts schweifen während ich den Strand entlangmarschiere. Wenn ich mir die Leute in ihrem Zustand anschaue, bin ich heilfroh, kaum etwas getrunken zu haben und einen kühlen Kopf bewahren zu können. Links neben einer Bar, die bereits geschlossen hat, liegen ein Mann und eine Frau am Boden. Ein Pärchen traue ich mich diese beiden gar nicht zu nennen. Sie haben keine Scheu davor, dass ihnen hundert andere Menschen bei ihrem Geschlechtsakt am Strand zusehen können. Ich bin geschockt und weiß nicht recht, was ich darüber denken soll. Ein paar Meter weiter schläft einer sitzend in einer für mich unbequem ausschauenden Position. Neben ihm liegen 20 andere alkoholgetränkte Menschenkörper und schlafen ihren Rausch aus. Eine angenehme Abwechslung zu den Situationen, die ich vorher zu Gesicht bekam.
Plötzlich spricht mich jemand von der Seite an: „Krieg ich einen Kuss?"
Ich zucke leicht zusammen und entgegne ihm grinsend: „Das ist echt ein sehr freundliches und zuvorkommendes Angebot, aber nein danke."
Wie aus dem nichts steht vor mir ein Mushroom-Kandidat – das kann ich an seinen Augen erkennen. Mushrooms sind einer der häufigsten Drogen in Thailand. Mein Herz schlägt für kurze Zeit etwas schneller und ich denke mir: „Ja, du musst mich nicht so anschauen, ich verschwinde ja schon."
Er macht Anstalten mir etwas verkaufen zu wollen und ich sage

ihm direkt ins Gesicht: „Nein“ und setze meinen Weg fort. Bald bin ich am Ende vom Strand angekommen und froh darüber. Ich verspüre den plötzlichen Drang, zurück zu meinem Bungalow zu fahren. Ich biege nach links ab in Richtung Straße. Kurz bevor ich den Strand verlasse, entdecke ich einen als Schlaf-Area plakatierten Bereich. Es ist ein etwa fünf mal fünf Meter großer Bereich, der mit Stecken im Sand abgegrenzt wurde und durch Schnüre besser ersichtlich gemacht worden ist. Der Bereich ist voll mit schlafenden, betrunkenen Touristen. So müde wie ich bin, kommt in mir beinahe der Drang auf, mich dazuzulegen. Ich werfe einen kurzen Blick auf meine Uhr und merke, dass es bereits acht Uhr morgens ist. Ich gehe weiter in Richtung Straße und erwische noch eines der letzten Taxis, das mich zu meiner Unterkunft bringt. Ein kleines Stückchen muss ich anschließend noch zu Fuß gehen. Angemalt wie ein Weihnachtsbaum schlendere ich vorbei an einer Schule und den ersten Schulkindern, bis ich endlich in der Unterkunft ankomme. Ich nehme eine lange Dusche, wasche mir die Farbe vom Körper und lege mich schlafen.

Als ich einige Stunden später aufwache – ich teile mir zurzeit ein Zimmer mit Eszter – fällt mir als Erstes wieder ihre Vorliebe für unbezahlte Gegenstände ein. Ich verstehe nicht, wie man so etwas machen kann – noch dazu in einem Land, wo alles so günstig ist. Ich habe oft Bedenken, sie alleine mit meinen Habseligkeiten im Zimmer zu lassen, selbst wenn ich nur kurz aufs Klo muss. Es ist jedoch nicht vermeidbar und so nehme ich mein Geld einfach immer mit. Es ist kein schönes Gefühl, sich mit so einer Person ein Zimmer zu teilen. Zwei Tage nach der Full Moon Party verabschiede ich mich deshalb von Eszter.

Urlaub von meiner Reise

Es ist mehr als überfällig, endlich eine Pause einzulegen und Urlaub zu machen. Diejenigen unter euch, die denken, dass ich ein ganzes Jahr Urlaub mache, täuschen sich – ich reise! Zwischen Urlaub-Machen und Reisen besteht für mich ein gewaltiger Unterschied. Urlaub ist, wenn man sich von Stress erholt und sich ausruhen kann. Reisen hingegen bedeutet, andere Länder zu erkunden und deren Kulturen kennenzulernen. Beim Reisen steht nicht die Erholung im Vordergrund, sondern die Organisation: Wo geht es am nächsten Tag hin, wie komme ich von A nach B und noch viel wichtiger, wie komme ich am günstigsten von A nach B? Täglich auf sein Budget zu achten, Preise zu vergleichen, wo man beispielsweise am günstigsten essen gehen kann, und bei jedem Transportmittel, Einkaufen oder Essengehen zu verhandeln, ist nicht ohne.

Mich verschlägt es nach den letzten ereignisreichen Wochen in einen Bungalow am Strand auf der thailändischen Insel Ko Phangan. Der Strandabschnitt könnte nicht ruhiger sein und trägt den Namen Haad Yao. Mein Bungalow kostete 350 THB (=9€) pro Nacht, im Durchschnitt muss man aber mit 500 bis 1200 THB für eine Unterkunft in dieser Region und mit diesem Standard rechnen. Einen Bungalow ganz für mich alleine, mit eigenem Badezimmer und einer westlichen Toilette mit funktionierender Spülung und Toilettenpapier – schon alleine das ist Urlaub pur. Ich habe hier mein eigenes Bett, eine Ablagefläche für meine Kleidung, einen Kühlschrank, einen Ventilator, meinen eigenen Balkon mit Sitzmöglichkeiten und eine Hängematte. Jetzt mache ich Urlaub!
Welches Datum haben wir heute eigentlich? Welchen Monat? Ich denke Juli. Welchen Tag? Absolut keinen Schimmer. Welche Uhrzeit? Schauen wir der Aufzeichnung wegen einfach mal nach. Wir haben heute den 18. Juli und es ist elf Uhr. Ich bin nun seit ungefähr fünf Monaten auf meiner Weltreise.
Morgens verabschiede ich mich von Eszter und abends treffe ich Klaus, der auf der Bustour durch Neuseeland bei der großen Gruppe mit dabei war. Es ist verrückt: Es gibt hunderte Inseln in Thailand, Ko Phangan ist groß und trotzdem treffe ich hier Klaus – und dann auch noch auf einem Abschnitt der Insel, der sonst sehr ruhig ist. Klaus und ich verbringen den Abend bei einem gemeinsamen Essen. Ich muss mir manchmal ins Gedächtnis rufen, was für eine tolle Zeit ich gerade erlebe. Oft ist mir das gar nicht bewusst und ich realisiere nicht ganz, dass ich alleine in der Weltge-

schichte herumreise und jeden Tag aufs Neue entscheiden kann, wo es hingeht! Ich verspüre in diesem Moment eine absolute Freiheit und Unabhängigkeit.

Am nächsten Tag borge ich mir ein Moped aus und fahre die Westküste der Insel entlang bis in den Norden. Ich halte beim Haad Salad Strandabschnitt, um dort baden zu gehen. Danach fahre ich weiter zu einem anderen Strandabschnitt mit dem Namen Mae Haad und gönne mir spontan eine Maniküre und eine Gesichtsbehandlung. Anschließend sitze ich gemütlich bei einem Mittagessen und relaxe in der Sonne mit meinem Buch, bis ich schließlich weiter zu einem Aussichtspunkt bei Haad Khom fahre. Der Weg ist nicht ohne: es geht steil bergauf und steil bergab und es gibt viele Holpersteine. Als der Weg zu schwierig wird, stelle ich das Moped ab und gehe ein paar Meter zu Fuß. Kurz darauf bietet ein Engländer, der seit zehn Jahren hier lebt und als Tauchlehrer arbeitet, mir an, mich mit seinem Moped mitzunehmen. Endlich bin ich oben angekommen. Die Aussicht ist okay, haut mich aber nicht vom Hocker. Nach zehn Minuten verlasse ich den Aussichtspunkt wieder und ernte dafür einen schiefen Blick des Besitzers der Bar am Aussichtspunkt, da ich mich nach so kurzer Zeit wieder verabschiede. Es ist bereits vier Uhr nachmittags und ich will noch vor Sonnenuntergang zurück sein.

Auf dem Weg zu Fuß zurück zu meinem Moped kommen plötzlich zwei kläffende Hunde um die Ecke gerannt. Mein Herz fängt wie wild an zu rasen. Ich muss dazu sagen, dass ich mich im Nirgendwo befinde. Der Dschungel und der Steifnweg, auf dem ich gerade unterwegs bin, sind weit und breit alles, was zu sehen ist. Keine Menschenseele, kein Haus – gar nichts. Mit einem „Ts ts" gehe ich langsam weiter und es kehrt schnell wieder Ruhe ein. Dieses Geräusch habe ich mir angewöhnt, wenn Hunde laut bellen. Es hat sich bis jetzt immer bewährt und die Hunde werden auch diesmal ruhiger. Meine Knie fühlen sich trotzdem an, als ob sie aus Pudding wären. Beim Moped angekommen, mache ich mich auf den Retourweg und komme genau zwei Sekunden vor einem heftigen Regenschauer in meinem Bungalow an.

Es ist toll in den Tag hineinzuleben und all das zu tun, wonach einem gerade ist. Da diese paar Tage meine Auszeit sind, scheue ich mich nicht davor, mir eine Massage zu gönnen. Ich besuche Restaurants, die mir gut gefallen und liege am Strand oder in der Hängematte vor meinem Bungalow. Ich mache außerdem eine Pause vom ewigen Fotografieren und schreibe nur, wenn ich Lust darauf habe. Ich fahre die Insel entlang, genieße die frische Luft, die mir entgegenweht, spüre den Wind durch die Haare streifen und erkunde dabei die Landschaft. Ich nehme die Palmen rund um mich wahr, die traumhaften Strandabschnitte und die zahlreichen Bungalows mit Hängematten direkt am Strand. Ich genieße das Gefühl, Moped zu fahren, und fühle mich so frei wie selten in meinem Leben zuvor. Ich kann während der Fahrt richtig relaxen und einfach an nichts denken. Nur fahren, fahren und fahren.

Es tut mir aber auch gut, mich mit Touristen oder anderen Reisenden zu treffen und nicht nur Zeit mit Einheimischen zu verbringen. Ein gemeinsames Abendessen mit zwei Schotten dort, ein Tagesausflug mit einer Schwedin da oder Billard spielen mit zwei Südafrikanern – das ist es, wonach mir gerade ist, und wenn es mich nicht mehr freut, verabschiede ich mich einfach wieder.

Nach ein paar Tagen fühle ich mich auf dem Inselabschnitt schon wie zu Hause. Ich weiß, wo es das billigste Essen auf der Insel gibt, bekomme die Massagen günstiger und auch Rabatte beim Mopedverleih. Mich kennen schon alle Thai-Angestellten und sobald ich zum Mittagessen komme oder abends auf ein Getränk vorbeischaue, werde ich überschwänglich begrüßt. Zwischendurch bekomme ich einen Kokosnussshake in einer Kokosnuss am Strand serviert, aus Bananenblättern gebastelte Figuren oder einen Ring aus zwei Strohhalmen. Ja, ich genieße die ungeteilte Aufmerksamkeit der Thais durchaus. An einem Abend wird sogar ein Cocktail nach mir benannt.

Die Zeit hier ist ungemein entspannend, obwohl ich normalerweise schlecht im Relaxen bin. Ich mache abends einen Strandspaziergang bei sternenklarem Nachthimmel und spüre eine warme Windbrise auf meiner Haut, während ich dem Rauschen der Wellen lausche. Trotz der warmen Temperaturen habe ich Gänsehaut, weil ich all das rund um mich so sehr genieße. Ich bin froh, alleine zu sein und schenke meine ganze Aufmerksamkeit dem Sand unter meinen Füßen. Dieser gibt unter meinem Körpergewicht leicht nach und rieselt kribbelnd zwischen meinen Zehen hindurch.

Zwischen den vielen entspannten Tagen findet wieder eine große Party statt. Diesmal handelt es sich um eine Half Moon Party, die inmitten der Insel im Dschungel Thong Sala stattfindet. Auf die Party gehe ich mit zwei deutschen Schwestern vom Chiemsee.
Um 22 Uhr nehmen wir ein Taxi und gute fünf Minuten später fängt es an, in Strömen zu regnen. Das verdirbt uns in den ersten Minuten die Partylaune, aber da müssen wir jetzt durch. Wir sind schließlich nicht aus Zucker. Wir steigen aus dem Taxi aus und laufen los. Unsere T-Shirts sind nach wenigen Sekunden komplett durchnässt. Beim überdachten Eingang warten wir zusammen und beraten uns, ob es sich lohnt, sich in die eventuell nicht vorhandene Partymeute zu stürzen. Wir beschließen kurzerhand, es zu wagen. Der Eintrittspreis beträgt 500 THB (=13€) und beinhaltet ein gratis Getränk und beim Verlassen der Party eine CD. Klingt zunächst nach einem guten Deal, ist es aber nicht. Das Getränk schmeckt nach nichts außer Zucker und die CD, naja, ich werde sie mir nicht anhören. Anfangs sind nicht viele Partytiger zu sehen, aber die Tanzfläche unter freiem Himmel mitten im Dschungel beginnt sich langsam, aber stetig zu füllen. Die Bühne mit dem DJ und die Tanzfläche aus Holz wurden auf einer kleinen freien Lichtung kreisförmig aufgebaut. Rundherum geht es leicht bergauf in einen dicht bewachsenen Dschungel. Die beiden Schwestern gönnen sich einen Mushroom-Shake. Sie beschreiben mir die Auswirkung des Getränkes so, dass plötzlich alles viel bunter wird, alles viel schöner aussieht und man ein bisschen high wird. Anschließend stürzen wir uns ins Getümmel und tanzen bis in die frühen Morgenstunden durch.
Nachdem sich die beiden Schwestern von mir verabschiedet haben, sind nicht mehr viele Leute unterwegs und niemand der übrigen Partygäste muss in meine Richtung fahren. So habe ich das Pech, dass ich mir mit drei anderen Damen, die sehr viel früher als ich aussteigen, ein Taxi teile. „Taxi" ist vielleicht das falsche Wort. Hier gibt es statt Taxis offene Pickups. Wir setzen uns alle gemeinsam hinten auf die Ladefläche. Wegen des Fahrtwindes ist es rela-

tiv kühl. Nachdem die drei Frauen ausgestiegen sind, meint der Taxifahrer schließlich zu mir: „Setze dich vorne auf den Beifahrersitz. Wir haben noch eine längere Fahrt vor uns und es ist schon etwas kühl." Ich folge seiner Aufforderung, ohne viel nachzudenken. Wir setzen die Fahrt fort und die Straßen sind vollkommen verlassen. Die Ortschaften, die wir durchqueren, verbreiten in mir eine mystische Stimmung. Häuser und Hütten stehen nebeneinander, aber nirgendwo brennt Licht und es ist keine Menschenseele zu sehen. Wir verlassen die Ortschaft, fahren bergauf und dann wieder ein Stück bergab. Rechts und links von der asphaltierten Straße führt der dicht bewachsene Dschungel weg. Die Ortschaften werden immer übersichtlicher und wir durchqueren eine langgezogene, verlassene Gegend. Langsam macht sich in mir ein unbehagliches Gefühl breit und ich bereue es bereits, mich nach vorne neben den Autolenker gesetzt zu haben. Ich schaue die ganze Fahrt über starr rechts auf meiner Seite aus dem Fenster, um jegliche Konversationen zu vermeiden. Ich bin alleine in einem Auto mit einem Taxifahrer bei absoluter Dunkelheit und keinem Verkehr auf der Straße und er hat die völlige Kontrolle. Wie soll ich mich bloß verhalten?

Zuerst schreibe ich Steven, dem Resort-Manager der Unterkunft neben der ich wohne, da wir uns von den letzten Tagen ein bisschen kennen. Ich texte ihm: „Bitte ruf mich an!" Der Fahrer soll glauben, dass jemand auf mich wartet. Ich fühle mich unwohl. Während ich diese Zeilen mit leicht feuchten und zitternden Fingern in mein Handy tippe, bete ich inständig, dass Steven noch wach ist und sich so schnell wie möglich bei mir meldet. Kurz darauf läutet mein Handy und Stevens Name erscheint auf meinem Display. Bei dem Klingeln zucke ich leicht zusammen, obwohl ich darauf gefasst war. Wir wechseln ein paar kurze Worte miteinander und ich sage, so dass es der Autolenker auch mit Sicherheit hört: „Okay, ja. Ich bin gleich zu Hause." Nach dem kurzen Telefonat, verspüre ich mehr Sicherheit und überlege mir aber dennoch weitere Strategien.

Plötzlich wird der Taxifahrer langsamer. Ich bekomme ein flaues Gefühl im Magen und mir wird leicht übel. Wieso verringert er die Geschwindigkeit? Im Dunkeln ist weit und breit kein Hindernis zu

sehen. Mein Herz fängt an zu rasen und meine Blase drückt aus heiterem Himmel. Das Auto macht einen leichten Ruck und ich begreife, dass wir über eine Bodenschwelle fahren. Ich atme kurz erleichtert auf, aber er bremst ein paar Minuten später wieder ab. Ich halte meinen Atem an und merke kurz darauf, dass wir durch ein Schlagloch fahren. Wir sind schon einige Zeit unterwegs und bis jetzt haben wir kein Wort miteinander gewechselt. Aus heiterem Himmel fragt er mich plötzlich: „Bist du denn alleine hier in einer Unterkunft untergebracht?"
Ich verneine dies und behaupte: „Mein Freund wartet auf mich."
Daraufhin kommt die nächste Frage: „Wo wohnst du denn genau?"
Ich gebe ihm die Nachbarsunterkunft als genaues Ziel an. Meine Unsicherheit steigt und ich habe das Gefühl, mich jede Sekunde übergeben zu müssen. Ich denke verbissen über die nächste Vorkehrungsmaßnahme nach. Schließlich kurble ich das Fenster ein Stück herunter und öffne ganz langsam und unauffällig den Sicherheitsgurt. Ich halte mein Handy in der rechten Hand und der Daumen befindet sich auf der Anruftaste, um jederzeit Steven erreichen zu können. Ich fühle mich besser und beruhige mich etwas. Ich lege zusätzlich die linke freie Hand auf die Türschnalle und versuche tief durchzuatmen, was mir aber nur schwer gelingt. Ich habe wenig Orientierung, wo wir uns genau befinden und wie lange es noch bis zu meiner Unterkunft dauert. Das Auto verringert wieder das Tempo, meint Herz schlägt schneller und mein Atem wird unregelmäßiger. Aber auch das war ein Fehlalarm, da es sich wieder um eine Bodenschwelle handelt. Ich atme wieder tief durch. Der Taxifahrer wird nochmal langsamer und auf der linken Seite erkenne ich auch schon meine Unterkunft sowie Steven, der überraschenderweise auf mich gewartet hat. Die Fahrt habe ich gut überstanden und die Aufregung war umsonst, aber wer weiß wozu die Vorkehrungen gut gewesen waren.
Abseits dieser durchaus turbulenten und lehrreichen Erfahrung verlief die restliche Zeit hier auf der Insel sehr entspannt. Schlussendlich dauerten mein Urlaub und meine Auszeit auf Ko Phangan 21 Tage, die wie im Flug vergingen.

Ankunft auf Ko Samui

Ein Freund von zwei sehr netten Kanadierinnen, die ich auf Ko Phangan kennengelernt habe, lud uns drei ein, für eine Nacht nach Ko Samui zu kommen, um zusammen Abend zu essen. An einem frühen Morgen packen wir deshalb all unsere Sachen zusammen und nehmen die Fähre von Ko Phangan zur halbstündig entfernten Nachbarinsel Ko Samui.

Der Sand auf Ko Samui ist traumhaft weiß und weich und das Wasser spiegelt alle Blaufarben wieder. Die Straßen sind gut asphaltiert und alles scheint viel weiter entwickelt und fortschrittlicher zu sein als auf Ko Phangan. Es gibt richtige Taxis – nicht wie auf Ko Phangan Pick-Ups mit offenen Sitzkabinen hinten. Darüber hinaus wurden auf Ko Samui viel größere und teurere Resorts gebaut. Die Cocktailpreise bewegten sich auf Ko Phangan zwischen 120 und 180 THB (=3€ und 4€). Auf Ko Samui gibt es oft Happy Hours, in denen es Cocktails für nur 90 THB gibt. Auf Ko Phangan lagen die Treibstoffpreise für Mopeds bei 40 oder maximal 50 THB, auf Ko Samui gibt es Angebote, bei denen drei Liter für nur 100 THB zu haben sind. Trotz dieser einigen günstigen Sonderpreise ist Ko Samui allgemein sicher teurer als Ko Phangan.

Nach unserer Ankunft nehmen wir an, dass der Freund der beiden Kanadierinnen uns einen billigen Bungalow am Strand reserviert hat. Mit dieser Erwartung steigen wir ins Taxi, geben dem Fahrer die uns zugeschickte Adresse und landen plötzlich in einem luxuriösen Sternehotel, das auf einem Hügel liegt – mit Pool und Blick über den ganzen Strand und aufs offene Meer. Wir haben alle gemeinsam eine absolut tolle Unterkunft: zwei Schlafzimmer, ein Wohnzimmer, zwei Badezimmer und zwei riesige Balkone mit Whirlpools. Alle Kosten werden von unserem Gastgeber übernommen und ein wahnsinnig gutes Frühstück gibt es auch noch in der Früh. Abends gönnen wir uns ein ausgiebiges Essen und anschließend schauen wir uns eine Ladyboy-Show an. Diese Show wird ausschließlich von Ladyboys abgehalten, also Männern, die sich als Frauen verkleiden und auch zum Teil umoperieren lassen.

Sie schlüpfen in tolle, extravagante Kostüme und verkleiden sich teilweise als Stars wie beispielsweise Cher, Tina Turner oder Marilyn Monroe. Es wird gesungen, getanzt und das Publikum miteinbezogen.

Wir lassen den Abend mit einer Party ausklingen. Mich spricht ein sehr gut aussehender, 31-jähriger Pakistaner namens Arif an, der in England lebt. Bei unserem Gespräch erwähne ich unter anderem, dass ich ab übermorgen eine neue Unterkunft suche. Daraufhin bietet er mir an, seinen Job als Haussitter zu übernehmen. Das sieht wie folgt aus: Ein Freund von ihm, der ein Thai-Box-Studio besitzt, muss für drei Tage nach Malaysia reisen, um sein Visum neu ausstellen zu lassen. In dieser Zeit wird Arif in dem Zimmer, das sich im Studio befindet, schlafen, damit es nicht leer und unbeaufsichtigt ist. Er bietet mir nach einigen Minuten an, dass ich das übernehmen könnte und mir somit die Unterkunftskosten spare. Ich nehme das Angebot an.

Ich bleibe auf Kosten von unserem Gastgeber noch eine Nacht länger in dem Luxuszimmer und verabschiede mich schweren Herzens von den beiden Kanadierinnen. Am nächsten Tag steht für mich ein Qigong- und Schwimmnachmittag auf dem Plan. Unter Qigong versteht man Meditations- oder auch Konzentrationsübungen, die ursprünglich aus China stammen. Ziel dabei ist es, den Körper und Geist in Harmonie miteinander zu bringen. Der Kanadier, eine Bekannte von ihm und ich fahren dafür eine längere Strecke die Insel entlang, bis wir zu einem Freund des Kanadiers gelangen, der der Leiter dieses Qigong- und Meditationsprojekts ist.
Wir wollen gleich mal ins Wasser. Es herrscht gerade Ebbe, weshalb wir sehr lange gehen müssen, bis wir endlich so weit im Wasser sind, dass wir schwimmen können. Nach unserem kurzen Schwimmausflug kommen wir zurück an Land und versammeln uns mit zwei anderen von dem Projekt am Strand. Ich stehe bei Sonnenuntergang am Strand und habe meine erste Qigong-Erfahrung. Es ist ein tolles Gefühl den weichen und noch warmen Sand zu spüren. Hinter mir höre ich das Geräusch der Palmen, die

im Wind hin- und herschwenken. Wenn ich die Augen öffne, sehe ich vor mir das Meer, das langsam wieder ansteigt, und einen Teil der dichtbewachsenen Insel. Der rote Sonnenball verschwindet langsam hinter der Bucht, die vor uns liegt. Wir stehen nebeneinander mit geschlossenen Augen in einer entspannten Körperhaltung, eine Hand liegt auf dem Bauch und eine auf dem Herzen. Die letzten Sonnenstrahlen des Tages wärmen mein Gesicht und ich konzentriere mich auf meine Atmung. Ich bin total entspannt und richte mein Gesicht dem Himmel entgegen. Es ist eine schöne Erfahrung und an diesem Abend gehe ich entspannt ins Bett.

Nach den zwei Nächten im Luxushotel fahre ich direkt zum Thai-Box-Studio. Ich betrete den rot, braunen Untergrund der Freiluft-Studiofläche, die nur mit einem Dach geschützt ist. Auf der linken Seite hängen acht Boxsäcke, die sich leicht hin und her bewegen. Genau in der Mitte steht ein Boxring, der in mir automatisch Bilder von wilden Kämpfen hervorruft. Die restliche Fläche ist frei und es gibt somit genug Platz sich auszutoben. Am Rand des Areals steht ein kleiner viereckiger Betonklotz, der über eine klapprige Schiebetür zu betreten ist. Darin befinden sich ein Bett und ein Schreibtisch. Der Waschraum und die Toilette sind im Betonblock daneben und in wenigen Schritten zu erreichen. Diese Unterkunft ist bis jetzt die speziellste Unterkunft auf meiner Reise. Am ersten Morgen wache ich auf, gehe aus dem Zimmer und stehe sogleich mitten im Thai-Box-Studio, wo mich drei Männer anschauen, die völlig verschwitzt trainieren, während ich in meinem Schlafgewand gemächlich zur Dusche spaziere.

Die nächsten Tage verbringe ich gemeinsam mit Arif und genieße das Gefühl, ein bisschen umsorgt zu werden. Mit „umsorgt werden“ meine ich, dass er mich mit dem Motorrad mitnimmt oder entscheidet, wo wir essen gehen. Sich um nichts zu kümmern, nichts entscheiden zu müssen und einfach nur mitzumachen – das tut manchmal richtig gut. Ich habe zum ersten Mal das Bedürfnis, jemanden zum Anlehnen zu brauchen. Mir fiel bis jetzt nicht auf, dass ich das Gefühl nach Geborgenheit vermisse. Ich vermisse, dass sich jemand um mich kümmert und ich mich bei jemandem sicher fühlen kann.

Arif und ich verbringen einen Tag mit Tim, einem Deutschen, der meinen Blog, seit ich angefangen habe zu schreiben, mitliest und seine Reise vor zwei Wochen startete. Er ist in Ko Samui, damit er mich treffen kann – was mich sehr ehrt. Es ist wirklich interessant, sich mit ihm zu unterhalten. Noch dazu erinnert es mich daran, dass es mir am Anfang meiner Reise genauso erging wie ihm und ich das schon ganz vergessen habe. Er ist etwas unsicher in allem und erzählt mir von den Dingen, mit denen er noch nicht so zurechtkommt, dass das Reisen gar nicht so einfach ist und er noch nicht wirklich seine Reisementalität entdeckt hat.

Nach den drei Tagen im Thai Box Studio quartiere ich mich am Lamai Beach in einem Hotel ein. Hier bin ich alleine. Ich gehe am Strand entlang und muss feststellen, dass sich nicht nur in meiner Unterkunft, sondern auch am restlichen Strand eher wenig abspielt. Familien und vorwiegend Paare liegen auf diesem Strandabschnitt von Ko Samui – und das ist etwas deprimierend. In Ko Phangan war das zwar ähnlich, aber dort machte es mir nichts aus, da ich zu dieser Zeit Ruhe brauchte. Nun ist mir mehr danach, Party zu machen und Leute kennenzulernen.
Nachdem sich für ein paar Stunden in mir ein bedrückendes Gefühl breit gemacht hat, mache ich mich auf den Weg zum Chaweng Beach. Der Lamai Beach liegt unglücklicherweise ein Stück weiter weg vom Chaweng Beach. Ein Taxi kostet somit 500 THB (=13€) und ein Tuk Tuk – eine dreirädrige Motorrikscha –200 THB (=5€). Das ist mir beides zu viel und liegt nicht in meinem Budget.
Nach dem ersten fehlgeschlagenen Versuch einen Tuk Tuk-Fahrer zu überreden, mich für 100 THB (=2,50€) an mein Ziel zu bringen, gehe ich ein Stückchen zu Fuß. Es ist acht Uhr abends und bereits dunkel. Nachdem ich drei Thai-Männer am Straßenrand frage, ob sie mich mit ihrem Motorrad nach Chaweng bringen könnten, verweisen sie mich in das Zentrum von Lamai, das noch ein gutes Stück entfernt ist. Da ich mir sicher bin, dass es noch eine schnellere und einfachere Möglichkeit geben muss, spaziere ich einfach weiter. Ich sehe einen Touristen, der langsam auf seinem Motorrad

anrollt, und ergreife die Möglichkeit, ihn anzuhalten. So sitze ich Sekunden später auf dem Roller eines pensionierten Italieners, der mich bis ins Zentrum Lamais mitnimmt. Normalerweise halte ich vom Autostoppen in Asien nichts. Die Transportmittel sind hier grundsätzlich so günstig, dass man sich dem Risiko des Hitchhikings nicht aussetzen sollte, aber in meinem Fall hat es sich gerade gut ergeben.
Als ich einige Minuten später einen weiteren Touristen vor meiner Nase ausparken sehe, versuche ich mein Glück nochmals. Und siehe da – zum zweiten Mal klappt es und ich fahre mit einem älteren Italiener kostenlos bis zum Chaweng Strand mit. Somit bekomme ich eine abenteuerliche und kostenfreie Fahrt in die Stadt. Ich gehe mit der Einstellung in eine Bar, entweder neue Leute kennenzulernen und mich ihnen für den heutigen Abend anzuschließen oder nach einem Getränk wieder nach Hause zu fahren. Ich setze mich auf ein Liegebett und bestelle einen Caipirinha. Zwei Minuten später fragt mich ein Typ am Nachbartisch, ob ich mich zu ihnen gesellen möchte. So sitze ich nun bei zwei Israelis und der Abend wird sehr lustig. Oft – nein, eigentlich immer – funktioniert es sehr schnell, dass man als alleinreisende Person angesprochen wird. Ich wundere mich manchmal selbst darüber, wie einfach das ist.

Nach dem Abend mit den zwei Israelis ergibt sich daraus eine offene, relaxte und lustige Dreier-Freundschaft auf Zeit. Wir teilen alles miteinander und die zwei nehmen mich wie einen Kumpel auf, den sie schon ewig kennen. Ab diesem Zeitpunkt wohne ich gemeinsam mit ihnen in ihrer Unterkunft. An einem Abend, als wir fortgehen, bleiben ich und einer der beiden übrig, da sich der dritte mit einer israelischen Schönheit verabschiedet. Nach einigen verrückten Tanzmoves kommen wir spät nach Hause. Danach geht es ab in den Hotelpool, bis uns einer der Security-Männer entdeckt. Er fängt an, wild herum zu schimpfen und irgendwas in schlecht verständlichem Englisch von einer Dusche zu reden. Als wir verstehen, dass er meint, wir sollen uns abduschen – warum auch immer – steigen wir aus dem Pool. Er leuchtet uns direkt an und es geht ab unter die Dusche gleich neben dem Pool. Jetzt verstehen

wir auch wieso. Der liebe Security wollte uns nur vor dem Schaden bewahren, dass der Pool über Nacht mit starken Chemikalien gereinigt wird. Deswegen gibt es das Badeverbot in der Nacht und die angeordnete Dusche danach. So geht ein weiterer lustiger Abend zu Ende.
Ich höre an diesen Tagen so viele Frauengeschichten und Sexerlebnisse der beiden, dass ich damit ein eigenes Buch füllen könnte. Für mich ist es spannend, eine Männer-Perspektive zu hören und ich versuche ihren Gedanken aufmerksam zu lauschen und etwas über die Männerpsyche zu lernen.

Nach fünf Monaten habe ich langsam genug davon, neue Leute kennenzulernen und jedes Mal wie bei einem Tonband die gleichen Infos abzuspielen: woher ich komme, was ich mache, wieso ich alleine reise, wie lange ich unterwegs bin, in welchen Ländern ich schon war, wo es als nächstes hingeht, ob mir schon Schlechtes auf meiner Reise passiert ist oder was das schönste Land und Erlebnis war. Genug damit! Ich möchte nicht mehr jedes Mal alles von vorne erzählen müssen. Ich denke, dabei handelt es sich um eine absolut normale Reaktion nach fünf Monaten Weltreise. Deswegen bin ich auch froh, eine Zeit lang mit denselben zwei Menschen verbringen zu können. Ich bin nicht müde vom Kennenlernen neuer Leute, sondern bloß davon, immer das Gleiche erzählen zu müssen. Ratter, ratter, ratter – wie ein Tonband!

Eine kindliche Selbstlosigkeit

Am Strand und abends auf der Straße laufen in Ko Samui Kinder herum, die selbst gemachte Blumenketten verkaufen oder um Geld „Vier gewinnt" spielen wollen. Ich gehe mit den beiden Israelis die Straße entlang, als uns ein kleiner thailändischer Junge eine Blumenkette verkaufen will.
Ido, einer der beiden Israelis, sagt zu ihm: „Komm, ich kauf dir ein Eis."
Die Augen des Kleinen leuchten in diesem Moment auf.
Er strahlt und sagt: „Seven Eleven".

Das ist der Name des bekanntesten Supermarktes in Asien. Auf dem Weg dorthin gibt der kleine Junge zwei seiner Freunde zu verstehen, dass sie mitkommen sollen. Wir betreten den Supermarkt und zwei Sekunden später steht der Kleine mit einer riesengroßen Packung Reis vor uns. Ido ist etwas verärgert, weil er dem Kind etwas Gutes tun möchte und etwas kaufen will, was er sonst nicht bekommt. Der Kleine sieht uns jedoch traurig an: „For my family, for my family", bettelt er mit flehendem Unterton in der Stimme. Die zwei anderen Kinder bekommen auf ein strenges Wort von Ido jeweils ein Eis. Er zahlt alles.
„Take care", schreit uns der Kleine noch nach und läuft sichtlich glücklich mit dem riesigen Reissack in den Armen davon. Ich bin beeindruckt, wie selbstlos so ein Kind sein kann, wenn es um das Wohl der Familie geht. Mich berührt das so sehr, dass ich danach zehn Minuten für mich brauche. Ich gehe am Strand entlang, während die anderen Party machen, und lasse zum ersten Mal, seit ich unterwegs bin, meinen Tränen freien Lauf. Ich weine und muss dabei an diese selbstlose Tat des kleinen Jungen denken und was so ein Sack Reis für ihn und seine Familie bedeutet. Man kann mit einer kleinen Tat so viel Gutes vollbringen. Ich stelle mir natürlich auch die Frage, ob es besser ist, der Familie mit dem Reis etwas Gutes zu tun oder dem Kind ein Eis zu schenken. Um ehrlich zu sein: ich weiß es nicht. Die Bedeutung eines Sackes voll Reis und die Freude der Eltern, wenn sie ihr Kind mit dem Reis sehen – damit stoße ich an die Grenzen meiner Vorstellungskraft. Der Sack Reis bedeutet wahrscheinlich zwei oder drei Wochen keine Sorgen um das Essen haben zu müssen und eventuell ein wenig Geld sparen zu können.

Kein ganz normaler Tag

Ich miete, wie so oft, einen Motorroller und fahre zum Chaweng Beach, um dort mit vielen anderen sonnenwütigen Touristen den Tag zu genießen. Um 17 Uhr mache ich mich auf den Heimweg, da ich abends in die Stadt fahren möchte. Ich sehe schon dunkle Wolken am Himmel und hoffe, dass sie vorbeiziehen werden. Nach

etwa acht Minuten Fahrt geht es jedoch los: Von einer Sekunde auf die nächste fängt es an, in Strömen zu regnen. Ich fahre schnell links ran, um einen Unterschlupf zu suchen. Der starke Regen versetzt alles in Stillstand. Jedes Auto, jedes Motorrad und jeder Spaziergänger hat angehalten, um den Regenschauer abzuwarten. Der Betonvorsprung eines Hauses schützt zwar meinen Kopf, aber der abprallende Regen spritzt vom Asphalt direkt auf meine sowieso schon nassen nackten Beine. Ich warte geduldig im Regen, aber langsam wird mir kalt. Ich überlege hin und her, ob ich trotz des Regens weiterfahren soll. Nach zehn Minuten mache ich mich wieder auf den Weg. Es regnet zwar noch immer, aber es hat zumindest ein bisschen nachgelassen. Ich trage einen Helm, habe meinen blauen Bikini an und darüber mein dünnes, knielanges, weiß-grün-gestreiftes Lieblingsstrandkleid. Ich habe meine Stofftasche mit und lege das bereits nasse Strandtuch darüber, um sie ein bisschen vor dem Regen zu schützen. Das Wertvollste, das ich mithabe und was auf keinen Fall nass werden darf, ist mein Schreibblock mit meinen Reiseaufzeichnungen. Um mein Handy und den iPod mache ich mir nicht so viele Gedanken.
Nach fünf Minuten Fahrt muss ich wieder stoppen, da der Regen stärker wird und ich kaum noch etwas sehen kann sowie Angst vor Aquaplaning habe. Ich halte an einer Tankstelle und stelle mich bei einem Seven Eleven Supermarkt unter. Die Zeit nutze ich und kaufe mir etwas zu essen, während ich darauf warte, dass der Regen schwächer wird. Lange muss ich auch diesmal nicht in meinem Unterschlupf verharren. Schon bald wird das Trommeln der Tropfen auf dem Dach leiser und ich kann meine Fahrt fortsetzen. Nach nur wenigen Metern fängt der Lenker plötzlich an, sich unkontrolliert hin und her zu bewegen. Beinahe stürze ich vom Roller, doch ich kann das Gefährt wieder unter Kontrolle bringen und abbremsen. Es regnet, donnert und blitzt wie wild über meinem Kopf. Der tiefschwarze Himmel wird durch kurz hintereinander folgende grelle Lichtbögen erhellt, gefolgt von einem lautstarken und wiederhallenden Donnergrollen. Jedes Mal, wenn es über meinem Kopf lauthals kracht, zucke ich zusammen. Ich bin durchnässt, mir ist kalt und ich fühle mich total verloren. Ich möchte einfach schnell zurück in meine Unterkunft.

Ich fahre nochmal langsam an und vernehme ein Knacken beim Vorderreifen. Ich spüre einen harten Widerstand und beuge mich über den Roller, um festzustellen, was das Problem ist. Vielleicht hat sich ein Steinchen verfangen und wenn ich es löse, kann ich weiterfahren. Das Schicksal meint es jedoch nicht so gnädig mit mir und ich seufze, als ich den Vorderreifen eingehender begutachte: Er ist vollkommen platt. Ich verspüre eine Erschöpfung und kurz darauf steckt mir ein Kloß im Hals. Mir ist zum Heulen zu Mute und ich wünsche mir in diesem Moment nichts sehnlicher als jemanden neben mir zu haben, der die Sache in die Hand nimmt und mir hilft. Im ersten Moment sehe ich weit und breit nichts außer einer kurvenreichen Straße und hoch wachsende Bäume rund um mich. Durch die hell aufleuchtenden Blitze erkenne ich ein Stückchen weiter im Wald ein Restaurant. Ich schiebe meinen Roller mit letzter Kraft in diese Richtung und stelle ihn ab. Völlig am Ende betrete ich die Gaststätte. Kein einziger Kunde ist zu sehen und die Mitarbeiter schauen relativ unbeeindruckt in meine Richtung, als ich die Türe aufmache. Ich wende mich an einen älteren Mitarbeiter, der eventuell der Besitzer sein könnte: „Dürfte ich kurz telefonieren?"
Der Mann mustert mich kritisch, ohne Anstalten zu machen, auf meine Bitte einzugehen. Ich füge hinzu: „Ich müsste in meinem Hotel anrufen? Ich habe dort ein Motorbike gemietet und jetzt einen Platten und bräuchte dringend Hilfe."
Die Unfreundlichkeit des Mannes zeigt sich nun deutlich auf seinem Gesicht.
„In dem Fall kostet Sie ein Anruf 100 Baht." Ich stöhne auf.
„Ich habe nur mehr wenig Geld dabei. Bitte! Es handelt sich um einen Notfall."
Ich zeige nach draußen. „Sie sehen doch, wie es gewittert."
Der Mann mustert mich noch eine Sekunde, doch offenbar sehe ich hilfsbedürftig genug aus. Oder er bemerkt, dass er bei mir nichts verdienen kann. „Das Telefon ist dort vorne."
Ein anderer Mitarbeiter stellt sich neben mich und hilft mir, die Nummer meiner Unterkunft rauszusuchen. Am Telefon erkläre ich dem Hotelmitarbeiter aufgelöst meine Lage. Er entgegnet mir daraufhin: „Wir holen dich in 20 Minuten ab."

Nachdem ich aufgelegt habe, atme ich tief durch und ein Anflug von Entspannung macht sich in meinem Körper breit. Kurz darauf klingelt das Telefon – es ist ein Rückruf vom Hotel. Der Manager des Hotels ist am Apparat und meint zu mir: „Es wird eine Stunde dauern bis jemand vom Hotel bei dir sein kann. Du bist ja doch etwas weiter weg."
Ich antworte ihm: „Ich weiß von meinem Hinweg, dass es nur mehr zehn Minuten mit dem Roller sind. Geht das denn nicht schneller? Ich bin komplett durchnässt und friere."
Als Antwort bekomme ich: „Fahre einfach langsam zur nächsten Motorrad-Werkstatt." Innerhalb weniger Sekunden sind meine Anspannung und mein Ärger wieder zurückgekehrt. Mir ist zum Weinen zumute und ich würde mich am liebsten auf den Boden schmeißen und wie eine Fünfjährige wild um mich schlagen. Ich soll doch nicht im Ernst im Regen und noch dazu mit einem Platten zur nächsten Motorrad-Werkstatt fahren? Ich fühle mich so sehr im Stich gelassen und schlecht behandelt, dass ich diesmal einen noch größeren Knoten im Hals bekomme. Der Manager scheint sein Angebot mich abzuholen schon längst vergessen zu haben und legt auf. Da mir anscheinend nichts anderes übrig bleibt, verlasse ich das Restaurant, steige komplett durchnässt auf mein Gefährt und starte es. Ich fahre im Schritttempo mit einem Platten im Regen auf spiegelglatter Fahrbahn steil bergauf und wieder bergab. Meine Hände zittern und ich kann die Griffe kaum mehr ruhig halten. Immer wieder rutscht der Hinterreifen weg und das Geräusch des Vorderreifens wird lauter. Über mir herrscht noch immer lautes Donnergrollen und nur durch das Aufleuchten der Blitze sehe ich, wo ich auf der dunklen Straße entlangfahren muss. Das sind wohl die längsten zwei Kilometer meines Lebens, die ich im Schritttempo und panischem Zustand zurücklege, bis ich endlich auf der rechten Seite eine Werkstatt entdecke. Die nun hoffentlich letzte Herausforderung besteht darin, die Fahrbahn zu überqueren, ohne dass von der unübersichtlichen Kurve ein Auto auf mich zugerast kommt. Ich nehme ein letztes Mal all meine Energie zusammen, steige ab und schiebe mein Gefährt so schnell es meine Kräfte zulassen auf die andere Seite der Straße, über den Schotterplatz und bis direkt vor die Werkstatt. Die fünf Männer,

die gemütlich bei einem warmen Getränk beisammen sitzen, grinsen mir vergnügt von meinem Anblick entgegen. Ich versuche das zu ignorieren und frage: „Ich bräuchte den Reifen meines Motorbikes gewechselt. Bin ich hier richtig?“
Einer der Männer sagt: „Ja bist du.“ Und deutet mir in seine Richtung.
Ich komme näher und frage: „Wie viel würde das kosten?“
„150 Baht“, kommt als Antwort. Ich stimme zu und überlasse ihm meinen Roller.
Fünf Minuten später habe ich meinen neuen Reifen. Ich bedanke mich und fahre schnurstracks in mein Hotel zurück. Bei der Rezeption gebe ich es ab ohne auch nur ein Wort zu verlieren, da ich sonst vielleicht etwas gesagt hätte, was ich danach bereut hätte. Ich gehe in mein Zimmer und stelle mich unter die wohlverdiente Dusche. Anschließend lasse ich mich vor Erschöpfung aufs Bett fallen und schlafe kurz darauf ein.

Mein erster Unfall

Gerade bin ich mit Louis – er ist halb Franzose und halb Afrikaner – für einen Abend in einer Anlage eines Fünf-Sterne-Hotels gelandet. Dabei handelt es sich um eine Traumlocation – ein Tipp meinerseits für alle, die in der Gegend sind. Das Four Seasons hat seinen eigenen Strand, der bei Sonnenuntergang und mit einem Mojito in der Hand einen Besuch wert ist. Einfach an die Rezeption gehen, höflich fragen, ob man an der Bar am Strand etwas trinken gehen darf und schon wird man mit dem Golfwagen zwischen den Felsen hinunter zum Strand gebracht. Für thailändische Verhältnisse ist es natürlich teuer, aber für europäische Verhältnisse absolut in Ordnung.
Wir genießen den sternenklaren Nachthimmel auf einer bequemen Liegefläche. Nach einer Weile sind wir beide neugierig und wollen uns den Pool, den wir von unserem Liegeplatz aus erspäht haben, näher anschauen. Wir stehen von der Liege auf und ich gehe gerade mal einen Meter im Sand, als ich mir meinen Fuß an einem Stein stoße. Im ersten Moment mache ich mir keine Sorgen und

denke nicht, dass es weiter schlimm sein könnte. Etwas später sehe ich jedoch im Licht, dass mein großer Zeh vorne an der Kuppe großflächig aufgerissen ist. Der Sand, der in die Verletzung geraten ist, lässt das Ganze nicht besser aussehen. Ich habe das Bedürfnis, mich so schnell wie möglich hinzusetzen. Ich betrachte die Wunde näher und sehe einen Schnitt auf der Vorderseite knapp neben dem großen Zehennagel. Wie tief der Schnitt ist kann ich nicht erkennen, da alles voller Sand und Blut ist. Mir entkommt ein schmerzerfüllter Laut und ich jammere vor Schmerz. Da der Schmerz ziemlich intensiv ist, befürchte ich, dass es ein tiefer Schnitt ist. Der Barkeeper von der Bar am Strand kommt mir zu Hilfe und bringt mir ein Glas Wasser. Ich lasse klares Wasser über die Wunde laufen, um den Sand abzuspülen, aber das scheint nicht zu helfen. Der Sand ist tief in die Wunde eingedrungen. Ich sitze zwar schon, aber mir wird plötzlich ganz schwindelig, eiskalt und ich fange an zu schwitzen. Durch mein Aufstöhnen und Jammern wird es nicht besser. Der Barkeeper ruft oben im Hotel an und bestellt einen Arzt mit hoher Dringlichkeit zu uns. Der Arzt des Four Seasons kommt in kürzester Zeit zu uns und lässt destilliertes Wasser über meine Wunde rinnen, um das Schlimmste auszuspülen. Auch das hilft nicht wirklich und bringt nur noch mehr Schmerzen mit sich. Ein provisorischer Verband soll die offene Wunde von weiterer Verschmutzung freihalten.

Louis trägt mich die Stiegen nach oben, von wo aus uns der Golfwagen zur Rezeption bringt. Ich habe Panik davor, dass die Schmerzen stärker werden. Wir steigen in das teure Privattaxi des Hotels und 15 Minuten später sowie 700 THB (=18€) ärmer kommen wir im Bangkok Samui Hospital an. Ich werde sofort in einen Rollstuhl gesetzt, in einen Raum gebracht und dort auf die Liege gehoben.
Nun fangen die Schmerzen erst richtig an. Eine Spritze muss her, damit ich nichts mehr spüre – direkt in die offene Wunde. Zu allem Überfluss braucht die Krankenschwester drei Anläufe, bis die Spritze richtig drinnen ist. Bei jedem der drei Anläufe sticht sie mir direkt in die Wunde und ich spüre den Widerstand meiner Haut und sie verstärkt den Druck der Nadel. Ich sehe die Flüssig-

keit, die sich in der Spritze befindet, wegspritzen und sie versucht es gleich darauf nochmal. Das sind Schmerzen! Ich stoße einen Schrei aus, der mit Sicherheit jeden im ganzen Gebäude aufhorchen lässt und kralle mich in den Arm von Louis. Nach der örtlichen Betäubung macht sich ein Arzt daran, die klaffende Haut abzuschneiden und die Wunde zu reinigen. Während ich gequält daliege, das unangenehme Gefühl über mich ergehen lasse und mir die Schweißperlen seitlich an den Schläfen herunterrinnen, nervt mich eine andere Krankenhausangestellte mit lästigem Papierkram. Am liebsten hätte ich sie weggeschickt, aber sie blieb sehr beharrlich neben mir stehen. Trotz der Betäubung fühlt sich die Behandlung noch immer sehr unangenehm an. Ich schaue absichtlich weg, um nicht mitzubekommen, was der Arzt genau macht. Louis Hand muss schon schmerzen, so fest wie ich zudrücke. 15 Minuten dauert die Prozedur, bis meine Verletzung endlich einbandagiert wird. Ich setze mich langsam auf und warte bis sich mein Kreislauf beruhigt hat. Ich humple vom Behandlungszimmer in Richtung Ausgang und mache beim Empfangsschalter halt. Dort wird mir eine Rechnung von 5.000 THB (=128€) vorgelegt. Eine beträchtliche Summe, wie ich erschrocken feststelle. Ich zahle die Summe ohne Widerspruch, da ich dank meiner Reiseversicherung alle Arztkosten zurückerstattet bekommen werde. Nach der Prozedur bin ich erschöpft und verspüre das dringende Bedürfnis, mich schlafen zu legen.

Die nächsten drei Tage muss ich zum Arzt gehen, um meine Wunde reinigen zu lassen und den Verband zu wechseln. Nachdem das durchgestanden ist, ist die Wunde wieder einigermaßen verheilt und ich kann wieder meinem gewohnten Reisealltag nachgehen.

Von Ko Samui nach Ko Tao

Nach ungefähr zweieinhalb Wochen auf Ko Samui führt mich meine Reise weiter auf die nächste Insel, nämlich Ko Tao. Dort teile ich mir ein Zimmer mit Louis. Auf dieser Insel gibt es eine große Straße, die asphaltiert ist und vom Nordwesten bis zum südlichs-

ten Teil der Insel verläuft. Die restlichen Straßen sind Wege oder Schotterpfade und mit dem Moped ist hier höchste Vorsicht geboten. Aufgrund der schlechten Straßenbedingungen kann man sich auch Buggis ausleihen, die einem die nötige Sicherheit bieten, um auch kleinere Wege der Insel zu erkunden.
Auf Ko Tao findet man einen guten Mix zwischen Gästehäusern, Bungalows und exklusiven, sehr stilvollen Hotels und Resorts. Alles dreht sich hier ums Tauchen und Schnorcheln: Überall gibt es Tauchzentren und Schnorchelausrüstungen zum Ausleihen oder Kaufen. Viele Resorts bieten Tauchkurse an und wenn man diese bucht, sind die Unterbringungen sogar gratis.
Die Strände sind eher felsig und voller Korallen. Dennoch findet man viele kleinere Buchten, in denen man zur Ruhe kommen kann. In Reiseführern habe ich gelesen, dass die Strände auf Ko Tao nicht so aufregend sein sollen – ich finde aber, dass genau das Gegenteil der Fall ist. Schöne Buchten und die teilweise hohen Steinwände machen das Bild für mich noch idyllischer. Der Sand am Strand in der Shark Bay ist weiß wie Schnee und weich wie Babyhaut. Die namensgebenden Haie sieht man, wenn man Tauchen oder Schnorcheln geht. Diese sind klein und ungefährlich. An den Stränden gibt es keine Verkäufer, die, wie bei den anderen beiden Inseln, ständig auf- und abrennen und einem Schmuck, Bikinis oder Bälle verkaufen wollen.

An einem der ersten Abende auf Ko Tao gehen Louis und ich mit seiner Schwester und zwei weiteren Freunden in einen Club am Strand. Wir stehen zusammen, unterhalten uns und tanzen. Ich drehe mich um, um mir an der Bar ein Getränk zu kaufen. Dort spricht mich ein Mann mittleren Alters an: „Darf ich dir ein Getränk spendieren?".
Ich lehne zuerst ab und entgegne: „Danke nein, ich habe schon bestellt."
„Macht nichts, dann zahle ich dir das Getränk, das du bereits bestellt hast", kontert er.
Leicht widerwillig stimme ich zu. Der Barkeeper ist bereits dabei mein Getränk vorzubereiten. Ich schaue zu wie es gemixt wird und nehme es direkt entgegen. Ich drehe mich kurz darauf wieder weg

und tanze mit Louis Schwester. Louis hat in der Zwischenzeit bereits mit dem Mann an der Bar zu reden begonnen. Normalerweise halte ich meine Getränke in einem Club oder einer Bar ständig in der Hand bis ich ausgetrunken habe. Leider mache ich hier nun den größten Fehler, den ich in dieser Situation hätte machen können: Ich stelle mein Getränk an der Bar ab, um zu tanzen. Immer wieder nehme ich einen kleinen Schluck und tanze weiter. Wir bleiben nicht mehr lange, da Louis einen Amerikaner mit Dreadlocks kennen gelernt hat und mit ihm gemeinsam in seinem Bungalow ein paar Joints rauchen möchte. Da ich nicht alleine auf der Party bleiben möchte, schließe ich mich ihnen an.
Den Weg von der Disco zum Bungalow nehme ich noch klar wahr, aber ab dem Zeitpunkt als wir dort ankommen und ich die Stiegen hinaufgehe, geht es für mich und meine Wahrnehmung plötzlich bergab. Ich lege mich sofort auf das erstbeste Bett, das ich finden kann, und schlafe ein. Immer wieder wache ich zwischendurch auf und schaue verwirrt um mich, um einige Sekunden darauf wieder wegzudösen. Anscheinend bleiben wir vier Stunden hier und es ist ein ständiges Kommen und Gehen von Leuten. Ich fühle mich wie benommen und bekomme kaum etwas rund um mich mit. Vielleicht fühlt sich so ein Black-Out an. Entweder liegt es an den Antibiotika, die ich einige Tage zuvor eingenommen habe oder mir hat jemand etwas in mein Getränk gemischt. Der Mann mittleren Alters, der mich an der Bar auf ein Getränk eingeladen hat, erzählt mir Louis später, war auf Ecstasy.

Die zwei darauf folgenden Tage muss ich im Bett verbringen. Mir war noch nie so übel und unwohl zugleich. An dem Morgen, an dem ich mich wieder fit fühle, miete ich mir ein Moped und fahre zum Sai Daeng Beach. Dieser Strand ist zwar groß und der Sand ist weich, aber für mich nicht einladend genug, um zu bleiben. Ich knipse ein paar Bilder und fahre weiter. Die bereits erwähnten kleinen Wege auf Ko Tao bestehen aus Sand, die mit Steinen und Mulden versehen sind. Zu viel Angst darf man beim Fahren definitiv nicht haben, sonst kommt man nicht weit. Manchmal heißt es: Augen zu und durch. Ich fahre über steile Hänge, passiere gefährliche Straßen und komme immer wieder in brenzlige Situationen –

dennoch fängt es an, mir Spaß zu machen und weckt in mir ein Kribbeln.

Ich schaue mir noch zwei, drei weitere Strände an und verbringe schließlich drei Stunden auf dem Aow Leuk Beach. Ich lege mich an diesem traumhaften Strand in den Schatten unter einen schönen, verwachsenen Baum. Meine Sachen hängen an den abstehenden Ästen und ich beobachte zwei schöne, graziöse Schmetterlinge beim Spielen. Nebenbei höre ich das Meerwasser an den Strand heran rauschen und genieße die absolute Vollkommenheit dieses Moments. Ja, so lässt es sich leben!
Später fahre ich weiter zum Chalok Baan Kao Reservoir. Ich bin hier oben ganz alleine und habe einen tollen Blick auf einen Teil der dschungelbewachsenen Insel, auf eine Bucht mit türkisblauem Wasser und auf das Meer dahinter. Bei ein paar Aussichtspunkten bleibe ich kurz stehen, mache Fotos und lasse den Tag beim Sonnenuntergang am OK View Point ausklingen. Ich genieße es, alleine zu sein. Ich kann solange bleiben, wie ich will, muss mir nicht anhören, dass irgendwas zu stressig oder zu langsam ist, habe mein Tempo, meinen Plan und meine Ungezwungenheit.
In meinen letzten paar Tagen auf Ko Tao habe ich Ben, einen Deutschen, kennengelernt und wir haben kurzerhand uns dazu entschlossen, gemeinsam weiter auf die Insel Ko Samet zu reisen.

Von Ko Tao nach Ko Samet und Ko Chang

Nach meinem Aufenthalt auf der Insel Ko Tao reise ich also mit Ben weiter in die Nähe von Bangkok, auf die Insel Ko Samet. Diese Reise dauert 26 Stunden und startet bei unserem Hostel. Wir werden von einem Pick-up abgeholt und direkt zum Pier gebracht. Von dort aus nehmen wir die Fähre nach Chumphon und den Bus weiter Richtung Bangkok. Um vier Uhr morgens landen wir schließlich auf der Khaosan Road, wo wir weitere vier Stunden ausharren müssen, um weiter nach Ko Samet zu kommen.
Ich weiß nicht, wie die Thailänder das mit der Organisation machen, aber es funktioniert: Es steht zum Beispiel auf dem Ticket,

dass wir in Bangkok vor einem McDonalds warten sollen. Um acht Uhr kommt tatsächlich jemand auf seinem Fahrrad und wir folgen ihm einige Minuten zu Fuß zur Busstation. Unterwegs sammeln wir auf der Straße noch andere Fahrgäste ein. Mit dem Bus fahren wir anschließend nach Ban Phe und von dort mit der Fähre weiter nach Ko Samet. Die Insel wird von den Einheimischen, die in Bangkok und Umgebung leben, als Wochenendausflugsziel genutzt und hat die schönsten und weißesten Strände.
Auf Ko Samet machen wir viele Tagesausflüge mit dem Roller, um zu schönen Aussichtspunkten zu fahren und die Insel zu erkunden. Die Straßen sind wahre Stolperfallen und wir müssen oft absteigen und ein Stückchen gehen, weil die schlechten Wege zu zweit auf dem Moped schwer zu schaffen sind. Es sind trotz allem, oder gerade deswegen, tolle Ausflüge: Wir fahren von einer Bucht in die nächste, legen uns an den Strand oder schauen einfach nur aufs offene Meer. An einem Baum, der mitten am Strand stramm aus dem Sand ragt, hängt eine Schaukel aus Holz, die mit zwei starken Seilen befestigt ist. An einem anderen Strand entdecken wir eine kleine Eidechse, die sich unter Blättern bemerkbar macht und ich gönne mir einen Mittagsschlaf in einer Hängematte, die im Schatten eines Baumes angebracht ist. Die Tagesausflüge verlaufen alle sehr entspannt und stressfrei und ich genieße es Gesellschaft zu haben.
An einem Abend bekommen wir in einer Bar fünf Cocktails gratis, da dort mit Getränkespielen geworben wird. Das Spiel geht so, dass du zuerst einen Cocktail bestellst und dann eine Münze wirfst. Wenn du gewinnst, bekommst du den Cocktail gratis und wenn du verlierst, musst du ihn normal bezahlen. Ben und ich bestellen uns jeder einen Cocktail, werfen eine Münze und gewinnen beide. Auch der nächste Cocktail ist wieder gratis, weil wir so ein Spielglück haben. Dieses Glück hält bei den nächsten drei Getränken noch immer an und somit bekommen wir insgesamt fünf Cocktails gratis. Die Barkeeper haben keine Freude mit uns.

Zu Ko Samet kann allgemein gesagt werden, dass sie eine Länge von 7,5 km und eine Breite von 1 bis 3,5 km hat. Zum Großteil besteht die Insel aus Sand- und Schotterwegen mit vielen Steinen

und Schlaglöchern. Die Strände sind bezaubernd: Der Sand ist weich und extrem weiß. Bis jetzt gibt es hier den schönsten Sand, den ich je gesehen habe. Viel ist noch auf der Insel unbebaut und es gibt erst wenige große, schöne Resorts und nur ein paar Bungalows und Gästehäuser. Diese Insel wird hauptsächlich von einheimischen Thailändern besucht, die hier ihren Urlaub verbringen, und außerdem von einigen Russen, Franzosen, Chinesen sowie Südkoreanern. Ich sehe hier oft europäische Männer mit Thai-Frauen als Freundin oder Frau – nicht nur für eine Nacht.
Manche Dinge sind teurer und andere wiederrum billiger als auf den Inseln zuvor. Die 24-Stunden-Miete für ein Moped ist beispielsweise um einiges teurer. Dies ergibt sich vermutlich daraus, dass die Straßen sehr schlecht sind und somit die Zweiräder viel mehr beansprucht werden.

Ich verbringe insgesamt fünf Tage auf Ko Samet, bis ich schließlich alleine auf die Insel Ko Chang weiterziehe. In einer sechsstündigen Reise und mit vielem Wechsel der Transportmöglichkeiten gelange ich für 530 THB (=12€) von Ko Samet auf die Insel Ko Chang am Lonely Beach. Das „Chang" in Ko Chang bedeutet „Elefant" und somit trägt die Insel auch den gleichen Namen wie das Bier hier in Thailand. Ko Chang darf sich die größte Insel Thailands nennen – neben Phuket.
Ich hatte großes Glück, gleich bei meiner Ankunft auf Ko Chang auf zwei ganz nette und liebe Kambodschaner zu treffen, die hier arbeiten. Ich ergattere dank ihnen einen süßen, schönen Bungalow für 300 THB (=8€) mit toller Aussicht aufs Meer. Der Strandabschnitt ist einfach perfekt. Die Atmosphäre ist stimmig und ich begegne endlich wiedermal freundlichen Einheimischen. Hier vermischen sich die Touristen sehr stark mit den Einheimischen, von denen die meisten aus Kambodscha stammen. Bei meiner Inselerkundungstour stelle ich fest, dass Ko Chang vor schöner Natur, Wäldern und Bergen nur so strotzt. Diese Insel zählt eindeutig zu meinen Favoriten hier in Thailand!

Begegnungen, die in Erinnerung bleiben

An einem Abend sitze ich auf dem Balkon meines Bungalows. Eine freundliche Amerikanerin mittleren Alters geht vorbei, grüßt nett, und nachdem ich freundlich lächelnd zurückgrüße, bleibt sie stehen. Wir unterhalten uns gerade einmal für zwei Minuten als sie mich schon fragt: „Hast du Lust, heute mit mir Abendessen zu gehen?“ Evelyn ist ihr Name und ich schätze sie auf 35 Jahre, nachfragen tue ich nicht. Evelyn lebt seit zwei Jahren in Bangkok und arbeitet an einem Freiwilligenprojekt.
Beim Abendessen unterhalten wir uns lange über verschiedene Themen, bis sie mir erzählt, dass sie Missionarin ist. Mit dem Thema der Missionare habe ich mich bereits während meines Papua-Aufenthaltes auseinandergesetzt. Jetzt ist meine Neugierde geweckt und ich möchte mehr darüber wissen – insbesondere wie sie zu einer Missionarin wurde. Evelyn erzählt mir ausführlich ihre persönliche Lebensgeschichte und hat dabei glasige Augen. Während ihren Erzählungen sehe ich ihr schmerzerfülltes Gesicht und Tränen laufen ihr über die Wangen. Sie erzählt eine Geschichte, die sie nicht vielen Menschen in ihrem Leben anvertraut hat, und ich merke, dass es für sie nicht einfach ist, darüber zu sprechen. Ich sitze ihr gegenüber und versuche eine gute Zuhörerin zu sein. Eine schwere Krankheit und die plötzliche und unerklärliche Heilung ohne ärztliche Hilfe machte sie auf Gott aufmerksam. Sie begegnete einer Frau, die ihr erklärte, was der Glaube an Gott bedeutet und schließlich geschahen – nach einem Gebet – auf ihrem Lebensweg kleine Wunder. Diese Dinge brachten sie dazu, Christin zu werden und den Glauben an Gott und die enge Beziehung zu ihm an andere weiterzugeben. Evelyn ist eine interessante Person, über die ich gerne mehr erfahren möchte. Wir verbringen den restlichen Abend zusammen und tauschen Geschichten und Erlebnisse aus. Außerdem lernen wir dabei eine weitere Amerikanerin namens Sofia kennen.

Seit ich Sofia kennengelernt habe, verbringen wir jede freie Minute miteinander. Wir sind definitiv auf derselben Wellenlänge und gehen dreimal täglich gemeinsam essen, gönnen uns Cocktails und tanzen bis in die frühen Morgenstunden. An einem Abend beschließen wir etwas trinken zugehen und nehmen uns vor, spätestens um 22 Uhr im Bett zu liegen. Die Party findet am Strand statt und irgendwann setzen sich zwei Thailänder zu uns und wir plaudern miteinander. Ich frage nach ein paar Minuten einen der beiden: „Was arbeitest du?“. Als Antwort bekomme ich: „Drogenverkäufer.“ Im ersten Moment denke ich, ihn falsch verstanden zu haben, da Thailänder für ihr lustiges und teilweise schwer verständliches Englisch bekannt sind. Somit frage ich nochmals: „Was ist dein Beruf?“. Der Thai schaut mich leicht irritiert an und wiederholt seine Antwort von vorhin: „Ich verkaufe Drogen.“ Ich bin anscheinend der modernen Welt etwas hinterher und weiß nicht, dass es sich dabei nun um einen offiziellen Beruf handelt, denke ich mir. Man lernt wohl nie aus. Noch etwas geschockt von der Direktheit des Thais, nehme ich mein Getränk und stelle mich auf die andere Seite der Bar. Der restliche Abend verläuft ohne weitere schräge Vorkommnisse. Sofia und ich genießen den Abend, lernen viele neue Leute kennen und amüsieren uns prächtig. Wir kommen erst am nächsten Tag um zehn Uhr morgens nach Hause. An diesem Tag liege ich bis 15 Uhr im Bett, was ich zu Hause in Österreich noch nie gemacht habe. Ich fühle mich dabei aber nicht schlecht. Draußen ist es bewölkt und mit dem Moped mag ich nicht fahren, weil noch alles nass ist und an den Strand möchte ich auch nicht. Es ist das erste Mal auf meiner Reise, dass ich das Nichts-Tun so intensiv betreibe.

Eines Abends gehen wir in die Rock-Bar am Strand. Einer der Barkeeper meint zu uns: „Wenn ihr beide die Tanzfläche eröffnet und Stimmung macht, dann spendiere ich euch die ganze Nacht kostenfreie Getränke.“ Sofia und ich bekommen große Augen, schauen den Barkeeper verdutzt an und ich kontere: „Ha, da hast du dir genau die Richtigen ausgesucht.“ Wir gehen gleich, ohne etwas zu trinken, auf die leere Tanzfläche und los geht es. Wir tanzen zu einigen Lieder, schütteln unsere Haare wild hin und her und singen lauthals mit. Wir deuten den Leuten, die sich am Rand der Tanzfläche aufhalten und immer wieder zu uns herüberschauen, dass sie zu uns kommen sollen. Schließlich schnappe ich mir zwei Frauen, die in einer Ecke stehen, und ziehe sie auf die Tanzfläche. Nach einigen Sekunden wackeln die beiden Freundinnen im Takt zur Musik und haben sichtlich Spaß dabei. Es kommen immer mehr Partywütige auf die Tanzfläche und schön langsam füllt sich der Laden und die Stimmung steigt rapide an. Nach einer guten halben Stunde sind wir so richtig durstig und gehen an die Bar um das Versprechen des Barkeepers einzufordern. Der Barkeeper hält Wort und er spendiert uns wirklich den ganzen Abend über gratis Getränke.

Abschließend kann ich zu Ko Chang sagen, dass die Menschen freundlicher sind als auf den anderen thailändischen Inseln. Der Grund dafür ist wahrscheinlich, dass einige – wie bereits erwähnt – aus Kambodscha hier arbeiten und sie gegenüber Touristen offener sind. Am Lonely Beach sind viele alleinreisende Frauen meines Alters unterwegs und ich habe nur wenige Paare getroffen. All das zusammen macht die Atmosphäre hier richtig angenehm. In Ko Chang sehe ich umgekehrt zu Ko Samet, wo ich viele weiße Männer mit thailändischen Frauen sah, einige weiße junge Frauen meines Alters mit Thailändern oder Kambodschanern als festen Freund.

Ich habe nun die letzten Tage meines Thailand-Aufenthaltes auf Ko Chang verbracht und bin sehr froh darüber, diese Zeit mit solch tollen Erlebnissen verbinden zu können.

Allgemeines über Thailand

Ich verbrachte insgesamt zwei Monate in Thailand und das vorwiegend im Golf von Thailand.
Viele Thais, die auf einer der drei Inseln Ko Samui, Ko Phangan und Ko Tao im Golf von Thailand leben, stammen aus Burma oder Nepal. Man erkennt sie leicht, da sie eine dunklere Haut und andere Gesichtszüge haben. Die Frauen, die in Thailand leben aber ursprünglich aus Burma kommen, haben häufig eine gelbe Paste im Gesicht, hauptsächlich auf den Wangen. Diese soll gut für ihre

Haut sein.
Die Burmesen kommen hierher um zu arbeiten, weil es aufgrund des Tourismus genügend Arbeitsplätze gibt. Sie sehen ihre Familien oft nur alle paar Monate und schicken regelmäßig Geld nach Hause.
Von den drei Inseln Ko Phangan, Ko Samui und Ko Tao ist Ko Samui die fortschrittlichste und touristischste Insel, Ko Tao hingegen die kleinste, paradiesischste und naturbelassenste Insel und das Tauch- und Schnorchel-Paradies schlechthin. Ko Phangan befindet sich bei meinem Ranking irgendwo in der Mitte und ist auf jeden Fall sehr schön. Dort hat es bis vor 20 oder 25 Jahren übrigens noch keinen Strom und keine Straßen gegeben. Es kommt immer auf den jeweiligen Monat an, aber in Ko Samui sind oft viele Israelis und auch einige Österreicher zu Besuch. Ko Tao ist hingegen voll von Franzosen und Italienern.

Thailand hat eine Stäbchenkultur. Viele Snacks bei den Straßenständen sind auf Stäbchen aufgespießt: Hühnerspieße, Fleischbällchenspieße, Würstchen in unterschiedlichsten Variationen, Shrimps, Tintenfisch und so weiter. Ein Fruchtshake kostet ungefähr 40 THB (=1€). In Thailand ist das Essen allgemein scharf, aber sonst nicht sehr raffiniert gewürzt. Um hier einen Mythos aufzuklären: Ja, man kann in Thailand Salat und Eis essen, ohne Durchfall zu bekommen. Ich habe einen eher sensiblen Magen, esse aber Salate und habe immer Eiswürfel in meinen Getränken. Es gibt hier überall Firmen, von denen die Leute Eiswürfel kaufen, die in riesengroßen Plastiksäcken verpackt geliefert werden.
Manchmal wird man in einem Restaurant dazu aufgefordert, seine Bestellung selbst auf einen Block zu schreiben. In Thailand wird alles auf getrennte Rechnungen geschrieben, also Getränke und Speisen jeweils separat. Hier ist es auch ein wenig einfacher mit dem Wechselgeld als in Indonesien. Was die Preise angeht, so muss man für einen Cocktail mit um die 120 bis 200 THB (3€ bis 5€) rechnen und 14 bis 20 THB (0,40€ bis 0,50€) zahlt man für ein kleines Wasser. Alle Verkäufer an den Ständen und in den Geschäften in Thailand haben einen Taschenrechner – jedoch nicht um Preise auszurechnen, sondern zur Kommunikation mit dem Kunden.

Wenn man sich nach den Kosten erkundigt, werden diese in den Taschenrechner getippt. Man selbst tippt dann das Gegenangebot ein und es geht solange hin und her, bis man sich mit dem Verkäufer einig wird. Das Handeln allgemein ist aber ein bisschen schwieriger als in Indonesien, denn oft sind die Preise hier fix. In Thailand steht Geld übrigens über allem. Wenn man ins Gefängnis kommt, kann man sich immer mit einer hohen Geldsumme freikaufen, habe ich mir sagen lassen.

Eine Massage mit Öl – auch „schwedische Massage" genannt – kostet im Durchschnitt 250 THB (=6€) und für eine Maniküre zahlt man 150 THB (=4€). Hygiene wird hier allgemein aber nicht großgeschrieben, denn zum Beispiel wird bei Massagen nicht so oft der Bezug gewechselt. Die Thailänder verwenden ohne besonderen Grund sehr gerne Nasenstifte – so wie ein Vick-Stift, um die Nase freizumachen. Obwohl Toiletten normale Klospülungen besitzen, ist meistens ein Schild zu sehen, das darauf hinweist, dass man das Toilettenpapier nicht in die Klomuschel werfen soll, sondern in den dafür vorgesehenen Mistkübel.
Das Wäschewaschen in Indonesien wurde pro Wäschestück gerechnet, in Thailand hingegen passiert das pro Kilo. Nach einiger Zeit des Reisens – etwa drei bis vier Monate nach meinem Abflug – roch mein Gewand komisch. Auch in der Wäscherei wurde es nicht so gründlich gereinigt, sodass der Geruch nach ein oder zwei Tagen wieder zurückkehrte. Deshalb blieb mir nichts anderes übrig als mir neue Sachen zu besorgen.
Es ist hier auch üblich, immer die Schuhe auszuziehen, bevor man einen Raum betritt – egal, ob es ein Geschäft oder ein Restaurant ist. Nach einiger Zeit wurde das so sehr zur Gewohnheit, dass mir gar nicht mehr bewusst war, dass ich die Schuhe ausziehe. Oft vergaß ich meine Flip-Flops überhaupt anzuziehen und ging abends barfuß aus dem Haus oder machte eine Rollertour ohne Schuhe.

Die Thailänder sind für mich Menschen mit einer absoluten Körperbeherrschung. Es gibt überall die berühmten Feuershows, bei denen männlichen Thais mit Feuerbällen und -stäben akrobatische

Übungen vorführen. Sehr viele Männer sind dünn und sportlich. Einen Teil der Kultur machen die vielen Tätowierungen aus, die sich meist am Oberkörper befinden.
Was mir auf den thailändischen Inseln noch aufgefallen ist, ist die Tatsache, dass ich die Thailänder mit ihrem Englisch schlechter verstanden habe als die Indonesier.
Eine sehr schöne Idee finde ich die Lucky Balloons, die ich auf Ko Phangan und Ko Samui gesehen habe. Ein Lucky Balloon ist eine Art Laterne aus Papier mit einem Feuer darin. Man wünscht sich etwas oder kann auch etwas außen auf die Laterne schreiben und lässt diese daraufhin in den Himmel aufsteigen. Bei uns in Österreich ist das verboten, weil dadurch schon öfters Brände entstanden sind. Ich selbst habe keine Laterne steigen lassen und nur anderen dabei zugesehen.
„Same same but different" ist wohl der berühmteste Satz, den die Thailänder verwenden. Es gibt auch überall T-Shirts mit dem Spruch darauf zu kaufen. Es fällt mir nach einer gewissen Zeit in einem Land immer schwerer, diese Eigenheiten schriftlich festzuhalten, weil es bald zur Normalität für mich wird.

Obwohl jetzt diejenigen, die schon in Thailand waren, vermutlich Widerspruch einlegen werden, muss ich dennoch etwas loswerden: Mir ging die Unfreundlichkeit der Thailänder sehr auf die Nerven und alles dreht sich nur um Geld. Sobald das Wort Reklamationen fällt oder sonst etwas, das mit Geld zu tun hat, werden die Thailänder sehr unfreundlich. Sobald man Geld da lässt, ist alles gut, aber wenn nicht, hört die Freundlichkeit schlagartig auf. In jeder Situation wird man ausgenommen wie eine Weihnachtsgans – it's all about the money. Ein kleiner Tipp am Rande: Eine Sonnenbrille zu tragen hilft bei Vielem. Wenn zum Beispiel am Strand Verkäufer mit Schmuck vorbeigehen, sehen sie nicht, ob du sie anschaust oder nicht. Wenn du sie abweist, kannst du trotzdem noch schauen, was sie so anbieten, ohne dass sie stehen bleiben und dich weiter nerven.
Wenn man Infos zu einem Weg oder zu einem Lokal haben möchte, aber kein Taxi benötigt, ist es keine gute Idee, einen Taxifahrer zu fragen. Sie können sehr unfreundlich werden, wenn man sich

nach etwas erkundigt, ihre Dienste aber nicht in Anspruch nimmt. In dem Fall sollte man am besten zu einem Essensstand oder in ein Kleidungsgeschäft gehen, da kann man sich eine freundliche Auskunft erhoffen.
Ich weiß, dass die Unfreundlichkeit größtenteils daran liegt, dass ich mich nur auf den touristischen Inseln herumtrieb. Ich habe oft von Leuten gehört, wie überaus freundlich und nett die Thailänder sind, aber dem kann ich nur widersprechen. Ich hätte beispielsweise einen Taxifahrer nie nach dem Weg zum nächstgelegenen Bus fragen können, denn er hätte mir nicht geantwortet, weil er sich dadurch eventuell ein Geschäft entgehen lassen hätte können, wenn ich den Bus genommen hätte. Wenn man jemanden privat kennenlernt, wenn es sich also nicht um Ticket, Taxifahrten, Essen oder Unterkünfte handelt, sind die Thailänder nett und hilfsbereit, aber sobald das Thema Geld auf den Tisch kommt – und darum geht es ja beim Reisen täglich –, bleiben die Freundlichkeiten leider aus. Hilfe bekommt man meist nur, wenn auch Geld liegengelassen wird und wenn man eine Dienstleistung ablehnt, wird meist grimmig geschaut und es erfolgt nicht mal mehr eine Verabschiedung.

Für die Thais, die Bungalows mit einem Restaurant besitzen, sind die Restaurants wie das Wohnzimmer für Familie und Angestellte. Es befinden sich meist eine Liegefläche oder gemütliche Sessel irgendwo in der Mitte des Raumes und ein Fernseher, auf dem oft schlecht gespielte thailändische Serien laufen.
Einmal beobachtete ich beim Mittagessen, wie ein Angestellter mit einem Spiegel in der Hand im Restaurant sitzt und sich ganz gemütlich und ungestört in verschiedensten Bereichen seines Gesichtes Haare auszupfte: am Kinn, bei den Augenbrauen und in der Nase. Sein Freund half ihm gelegentlich dabei, während ich versuchte, mir mein Essen schmecken zu lassen. Bei uns in Österreich wäre es ein Ding der Unmöglichkeit, dass man sich als Angestellter in dem Restaurant, in dem man arbeitet, vor den Gästen irgendwelche Furunkel im Gesicht ausdrückt und Haare auszupft. Hier in Thailand jedoch ist es ein Teil der Kultur. Genau das macht für mich das Reisen so unglaublich spannend: zu sehen, wie die Men-

schen leben. Das bedeutet für mich Kultur: nicht Museumsbesuche oder touristische Attraktionen anschauen, sondern die Menschen bei ihren Alltagstätigkeiten beobachten.
Für die Menschen in Thailand ist ihre Arbeit das Leben. Fast alle hier in Asien leben dort, wo sie arbeiten oder arbeiten dort, wo sie leben. Kommt man um vier Uhr morgens zur Rezeption eines guten Hotels mit Öffnungszeiten bis halb elf Uhr abends, findet man meist trotzdem jemanden vor. Es kann gut sein, dass neben der Rezeption ein Klappbett steht, auf dem der Rezeptionist schläft. So etwas könnte man sich bei uns niemals vorstellen. Man geht entweder nach Dienstschluss nach Hause oder hat Nachtdienst. Nur ganz selten gibt es Leute, die einem in Europa erzählen, dass sie sich volltrunken nach einer langen Partynacht im Büro schlafen gelegt haben.
Es ist aber nicht so, dass sich Thais überarbeiten – jedenfalls nicht so weit ich es gesehen habe. Wenn drei Leute vier Stunden lang für eine Arbeit brauchen, die eine Person in einer Stunde allein machen könnte, dann ist das nun mal so. Es wird gemütlich zusammengesessen und getratscht und sich nicht gestresst. Es ist aber schon so, dass die Leute in Thailand von in der Früh um sieben Uhr bis zum letzten Gast gegen 23 Uhr arbeiten. Allerdings rauchen die Angestellten auch mal eine Zigarette, legen sich in eine Hängematte oder machen Sit-Ups, wenn zwischendurch gerade niemand etwas von ihnen braucht. Würde bei uns ein Angestellter in einer Bar herumsitzen, hieße es gleich von oben, dass es immer etwas zu tun gibt: leere Gläser abräumen, Aschenbecher leeren oder Tische abwischen. Ich denke aber, dass es genauso wichtig ist, sich mit den Gästen zu beschäftigen. Zum Beispiel hat sich ein Kellner einmal einfach die Zeit genommen uns zu zeigen, wie man mit dem Feuerstab und den Feuerbällen umgeht. Solche Erlebnisse ziehen definitiv Gäste an. Vielleicht sollte man bei uns in Restaurants stets einen zusätzlichen Kellner anstellen, damit das Personal mehr Zeit mit den Gästen verbringen kann und somit die Kundenzufriedenheit und Kommunikation mit den Gästen steigt.

Die Zeit verging wie im Flug

Sieben Monate bleiben mir nur mehr für meine weitere Weltreise und die Tage und Wochen rennen dahin. Nach den ersten drei Monaten verging die Zeit immer schneller.
Ich hab eine kleine Tiefphase. Einerseits, weil ich mit meinen Ausgaben eindeutig über meinem Tagesbudget liege und andererseits, weil ich zugenommen habe und ich mich deswegen nicht wohl in meinem Körper fühle.
Ich habe auf Bali eine Excel-Liste erstellt. Aus dieser Liste kann ich entnehmen, wie hoch mein Tagesbudget ist und wie viel es von meinen anfangs berechneten 33 Euro am Tag abweicht. Dies ist eine geniale Sache, mit der ich gut den Überblick bewahren kann. Ich schreibe nicht jeden Tag genau mit, wofür ich wie viel ausgebe – nein, das würde ich nicht lange durchhalten und nach einem Jahr würde ich nur noch von Zahlen träumen. Stattdessen schreibe ich mir auf, wann und wie viel Geld ich abhebe und das trage ich in die Liste ein. Das ist nicht viel Aufwand und kostet mich kaum Zeit. Ich treffe immer wieder Reisende, die Buch über jede einzelne Ausgabe führen. Das nimmt meiner Meinung nach ein bisschen den Spaß am Reisen. Dadurch würde ich mir nach jedem Getränk oder nach jeder Mahlzeit Gedanken darüber machen, was ich gerade ausgegeben habe.
Zu meinem Budget allgemein ist zu sagen, dass ich einen guten Durchschnittswert vorweisen kann. Zu Beginn meiner Reise war ich mit meinen Ausgaben nicht zufrieden. Die Flugkosten waren höher als gedacht, da mir einerseits der kurzfristige Flug von Brasilien nach Neuseeland dazwischen kam, weiters die Flüge von und nach Papua nicht im Budget eingeplant waren und meine Urlaubszeit in Thailand mehr Tagesbudget in Anspruch genommen hatte als gedacht. Diese hohen Ausgaben holte ich durch günstigere Länder, mit Freiwilligenprojekten oder kostenlosen Übernachtungen bei Einheimischen wieder rein.
Außerdem stört mich eben das elendige Frauen-Thema: mein Gewicht. Ich bin ja der Meinung, dass mindestens 80 Prozent – vielleicht sogar 95 Prozent – der Frauen Essprobleme haben. Sei es Magersucht, Esssucht oder einfach eine komische Art, sich zu er-

nähren. Denkt nur mal an Freunde und Bekannten in eurem engeren Umkreis. Gibt es Freundinnen, mit denen ihr noch nie über euer Gewicht geredet habt? Jede Frau jammert von Zeit zu Zeit über ihre paar Kilos zu viel oder über schlechte Proportionen. Sogar wenn man als Frau normalgewichtig ist, kommt es vor, dass das Gewicht schwankt, weil man zum Beispiel im Urlaub war und das Essen dort besonders gut geschmeckt hat. Ich gehöre zu denjenigen, die sich nicht runterhungern oder Diäten machen. Ich esse für mein Leben gern, muss aber zwischendurch aufpassen und mehr darauf achten, was und vor allem wie viel ich esse, sonst gehe ich auf wie ein Germteig – was sich aktuell wieder zeigt. Um mein Gewicht unter Kontrolle zu halten, notiere ich es mir zwischendurch immer wiedermal. Aber leider ist dies keine Maßnahme für mich, das Gewicht, das ich bei meiner Abreise hatte, zu halten. Mitte Juli beispielsweise hatte ich genau sieben Kilo mehr auf der Waage.
Und egal, wie zufrieden man sonst ist – wenn sich zusätzliche Pfunde auf die Hüften schleichen, zieht einen das stets runter.

In diesem Moment an meinem letzten Abend in Thailand wird mir wieder mal bewusst, dass mir die Welt offen steht. Ich könnte mich jetzt entscheiden, auf einer der schönen Inseln Thailands zu bleiben, mir ein kleines Haus zu mieten und einfach so lange hier zu bleiben, bis mir das Geld ausgeht oder ich mein Visum verlängern muss. Oder mir ist morgen danach, nach Hawaii zu fliegen und ein bisschen zu arbeiten. Möchte ich von den Philippinen mit einem Segelboot nach Nordamerika fahren, ist auch das kein Problem. Die kleine Christina in der großen, weiten Welt – und ich fühle mich so verdammt stark!
Ich treffe auf meiner Reise oft Menschen, die total faszinierend sind, mich sehr inspirieren und in meinen Augen etwas ganz Spezielles an sich haben. Wenn ich sage, dass ich seit Monaten alleine unterwegs bin, werde ich dennoch immer ganz bewundernd angeschaut. Ich finde aber, es ist absolut nichts dabei, was ich hier mache, da ich weiß, dass viele andere auch alleine unterwegs sind und genau das Gleiche tun wie ich. Wenn ich dann einen 28-jährigen muskulösen, gestandenen Mann treffe, der eine tolle Kar-

riere macht und mir sagt, dass er das niemals alleine und für so eine lange Zeit machen könnte, fange ich an, eher den Menschen zu glauben, die mir sagen, dass man dafür einfach „nur" eine starke Persönlichkeit haben muss. Das Leben ist eine reine Einstellungssache! Ich überlege mir niemals, auf welchem Weg ich etwas erreichen möchte, sondern konzentriere mich auf mein Ziel und der Rest ergibt sich von ganz alleine.

Nach Thailand habe ich nun vor, in Kambodscha in einer Schule zu unterrichten. Klar war für mich von Anfang an, dass ich nicht über eine überteuerte Organisation zu einem Projekt kommen möchte, die Unmengen an Geld von mir verlangt, um dort überhaupt mithelfen zu dürfen, sondern dankbar dafür ist, wenn man seine unentgeltlichen Dienste anbietet. Auf meiner Suche stieß ich oft auf Dinge, die mich sehr verärgerten. Ich schrieb zuerst Organisationen an, die Freiwilligenarbeiten vermitteln. Dort werden unter anderem Verwaltungs- und weiß der Teufel was für Gebühren verrechnet. Auf meine Anforderung nach einer Aufstellung, wo mein Geld denn landet und wem es zugutekommt, bekam ich als Antwort ein: „Das wissen wir leider nicht so genau!" Gut, danke, aber dann eben nicht.
Ich glaube, ich bin das beste Beispiel für die Leute, die selten spenden, weil ich sehen möchte, wo mein Geld hingeht, wem und ob es hilft – und wenn ja, natürlich auch, was es bewegt. Ich möchte mein Geld nicht irgendwo hinschicken und dann darauf hoffen, dass es nicht bei Büro- oder Verwaltungsleuten landet, die keine Ahnung haben, wie die Situation vor Ort eigentlich aussieht.
Ich landete dann durch Zufall auf der Internetseite *workaway.info* und wurde dort schließlich fündig. Auf dieser Plattform werden die unterschiedlichsten Freiwilligen-Projekte rund um die Welt angeboten. So brachte mich meine lange und intensive Internetrecherche schließlich zu einer Schule ins Koh Kong Gebiet nach Kambodscha. Ich fand dort, wonach ich suchte: Eine Schule, in Kambodscha, in der ich den einheimischen Kindern Englisch beibringen darf. Ich zahle dafür nur einen geringen Tagesbeitrag für Kost und Logis.

Mein Bungalow und Motorbike auf Ko Phangan

Bei der Ladyboy-Show auf Ko Samui

Das Essen wird hier direkt am Strand frisch zubereitet

Die speziellste Unterkunft meiner Reise, das Thai Box Studio

Der Baum mitten am Strand mit der Schaukel

Eine Thailänderin mit der gelben Paste im Gesicht

Kambodscha

Dreistigkeiten bei der Einreise

Die Reise nach Kambodscha kostet mich rund 450 THB (=12€). Als der Minibusfahrer die anderen Reisenden und mich in Thailand bei der Grenze aussteigen lässt, gehen wir ein paar Meter, bis uns ein Kambodschaner entgegenkommt. Er wirft zur Kontrolle, ob wir bei ihm richtig sind, einen Blick auf die Sticker auf unseren T-Shirts, die als Tickets dienen.

Ich las schon zuvor Unmengen an Geschichten, dass oft Geldabzocken an den kambodschanischen Grenzen passieren. Um dem Ganzen ein bisschen vorzubeugen, besorgte ich mir online ein Visum für 25 US-Dollar und bin nun gespannt, ob alles reibungslos klappen wird. Der erste Stopp findet beim Grenzübergang statt. Der Kambodschaner, der uns zu Fuß bei der Grenze abgeholt hat, verweist uns nun zu einem Tisch. Mit meinem schweren Rucksack und noch verschlafen von der Fahrt gehe ich zu dieser ersten Station. Der Mann hinter dem Tisch steht auf und hält mir ein komisches, weißes und kleines Gerät an meine Stirn. Ich bin total verwirrt und weiß im ersten Moment nicht, was passiert. Mein erster Gedanke ist, dass man mir hiermit eventuell Blut abnehmen möchte, aber da es mir an meine Stirn gehalten wird, ist dies unwahrscheinlich. Ich fühle mich in diesem Moment zwar unwohl, aber nicht bedroht. Ein paar Sekunden später streckt er mir das Gerät direkt vor meine Augen und es zeigt 35,6 an. Es handelt sich wohl um meine Körpertemperatur, die bei mir immer so niedrig ist. Es wird mir ein kleiner gelber Zettel in die Hand gedrückt und ich muss 20 THB (=0,50€) vorlegen. Dies gehört zum Teil der unnötigen Abzocke, die nicht legal ist, wie ich durch meine Internetrecherche bereits zuvor herausgefunden hatte. Da ich einfach nur ohne weitere Probleme über die Grenze möchte, lasse ich dies aber mit mir machen und zahle ohne Widerspruch.

Ich darf mich hinsetzen und stelle mein Gepäck ab. Meine Schulter schmerzt aufgrund des Gewichts meines Rucksacks und durch die stechende Hitze ist mein Rücken durch die Auflage des Rucksackes durchnässt. Ein Mann kommt auf mich zu und fragt: „Darf ich bitte deinen Pass haben?“ Ich händige ihm meinen Pass aus, ohne weiter nachzufragen, und er verschwindet damit. Es macht sich kurz ein mulmiges Gefühl in meiner Magengrube bemerkbar, das ich aber gleich wieder abschüttle. Schließlich sind wir hier an einer Grenze und es ist klar, dass die meinen Pass sehen wollen. Zehn Minuten vergehen bis er wiederkommt. Er deutet mir, dass ich mit ihm zum nächsten Schalter mitkommen soll. Er übergibt dem Mann hinter dem Schalter meinen Pass und ich händige dazu mein bereits ausgedrucktes Online-Visum aus. Ich muss ein paar Minuten warten und währenddessen unterhält sich der Mann, der zuerst meinen Pass genommen hat, mit mir. Er fragt mich: „Woher kommst du?“

Ich antworte darauf: „Aus Europa, Österreich.“

Er bohrt weiter nach: „Was machst du so zu Hause?“

„Ich arbeite in einem Büro“, antworte ich darauf kurz angebunden. Dann werden meine Fingerabdrücke mit einem Gerät abgenommen. Der Mann neben mir weist mich dabei freundlich an, was ich tun muss: „Ja, zuerst die eine Hand, dann nur den Daumen und jetzt schließlich die andere Seite.“

Meine Dokumente bekommen einen Stempel aufgedrückt und schon bin ich aus Thailand ausgecheckt. Der Mann streckt mir seine Hand entgegen und fragt mich, nachdem ich meinen Pass wiederbekommen habe: „Was bekomme ich nun dafür?“ Ich habe nie nach seiner Hilfe gefragt und sie war auch mehr als überflüssig. Denn außer meinen Pass entgegenzunehmen, mir zu sagen, dass ich meine Hand auf den Scanner legen soll und sich für zwei Minuten mit mir zu unterhalten, hat er nichts gemacht. Aber weil er echt nett ist, ich noch Baht übrig habe und mir gerade danach ist, gebe ich ihm 40 THB (=1€). Als er mich nach mehr fragt, weise ich ihn mit einer forschen Kopfbewegung ab und gebe ihm etwas sauer zu verstehen: „Normalerweise hätte ich dir gar nichts geben müssen und habe es trotzdem getan. Ich finde es sehr unhöflich, noch mehr Geld zu fordern, ohne dass ich überhaupt nach Hilfe gefragt habe!“ Leicht verdutzt schaut er mich an, dreht sich schweigend um und geht.

Nach einer Minute Fußmarsch kommen wir zur nächsten und letzten Station der kambodschanischen Grenze. Von dort aus fahren wir mit einem Auto und dem Kambodscha-Visum in der Tasche Richtung Stadtzentrum Koh Kong. Acht Minuten später stoppen wir bei einem Haus am Straßenrand. Ein Mann kommt raus, öffnet die hintere Tür und fängt an, Fragen zu stellen: „Habt ihr schon eine Unterkunft?" „Fahrt ihr weiter als Koh Kong?" „Habt ihr für die Weiterreise schon ein Ticket?". Noch etwas erschrocken und vor allem entsetzt von den überrumpelnden Fragen, denke ich mir nur: „Abzocke! Und am besten nicht viel mit dem Mann reden und auf seine Fragen nicht eingehen." Als die Frau des Pärchens auf der Rückbank länger herumredet, mische ich mich ein, ohne mich umzudrehen, und sage laut und deutlich: „Wir brauchen nichts. Vielen Dank. Tschüss." Drei Mal muss ich das streng und laut wiederholen, bis wir die Fahrt fortsetzen können. Total entrüstet wende ich mich dem Fahrer zu: „Du wusstest genau, dass wir einfach nur ins Zentrum von Koh Kong möchten und ansonsten keine Dienstleistungen in Anspruch nehmen wollen. Das haben wir extra vorher abgeklärt und du sagtest, du fährst ohne Zwischenstopp direkt an unseren Zielort." Es zeigt sich ein für mich schwer einzuschätzender Ausdruck in seinem Gesicht und er entgegnet nur: „Ja, ja."

Wir fahren weiter über eine Brücke und halten bei einem Schalter an. Genervt denke ich mir nur: „Was ist jetzt schon wieder los?" Der Fahrer meint zu uns: „Ihr müsst 5.800 Riel (KHR) bezahlen, damit wir die Brücke überqueren dürfen." Vielleicht erscheinen diese kleinen Geldbeträge lächerlich, aber auf Reisen gewöhnt man sich schnell an die dortige Währung, denkt in der Währung und rechnet nicht in Euro um, weil es meiner Meinung nach irrelevant ist. Man bekommt rasch ein Gespür dafür, was für das jeweilige Land viel und was wenig Geld ist. Ich sage deshalb klar und deutlich heraus: „Nein, sicher nicht. Wir haben unser Ticket bereits bezahlt und beim Kauf des Tickets hat man uns versichert, dass wir nichts mehr extra zu bezahlen haben." Langsam werde ich wirklich sauer. Nicht nur über die hinterlistige Art, nach mehr Geld zu fragen, sondern auch darüber, dass das Pärchen, das mit mir im Auto sitzt, nach sieben Monaten Reiseerfahrung nicht klipp

und klar sagt, dass wir kein Extrageld für irgendwas bezahlen. Der Fahrer erwidert darauf noch sichtlich gelassen: „Ich zahle in der Zwischenzeit selbst und ihr könnt mir das Geld dann später geben."
Ich entgegne ihm darauf: „Nein, wir geben dir sicher kein Geld, auch nicht später und wir wollen jetzt einfach ins Zentrum Koh Kong ohne weitere Zwischenstopps." Er setzt die Fahrt ohne weitere Kommentare fort. Wir halten ein paar Minuten später an und er lässt uns vor dem Hotel aussteigen, dass das Pärchen als Ziel angegeben hat. Er möchte noch mal Geld. Die Engländer geben ihm 60 THB (=1,60€) – von mir bekommt er nichts. Für mich war ausgemacht, dass ich zur Busstation in Koh Kong gebracht werde. Er möchte mich ohne weitere Zahlung nicht dorthin bringen. Jetzt bin ich mit meiner Geduld und auch mit meinen Kräften bald am Ende und ich merke, wie immer mehr Wut in mir aufsteigt. Mit scharfen Worten sage ich zu ihm: „Du fährst mich jetzt ohne Extrakosten zum Busbahnhof, so wie es ausgemacht war, sonst beschwere ich mich bei dem Ticketunternehmen über dich."
Nach dieser Ansage fährt er mich weiter zur Busstation. Dort angekommen weicht er mir nicht von der Seite und meint zu mir: „Ich helfe dir den richtigen Bus zu finden und einen guten Preis für die Fahrt auszuhandeln." Sehr skeptisch von seiner plötzlichen Nettigkeit lasse ich dies über mich ergehen, um nicht noch mehr Unfrieden zu stiften. Er begleitet mich zu den Busfahrern, die versammelt zusammensitzen und sich miteinander unterhalten. Mein Fahrer erklärt ihnen, wo ich hin möchte und es entsteht ein längeres Hin und Her. Worum es geht, weiß ich nicht, aber ich ahne, dass es um den Preis geht und sich der Fahrer nun seinen Teil dabei raushandeln möchte. Er teilt mir mit: „Es kostet neun Dollar." Ich habe mich vorab extra bezüglich des Buspreises erkundigt und weiß, dass mich die Busfahrt normalerweise nur 6 USD kosten sollte. Ich teile dem Busfahrer direkt mit: „Ich weiß, dass der Fahrtpreis normalerweise nur sechs Dollar ist."
Daraufhin antwortet der Busfahrer: „Nein, das stimmt nicht. Es kostet immer neun Dollar und außerdem ist es der letzte Bus für heute." Mir sind die Hände gebunden und ich weiß, dass ich nun auf sie angewiesen bin. Entweder zahle ich den Preis oder ich muss

heute Nacht hierbleiben. Hinzu kommt noch, dass der nächste Bus erst in zwei Stunden losfährt. Ich kaufe mir das Ticket und überbrücke die Zeit mit Essen, bis mich der Bus zur Schule bringt.

Freiwilligenarbeit in einer Schule

Der Busfahrer hält nach ungefähr zwei Stunden Fahrt mitten auf der Hauptstraße an, wo weit und breit kein Dorf zu sehen ist. Es ist gerade Regenzeit und rund herum ist alles grün und gedeiht prächtig. Zu sehen sind viele Sträucher und vereinzelt Bäume, die ihre ersten Knospen bekommen. Zwischendurch gibt es auch kahle Stellen in der Landschaft, wo am Boden eine rot-braune Erde zum Vorschein kommt. Ein Schild, auf dem etwas von Touristen-Informationszentrum zu lesen ist, lässt mich zuerst zweifelnd die Stirn runzeln. Ich frage den Busfahrer nochmal: „Bin ich hier wirklich richtig?" Ein weiterer kurzer Blick nach draußen räumt meine Zweifel schließlich aus dem Weg, da ich schon viele winkende Hände von dem Gebäude sehe. Ich steige aus dem Bus und atme einmal tief durch. Ich bewege mich auf die Kinderhorde und den Schuldirektor zu und schüttle zunächst eine Hand nach der anderen. Alle begrüßen mich freundlich. Der Schulleiter schaut sympathisch aus und sagt zu mir: „Jetzt befreie dich mal von deinem Rucksack und komme in aller Ruhe an."

Bevor ich hier hergefahren bin, hat mich eine Österreicherin per E-Mail angeschrieben und mir mitgeteilt, dass sie auch beim Schulprojekt dabei sein wird und sie sich schon auf mich freut. Sie heißt Sarah und kommt aus Vorarlberg. Nach einer herzlichen Umarmung machen wir es uns auf der Holzbank gemütlich und Sarah erklärt mir: „Die Schule wurde 2009 von Sakngea, dem Besitzer der Schule, aufgebaut. Er wählte dieses Grundstück aus, auf dem eine Mutter mit ihren drei Kindern lebte. Die Familie wurde 2007 vom Vater verlassen. Er war Offizier und der Familie ging es davor sehr gut. Als der Vater jedoch seine Familie verließ, stand seine Frau mit den drei Kindern vor dem Nichts. Kein Dach über dem Kopf, kein Geld – einfach nichts mehr. Ihnen ging es sehr schlecht und Sakngea wollte der Familie mit dem Aufbau der Schule helfen. Ihr sozialer Stand war sehr schlecht und das mittlere Kind war als schlimmer Junge bekannt. Niemand konnte ihn leiden, da er nur herumlungerte."

„Und wie lebt die Familie heute nach dieser schwierigen Zeit?", frage ich interessiert nach.

„Heute ist die Mutter der drei Kinder dafür verantwortlich, jeden Tag zwei Mahlzeiten auf den Tisch zu bringen. Die Tochter im Alter von 19 hilft beim Kochen, hat die Aufsicht über die Finanzen der Schule und unterrichtet nebenbei ein bisschen. Der inzwischen 17-jährige Junge hat sich sehr gut entwickelt: Er ist nun die rechte Hand des Direktors der Schule und unterrichtet selbst einige Klassen. Die Kleinste der Familie ist zehn Jahre alt, besucht den Englisch-Unterricht und ist immer und überall mit dabei. Man merkt jetzt schon, dass aus der Kleinen mal was ganz Großes werden wird."

Nach der netten Unterhaltung führt mich Sarah auf dem Gelände herum und zeigt mir alles. Von der Straße aus sieht man ein bunt bemaltes Tor mit vielen aufgemalten Tieren, Schülern und Unmengen an Blumen und der Name der Schule steht groß über dem bemalten Tor. Dahinter baut sich ein Gebäude aus Holz auf. Auf der rechten Seite des Gebäudes sehe ich gleich einen Klassenraum mit vier Schulbänken und einer Wandtafel. Als wir nach links weitergehen, gelangen wir zur zweiten Klasse, die im Freien liegt, überdacht ist und mehr Schulbänke hat als die andere. Eine angeschriebene Tafel befindet sich ganz vorne. Wir gehen die Stiegen hinauf und kommen zum dritten und letzten Klassenraum, der über die meisten Schulbänke verfügt und dessen Wandtafel etwas abgenutzter aussieht als die der anderen beiden Räume. Es befindet sich außerdem ein Büro mit zwei Tischen im ersten Stock des Holzgebäudes und zwei kleine Zimmer mit jeweils einer dünnen Matratze am Boden, die entweder der Tochter, deren Mutter und der Schwester der Familie zur Verfügung steht – oder den freiwilligen Helfern. Die Familie muss flexibel sein und oftmals in einer Hängematte schlafen, um Platz für die Freiwilligen zu machen. Als wir wieder nach draußen gehen, befindet sich links um die Ecke hinter der Schule noch ein Raum, in den wir über eine Art Hühnerleiter gelangen. In diesem Raum gleich ganz links liegt das Zimmer des Jungen der Familie. Wir gehen weiter und kommen zu einem großen Bett mit Moskitonetz und einem Tisch. Das Bett ist aus Holz gebaut – so wie der komplette Rest des Gebäudes – und eine dünne, matratzenartige Unterlage dient als Liegefläche auf dem Holzgestell. Sarah dreht sich zu mir um und sagt: „Du darfst heute Nacht in meinem Bett schlafen, damit du dich ausruhen kannst von der Anreise." Wir einigen uns darauf, uns das Bett für die gemeinsame Zeit hier zu teilen. Wir spannen uns Wäscheleinen durch den halb offenen Raum, um unsere Kleidung aufzuhängen. Durch die Regenzeit ist mein Gewand ständig feucht und roch schon nach kürzester Zeit unangenehm. Um dem etwas entgegenzuwirken, hängen wir sie nun auf, damit es im Rucksack nicht noch mehr zu stinken anfängt und damit sich nicht irgendein Getier einnistet. Abschließend gibt es übrigens noch das Wohnzimmer, das gleichzeitig der Gemeinschaftsbereich für die Lehrer ist. Ein Stück weiter weg von dem Schulgebäude steht ein Tisch mit Sitzmöglichkeiten, eine Hängematte und ein großes Fass Wasser im Freien unter einem Holzdach. Das Fass mit Wasser brauchen wir zum Händewaschen und zum Zähneputzen in der Früh und am Abend. Gleich daneben befindet sich das Zimmer vom Direktor der Schule.

Sarah und ich setzen uns, ich schaue mich in Ruhe um, lese mir die Unterrichtsanweisungen durch und mir wird einiges erklärt. Ich zahle hier 25 US-Dollar in der Woche, um die Kosten für das Essen, die Elektrizität, das Wasser und alles Weitere abzudecken. Wir setzen danach unseren Rundgang über das Gelände fort. Ein kleiner Schock durchfährt mich, als sie mir das Badezimmer zeigt – falls es überhaupt diese Bezeichnung verdient. Denn es ist nur ein maximal drei Quadratmeter großer, betonierter Raum im Freien, in dessen Boden sich eine Klomuschel befindet und ein großes gemauertes Becken mit Wasser. „Gut, und wo ist nun die Dusche?", ist eine meiner ersten Fragen an Sarah. Sie zeigt mit dem Finger auf eine kleine Plastikschüssel – gerade groß genug, um eine Handvoll Teig darin zu verrühren – und sagt: „Damit schüttet man sich das Wasser über den Kopf." Etwas verunsichert durchdenke ich kurz so einen Duschvorgang und bin schon gespannt darauf, wie ich mich dabei anstellen werde.

Der Schulalltag

Am ersten Tag nach meiner Ankunft schaue ich mir alle Klassen an und mache mir ein Bild vom Unterricht. Es gibt sieben Klassen und ich setzte mich einfach überall dazu, um einen Überblick zu bekommen. Die erste Klasse startet um acht Uhr morgens und ist für Kinder zwischen neun und zwölf Jahren gedacht. Die nächsten drei Klassen finden von 13 bis 14 Uhr statt und richten sich jeweils an Kinder im Alter von zehn bis 14, sechs bis zehn und vier bis acht Jahren. Danach geht es um halb fünf mit den Zwölf- bis 15-jährigen weiter, gefolgt von einer Klasse um 17 Uhr. Die letzte Unterrichtsstunde findet um 18 Uhr statt und umfasst die ältesten Schüler zwischen 17 und 22 Jahren, weshalb der Unterrichtstag um 19 Uhr endet. Das Alter der Kinder in den jeweiligen Klassen ist sehr unterschiedlich und es ist oft schwer altershomogene Klassen zu bilden. Manche Familien können es sich erst leisten, ihre Kinder zur Schule zu schicken, wenn diese schon älter sind. Dann sitzen sie eben mit Schülern anderer Altersstufen in der gleichen Klasse.

Nicht nur der Englischunterricht ist hier Alltag, sondern auch die Hygiene ein wichtiger Bestandteil des Unterrichts: Man muss den Kindern beibringen ihren Müll wegzuräumen, da sie es von zu Hause nicht kennen. Ihre Eltern schmeißen den Müll auf den Boden und haben von Umweltschutz keine Ahnung.

An meinem ersten Tag übernehme ich eine Klasse um 13 Uhr, dann eine um 17 Uhr und danach eine um 18 Uhr. Bei den ersten beiden Klassen unterrichte ich Englisch sowie Mathematik und bei der letzten Klasse geht es um das Gestalten einer Bewerbung.

Auf der einen Seite sind die Kinder motivierter und interessierter als bei uns, etwas zu lernen, auf der anderen Seite ist es sehr schwer die Aufmerksamkeit der Kinder für eine ganze Stunde aufrechtzuerhalten. Ich muss bei der Unterrichtsgestaltung total flexibel und spontan sein. Manchmal muss ich eine Stunde von jemand anderem übernehmen und erfahre das erst zwei Minuten vorher. Hier steht Kreativität also an erster Stelle.

Ich spreche nach meinem ersten Unterrichtstag mit Sakngea und frage, wie das mit dem Zähneputzen funktioniert, da ich auf dem Anweisungsblatt gelesen habe, dass man die Kinder immer daran erinnern soll. Ich habe die Idee, den Kindern Zahnbürsten zu kaufen und einfach jeden Tag mit ihnen gemeinsam Zähne zu putzen. So kaufen Sarah und ich für alle Kinder Zahnbürsten, binden einen Faden an jede Zahnbürste, schlagen Nägel in die Wand und hängen die Zahnbürsten dort auf. Jedes Kind schreibt sein eigenes Namensschild, um seine Zahnbürste wiederzuerkennen. Ab diesem Zeitpunkt ist ein gemeinsames Lied und im Zuge dessen das Zähneputzen unser tägliches Morgenritual mit den Kindern.

Am zweiten Tag übernehme ich bereits zwei Klassen und bin glücklich darüber. Wenn meine erste Stunde Englisch ist und die darauffolgende Rechnen, dann läuft das so ab: Ich mache in der ersten Stunde das ABC durch. In den ersten zehn Minuten der zweiten Stunde wiederhole ich das ABC aus der ersten Stunde und mache anschließend erst mit den Zahlen weiter. Wiederholen ist eines der obersten Gebote, damit die Kinder nichts vergessen. Ich schaffe es, ungefähr 30 bis 40 Minuten lang die Aufmerksamkeit der Kinder zu bekommen. Danach muss ich sie mit einem Lied oder einem Spiel beschäftigen, denn sonst werden sie unruhig. Ich erkenne bereits am zweiten Unterrichtstag bei der 13 Uhr-Klasse Probleme, da die Kinder vom Leistungsstand her viel zu bunt gemischt sind. Die einen sind schon lange damit fertig, etwas von der Tafel in ihr Buch zu schreiben und die anderen sind noch immer bei der ersten Zahl. Am nächsten Tag nehmen Sarah und ich deshalb mit der anderen Klasse um 13 Uhr, die sie unterrichtet, einen Tausch vor: Ich schicke meine schlechteren Schüler in ihre Klasse und zu mir kommen die besseren Schüler von ihr. Und siehe da: es klappt um einiges besser und ich komme viel besser im Unterricht voran als zuvor.

Wenn man denkt, ich unterrichte hier fünf Tage die Woche nur zu der Zeit, zu der die Schüler ihre Stunden haben, dann täuscht das. Denn es gibt für uns auch einiges anderes zu tun. Sarah und ich zeigen bei allem, was wir anpacken, vollen Einsatz. Um sieben Uhr ist Tagwache und anschließend folgt eine Besprechung, was wir heute alles zu erledigen haben. Dann geht es mit unseren Vorbereitungen los: Wir schreiben, dichten, zeichnen und basteln wild drauf los, um unseren Schülern den Unterricht so bunt, spannend, lustig und gleichzeitig lehrreich wie möglich zu gestalten. Nach dem Mittagessen haben wir meist unsere erste Stunde. In der zweistündigen Pause bis zur nächsten Stunde erledigen wir Arbeiten wie zum Beispiel Dächer erneuern, den Rasen per Hand abzusensen, den biologischen Garten von Abfällen zu befreien oder einen Teich für die Enten zu betonieren. Verschwitzt und dreckig wie das Schwein, das mit uns hier auf dem Gelände lebt, verschwinden wir dann unter die Dusche. Oder genauer gesagt: Wir schöpfen mit einer kleinen Schüssel Wasser aus einer Betonwanne und gießen es uns über den Kopf. Wenn ich manchmal erst abends zum Duschen komme – hier wird es bereits um halb sechs dunkel – setze ich mir meine Stirnlampe auf und versuche mich zwischen den vielen Moskitos auf komplizierteste Art und Weise zu duschen. Licht gibt es in der Duschkammer nämlich nicht. Es ist eine Herausforderung, sich im Dunkeln mit einer Stirnlampe zu duschen und sich die Haare zu waschen, und gleichzeitig zu versuchen, nicht von allzu vielen Moskitos gestochen zu werden. Nach der umständlichen Körperwäsche folgen meine nächsten beiden Unterrichtsstunden. Die letzte endet schließlich um 19 Uhr. Danach hole ich mir meine Kraft mit einem ausgiebigen Essen zurück und um 21 Uhr falle ich erschöpft ins Bett.

Es gibt hier ein kleines Mädchen, das ich bereits nach dem dritten Tag in mein Herz geschlossen habe. Sie hat etwas ganz Besonderes an sich und man merkt ihr an, dass sie schon Vieles durchgemacht hat. Sie scheint in sehr armen Verhältnissen zu leben und ist das einzige Kind ohne Schuhe. Statt Ohrringen stecken Grashalme in ihren Ohrlöchern. Ihre Kleidung ist jeden Tag dieselbe und vollkommen beschmiert und schmutzig. Sie schaut oft traurig drein und hat so etwas Verletzliches an sich.
Sarah und ich haben an einem Nachmittag die Gelegenheit, mit einigen Kindern zu spielen, und da traut sich auch das Mädchen das erste Mal in meine Nähe. Am nächsten Tag kommt sie nach ihrem Unterricht schon von alleine zu mir, streckt die Arme aus und ich drücke sie. Gute 15 Minuten sitze ich einfach nur da, mit ihr auf meinem Schoß, und streichle ihr über den Kopf. Ich merke gleich, wie gut ihr das tut. Wir spielen noch ein Spiel und als sie nach Hause geht, dreht sie sich lächelnd um und winkt mir zu. In

diesem Moment macht mein Herz einen riesigen Freudensprung. Das war so ein warmherziges und vertrauensvolles Lächeln, das mir in diesem Moment sehr viel Kraft gibt. Ich würde gerne mehr für sie tun, ihre Familie kennenlernen und ihr neue Kleidung kaufen. Aber ich muss abwarten und schauen, wie sich das Ganze entwickelt.
Es gibt Eltern, die ihre Kinder schon mit vier Jahren in die Schule schicken und sich nicht dafür interessieren, dass sie noch viel zu jung dafür sind. Diese sitzen dann bei uns im Unterricht. Zuerst fragte ich mich, wieso sie nicht einmal ihr Heft von alleine aufschlagen, geschweige denn Buchstaben schreiben können, bis ich draufgekommen bin, dass sie viel zu jung dafür sind. Das Alter der Kinder hier zu schätzen, ist im Allgemeinen sehr schwierig, weil die Kinder oft sehr zierlich wirken und meist älter sind, als sie aussehen.

Ohne Worte ...

Ich habe meine Leserinnen und Leser über meinen Blog im Zuge dieses Zwischenstopps an der Schule in Kambodscha um Spenden gebeten. Mit diesem Geld wollte ich die Schule und die Kinder unterstützen und einiges zum Besseren wenden. Hier sollte jetzt eigentlich die Stelle kommen, an der ich mich für die tollen und großzügigen Spenden bedanke und euch erzähle, was wir damit bewirken konnten – aber es nahm leider ein anderes Ende als gedacht. Ich bedanke mich hier trotzdem sehr herzlich bei den Menschen, die mir sofort nach dem Erscheinen des Artikels mit dem Spendenaufruf geschrieben haben und mir mitgeteilt haben, wie großartig sie meinen Einsatz finden und natürlich danke ich auch denjenigen, die gespendet haben.
Es hat allerdings in den vergangenen Tagen immer wieder Situationen gegeben, in denen Sarah und ich dem Direktor der Schule und der Familie, die für das Kochen hier zuständig ist, misstrauten. Es gab ein paar Dinge, bei denen ich nicht verstand, wieso man Geld für etwas ausgibt, das absolut nicht notwendig wäre. Weiters wollte Sakngea einen Großteil der Spenden für etwas ver-

wenden, das für uns nicht die oberste Priorität hatte. Uns war wichtig, den Kindern Schulsachen zu besorgen, für die Schule Unterrichtsmaterialien zu kaufen und den ärmeren Kindern Schuhe und Kleidung zu schenken. Da ich auch diese Punkte auf meinem Blog als Einsatz für die Spendengelder erwähnt hatte, hatten diese Dinge natürlich Vorrang. Diese Reibungspunkte arteten schließlich in einer lange Diskussion mit dem Direktor aus. Schlussendlich bat der Direktor der Schule uns beide am nächsten Tag, die Schule zu verlassen. Der Versuch, ihm anzubieten, den Schülern Schultaschen, Hefte und Stifte zu kaufen und danach erst zu gehen, wies er sehr rabiat ab. So blieb uns nichts anderes übrig, als eine absolut spontane Weiterreise anzutreten.

Nach diesem Vorfall habe ich eine Mail an meine Eltern und in gekürzter Form auch an alle Spender verfasst, um ihnen davon zu berichten:

Liebe Mama, lieber Papa,

Wo soll ich bloß anfangen …? Ich lege die Karten gleich zu Beginn auf den Tisch, damit ihr wisst, worum es geht: Ich werde euch die Spenden zurücksenden, da sie hier bei der Schule nicht zum Einsatz gekommen sind.
Ich war jetzt nur zehn Tage an der Schule, habe hier wirklich alles gegeben und viel Kraft und Energie reingesteckt.
Sarah und ich haben die letzten Tage immer mehr Dinge gesehen, die uns misstrauisch gemacht haben, wie beispielsweise unnötige Geldausgaben. Etwa hat man uns gefragt, ob wir zum Einkaufen mit zum Markt kommen, und wurden dort dann aufgefordert, für Dinge wie Zement oder Sägeblätter zu zahlen – ohne uns darum zu bitten. Es hat auch des Öfteren Aussagen gegeben, die nicht wirklich Sinn ergaben oder die am nächsten Tag anders lauteten.
Mit unnötigen Geldausgaben kann ich euch als Beispiel nennen, dass ein Reiskocher gekauft wurde, obwohl der Reis problemlos im Topf gekocht werden kann, oder dass man das Licht brennen lässt, obwohl niemand im Raum ist oder dass man ein Motorbike-Taxi nimmt, statt die zehn Minu-

ten zum Markt zu Fuß zu gehen, oder dass man anstatt einmal am Tag einen Großeinkauf für die Lebensmittel, die man benötigt, zu machen, viermal täglich unterwegs ist und jedes Mal ein Moped verwendet, was wiederum Benzin kostet.

Es gab einfach einige Kleinigkeiten, die uns in der Summe komisch vorkamen und hinter denen ich keinen wirklichen Sinn gesehen habe. Das kann natürlich zum Teil von der Mentalität in Asien abhängig sein, aber ein weiterer Grund ist, dass der Direktor der Schule in unseren Augen keine gute Führungsperson ist.

Ich wollte ihm wegen dieser Vorkommnisse nicht von Anfang an sagen, um wie viel Spendengelder es sich handelt, da wir ihm zu diesem Zeitpunkt schon nicht mehr ganz vertrauten. Das machte Sakngea skeptisch und er behauptete, wir wollen einen Teil der Spendengelder selbst behalten. Er wollte einen Großteil der Gelder für einen neuen Generator verwenden. Der Generator alleine würde einige 100 Euro kosten und der Transport in das Dorf nochmal einiges zusätzlich. Uns war aber wichtiger, zuerst die Kinder zu versorgen und Geld in Unterrichtsmaterialien zu stecken. Dies führte schließlich zu einer langen Diskussion, die damit endete, dass er uns um 22 Uhr abends sagte, er wolle uns am nächsten Tag nicht mehr hier haben. Wir versuchten am nächsten Morgen nochmals mit ihm zu reden und boten an, dass wir zwar die Schule verlassen, aber noch Schultaschen und Unterrichtsmaterial für die Schüler – die mir sehr ans Herz gewachsen sind – kaufen könnten. Dieser Vorschlag wurde vom Direktor mit den Worten abgelehnt: „Ich brauche keinen Cent von euch beiden." Das wiederum zeigte uns, dass er nicht an den Bedürfnissen der Schüler interessiert war, jedenfalls nicht genug, um seine Haltung uns gegenüber zu überdenken. Bei unserem Vorschlag ging es schließlich um eine Investition für die Schüler. So haben Sarah und ich uns in einen Bus nach Bangkok gesetzt, bleiben hier einige Tage und besorgen uns nun das Visum für Indien. Wir wollen einen Monat in einem Meditationszentrum verbringen und danach nochmals Freiwilligenarbeit in Indien machen. Aber wer weiß wie sich die Pläne noch ändern …

Ich werde euch das Geld auf dem allerschnellsten Weg zurückschicken und möchte mich auch gleichzeitig nochmal bedanken, dass ihr bereit wart, so viel Geld zu spenden. Es ist mir unangenehm und peinlich, dass ich um Spenden gefragt habe und nun so etwas dabei rauskommt. Man hat mit den Spenden schließlich viel Vertrauen in mich gesetzt, das wollte

ich aber um keinen Preis der Welt missbrauchen und bin deswegen sehr sorgfältig damit umgegangen. Ich hoffe ihr versteht mein Handeln und seht darin keine Überreaktion oder ein voreiliges Abbrechen.
Mir tut das alles unheimlich leid für die Kinder und es zerbricht mir das Herz. Mir tut es leid, mich nicht von ihnen verabschiedet zu haben und sie nicht weiter unterrichten zu können, da es mir wirklich unheimlich viel Spaß gemacht hat.

In Liebe,
eure Tochter Christina

In zwölf Tagen werde ich also weiter nach Indien reisen. Das war nie der Plan, denn ich wollte mir Kambodscha anschauen, nach Vietnam reisen und Laos besuchen. Aber wie ich mittlerweile ja schon weiß: Es kommt immer alles anders!

Allgemeines über Kambodscha

Während meiner Zeit im September in Kambodscha war Regensaison und es regnete auch wirklich jeden Tag. Manchmal die ganze Nacht, manchmal drei Stunden am Tag und manchmal nur zehn Minuten. Oft sind die Regentropfen so fein, dass es einen nicht stört, durch den Regen zu gehen. Wenn es aufhört zu regnen, ist es meistens warm und schwül. Früher hasste ich Regen, aber hier mochte ich ihn sogar. Es kam mir sehr gelegen, dass ich zu dieser Zeit in der Schule war, weil es mich während dem Arbeiten weniger störte, wenn es regnete. Aber wenn man herumreist, kann es schon oft nervig sein.
Das Dorf, in dem die Schule steht, ist klein und nur selten verschlägt es Touristen dorthin. Das Dorf liegt an der einzigen Straße, die es dort gibt und besteht aus den Häusern der Einheimischen und dem Markt, auf dem im Prinzip jede Familie arbeitet, die hier wohnt. Hier wird im authentisch kambodschanischen Stil auf sehr einfache Art alles verkauft – angefangen von Obst, Gemüse, Fisch und Fleisch bis hin zu Kleidung und Haushaltsartikeln. In Kam-

bodscha kann man entweder mit der einheimischen Währung oder mit US-Dollar zahlen. US-Dollar sind sogar oft lieber gesehen. 1 US-Dollar sind 4000 KHR, 1 Euro sind 5000 KHR. Es ist alles sehr billig im Vergleich zu Thailand. Eine Nudelsuppe bekommt man für 2000 KHR, zwei Eiscremes im Brot für 5000 KHR und zehn Bananen für 3500 KHR. Eine kurze Hose erstand ich bereits um 7000 KHR, ein T-Shirt um 13000 KHR und eine Packung Instant Nudeln für 600 KHR.
Tja und dann gibt es in dem Dorf eben die Schule, ein Projekt, das in den Kinderschuhen steckt und bei dem es noch viel zu tun gibt. Eltern können oft das Schulgeld nicht bezahlen, das 0,40 Euro oder für die älteren 0,80 Euro im Monat ausmacht. Es war auch schlimm zu sehen, dass manche Eltern rauchen und trinken, es sich aber nicht leisten wollen, ihre Kinder zur Schule zu schicken. Trotzdem kann jeder zum Unterricht kommen, selbst wenn die Eltern nicht bezahlen können.
In der Schule war es nicht so, dass die Kinder zu ihrer Unterrichtsstunde kommen und dann wieder gehen, denn oft verbringen sie den ganzen Tag durchgehend in der Schule. Es ist wichtig, dass die neue Generation zur Schule geht, da dies ihre einzige Chance ist, aus der Armut auszubrechen und eines Tages einen guten Job zu bekommen.
Organisation ist hier im Allgemeinen ein Fremdwort, denn auch der Direktor der Schule hatte leider oft nicht das Durchhaltevermögen, Dinge zu Ende zu bringen. Wenn man sich bei uns eine handwerkliche Tätigkeit vornimmt, bereitet man zuerst alles vor, kauft die nötigen Werkzeuge und Materialien ein und beginnt dann mit der Arbeit. Bei der Schule war es so, dass man angefangen hat und irgendwann gesagt hat: „Oh, ich brauche ja noch Steine und Zement!“ Dann lies man die Arbeit liegen, besorgte die nötigen Sachen und erst danach machte man weiter.

Das Dorf, von dem einige Minuten entfernt die Schule lag

Der Markt der Einheimischen

Das Schulgebäude

Das Wohnzimmer, das als Gemeinschaftsbereich diente

Die aufgehängten Zahnbürsten für jedes Kind

Sarah und ich beim Betonieren eines Teichs für Enten

Zwei Kinder der Schule

Beim Spaziergang zum Markt traf ich diese drei Jungen

Thailand

Bangkok

Sarah und ich haben nun eine 13-stündige Busfahrt nach Bangkok hinter uns. Die Kosten betrugen insgesamt 26 US-Dollar. Über den Landweg nach Thailand bekommt man ein 15-tägiges Visum kostenlos. Wir haben Glück und das erste Gästehaus, das wir uns in einer Seitengasse der Khaosan Road anschauen, passt: zwei Einzelbetten in einem geräumigen Zimmer mit Ventilator.
Am nächsten Morgen wollen wir uns um die Visumsbeantragung für Indien kümmern. Ich habe mich deswegen für Indien entschieden, da Sarah Indien im Plan hatte und es ihr am günstigsten kommt, wenn sie nicht so wie ursprünglich geplant im Anschluss an Kambodscha in Thailand arbeitet, sondern gleich nach Indien weiterreist. Es ist mir auch wichtig, das was in Kambodscha passiert ist, zu verarbeiten und mit ihr darüber zu sprechen. Ich fühle mich zurzeit nicht stark genug, um alleine weiterzureisen. Man hört und liest oft im Internet, dass die Indienvisumsbeantragung nicht einfach ist und oft nicht klappt. Wir werden sehen, ob es bei uns reibungslos verläuft. Der Plan ist, zuerst in ein Internetcafé zu gehen und Infos über die Visumsbeschaffung einzuholen: Wo genau wir es beantragen müssen, wie viel es kostet und überdies möchten wir das Antragsformular drucken. Das Visum unterscheidet sich deutlich von anderen. Es wird die National ID verlangt sowie der Geburtsort unserer Eltern und wir müssen besondere äußerliche Merkmale angeben. Wir beschließen statt dem zehnseitigen Antrag lieber ein Tourismusbüro damit zu beauftragen. Für 73 Euro möchten wir ein sechs-Monats-Visum mit doppelter Aus- und Einreisemöglichkeit bekommen. Wir zahlen das Geld vorab, werden aber erst am nächsten Tag um 13 Uhr erfahren, ob wir das Visum überhaupt bekommen. Wenn ja müssen wir sieben Werktage auf das Visum warten, bevor wir weiter nach Indien reisen können.
Da ich mir schon langsam vorkomme wie in dem Film „Jumper“,

weil ich in kürzester Zeit von einem Land zum nächsten springe, versuche ich in Bangkok ein bisschen Kraft und Energie für Indien zu tanken. Indien ist ein Land, das viel Vorbereitung bedarf. Angefangen von der Visumsbeschaffung, sammeln wir auch Informationen über das Land und besorgen uns passendere Kleidung. Und so vergeht der zehntägige Aufenthalt in Bangkok sehr schnell. Natürlich lasse ich es mir dabei nicht nehmen, die Stadt Asiens schlechthin zu erkunden. Wir wohnen wie so ziemlich alle Backpacker auf der Khaosan Road und ich schlafe trotz der lauten und vibrierenden Musik der Lokale, die sich auf der Partymeile befinden, wie ein Baby. Das ist etwas, was sich während meiner Reise definitiv geändert hat: Ich habe mich von einer leichten Schläferin zu einer – wie soll ich es nennen – Tiefschläferin verwandelt. Seit ich reise kann ich überall schlafen. Sei es in einem Bett, das nach Katzenurin stinkt, in einem Schlafsaal mit zehn Backpackern, von denen drei so laut schnarchen, dass die restlichen Betten wackeln, sei es, dass deine Bettnachbarin noch liest und das Zimmer hell erleuchtet ist oder bei übelster Hitze kein Ventilator zur Verfügung steht. Selbst wenn ich in einem Zimmer liege, das nur ein paar Meter von einer Partymeile entfernt ist und die Musik laut dröhnend die ganze Nacht bis in die frühen Morgenstunden läuft – alles kein Problem mehr! Ich lege mich ins Bett und einige Sekunden später bin ich im Traumland.

Allgemeines über Bangkok

Das Klischee, dass Männer alleine oder auch in Gruppen nach Thailand kommen, um sich an den einheimischen Frauen hier zu erfreuen, bestätigte sich für mich definitiv. Aber nicht nur in Bangkok – es war in ganz Thailand so. Für viele Europäer ist dies wie eine Touristenattraktion. Es klingt heftig und ist vielleicht auch etwas geschmacklos von mir es zu erwähnen, aber leider die Realität und diese werde ich nicht beschönigen. So wie man sich einen Tempel anschaut, gehört der Besuch einer Prostituierten zum Sightseeing-Programm sehr vieler europäischer Männer dazu. Es gibt übrigens insgesamt 400 Tempel allein in Bangkok und 2200

Tempel in ganz Thailand, die Zahl der Prostituierten habe ich hingegen nicht in Erfahrung bringen können.
Auf der Khaosan Road befinden sich viele Kleiderstände, die auf der Straße stehen. Einmal am Tag fährt dort die Polizei durch. Sobald sie kommt, verschwinden plötzlich alle Kleidungs- und auch Essensstände. An einem Tag ist dies gerade passiert, als wir uns das traditionelle thailändische Nudelgericht Pad Thai bei einem Straßenstand kauften und uns auf die Plastikstühle setzten. Plötzlich fuhr die Frau mit ihrem Essensstandwagen weg und wir saßen alleine und verlassen auf der Straße. Die Polizei scheint wirklich viele Kontrollen zu machen. Wir sahen auch, dass sie teilweise Autos aufhalten und diese kontrollieren.
Thailand ist ein tolles Fleckchen Erde, was das Essen angeht. In Thailand werden die Gerichte in der Regel mit vier verschiedenen Geschmacksrichtungen gewürzt: süß = Kristallzucker, salzig = Salz, sauer = Essig und scharf = Chili. Diese Zutaten findet man fast überall am Tisch und bei jedem Straßenstand zum selbst Nachwürzen. Ich bin den asiatischen Essensständen auf der Straße absolut verfallen. Wenn ich daran denke, nach Europa zurückzukehren und nur Restaurants um mich zu haben, bei denen man sich zuerst überlegen muss, ob man passend angezogen ist, und dann noch eine Ewigkeit wartet, bis das Essen kommt, vergeht es mir. Die berühmten Straßenstände hier in Asien sind gänzlich anders: Es handelt sich dabei meist um einen kleinen, rollbaren Wagen, den man vor sich herschiebt und abstellen kann, wo immer man gerade möchte. Man bekommt die berühmten Nudelsuppen, die ich übrigens auch schon nach asiatischer Gewohnheit zum Frühstück essen kann, oder typische Reis- und Nudelgerichte. Das Essen ist günstig und man kann dabei zusehen, wie es frisch zubereitet wird. Das geht sehr schnell, ebenso wie das Essen selbst: Man isst es meist direkt im Stehen oder, wem das Essen im Stehen nach europäischer Weisheit zu ungesund ist, im Sitzen am Straßenrand. Denjenigen, die der Meinung sind, dass man sich bei solchen Straßenständen Unmengen an Krankheiten holen kann, kann ich sagen: ganz im Gegenteil! Mein Immunsystem ist mir unendlich dankbar, dass es täglich so gestärkt wird. Egal ob ein Huhn gerade herbei geflogen kommt, während das Essen schon am Tisch steht,

eine Fliege in der Suppe schwimmt oder der Typ am Essensstand sich gerade einen Pickel ausgedrückt hat – sobald ich so etwas zu Gesicht bekomme ist mein erster Gedanke: „Es ist okay, mein Immunsystem wird dabei bestimmt gestärkt!“ Mal ganz ehrlich, wir wollen alle nicht wissen, wie es bei uns in den Küchen mancher Restaurants so zugeht. Da sehe ich es lieber mit eigenen Augen, anstatt mir auszumalen, was da hinter der Küchentür so alles vor sich geht und ob der Küchenchef mir gerade ins Essen spuckt, weil ich einen Sonderwunsch geäußert habe.
Butter und Salz und andere Produkte schmecken hier übrigens süßer als bei uns. Egal ob es Joghurt oder Getränke sind, alles ist süßer. Auch Cola schmeckt süßer als bei uns – eher so wie Red Bull. Ursprünglich stammt unser Red Bull übrigens aus Thailand. Dietrich Mateschitz entdeckte 1982 in Thailand den damals bereits weit verbreiteten Energy Drink. Damit kam er dann nach Österreich und dank seiner genialen Vermarktung ist Red Bull heute eine weltbekannte Marke.

Ein Taxi zu finden ist hier in Bangkok und allgemein in Asien nicht so einfach. Du hältst ein Taxi an und das Erste, was du fragen musst, ist, ob der Fahrer ein Taxometer verwendet. Meist kommt als Antwort: „Wo willst du hin, wo willst du hin?“ Die Frage musst du übergehen und stattdessen noch drei Mal nachfragen, ob er ein Taxometer verwendet oder nicht. Wenn keine konkrete Antwort kommt, empfiehlt es sich, einfach die Autotür zuzuknallen und zum nächsten Taxi weiterzugehen. Der nächste Taxifahrer fragt dich womöglich wieder, wohin du willst und meint: „300 THB kostet das.“ Als Antwort sollte er von dir bekommen: „Wenn du das Taxometer verwendest, ist das okay.“ Am besten weißt du vorab schon, was die jeweilige Fahrt kostet. Du kannst dich in deiner Unterkunft an der Rezeption nach den ungefähren Preisen für bestimmte Strecken erkundigen. Wenn ein Taxilenker übrigens kein Taxometer verwendet und dir einen fixen Betrag nennt, wird prinzipiell immer viel zu viel von Touristen verlangt. Der Taxifahrer meint daraufhin vielleicht: „Nein, mit dem Taxometer kommt es dir teurer, ich kann dir den Preis von nur 300 THB anbieten.“ Gut, du kennst das Spiel schon: Türe zuschlagen, weiter geht's.

Nach dem sechsten oder siebten Taxifahrer findet man meist endlich einen, der das Taxometer einschaltet. Wichtig ist, nicht zu lange herumzudiskutieren, das kostet nur Kraft und Energie und auf einer längeren Reise muss man sich seine Energie einteilen. Lieber früher aufhören zu diskutieren und weitergehen als sich den Mund fusselig reden.
Nach über zwei Monaten Thailand habe ich endlich einen Trick herausgefunden, um die ständigen Belästigungen auf der Straße, die Anfragen nach einer Tuk Tuk-Fahrt, etwas zu reduzieren. Ein Tuk Tuk-Fahrer fragt dich zum fünften Mal an diesem Tag, ob du mit ihm eine einstündige Stadtbesichtigung für ganze 10 THB machen möchtest. Frage ihn daraufhin, ob er bei vier Anzuggeschäften stehen bleiben kann oder besser noch bei zehn Shops. Somit entlockst du dem Fahrer ein Lächeln, du hast selbst deinen Spaß und er spricht dich das nächste Mal nicht mehr an, weil er weiß, dass du bereits die billigen Tricks der Tuk Tuk-Fahrer kennst. In Bangkok kommt es nämlich häufig vor, dass du von einem Tuk Tuk-Fahrer zu einer Stadtrundfahrt ermutigt wirst. Diese Stadtrundfahrt entpuppt sich aber dann innerhalb kürzester Zeit als eine Shoppingtour. Der Taxifahrer bekommt von jedem Geschäft und jedem deiner Einkäufe eine Provision, wenn er dich dort hinbringt ohne dass du vorher etwas davon wusstest.

An einem Tag in Bangkok schüttete es so heftig, dass die Straßen bei der Khaosan Road unter Wasser standen. Es wollte gar nicht mehr aufhören zu regnen und in kürzester Zeit kamen solche Wassermassen vom Himmel, sodass das Wasser kniehoch über die Straßen floss. Erschrocken von dem heftigen Regenfall aber gleichzeitig neugierig ließen Sarah und ich es uns nicht nehmen, trotzdem rauszugehen. So wateten wir in kniehohem Wasser durch die Straßen, um zu dem nächsten Essensstand zu gelangen. Es war anstrengend gegen die Strömung, die herrschte, anzukommen. Wir gingen blind die Straße entlang, weil wir auch nicht abschätzen konnten wo ein Randstein ist oder Erhebungen auf der Straße sind. Das Ekelhafte daran war, dass wir an den Unterschenkeln den Dreck vorbeischwimmen spürten: Plastiktüten, Essenreste, Zigaretten und alles Möglich streifte unsere Haut und wir konnten dem

nicht entkommen. Ekelhaft, aber dennoch belustigend!
Das aber mit Abstand Ekelhafteste sind die Klos hier in Thailand oder allgemein in Südostasien, bei denen die Kloschüssel im Boden ist und man sich hinhocken muss. Denn dabei spritzt man sich immer mit seinem eigenen Urin an und meistens auch noch mit dem Urin von demjenigen, der vor einem auf dem Klo war. Ich würde zu gerne mal wissen, wie eine Thailänderin aufs Klo geht, ohne nass zu werden und ohne Klopapier zu verwenden!

Ein kurzes Zwischenfazit zum Reisen

Anfangs ist das Reisen noch nichts Besonderes und man fragt sich, warum alle so davon schwärmen. Irgendwann bekommt man dann Routine und eine gewisse Sicherheit darin und es gefällt einem immer besser – und plötzlich wird es zur Sucht. Man möchte immer mehr sehen, mehr erleben und immer mehr Leute kennenlernen. Ich habe jetzt schon acht Länder gesehen, der Inhalt meines Rucksacks hat sich gänzlich erneuert und die Anzahl meiner Krankenhausbesuche beschränken sich nur auf den einen in Thailand, der aber eher harmlos war. Ich wurde noch nicht meines Reisepasses bestohlen oder habe etwas Wertvolles verloren. Ich hatte noch keine Malaria, keine Bettwanzen und auch keinen Durchfall. Seit ich unterwegs bin, war ich noch nicht einmal verkühlt oder hatte eine Grippe. Und eines der wichtigsten Dinge als Backpacker: Ich liege ganz gut im Budget. Dafür habe ich in sechs Monaten bereits ganze sieben Kilo zugenommen, also mehr als ein Kilo pro Monat, weil ich das asiatische Essen einfach so sehr liebe und der Hauptbestandteil der Speisen Reis ist, viele Sachen frittiert oder sehr fettig sind und man als Backpacker – obwohl ich das anders erwartet hätte – nicht so viel Bewegung macht.

Blick über Bangkok

Einer der berühmten Straßenstände in Thailand

Ein Floating Market in der Nähe von Bangkok

Eine Marktfrau stärkte sich auf ihrem Boot

Indien

Eine kräfteraubende Ankunft in Indien

Sarah und ich haben uns vorab für unsere erste Stadt in Indien, nämlich Kalkutta – oder wie man hier sagt: Kolkata –, einen Couchsurfer organisiert. Wir haben ihm versehentlich gesagt, dass wir um zwölf Uhr nachts ankommen, obwohl es tatsächlich erst zwölf Uhr mittags ist als wir ankommen. Irgendwie dachten wir, wir fliegen zehn Stunden, dabei sind es nur zwei. Angekommen am Flughafen wollen wir den Couchsurfer deswegen anrufen, finden aber kein Telefon. Also beschließen wir, ein Taxi ins Stadtzentrum zu nehmen. Als wir das heruntergekühlte Flughafengebäude in Kolkata verlassen, werden wir beinahe von der stickigen Hitze erschlagen. Daran werde ich mich erst gewöhnen müssen.
Der Taxifahrer fragt uns einige Male: „Wollt ihr ins Stadtzentrum?"
Wir bestätigen das immer wieder: „Ja bitte, wir möchten in das Stadtzentrum gebracht werden, in das Zentrum von der Stadt."
Der Taxilenker quatscht ewig lange herum und fragt uns immer und immer wieder: „Wollt ihr ins Stadtzentrum 1 oder ins Stadtzentrum 2?"
Wir haben natürlich keine Ahnung und wundern uns, was er genau wissen möchte. Erschöpft vom Flug und den Wunsch verspürend, den Couchsurfer darüber zu informieren, dass wir bereits angekommen sind, wählen wir eines der beiden Stadtzentren aus. Eins oder zwei? Ich weiß nicht einmal mehr, was wir geantwortet haben. Schlussendlich fahren wir genau zehn Minuten. Wir wissen von einem Pärchen, die auch in Richtung Stadtzentrum gefahren sind, dass sie 240 indische Rupien (INR) (=3€) gezahlt haben und handeln daher mit dem Taxifahrer 190 INR (=2,50€) aus. Wir fahren an einer stark befahrenen Straße entlang und fangen gerade an uns zu entspannen, als wir plötzlich halten. Nanu, das kann doch nicht das Stadtzentrum sein! Außer einem großen Gebäude links neben uns stehen weit und breit keine Häuser. Verwundert steige ich aus.
„Du, Sarah, hier sind wir nicht richtig, oder?"

„Nein", antwortet sie genervt.
„Schau mal", sage ich in ihre Richtung und zeige mit dem Finger auf die riesengroßen Buchstaben oberhalb des großen Gebäudes. Sie folgt mit ihrem Blick der Richtung, in die mein Zeigefinger zeigt. Vor uns steht groß der Name des Gebäudes: „City Center". Wir realisieren, dass es sich hierbei um ein Einkaufszentrum handelt. Wir sind wirklich sauer und diskutieren ewig herum: „Wir haben klar und deutlich gesagt, dass wir ins Stadtzentrum wollen und sie haben uns reingelegt. Bringen Sie uns jetzt bitte ins Zentrum, so wie es ausgemacht war."
Er meint daraufhin zu uns: „Ihr müsst 400 INR (=5€) mehr zahlen, wenn ich euch in die Stadt bringen soll." Daraufhin steigen wir aus und zahlen die 190 INR, obwohl das für diese kurze Strecke immer noch viel zu viel ist. Die anderen Taxifahrer, die rund um uns stehen, als wir aussteigen, halten fest zusammen und keiner geht mit dem Preis runter. Was lehrt mich diese Situation wieder? Auch wenn ich noch so müde und mit anderen Sachen beschäftigt bin, muss ich mich dennoch zusammenreißen und mich genau über die nächste Destination erkundigen. Ich sollte mir immer selbst vorher ein Bild von einer Stadt machen, damit ich wenigstens ein bisschen Ahnung von der Umgebung habe und mich nicht auf andere verlassen muss.

Wir spazieren kurz in dem Einkaufszentrum herum, das keine große Auswahl an Geschäften zu bieten hat. Schließlich betreten wir ein Handygeschäft, um uns eine SIM Karte zu besorgen, damit wir den Couchsurfer anrufen können. Der Verkäufer meint zu uns: „Die SIM Karte kostet 800 INR." Wir wissen aber aus unserem Indien-Reiseführer, dass das viel zu viel ist – mehr als das Achtfache vom Normalpreis einer SIM-Karte.
Schließlich gehen wir zu McDonalds und fragen den Filialleiter: „Wie viel kostet normalerweise eine SIM Karte?" Er antwortet: „Um die 50 indische Rupien." Ich rechne kurz nach und merke, dass dies umgerechnet ungefähr zwischen 0,60 und 0,70 Euro ist. Dann erkundigen wir uns noch nach dem Taxipreis von hier aus in die Stadt und er meint, es wäre eine Stunde Fahrtzeit für 150 INR (=2€). Auch wenn uns das sehr günstig erscheint und für unserei-

ner keine große finanzielle Einbuße bedeutet, geht es ums Prinzip und ich möchte mich nicht gerne abzocken lassen. Merkt euch eines: Wenn ihr die lokalen Preise für etwas wissen möchtet, fragt niemals die, die im gleichen Business arbeiten!
Wir gehen wieder zurück zum Taxistand und diskutieren mit einem Taxifahrer und da wir mit den Nerven bereits am Ende sind, lassen wir uns auf den Preis von 250 INR ein. Wir kennen noch niemanden in Indien, haben noch keine Ahnung von der Kultur, sind noch nicht mit unserem Couchsurfer in Kontakt getreten und einen guten Start hatten wir bis jetzt leider auch nicht. Schließlich bleiben wir stehen und als wir nochmal nach dem Preis fragen, sagt der Taxifahrer: „450 indische Rupien." Zorn steigt in mir auf und in diesem Moment denke ich mir: Ich mag das Land jetzt schon nicht. Wie soll das weitergehen, wenn wir nach nur wenigen Stunden schon so oft abgezockt werden?
Wir entgegnen ihm entrüstet: „Es waren aber 250 INR ausgemacht."
Er meint: „Hier ist es so üblich, dass auch das Zurückfahren berechnet wird."
Wir diskutieren herum und als wir uns weigern ihm die von ihm zu viel verlangten 450 INR zu geben, hält er den Kofferraum zu und sagt: „Kein Geld, keine Rucksäcke." Sarah und ich werfen uns einen Blick zu und ich erkenne ein Blitzen in ihren Augen, das mir verrät, dass sie genauso zornig ist wie ich, aber gleichzeitig endlich in Ruhe ankommen möchte. Wir geben ihm schließlich die 450 INR. Es ist wohl das Beste, wenn man nicht nochmal, so wie wir es dummerweise getan haben, nach dem Preis fragt, sondern dem Taxifahrer einfach das ausgemachte Geld in die Hand drückt und geht, damit man sich gar nicht auf weitere Diskussionen einlässt. Im Nachhinein ist man immer schlauer.

Wir fragen uns durch, wo der nächste Handyshop ist, und landen bei einem der größten Handynetzbetreiber Indiens. Es hat sich eine Traube von Menschen in dem Handygeschäft angesammelt und erst nach einer längeren Wartezeit sind wir an der Reihe. Unsere Nummer, die wir zuvor an einem Automaten gezogen haben, blinkt auf einem Bildschirm auf und signalisiert uns, dass wir an

der Reihe sind. Wir treten einem Mann mittleren Alters gegenüber, der glücklicherweise Englisch spricht. So einfach wie wir zuerst dachten, kriegen wir unsere SIM-Karte nicht.
„Ich brauche von euch einen Namen, sowie Adresse und Telefonnummer von jemandem, der in Indien einen Wohnsitz gemeldet hat", sagt der Mitarbeiter zu uns. Wir zeigen ihm einfach die Hoteladresse eines Hotels, das im Reiseführer aufgelistet ist, in dem wir nie vorhaben zu übernachten. Das ganze Hin und Her mit der Adresse ist ohnehin total unnötig, weil wir schlussendlich die Adresse nirgends niederschreiben müssen. Das ist die komplizierte indische Zettelwirtschaft. Wir füllen nur Name, Nationalität und Passnummer aus und bekommen schließlich von dem Handyshop-Mitarbeiter die SIM-Karte ausgehändigt.
Er meint zu uns: „Ihr müsst jetzt zwei Stunden warten, bis die Karte aktiviert wird. Anschließend müsst ihr ein Geschäft suchen, indem man Guthaben kaufen kann."
„Echt jetzt?", entfährt es mir erschrocken.
Ich drehe mich mit einem Seufzer zu Sarah um: „Wie seltsam und unlogisch ist das denn bitte, dass es in dem Shop zwar SIM-Karten zu kaufen gibt, aber kein Guthaben? Das fängt ja alles schon total kompliziert an."
„Da hast du recht, ich habe echt keine Lust mehr", stimmt sie mir zu.
Wir verlassen das Handygeschäft voll beladen vorne und hinten mit unseren Rucksäcken und haben bereits durchnässte T-Shirts. Wir begeben uns auf die Suche nach einem Shop – leider vergeblich – und sind somit noch immer ohne indische Handynummer. Wir wünschen uns beide sehnsüchtig, endlich anzukommen, unsere Rucksäcke abzuladen und uns kurz frisch machen zu können.
Wir beschließen uns zuerst in ein Restaurant zu setzen, um uns satt zu essen. Wir bestellen etwas und der sympathische ältere Restaurantbesitzer mit grauem Bart fragt uns: „Seid ihr das erste Mal in Indien?"
„Ja", entgegne ich ihm und in dem Moment kommt mir eine Idee. Sarah und ich geben unsere Bestellung auf und ich lehne mich ihr entgegen über den Tisch: „Wir versuchen mit dem netten Herrn ein Gespräch anzufangen, warten bis wir unser Essen bekommen,

essen und fragen ihn dann, ob wir telefonieren dürfen." Sarah grinst mir zu und bestätigt mein Vorhaben. Nach dem Essen, als der Restaurantbesitzer abservieren kommt, wende ich mich ihm zu, erkläre ihm kurz unsere Situation und frage ihn leicht flehend: „Dürften wir kurz telefonieren?"

Der Restaurantbesitzer ist so nett und borgt uns sein Handy, damit wir den Couchsurfer anrufen können. Voller Erleichterung hole ich den kleinen Zettel aus meiner Hosentasche und tippe die Nummer in das Handy. Während es läutet, hoffe ich inständig, dass das seine richtige Nummer ist und er auch abhebt. Der Couchsurfer meldet sich nach dem dritten Läuten und ich erkläre ihm: „Wir haben uns mit dem Flugplan vertan und sind bereits in Kolkata." Ich nenne ihm den Namen des Restaurants und die Adresse. Er entgegnet mir daraufhin: „Bleibt wo ihr seid. Ich komme euch sofort holen." Eine große Erleichterung macht sich in mir breit und ich atme einmal tief durch, lehne mich zurück und spüre wie meine Anspannung nachlässt.

Eine halbe Stunde später öffnet sich die Türe des Restaurants und ein junger Inder kommt geradewegs auf uns zu. Wir begrüßen uns und bieten ihm einen Stuhl an. Sein Name ist Ashraf und er ist 29 Jahre alt. Er erzählt sehr gerne über sich und sein Land und wir hören ihm gespannt zu. Es vergehen gleich zu Beginn gute zweieinhalb Stunden ohne Redepause.

Unsere erste Nacht in Indien und der Tag danach

Da es für Ashraf nicht möglich ist, uns bei seiner Großfamilie im Haus unterzubringen, lässt er es sich nicht nehmen, uns auf die kommenden Nächte einzuladen. Wir sind in einem Gästehaus untergebracht, das zwar billig aussieht, aber ich glaube, dass es gar nicht so billig ist. Das Bett scheint frisch überzogen zu sein, aber wir benutzen trotzdem unsere Seidenschlafsäcke um auf Nummer sicher zu gehen. Wir haben alles was nötig ist und über die normale Toilette mit Klospülung bin ich besonders froh. Erschöpft schlafen wir an unserem ersten Abend in Indien ein und wachen am nächsten Tag mit mehr Energie und Kraft auf. Ashraf nimmt sich

viel Zeit für uns und führt uns zu Fuß durch die Stadt. Wir spazieren durch die Straßen, setzen uns in Parks und probieren indische Spezialitäten. Ashraf erzählt uns viel über sein Land und seine Kultur und ich versuche alles in mir aufzusaugen und nachzufragen. Etwas Typisches, das hier in Kolkata an jeder Ecke verkauft wird, ist der berühmte Chai-Tee mit Milch und Zucker, den man in kleinen Gefäßen bekommt. Ich merke, in Richtung Ashraf gewendet, an: „Das sind aber schöne kleine Gefäße. Wie werden die hergestellt?"
Ashraf erklärt mir: „Die werden aus Dreck von der Straße hergestellt. Sind aber wirklich schöne, niedliche kleine Schälchen und davor grausen braucht einem auch nicht, da sie wie Keramik unter Feuer gebrannt und somit die Keime abgetötet werden. Diese Behältnisse werden nach einmal trinken weggeworfen."
Auf meine Frage: „Wieso werden diese Schälchen nach einmaligem Benutzen weggeworfen?" antwortete mir Ashraf: „Weil wir ein reiches Land sind. Niemand verwendet sie ein zweites Mal, auch wenn man sich nichts leisten kann, bettelnd auf der Straße lebt und hoffen muss, am nächsten Tag Nahrung zu bekommen. Man tut das hier einfach nicht."
Am Abend besuchen wir einen Park. Wir setzen uns vor eine Wasserfläche und schauen der tollen Wassershow mit einem schönen Lichterspiel zu. Begleitet wird es von Musik und es findet jeden Abend statt. Es erzeugt eine beruhigende und harmonische Stimmung und die Menschen rund um uns sitzen auf Bänken und den Steinstufen und beobachten in sich gekehrt das Spektakel. Der Park ist groß, sehr gepflegt und saftig grün. Aber nicht nur dieser Park, sondern auch die tollen prunkvollen Gebäude, Kirchen, Anlagen und Ausstellungen rufen ein großes Fragezeichen in mir hervor. Nehmen wir als Beispiel diese Lichtershow in dem wundervollen Park: Du siehst dir das an, genießt den Anblick und die liebliche Musik. Dann gehst du nach dem Ende dieses Spektakels, an dem sich viele Inder erfreuen, raus aus dem Park und befindest dich inmitten von Straßen voller Dreck, Armut und Hilflosigkeit. Menschen waschen sich sitzend auf der Straße mit dem Wasser, mit dem auch die Autos gewaschen werden, heimatlose Kinder schlafen nackt direkt auf den asphaltierten Gehsteigen und Hunde

wühlen im Müll, der überall liegt. Ich bin sehr offen für die unterschiedlichsten Kulturen und Religionen sowie Ansichten der Menschen, aber hier stoße ich an einen Punkt, an dem ich nur den Kopf schütteln kann. Denn die Regierung errichtet prunkvolle Gebäude, schöne Einrichtungen und wundervolle Parks, aber für die Ärmsten der Armen bleibt kein Geld übrig. Natürlich bleibt diese Frage nicht lange nur als Gedanke in meinem Kopf und ich konfrontiere unseren Gastgeber damit. Seine Antwort darauf lautet: „Die Regierung möchte den Menschen hier etwas bieten, um zum Beispiel zu relaxen oder nach der Arbeit abzuschalten. So steigert eine Stadt ihren Wert." Diese Antwort stimmt mich traurig und macht mich gleichzeitig wütend. Anstatt mehr Schulen, bessere Krankenhäuser, Hilfsorganisationen für Waisenkinder und Obdachlose zu bauen oder wenigstens Geld in die Straßenreinigung oder Müllentsorgung zu investieren, errichtet die Regierung lieber schöne Parks mit Lichtershows, riesige Kirchen oder pompöse Galerien.

Am nächsten Tag kommt es zu einem Zwischenfall, der mich sehr nachdenklich stimmt. Wir sind gerade auf dem Weg zum Bahnhof von Kolkata, da wir mit dem Zug weiter nach Varanasi reisen wollen. Während des Fußweges vom Gästehaus zur Hauptstraße beginnt es zu regnen, weshalb wir lieber mit einem Taxi fahren wollen. Als Ashraf für uns ein Taxi organisieren möchte, lehnt der Taxilenker ab. Verdutzt schaue ich Ashraf mit großen Augen fragend an. Ashraf erzählt uns: „Wenn ich zum Beispiel etwas bei einem Shop kaufen möchte und der gerade schließt und die Waren wegräumt, verkauft der Besitzer oft nichts mehr, einfach, weil sie bequem sind, auch wenn sie noch so arm sind. Sie leben auf der Straße und haben einen Laden, der nur aus einem kleinen Holzwagen besteht und der ihnen nachts zugleich als Schlafstätte dient. Sie brauchen eigentlich jede Münze, aber dennoch tun sie nichts, wenn ihnen gerade nicht danach ist."
Wir finden schlussendlich ein Taxi, das uns für einen vorher ausgemachten Preis zum Bahnhof bringt. Die Bahnhofshalle ist ein riesengroßes Gebäude. Als wir sie betreten, bleibt uns erst einmal vor lauter Staunen der Mund offen stehen. Den Anblick müssen wir definitiv auf uns wirken lassen: Touristen sind weit und breit

nicht zu sehen, nur Inder. Eine vollgefüllte Halle von Einheimischen. Eine Familie sitzt am Boden dicht neben der anderen, nicht erkennbar wer zu wem gehört. Einige schlafen, andere wiederum unterhalten sich miteinander oder entlausen sich gegenseitig die Haare. Manche stehen in Gruppen zusammen und eine Kuh drängt sich dazwischen.

Mit dem Zug von Kolkata nach Varanasi

Ich sitze gerade im Zug von Kolkata nach Varanasi. Dies liegt im nordindischen Bundesstaat Uttar Pradesh. Die Zugfahrt dauert 15 Stunden und Sarah und ich haben uns für einen Schlafwagen der niedrigsten Klasse entschieden. Es befinden sich immer drei Stockbetten nebeneinander und die Fenster sind weit geöffnet. Gleich zu Beginn als wir eingestiegen sind, gingen bewaffnete Männer durch den Zug und rieten uns, auf unser Gepäck gut aufzupassen. Deswegen kann ich nun die ganze Zugfahrt nicht schlafen. Trotzdem vergeht die Zeit sehr schnell. Leute steigen zu und aus, unterhalten sich, schlafen, wachen auf und es herrscht insgesamt ein reges Getümmel. Nach zehn Stunden Fahrt wird es um fünf Uhr morgens hell. Ich liege noch auf meiner Pritsche als plötzlich ein Inder neben mir steht. Ich liege in der untersten Ebene des Dreistockbetts und Sarah schläft noch. Das Bett über mir befindet sich auf Kopfhöhe, wenn man aufrecht steht, und somit muss sich der Unbekannte bücken.

Er beginnt mit mir zu reden und fragt mich: „Wie geht es dir? Woher kommst du?" Ich antworte ihm verschlafen und etwas überrumpelt von seinem Erscheinen. Wir reden anschließend über belanglose Dinge und er erzählt mir, dass er 25 Jahre und angehender Doktor ist. Nach einiger Zeit bietet er mir an: „Da ihr ja noch keine Unterkunft in Varanasi habt, kannst du und deine Freundin gerne bei mir übernachten."

Ich frage ihn: „Wohnst du alleine oder zusammen mit deiner Familie?"

„Ich wohne noch bei meiner Familie", antwortet er mir.

„Das ist gut, somit besteht keine Gefahr", denke ich mir.

Als ich das ein zweites Mal etwas später anspreche, meint er: „Meine Familie ist vorübergehend nicht zu Hause und ich bin zur Zeit alleine."
Das hört sich wiederum nicht so gut an. Schließlich fragt er mich: „Möchtest du irgendwann mal heiraten? Und könntest du dir vorstellen, einen Inder zu heiraten?" Geschockt schaue ich ihn an und er fügt noch hinzu: „Ich suche nämlich gerade eine Frau, eine ausländische Frau."
Irgendwie ist das wie ein Heiratsantrag und damit ist für mich klar, dass wir nicht bei ihm übernachten werden.
Plötzlich legt er sich neben mich aufs Bett. Ich fühle mich sehr unwohl und bedrängt und sage zu ihm: „Mir ist das sehr unangenehm, dass du hier neben mir liegst. Ist das in Indien normal, dass man sich gleich einfach so neben eine fremde Frau legt?"
Er meint darauf: „Das ist bei uns kein Problem."
Ich muss kurz schlucken, da mich seine Antwort doch sehr überrascht und sage: „Bei uns ist das nicht so und ich fühle mich sehr unwohl in dieser Situation."
Da das Bett breit genug für eine Person ist, ist kaum Abstand zwischen uns. Er bewegt sich daraufhin keinen Zentimeter und so spreche ich es gleich nochmal an: „Könntest du bitte von meinem Platz runtergehen? Ich möchte nicht, dass du neben mir liegst."
Er lenkt vom Thema ab und übergeht meine Aussage komplett.
Ich frage ihn: „Wie lange fährst du noch mit dem Zug?" und er gibt mir zur Antwort: „Ich habe ab der nächsten Station eine Sitzplatzreservierung in einer anderen Klasse und wechsle dann in einen anderen Wagon."
„Und wie lange braucht der Zug zur nächsten Station?"
„15 Minuten", bekomme ich als Antwort.
Darauf fragt er mich: „Bedränge ich dich denn?"
„Das habe ich dir ja schon zweimal gesagt!"
Er reagiert wieder nicht darauf, ist aber wohl etwas beleidigt. Schließlich fragt er nochmal von sich aus: „Fühlst du dich unwohl und bedränge ich dich?"
„Ja! Bitte setz dich wenigstens auf und lieg nicht neben mir."
Das macht er dann auch und ist ziemlich bald verschwunden. Ich atme auf.

Langsam wacht Sarah auf und ich erzähle ihr von meiner eigenartigen und vor allem beängstigenden Begegnung mit dem jungen Inder. Es ist sechs Uhr morgens und wir sitzen inmitten einer indischen Großfamilie. Keiner von denen kann Englisch, dennoch versucht der Familienälteste mit uns zu reden, was aber verständlicherweise nicht so gut funktioniert.
Wir haben schon des Öfteren ein interessantes Verhalten der Inder beobachtet: Sie nehmen einen grünen, saftig aussehenden Ast und fangen an, darauf herumzukauen, was ihnen anscheinend als Zahnbürste dient. Der Familienälteste holt so einen Ast hervor. Wir sprechen ihn darauf an und fragen: „Braucht man dafür Äste eines bestimmten Baumes? Und wie macht man das dann genau?" Er bietet uns schließlich einen Ast an und neugierig, wie wir sind, nehmen wir ihn an. Wir machen ihm Schritt für Schritt alles nach. Zuerst schälen wir die Rinde von den ersten zwei bis drei Zentimetern des Astes ab. Anschließend fangen wir an, am Ende auf circa einem Zentimeter zu kauen. Der Ast hat einen leicht bitteren Geschmack. Wir kauen so lange, bis die Fasern des Astes ausfransen und Fäden abstehen. Man kann sich das wie die Haare einer Zahnbürste vorstellen. Mit dem zerfaserten Ast versuchen wir uns wie mit einer normalen Bürste die Zähne zu putzen. Zum Schluss, als wir fertig sind, spucken wir die Flüssigkeit aus, die durch die Ausscheidungen vom Ast im Mund entstanden ist – in unserem Fall aus dem Fenster des Zugs. Wichtig ist dabei, dass man auf keinen Fall das Sekret des Astes schluckt, da es giftig ist, und sich unbedingt danach den Mund mit Wasser ausspült. Das Rausspucken aus dem Fenster ist übrigens eine kleine Herausforderung, denn es ist für uns gar nicht so einfach, so weit zu spucken, ohne dass wir uns selbst treffen. Wir haben Spaß und bezahlen dem Familienältesten einen Chai-Tee für 5 INR (=0,07€), weil er sich so bemüht hat, uns das zu erklären.

Als wir in Varanasi ankommen, stellen wir fest, dass die Stadt – nicht anders als Kolkata – ein Drecksloch ist. Aber genau das liebe ich, denn die Städte hier in Indien sind alle authentisch: Die Luft ist verschmutzt, es stinkt und das Hupen auf der Straße ist nicht mehr wegzudenken. Kühe sind hier heilig und werden wie Mitmen-

schen behandelt. Mitten im hektischsten Straßenverkehr stehen oder liegen Kühe auf der Straße und es wird ihnen rücksichtsvoll ausgewichen. Wahrhaftig ist Indien das Land der heiligen Kuh!
Sarah und ich sind in der Zeit in Varanasi mit zwei 21 Jahre alten Männern unterwegs, die hier an der Universität, die größte und beste Indiens, studieren. Sie führen uns die paar Tage sehr viel herum und erzählen uns einiges über diese Stadt.
Eines Morgens stehen wir extra früh auf, um noch vor Sonnenaufgang am Fluss Ganges zu sein. Viele Menschen, die kein Zuhause haben, leben am Ganges. Sie schlafen direkt auf dem betonierten Untergrund neben dem Fluss und stehen bei Sonnenaufgang auf. Sarah, die zwei jungen Männer und ich setzen uns auf die Betonstiegen, die hinunter zum Fluss führen. Wir beobachten wie der große, rote, runde Ball langsam den Weg vom Horizont immer weiter nach oben macht. Während es langsam Tag wird, wachen immer mehr Einheimische auf und kommen zum Fluss, um sich zu baden. Sie ziehen sich aus, seifen sich ein, waschen ihre Kleidung und putzen sich die Zähne – meist nur mit einem Finger. Es herrscht eine absolute Ruhe und jeder ist in seine Morgenhygiene vertieft. Irgendwie ist das ein atemberaubender Anblick. Es ist immer toll, einen Ort mit Einheimischen erleben zu dürfen und somit Details über das Land und die Leute zu erfahren, die man sonst als Tourist nicht mitbekommen würde. Die beiden Inder geben sich viel Mühe, uns über ihr Land näher zu informieren und uns all unsere Fragen zu beantworten.
Einer der beiden erzählt uns zum Beispiel: „Nur Inder ohne Schulbildung schlagen ihre Frauen. Denn es ist illegal, aber das wissen die Frauen hier nicht und sie können auch nichts dagegen tun."
„Aber wieso gehen sie nicht zur Polizei?", frage ich nach.
„Die Frauen wissen hier nicht über ihre Rechte Bescheid und können sich nicht wehren. Gebildete Männer hingegeben schlagen ihre Frauen meist nicht", erklärt er mir auf eine Frage hin.
„Darf ich dich noch etwas fragen?", richte ich mich an ihn.
„Natürlich, du kannst mich alles fragen", gibt er mir zu verstehen.
Ich versuche meine Frage vorsichtig zu formulieren: „Wie ist das hier mit der Ehe? Sind alle Ehen arrangiert?"
Er erklärt mir: „Fast alle Ehen in Indien werden von den Eltern

arrangiert. Es gibt sogar ein Internetportal, bei dem man für sein Kind einen zukünftigen Ehepartner aussuchen kann. Man hat auch die Möglichkeit, in gebildeteren und moderneren Familien bei einem vorgeschlagenen Ehepartner Widerspruch einzulegen. Ansonsten lernen sich die zukünftigen Ehepartner einen Monat vorher kennen und dann findet die Hochzeit statt. Man schafft es hier in Indien so gut wie immer, sich in der Ehe zu arrangieren, denn die Scheidungsquoten sind niedrig. Es werden Kompromisse gefunden und die Inder sind sehr tolerant, sonst würden solche Ehen, denke ich, gar nicht funktionieren. Ganz früher war es sogar so, dass nicht einmal die Eltern den zukünftigen Partner vorher zu Gesicht bekamen, sondern sich diese nur mit dessen Eltern trafen und danach wurde gleich geheiratet. Das verheiratete Paar lebt immer im Haus der Eltern des Mannes. Sex gibt es hier vor der Ehe nicht." Neugierig höre ich ihm zu und er fährt fort: „Das Maximalalter fürs Heiraten liegt bei ungefähr 32 Jahren. Wenn man bis dahin nicht verheiratet ist, ist die Wahrscheinlichkeit groß, dass man sein restliches Leben über Single bleibt."

Varanasi ist für die Totenverbrennungen am Fluss Ganges und seine Seidenherstellung bekannt. Man kann dabei zusehen, wie die Menschen mit den Webmaschinen Seidentücher herstellen. Die Universität ist 100 Jahre alt und wie schon erwähnt die größte Uni in Indien. Es gibt auf dem Universitätsgelände ein Mädchen-Hostel und zwölf Burschen-Hostels. Wenn ein Polizist in der Stadt einen Schüler der Uni bestraft, bekommt der Polizist Probleme, weil die Studenten unter dem Schutz der Uni stehen und sehr wertvoll für die Regierung sind.

In Varanasi gibt es ein interessantes Spiel. Kinder lassen ihre kleinen viereckigen Drachen von den Dächern der Häuser aus steigen. In Indien gibt es keine Spitzdächer wie bei uns, sondern nur Flachdächer. Zumeist sind sie auch begehbar. Das Spiel besteht darin, dass jedes Kind versucht mit der eigenen Drachenschnur die Schnur des Drachen eines anderen Kindes in der Luft zu zerschneiden. Bei Sonnenuntergang sehen wir abends immer hunderte von Kindern mit ihren Vätern auf den Dächern Drachen steigen lassen und es herrscht eine ausgelassene Stimmung.

Ein Angriff auf offener Straße

Wir fragen einen Angestellten unserer Unterkunft nach dem Weg zu den berühmten Totenverbrennungen am Fluss Ganges. Daraufhin meint er, dass er uns den Weg zeigt und mit uns dorthin geht. Wir geben ihm zu verstehen, dass wir keine Tour wollen, sondern einfach nur zum Fluss. Wir haben keine Lust darauf, am Ende unseres Aufenthaltes irgendeinen beliebigen Betrag für eine Tour verrechnet zu bekommen, um die wir gar nicht gebeten hatten. Er meint, er bringe uns nur hin und er mache keine Tour mit uns. Schlussendlich ist es natürlich doch eine Tour, aber es ist wirklich interessant. Auf dem Weg zum Fluss – dorthin, wo die Toten verbrannt werden – sehen wir Kühe im Fluss rasten. Am Abend, wenn es nicht mehr so heiß ist, kommen die Kühe aus dem Wasser. Jede Kuh hat übrigens ihren eigenen Besitzer. Als ich von unserem Begleiter wissen will, wie die Besitzer ihre Kühe bei so einer riesigen Herde wiederfinden, erklärt er mir, dass diese ihre Kühe rufen und anhand ihrer Stimmen erkennt die Kuh, zu wem sie gehört und kommt von selbst zu diesem.

Wir gehen weiter zur Verbrennungszeremonie der Hindus, wofür Varanasi bekannt ist. Unser Fremdenführer macht uns darauf aufmerksam, dass Fotografieren verboten ist und erklärt uns, dass die Toten der gesamten Umgebung zu dieser Stelle am Fluss gebracht werden. Sie werden zugedeckt auf einer Holzbahre hierher geschafft. Diese Bahre wird von Angehörigen oder Freunden nur mit eigener Körperkraft oft kilometerweit getragen. Die Leiche wird zuerst im Fluss gebadet und danach in ein weißes Tuch gewickelt. So kommt die Leiche auf die Feuerstelle. Es gibt zwei Möglichkeiten: Entweder wird man auf Holz verbrannt oder in einem Ofen. Holz hat eine religiöse Bedeutung für Hindus, ist aber sehr teuer. Die indischen Frauen dürfen an dieser Zeremonie nicht teilnehmen, weil sie weinen würden und das würde ein schlechtes Karma bedeuten. Bevor die Leiche verbrannt wird, holen die Verwandten mit einer Betonschale Wasser aus dem Ganges und gießen es über das Gesicht des Verstorbenen. Danach wird die Betonschale zerbrochen und die Zeremonie nimmt ihren Lauf. Wir machen uns langsam auf den Weg zurück, da der Geruch sehr betäubend ist.

Einige Tage zuvor, als ich noch in Bangkok war, dachte ich mir noch, dass bevor ich in Indien in ein Spital müsste, ich lieber zurück nach Bangkok wollen würde. Ich würde niemals in ein Spital in Indien gehen wollen, da allgemein bekannt ist, dass die Hygienemaßnahmen nicht besonders sind. Tja, sage niemals nie.
Auf dem Weg zurück zum Gästehaus passiert dann nämlich etwas weniger Schönes. Es gibt in Indien sehr viele Straßenhunde und vereinzelt auch Haushunde. Die Haushunde sind, wie allgemein bekannt, die gefährlichen und die Straßenhunde nicht, was mir immer komisch erschien – aber nun bewahrheitet sich das. Ich spaziere mit ein paar Metern Abstand vor dem Gästehausangestellten und habe ein paar Meter Abstand nach hinten zu Sarah. Nichtsahnend schlendere ich gemütlich dahin und schaue mich in Ruhe um, als plötzlich von der Seite aus einem Haus ein Hund auf mich zugelaufen kommt und mich anspringt. Ich erkenne gerade noch seinen großen und bulligen Schädel und die spitzen Zähne seines Kiefers, als er bereits zugebissen hat. Sekunden später ist er auch schon wieder verschwunden und hinterlässt seine Bissspuren links seitlich an meinen Rippen. Erst kurz darauf realisiere ich, was passiert ist und mir entfährt ein lauter Schrei. Neben mir stehen auch schon Sarah und unser Begleiter von der Unterkunft und stützen mich. Ich lehne mich einige Meter weiter an einen Pfosten und atme tief durch. Blut fängt langsam an, aus der Wunde zu laufen. Mein erster Gedanke nach dem Schock lautet: „Desinfizieren." Schnell nehme ich aus meiner Geldbörse einen abgepackten Alkoholtupfer und Sarah desinfiziert mir den Biss. Mein Bauch schmerzt und das Bild von dem großen Kopf und dem scharfen Gebiss des Hundes bleibt in meinem Gedächtnis hängen. Mir wird schwindelig und schlecht und die Farbe verschwindet aus meinem Gesicht. Ich habe große Angst davor, was mich im Krankenhaus erwarten wird. Trotz nur weniger Minuten Gehzeit zum Hotel nehmen wir uns eine Autorikscha und fahren ins Hotel zurück. Dort gebe ich noch Penizillin über die Verletzung und wir fahren weiter ins Krankenhaus.
Eine Ansammlung von Indern erwartet mich und wir ernten viele Blicke. Noch immer weiß im Gesicht muss ich meinen Pass und die wichtigsten Daten angeben und gleich 650 INR (=9€) bezahlen. Ich

werde weiterverwiesen und der Hotelangestellte, der uns begleitet hat, führt mich zum Arztzimmer. Der Raum, in dem der Arzt sitzt, ist gerammelt voll. Die Tür steht weit offen und die Menschenschlange reicht bis hinein zu seinem Schreibtisch – Privatsphäre ist den Indern ein Fremdwort. Ich komme näher und als mich der Arzt entdeckt, werden alle anderen mit scharfen Worten und unsanften Handbewegungen aus dem Zimmer geschoben. Ich trete ein und die Tür wird hinter mir geschlossen. Trotz meiner Verletzung ist es mir ein bisschen unangenehm, weil alle anderen sicher schon sehr lange warten und ich gerade erst angekommen bin und sofort drangenommen werde. Der Arzt begrüßt mich und sieht sich gleich meine Wunde an. Es läuft zu meiner Überraschung alles sehr hygienisch ab, jedenfalls vor meinen Augen. Alle Spritzen und Medikamente sind verpackt. Bevor mir der Arzt die Spritzen verabreicht, fordert er mich auf: „Kontrolliere das Haltbarkeitsdatum, damit du siehst, dass es nicht abgelaufen ist!“ Ich nicke zufrieden und gebe ihm noch einen von meinen Alkoholtupfern: „Bitte nochmal damit desinfizieren, bevor ich die Spritze bekomme.“ Er folgt meinen Anweisungen. Die Wunde ist nicht tief und der Hund hat mich nur an der Oberfläche erwischt. Erleichtert atme ich aus und lasse mich vom Arzt versorgen.

Ich gewinne im Gesicht langsam wieder an Farbe und habe die Anordnung, im Abstand von drei Tagen nochmals jeweils zwei Spritzen zu bekommen. Der ganze Spaß kostet mich insgesamt um die 1.600 INR (=21€).

Nach drei Tagen schmerzt die Wunde, bei der man genau den Gebissabdruck des Hundes sehen kann, nicht mehr so sehr und ich habe den größten Schock überwunden.

Wir ziehen weiter Richtung Norden

Wir fahren mit dem Zug sieben Stunden lang für 220 INR (=3€) weiter nach Lucknow, einem Ort fernab des Tourismus, nordwestlich von Varanasi. Eigentlich sollte uns ein Couchsurfer vom Bahnhof abholen, aber er kam leider nicht. Nach einer unnötigen Autoriksha-Fahrt ins Stadtzentrum und wieder zurück zum Bahnhof

entschließen wir uns, ein billiges Hotel in Bahnhofsnähe zu suchen. 350 INR (=5€) zahlen wir für das Zimmer und es gibt nicht mal ein Bad. Wir müssen uns am Klo duschen, mit der Wasserleitung, mit der sonst der Eimer angefüllt wird, um die Ausscheidungen runter zu spülen.
Wir gönnen uns anschließend eine Fahrt mit der Fahrradrikscha zum Bara Imambara. Imambaras sind sogenannte Versammlungshallen, in denen die schiitischen Imame verehrt werden. Bei diesem prunkvollen Gebäude ist kein Tourist zu sehen, nur Inder. Bevor wir das Anwesen betreten können, müssen wir unsere Schuhe parken: Du stellst deine Schuhe ab, bekommst einen Zettel dafür, musst 2 INR zahlen und ein Schuhwächter passt auf deine Schuhe auf. Das ist mir bis jetzt auf meiner Reise noch nie untergekommen, bringt mich aber zum Schmunzeln. Bevor wir reingehen, fragen mich zwei Soldaten von der indischen Armee, ob sie jeweils ein Foto mit mir machen dürfen. Eine halbe Stunde später sind wir auf dem Weg nach draußen auf die Straße, als uns vier Leute jeweils in verschiedenen Gruppen aufhalten, um ein Foto mit mir zu ergattern. Ein Familienvater drückt mir sogar sein kleines Kind in die Hand, um mich mit seinem Kind auf dem Arm zu fotografieren. Die Mutter stellt sich rechts neben mich und der Vater auf meine linke Seite und es wird noch ein Foto gemacht, ohne mich auch nur ein einziges Mal um Erlaubnis zu fragen. Ich werde von einem Familienmitglied zum nächsten weitergereicht, hingestellt, zurechtgerückt und abgelichtet. Irgendwann wird es mir aber zu viel. Als uns zwei Gruppen mit drei Schülern für eine gute halbe Stunde hinterherlaufen, während wir uns noch eine Moschee anschauen, fühle ich mich unwohl und möchte zurück zum Hotel. Sarah, die halb Österreicherin und halb Philippinin ist, wurde bei dem Fotomarathon nicht großartig beachtet. Ich hingegen bin weiß, habe hellere Haare und bin somit für die Inder interessanter als eine spannende Sightseeing-Tour. Man muss sich daran gewöhnen, dass man hier von den Männern angestarrt wird, vor allem da in Indien einheimische Frauen selten auf der Straße sind. Weiße Frauen sind demnach noch um einiges interessanter.

Am 3. September um halb sechs Uhr morgens startet unser Bus nach Shravasti in unser nächstes Abenteuer, bereits eine halbe Stunde früher als auf dem Fahrplan steht. Nach einer anstrengenden Fahrt erreichen wir schließlich unseren Zielort Shravasti, ein Dorf, weit abgeschieden von allem. Es ist ein schöner, ruhiger Ort und alles ist sehr grün und idyllisch. Das Dorf ist viel sauberer als die, die ich bis jetzt gesehen habe und die Luft ist klar. Hier bekommt man kein Klopapier, Rasierer oder OBs zu kaufen, dafür aber Haarentfernungscreme. Licht gibt es im Dorf bis 19 Uhr, danach werden Kerzen angezündet und nur wenige Dorfbewohner haben einen Generator zur Verfügung.
Im einzigen Hotel in Shravasti, in dem wir zwei Nächte verbringen, sind Ameisen im Zimmer und außerdem Geckos, eine Maus, Käfer, Heuschrecken und weitere krabbelnde Tierchen. Wären sie nur am Boden, könnte ich mich damit arrangieren, aber Ameisen im Bett sind nicht sonderlich reizvoll und die zwei Ameisen in den Cornflakes mit Milch finde ich auch nicht so prickelnd. Der Zucker ist ein einziger Klumpen und auch hier erfreuen sich die Ameisen an dem süßen Geschmack. Die Maus haben wir zu Beginn noch versucht aus unserem Zimmer zu verjagen, haben es aber schnell wieder aufgegeben.
Abends sitzen Sarah und ich draußen im Garten vor dem Hotel und genießen die warme Abendluft. Wir haben uns auf unserer Reise zwei Trommeln und eine Flöte zugelegt und üben nun gemeinsam, darauf zu spielen. Der Manager vom Hotel setzt sich zu uns und wir bringen ihm das bisschen Trommeln bei, das wir uns mittlerweile angeeignet haben. Wir unterhalten uns mit ihm und tauschen Geschichten aus. Wir erzählen ihm von unserem nächsten Vorhaben und davon, dass wir noch eine weitere Nacht bleiben möchten. Nach diesem netten Abend lädt er uns als seine Gäste auf die zweite Nacht in dem Hotel ein.

Zehntägiger Vipassana Meditationskurs

In den nächsten zehn Tagen besuchen Sarah und ich einen Meditationskurs, der im Meditationszentrum in Shravasti stattfindet. Zehn Tage können eine verdammt lange Zeit sein, noch dazu, wenn man durch die Hölle geht. Dass ich mir das auch noch freiwillig antue, macht es nicht gerade besser. Zehn Tage in absoluter Isolation, Stille und Selbstfindung. „Vipassana" heißt die Meditationstechnik, die nach 2500 Jahren im Jahr 1963 von Burma wieder nach Indien zurückkehrte. Die Idee dahinter besteht darin, seinen Geist zu reinigen. Wichtig ist, dass man physisch und psychisch fit zu diesem Kurs kommt. Vipassana ist eine sehr spezielle Technik des Meditierens und sie unterliegt folgenden Regeln: Kein Sprechen über den ganzen Zeitraum der Meditation, keine elektronischen Geräte, keine Bücher – es darf nicht gelesen, geschrieben oder musiziert werden –, keine Berührungen, keine Gestik und Mimik und nicht einmal ein Lächeln ist erlaubt. Die Anreise im Meditationszentrum muss am Abend vor Beginn des Kurses stattfinden. Es müssen alle elektronischen Geräte wie Handy oder Kamera, einfach alles, abgegeben werden. Ab 20 Uhr herrscht ein Sprechverbot und danach Totenstille. Ich merke bald, dass an diesem Kurs – in dem kleinen nördlichen Dorf von Indien – außer Sarah und mir, 30 indische Männer und 28 indische Frauen teilnehmen. Männer und Frauen werden von Anfang an strikt getrennt: getrennte Unterkunftsgebäude, getrennte Essensräume und getrennte Wege zur Meditationshalle. Es herrscht ein strenger Tagesplan und eine strikte Diät: zwei Mahlzeiten am Tag, vegetarisch und sehr leicht verdaulich. Dieser strickte Tagesablauf sieht jeden Tag genau gleich aus. Um vier Uhr morgens ertönt der Morgengong und eine halbe Stunde später beginnt die erste Meditation, die zwei Stunden dauert. Anschließend dürfen wir um halb sechs Uhr ein Frühstück zu uns nehmen und eine knappe Stunde rasten, die ich meistens zum Schlafen nutzte. Von acht bis elf Uhr fahren wir mit der Meditation in der Halle fort, bis es um zwölf Uhr ein leichtes Mittagessen gibt. Nach der Mahlzeit haben wir nochmals eine Stunde Zeit für uns, die wir entweder mit Wäsche waschen oder mit Schlafen verbringen. Von 13 Uhr bis 17 Uhr wird weiter meditiert – bis zur Teepause, wo aber nichts gegessen wird. Die letzte Meditationseinheit findet von 18 Uhr bis 21 Uhr statt und um halb zehn am Abend ist unser Tag zu Ende und das Licht muss ausgeschaltet werden.

Der Tagesablauf ist heftig und ich weiß gar nicht wie ich das viele Meditieren überstehen soll. Man sitzt im Türkensitz da, der Rücken ist gerade, das Gesicht zeigt nach vorne und die Augen sind geschlossen – keine Bewegung und kein Augenaufschlag, sonst wird man sofort ermahnt. Es ist definitiv die härteste Herausforderung meines bisherigen Lebens.

Nach dem ersten Tag kann ich noch nicht ganz glauben, dass dieser Ablauf meine nächsten zehn Tage bestimmen wird. Es ist eine reine Tortur und ich hinterfrage meinen Entschluss dieses Meditationskurses. Nach der Hälfte des zweiten Tages bin ich kurz vor dem Aufgeben und habe das starke Verlangen danach, mich mit Sarah auszutauschen und zu erfahren, wie es ihr ergeht. Der Drang zu sprechen und zu erfahren, ob ich alleine mit dem Gedanken ans Aufgeben bin, zerfrisst mich innerlich. Am dritten Tag schmerzen meine Beine bereits so sehr, dass ich vor lauter Schmerz in Tränen aufgelöst bin. Am vierten Tag passiert etwas, was mir zuvor noch nie wiederfahren ist und ich hoffentlich nie mehr wieder fühlen werde: Ich habe wahrhaftig Gedanken, mir selbst etwas anzutun. Meine Beine schmerzen so sehr, dass ich das extreme Verlangen danach verspüre, mit einem Messer in meine Oberschenkel einzustechen, so lange bis meine Beine taub sind und ich keine Schmerzen mehr spüre. Auch von dem Gedanken, mir mit einer Rasierklinge die Innenseite der Arme zu ritzen, bleibe ich nicht verschont. Ich bin nur dankbar dafür, dass es bei bloßen Gedanken geblieben ist. Ich schaffe es schließlich während einiger Sekunden, in denen wir unbeobachtet sind, Sarah zu fragen wie es ihr geht und ob sie es schafft, noch weiterzumachen.

„Ja klar, es geht schon und ich ziehe die zehn Tage bestimmt durch“, antwortet sie mir daraufhin im Flüsterton. Das zieht mich im ersten Moment runter, da ich mich noch einsamer fühle. Ich rede mir immer wieder selbst gut zu, stark zu sein und durchzuhalten. Am fünften Tag habe ich einen kleinen Lichtblick und ich sehe den restlichen fünf Tagen positiv entgegen. Ich habe das Gefühl, mich in einem ständig wechselnden Hoch und Tief zu befinden. Die positive Einstellung vom Tag fünf ist kurz darauf auch wieder verschwunden und der sechste und siebte Tag bringen Schmerzen in den Knien, der Leiste und im Rücken mit sich. Am achten Tag kommen zu den bereits bestehenden Schmerzen auch noch Kopfschmerzen hinzu. Am neunten Tag bekommt jeder einen Zettel mit einer Nummer darauf, womit es in den Tempel geht und jeder einzelne von uns eine eigene und etwa zwei Quadratmeter große Zelle zum Meditieren bekommt: Eine winzig kleine Räumlichkeit und rund um mich weiße Wände. Ich sitze am Boden in meiner üblichen Meditationsstellung und starre gegen eine weiße kahle Wand, während ich meine Augen nicht geschlossen halte, so wie es eigentlich sein sollte. Die Lehrerin spaziert wie eine Gefängniswärterin an den Türen entlang. An diesem Tag habe ich bereits meine komplette Vergangenheit im Kopf vor- und zurückgespielt, alles in Einzelheiten zerlegt, jeden negativen und auch positiven Gedanken zugelassen, in der Gegenwart gegrübelt und meine Gedanken in die Zukunft schweifen lassen. Mir sind Dinge eingefallen, von denen ich zuvor nicht wusste, dass sie jemals passiert sind.

Einige Kilos leichter und mit einem enormen Redefluss erreiche ich den zehnten Tag und bin froh, morgen wieder in Freiheit zu sein. Nach Ende des stummen Zehn-Tage-Kurses werden die zuvor so ernsten Inderinnen plötzlich fröhlich und man sieht sie lächeln. Sie berühren Sarah und mich ständig und es entsteht ein großes faszinierendes Anpacken und gegenseitiges Gefüttere. Es ist zu Festlichkeit oft üblich, dass man Essen zwischen die Finger nimmt und sein Gegenüber damit füttert.

In diesen zehn Tagen habe ich mir eine Räumlichkeit mit einer älteren Dame aus Mumbai geteilt. Das kostete mich definitiv des Öfteren Kraft, vor allem, um die extremen Lachanfälle zu unterdrücken. Zuerst hatte ich Bedenken, dass mein Schlafoutfit – Trägertop und kurze Hose – unpassend wäre. Als meine liebenswürdige Zimmerkollegin wegen der Hitze jedoch ganz ungeniert ihre Brüste vor mir auspackte, brauchte ich mir wegen meines Schlafoutfits keine Sorgen mehr zu machen. Ich wurde jeden Morgen zehn Minuten nach dem Gongschlag ein zweites Mal mit einem zehnminütigen Konzert geweckt: dem Hochziehen des Schleims in der Nase, Gerotze und Gespucke. Achja, hat man das einmal mitgemacht, möchte man es nicht mehr missen! So will man doch jeden Morgen geweckt werden! Damit war es aber noch nicht genug. Zum Ohrensäubern wird in Indien ein Streichholz verwendet, was ja durchaus in Ordnung ist. Meine Zimmerkollegin hat allerdings einfach die bereits verwendeten Streichhölzer direkt auf den Boden geworfen, auf dem wir barfuß gingen. Hatte sie nach dem Essen das Bedürfnis, sich die Zähne zu reinigen, musste wieder ein Streichholz herhalten. Das wurde zuerst an der Spitze abgekaut, auf den Boden gespuckt und dann wurden schön nacheinander die rausgekratzten Essensreste auch auf den Boden gespuckt. Manchmal kam es auch vor, dass sie einen Schluck Wasser nahm, ihren Mund damit ausspülte und anschließend landete alles auf dem Fensterbrett oder direkt auf dem Boden. Die Meditationen, die an und für sich komplett im Stillen abgehalten wurden, waren übrigens ebenfalls unter ständiger Begleitung vom Gerülpse und Gefurze der Männer und Frauen, egal welchen Alters. Das machte es mir oft noch schwerer, nicht laut loszulachen.

Der Taj Mahal und der indische Bundesstaat Rajasthan

Nach dieser Erfahrung fuhren Sarah und ich weiter in die Stadt Agra im Bundesstaat Uttar Pradesh. Indien ist ein Traum, um Sightseeing zu machen. Die Gebäude sind wahrhaftig beeindruckend und die Geschichten dahinter mitreißend – wie zum Beispiel beim Taj Mahal. Der Taj Mahal war auf meiner gesamten Reise das beeindruckendste Gebäude, das ich gesehen habe. Das Grabgebäude ist 58 Meter hoch und 56 Meter breit und steht auf einer riesengroßen Marmorplattform. Der Standort dieses prunkvollen Gebäudes in Form einer Moschee ist im Norden Indiens. Der Mogulherrscher Sahh Jahan ließ den Taj Mahal zum Andenken an seine verstorbene große Liebe errichten.
Von Agra verschlug es uns weiter in die Hauptstadt des bekannten Bundesstaats Rajasthan, nämlich Jaipur. Diese Stadt wird auch

„Pink City“ genannt. Der Name kommt daher, da viele Bauten in einem bestimmten Farbton gestrichen sind, sodass die Stadt von oben pink wirkt. Hier dreht sich alles um Textil- und Schmuckindustrie. Das berühmteste Wahrzeichen von Jaipur ist der Stadtpalast, oder auch „Palast der Winde“ genannt.
Bevor wir weiter nach Jaisalmer zogen, machten wir Halt in der Stadt Jodphur, die auch im Bundesstaat Rajasthan liegt. Jodphur ist unter dem Namen „Blue City“ bekannt, weil viele Häuser blau gestrichen sind. Die blaue Farbe soll die Moskitos fern halten. Eine besonders gute Sicht über die Stadt hat man von der Festungsanlage Mehrangarh.

Allgemeines über Nordindien

Tausende Eindrücke, Millionen von Bildern, hunderte von Geschichten und eine Reihe von Gedanken – das alles schwirrt in meinem Kopf herum, wenn ich an Nordindien und meine Reise bis jetzt in Indien denke. Indien sei anders als alle anderen Länder habe ich mir sagen lassen. Jetzt, da ich schon in Indien bin, kann ich diese Aussage definitiv bestätigen.
Die Luft in den Städten ist sehr dreckig. Wenn man auf die Straße geht, hat man den Dreck in den Augen, unter den Nägeln und in der Nase. Wenn man sich dann mit einem feuchten Tuch das Gesicht reinigt, ist es danach grau. Seit ich in Indien bin, schwitze ich ständig. Auch gleich nach dem Duschen, in der Nacht, beim Sitzen, Gehen oder Stehen.
Kolkata ist eine der stressigsten Städte Indiens mit der größten Einwohnerzahl auf kleinster Fläche. Ich beobachtete in Kolkata, wie die Verkehrsaufseher bei einer Fußgängerampel ein Seil gespannt halten bis es grün wird. Dann lassen sie es los, damit die Leute nicht zu früh drauflos stürmen.
Es herrscht Linksverkehr, wie fast überall in Asien. Der Straßenverkehr ist sehr turbulent, angefangen von Taxis, Autos, Bussen, Fahrrad-Rikschas, Auto-Rikschas, Menschen-Rikschas und Indern selbst ist alles in einem großen Wirrwarr auf der Straße. Es geht total verrückt zu: Ständig wird gehupt, auch wenn man bei der

Ampel steht und es rot ist. Dazu spazieren dann noch Kühe, Ziegen, Hunde, Esel und Hühner überall auf den Straßen kreuz und quer. Wenn man beobachtet, wie sich eine Kuh mit der Lenkstange eines Mopeds am Hals kratzt, ist das nichts Außergewöhnliches mehr. Alles ist ein großes, unkontrolliertes Chaos. Auf jedem Verkehrsmittel steht hinten ein Schild mit „Bitte hupen" – warum, weiß ich nicht. Das billigste Transportmittel in Indien sind die berühmten Rikschas. Sie ähneln einer kleinen Kutsche, die für zwei Personen gedacht ist. Entweder werden sie per Fahrrad angetrieben oder von Hand gezogen. Die von Hand gezogenen Rikschas gibt es aber nur noch in Kolkata. Zuerst dachte ich, sie werden dort deswegen noch von Hand gezogen, weil die Menschen zu arm sind, um sich ein Rad zu kaufen. Ich wurde jedoch aufgeklärt, dass sie es deswegen machen, weil das früher Tradition war und sie dies beibehalten möchten. Wenn man den Rikscha-Fahrern die Visitenkarte seines Gästehauses zeigt, zu dem man fahren möchte, behaupten sie oft, sie wüssten wo das ist, machen einen Preis aus und fahren los. Nach fünf Minuten bleiben sie dann einfach stehen, fragen jemanden auf der Straße, wo das Gästehaus ist und verlangen mehr Geld von einem, weil sie nicht wussten, wo sie hin müssen. Die Fahrer sprechen auch meist kein Englisch und haben keine Ahnung, wohin es geht und welchen Preis man ausgemacht hat, weil sie einen nicht verstanden haben – oder das zumindest behaupten. Man muss schroff sein und einfach den Fahrern das Geld, das man anfangs dreimal wiederholt hat und mit den Fingern gezeigt hat, in die Hand drücken und gehen. Bevor ich das wusste, habe ich teilweise den doppelten Preis bezahlt. Eines, was man zweifelsohne auf einer Indien- oder Asienreise allgemein lernt, ist, hart zu bleiben.

Es herrscht große Armut in Indien und viele Leute schlafen auf der Straße. Mütter mit ihren Babys im Arm und Kinder kommen zu Einheimischen und zu uns Touristen und betteln. Indien hat aber auf der anderen Seite auch sehr reiche Einwohner, weshalb der Kontrast zwischen arm und reich hier extrem ist. Man sieht gelegentlich einen Tisch, der tagsüber als Verkaufsplatte dient, auf dem aber nachts Menschen schlafen. Manchmal haben sie sogar ein

Moskitonetz gespannt und schlafen darunter. Auf Bushaltestellen befinden sich oft gespannte Leinen, auf denen nasse Wäsche hängt – auch das sind Schlaf- und Wohnplätze. Man sieht ebenso oft Männer – auch tagsüber – auf ihren Rikschas oder Autos schlafen.
Die Männer schenken einem keine Beachtung, weil sie eine dominante Rolle haben und man hier als Frau nichts wert ist. Lächle als Frau keine Männer an und vermeide Blickkontakt sowie sei nicht zu freundlich. Dadurch dass die Männer hier wenig Kontakt zum weiblichen Geschlecht haben, meist nur zu deren Ehefrau und Kindern, wissen sie oft nicht, wie sie sich Frauen gegenüber richtig verhalten sollen. Man sieht nämlich kaum Frauen auf der Straße. Wenn man welche sieht, sind sie meist mit Tüchern geschmückt. Die Frauen in Indien haben zumeist dicke Bäuche und einen vollen Busen, eine knollige, größere Nase, dichtes, schwarzes Haar und kleine Füße. Wenn Frauen noch nicht verheiratet sind, tragen sie lange flatternde Hosen, ein knielanges, kurzärmeliges Kleid und ein Tuch von vorne über die Schultern nach hinten gelegt, das beim unteren Rücken endet. Nach der Hochzeit wird ein Sari getragen: Das ist ein großes um die Hüften gebundenes Tuch, das bis zum Boden reicht. Außerdem gehört dazu ein Oberteil, das über den Ellenbogen aufhört und bis knapp unter die Brüste reicht. Der Bauch ist frei und das Tuch wird von der Hüfte quer über die Schulter geworfen und hängt am Rücken herunter. Als Schmuck werden Zehenringe, Fußketten an beiden Füßen, Armreifen, goldene Nasenringe sowie herunterhängende Ohrringe getragen und sie verwenden roten Nagellack für ihre Zehen- und Fingernägel. Die Frauen verwenden diesen Schmuck erst nach der Hochzeit. Sobald sie verheiratet sind, tragen sie auch einen roten Punkt auf der Stirn. Die Frauen hier haben die Haare fast immer zu einem Zopf nach hinten geflochten. Nur Mädchen bis zu ihrem 16. Lebensjahr dürfen einen männlichen Friseur besuchen und alle anderen Frauen besuchen ausschließlich Frauenfriseure.
Aber nicht nur die Kleidung der Frauen zeigt einen großen Unterschied zu unserer Kultur, sondern auch die Preisgestaltung von Sehenswürdigkeiten lässt mich spüren, dass ich mich in einem anderen Land befinde. Überall, wo Eintritt verlangt wird, zum Beispiel in Museen, zahlen Einheimische weniger – etwa 10 INR –

und Touristen mehr – etwa 150 INR. Dies ist aber kein Geheimnis, sondern öffentlich bei allen Ticketschaltern auch auf Englisch nachzulesen. Erkundige dich deshalb in Indien so schnell wie möglich über die Preise für die wichtigsten Dinge wie zum Beispiel Wasser, Taxifahrten und so weiter, damit du ein Gespür dafür bekommst, was zu teuer ist. Denn hier kann man nur schwer handeln: Wenn man nicht auf ihren Preis eingeht, sind die Inder auch nicht willig zu handeln und machen lieber kein Geschäft, bevor sie ein schlechtes machen. Es ist aber angenehm, dass einem die Leute hier nicht gleich überall etwas andrehen wollen. Man kann in Ruhe die Straße entlanggehen, ohne dass einem jeder etwas verkaufen möchte.

Hier nun eine kleine Kostenübersicht für euch: eine kleine Wasserflasche kostet 12 INR (=14 Cent), ein frisch gepresster Fruchtsaft 25 INR (=29 Cent), eine SIM-Karte 60 INR (=70 Cent) und für eine Stunde Internetsurfen zahlt man 20 INR (=23 Cent). Als Backpacker ein Netbook mitzuhaben ist in Indien eher unnötig. Es gibt nur sehr selten Wi-Fi und Internetcafés kosten pro Stunde nur 20 INR. Die Internetverbindungen sind aber allgemein eher schlecht.

Ein Frühstück mit Chai-Tee kostet bei einem Straßenstand 14 INR. Hier in Indien bekommt man die meisten Produkte wie Getränke, Essen, Klopapier, Shampoo, Seifen und anderes bei kleinen Ständen auf der Straße. Wenn man in einem Shop oder Restaurant Geld lässt, wird man sofort in Schutz genommen, wenn irgendetwas passiert. Sollte jemand zu einem kommen und um Geld betteln, wird derjenige sofort weggescheucht und man steht automatisch unter dem Schutz des Ladenbesitzers.

Die indische Postversendung ist übrigens eine Erfahrung für sich. Man geht zuerst zu einem kleinen Shop, der sich meist gegenüber der Post befindet. Dort bekommt man einen Karton in einer passenden Größe, damit man all seine Sachen darin verstauen kann. Danach wird der Karton mit einem weißen Stoff eingepackt und – Achtung, jetzt kommt's – zugenäht. Schön langsam, Stück für Stück wird rundherum der Stoff vernäht, sodass nichts aufgehen kann. Damit aber noch nicht genug: Es wird mit einer roten Kerze heißes Wachs auf die Ecken getropft, damit sie so verklebt werden.

Ein schöner, runder Wachsfleck ziert das Paket auf jeder Ecke. Mit Edding wird es abschließend noch sorgfältig beschriftet und kann anschließend bei der Poststelle versendet werden. Wenn Inder übrigens nicht lesen und schreiben können, setzen sie statt ihrer Unterschrift ihren Fingerabdruck auf ein Dokument.
Mit Indien verbinde ich auch das Wort „Roti". Dabei handelt es sich um brotartige Fladen, die von den Indern dreimal täglich gegessen werden. Die Rotis werden mit der rechten Hand zerrissen und dann in den Mund geschoben. Wie auch in anderen Ländern Asiens wird nie die linke Hand zum Essen verwendet. Eine weitere bekannte Speise ist Panir, ein einfacher indischer Frischkäse. Allgemein wird sehr viel aus Kartoffeln und Teig hergestellt und dafür meist Vollkornmehl verwendet. Die Inder trinken aus Flaschen und Gläsern, ohne den Verschluss oder den Rand des Glases mit den Lippen zu berühren. Sie gießen die Flüssigkeit von oben mit ein paar Zentimetern Abstand zum Mund in sich. Genau wie auch in Papua sieht man hier überall Männer, die rote Früchte kauen und danach die rote, mit Speichel versehene Flüssigkeit auf die Straße spucken. Ihre Zähne färben sich davon rot, was deutlich zum Vorschein kommt, wenn sie mit einem sprechen oder einen anlächeln.
Ich habe bis jetzt übrigens des Öfteren nach dem Essen in Indien einen Ausschlag auf meinen Füßen bekommen und Bauchschmerzen sind keine Seltenheit.

Indien wirkt so, als ob es aus vielen verschiedenen Ländern bestehen würde. In jeder Region gibt es eine andere Sprache, eine andere Kultur und andere Essensspezialitäten. Es ist nicht so wie in Österreich, dass es verschiedene Dialekte gibt, sondern man versteht die Sprache der anderen Regionen Indiens gar nicht. Die einzige Sprache, die sehr viele Inder beherrschen, ist Hindi. Die meisten Inder können auch gut Englisch und wissen übrigens meist auch, wo Österreich liegt – das war in den meisten meiner bisherigen Länder meiner Reise nicht so.
Als Tourist lernst du in jeder indischen Stadt von Neuem etwas über die Menschen und ihre Verhaltensweisen. Die Menschen hier in Indien haben aber allgemein eine ganz eigene Art der Kopfbe-

wegung, wenn sie mit etwas einverstanden sind. Wir nicken und bewegen dabei den Kopf von oben nach unten. Die Inder hingegen schwingen den Kopf leicht von einer auf die andere Seite. Das erste Mal, als ein Inder auf eine Frage hin den Kopf von einer Seite auf die andere schwenkte, dachte ich, er deutet mir damit ein Nein, aber er meinte genau das Gegenteil.
Anders ist auch, dass die Männer hier am Straßenrand oder in der Früh am Feld sitzend ihr Geschäft verrichten – alle paar Meter ein Mann. Das habe ich bei meinen vielen und langen Zugfahrten vom Fenster aus beobachten können. Frauen habe ich das allerdings noch nicht machen sehen.
Die Menschen in Indien sind allgemein freundlicher als ich es auf meiner Reise bis jetzt erfahren habe. Ich muss langsam wieder Vertrauen zu den Einheimischen gewinnen, um die Gespräche und Freundlichkeiten genießen zu können. Inder sind zwar hilfsbereite und nette Menschen, aber dass sie so richtig lachen, wenn sie unter sich sind, wäre mir bis jetzt nicht aufgefallen.

Auch auf der Busfahrt in den indischen Bundesstaat Rajasthan fallen mir Unterschiede in den Regionen Indiens auf: Frauen besitzen oft einen Nasenring, der zu einem Ohrring mit einer goldenen Kette verbunden ist, oder einen riesigen Nasenring, eher eine Platte, die den Durchmesser des Bodens eines Schnapsglases hat. Sie tragen so viele Armreifen, dass sie bis über die Ellenbogen reichen. Männer tragen auch Ohrringe aus Gold und in Form einer Blume. Dieser Schmuck wird deswegen in diesem Teil Indiens getragen, weil die meisten Leute hier einer bestimmten Religion angehören, nämlich der Sikh-Religion. Es besteht keine Einhaltung bestimmter Rituale, wie es bei anderen Religionen üblich ist. Die Religion ist nicht streng und es wird anders als bei den Hindus auch Fleisch gegessen.

Freiwilligenarbeit nahe der Wüstenstadt Jaisalmer

Schließlich landen Sarah und ich in Jaisalmer, genauer gesagt in der Thar Wüste von Jaisalmer. Ein Freiwilligenprojekt der etwas anderen Art bringt mich zu diesem Fleckchen Indiens: ein Camp in der Wüste mit Kamel- und Jeepsafari. Ich bin auf das Projekt wieder über *workaway.info* gekommen und meine sowie Sarahs Aufgaben sind angefangen von Kamele treiben, über kochen bis hin zu E-Mails schreiben bunt gemischt. Hier erlebe ich die schönsten und atemberaubendsten Sonnenuntergänge und die tollsten sternenklaren Nächte breiten sich über meinem Kopf aus.

Balu, der Inhaber des Wüstencamps, ist in seinem Leben schon viel gereist, auch in Europa, und hat somit ein sehr offenes Denken. Wir reden viel und stellen auch viele Fragen über die Kultur Indiens, die er uns sehr ehrlich und offen beantwortet. Wir sprechen zum Beispiel über das Thema Frauen und er erzählt uns: „Sobald man herausfindet, dass eine Frau eine Tochter zur Welt bringen wird, wird das Kind beseitigt. Das erklärt auch wieso Indien viel mehr Männer als Frauen hat. Man ist der Meinung, keine Verwendung für das weibliche Geschlecht zu haben."
Erschrocken höre ich ihm zu und entgegne: „Ich hoffe, dass sich diese Einstellung so rasch wie möglich ändert."
Balu erzählt uns: „Ich komme aus dem sehr kleinen Dorf Damodra und wurde bereits mit zwölf Jahren verlobt und mit 15 Jahren verheiratet. Ab 18 Jahren hatte ich mit meiner Frau Sex und wir bekamen einige Jahre später ein Kind." Sarah und ich lauschen seinen Erzählungen.
Er sagt uns ehrlich: „Ich liebe meine Frau nicht und nach vielen Versuchen sie zu lieben, habe ich es aufgegeben. Ich habe das Camp und das ist mein ganzes Leben. Meine Frau und Kinder leben bei meinen Eltern, so wie das in Indien üblich ist. Ich sehe meine Familie nur am Wochenende, obwohl das Camp nur einige Fahrminuten mit dem Auto von ihnen entfernt ist."
„Und wie ist dann dein Verhältnis zu deiner Frau? Versteht ihr euch trotzdem gut?", erlaube ich mir ihn zu fragen.
„Meine Frau und ich leben in einer Art Freundschaft. Meine Eltern

wissen davon aber nichts, da sie das nicht verstehen würden", antwortet er mir gelassen.
Langsam fährt er fort: „Ich bin hier in dieser Welt Indiens gefangen, weil ich mich finanziell um meine Eltern, meine Frau und Kinder kümmern muss, sowie um das Dorf, aus dem ich komme."
Nach dem ersten Tag im Camp ist uns klar, dass ein weiterer Grund, wieso er bei der Freiwilligen-Vermittlung mitmacht, über die wir auf sein Projekt gestoßen sind, Gesellschaft ist. Er kann hier aus seinem Leben nicht ausbrechen und anstatt seine Lieben zu verlassen und herumzureisen, holt er die Leute auf diese Art zu sich. Dies ist mit Sicherheit keine schlechte Lösung in seiner Situation. Er hat sich durch sein Reisen viel von der europäischen Denkweise angeeignet und hat niemanden, mit dem er seine Gedanken teilen kann und darf. Dadurch, dass er immer wieder freiwillige Helfer in seinem Camp hat, hat er auch immer Menschen um sich, die ihn verstehen und mit denen er sich austauschen kann.

Bei diesem Projekt lerne ich, die indische Arbeitsweise über mich ergehen zu lassen: nichts zu schnell zu machen und lieber alles langsam zu erledigen. Lange Wartezeiten und Herumgesitze gehören zum alltäglichen Arbeitsleben dazu – und das, man glaubt es kaum, macht ganz schön müde. Viel zu tun gibt es hier nicht. Ein bisschen Betten überziehen, wenn man Lust hat, beim Kochen helfen und wenn einem gerade danach ist, englische Mails beantworten. Zu unseren übrigen Aufgaben gehören Marketing, Formulare gestalten, uns mit Gästen unterhalten, Änderungsvorschläge bringen – wie zum Beispiel Uniformen für das Personal –, neue Sitzpolsterüberzüge besorgen, Kamele zusammentreiben – ein verdammt harter Job, der definitiv nicht zu unterschätzen ist – oder Wassermelonen in der Wüste sammeln. Wer hätte gedacht, dass Wassermelonen in der Wüste wachsen? Wenn wir mit den Angestellten vom Camp die Wassermelonen sammeln, setzen wir uns oft unter einen Baum, um uns von der Hitze zu erholen. Sehr faszinierend ist für mich, wie sie die Melonen ohne Hilfsmittel öffnen: Zuerst klopfen sie mit dem Finger dran, um zu kontrollieren, ob die Melone gut ist, dann wird die Hand zu einer Faust geballt und ein gezielter Schlag mit den Handknöcheln gegen die Wassermelonen platziert. Dadurch entsteht ein Riss in der dicken Schale und dieser wird mit der flachen Hand nach und nach weiter aufgeschlagen und schon ist das gute Stück offen. So rot wie bei uns sind die Wassermelonen nicht und so einen intensiven Geschmack besitzen sie auch nicht, aber sie schmecken trotzdem köstlich. Oft sind die Wassermelonen innen weiß statt rot, geschmacklich gibt es aber dennoch keinen Unterschied.

Aus dem Dorf Damodra, in dem Balu aufgewachsen ist, kommen sein Vater, sein Sohn und der Dorfheilige zu Besuch in das Camp. Der Dorfheilige ist eine Art Priester des Dorfes, der in einem Tempel lebt. Er betet und segnet das Camp. Sarah und ich stehen staunend da und beobachten jede seiner Bewegungen. Der alte Mann mit den grauen Haaren, die ihm als Dreadlocks bis zur Hüfte reichen, nimmt eine Muschel, wäscht sie mit Wasser ab, stellt sich vor ein kleines Gebetskästchen, das bei allen indischen Häusern vorhanden ist, und fängt an in die Muschel zu blasen und dabei laut zu beten. Nach langem Gepfeife durch die Muschel und einige Gebetssprüche später reicht er mir Zuckerstücke, die mich segnen sollen. Es ist eine sehr erheiternde Ablenkung vom Alltag im Camp.
Ich stehe täglich in der Küche und versuche so viel wie möglich von meinen indischen Arbeitskollegen zu lernen. Nach einigen Tagen habe ich mich schon an das extrem scharfe indische Essen gewöhnt, das sogar manchmal den Indern selbst zu scharf ist. Ich kann nun auch schon selbst einige indische Gerichte zubereiten. Für mich ist sehr spannend zu beobachten, dass meine männlichen indischen Arbeitskollegen, die alle über 30 sind, sich zu Beginn noch sehr schüchtern verhalten haben, so wie man es bei uns nur von kleinen Schulmädchen kennt. Sie trauten sich kaum mit uns zu sprechen, haben oft gekichert, wenn wir sie was gefragt haben, und hatten stets einen scheuen Bick. Nach einer Woche sind meine neuen indischen Arbeitskollegen aber schon so offen und lustig, dass non-stop gelacht und gescherzt wird.

Das einjährige Jubiläum des Camps steht nun an. Balu, der Besitzer, will ein wenig feiern. Ich glaube ihm ist danach, weil er sieht, dass wir mit den Angestellten sehr viel Spaß haben und es bevorzugen würden mit ihnen zu essen, anstatt mit ihm. Wir machen Sangria und bringen Süßigkeiten von der Stadt mit. Ein gemeinsames Abendessen ist geplant, damit Balu den Angestellten etwas näher kommt, da sie so viel Respekt vor ihm haben, dass es für uns schon fast an Angst grenzt. Er hat seinen Angestellten alle Freiheiten gegeben und ihnen niemals Regeln auferlegt. Durch sein europäisches Denken bringt er seinem Personal viel Respekt entgegen und hält seinerseits Abstand, sodass der Respekt von allen Beteiligten sehr groß ist und eine gewisse Distanz herrscht.
Sarah und ich erklären unseren Arbeitskollegen: „Wir würden heute zur Feier des Tages gerne alle gemeinsam essen. Balu, wir beide und ihr. Wir bereiten das Essen vor und setzen uns anschließend gemeinsam zusammen." Sie scheinen es verstanden zu haben. Wir überreichen ihnen noch die mitgebrachten Süßigkeiten und ich sage: „Das haben wir von der Stadt mitgebracht und würden es gerne als Dessert nach dem Essen kosten."
An diesem Abend kochen Sarah und ich nicht mit, da uns Balu gerne als Gesellschaft hätte. Wir sitzen zu dritt an einem Tisch, unterhalten uns und warten, bis das Essen fertig ist, damit wir gemeinsam mit den anderen das Abendessen einnehmen können. Sarah und ich wollen einen kurzen Blick in die Küche werfen, damit wir sehen, wie weit sie mit den Zubereitungen sind, um sie dann zu uns an den Tisch zu bitten. Als wir die Küche betreten, sind die Süßigkeiten bereits aufgegessen und das Essen für drei Personen angerichtet. Sarah und ich fühlen uns vor den Kopf gestoßen und sind enttäuscht, dass sie die Süßigkeiten bereits ohne uns gegessen haben.
Etwas irritiert frage ich: „Wollt ihr euch nicht zu uns setzen?"
Es kommt keine direkte Antwort und auf die Süßigkeiten will ich sie nicht weiter ansprechen. Wir gehen zurück zum Tisch, an dem Balu auf uns wartet, und erzählen ihm von den Gegebenheiten in der Küche. Ich frage Balu: „Wieso haben sie die Süßigkeiten, die eigentlich für nach dem gemeinsamen Dinner gedacht waren, ohne uns aufgegessen? Und warum wollen sie nicht mit uns essen?"

Balu erklärt uns: „Es ist hier sehr anders als in Europa. Für die Angestellten ist die Feier bereits mit dem Essen der Süßigkeiten geschehen und wenn es in der Küche steht, dann essen sie es auch. Das Personal empfindet so großen Respekt vor mir, dass sie niemals mit ihrem Vorgesetzten essen würden oder vor meinen Augen Alkohol trinken oder rauchen würden." Bei uns hingegen wäre es sehr respektlos, wenn jemand Süßigkeiten mitbringt und die vorher von anderen alleine gegessen werden. Schließlich essen Sarah, Balu und ich zu dritt. Der Sangria bleibt auch für uns alleine und von den Süßigkeiten sehen wir nichts mehr. Dies zeigt mir wieder einmal die Unterschiede zu unserer Kultur.

Kulturunterschiede konnte ich auch erkennen, wenn wir gelegentlich abends mit den Gästen des Camps zusammensaßen und plauderten. Es sind hier hauptsächlich Inder zu Gast, die zu der oberen Klasse gehören und meist ein offeneres Denken als die restliche Bevölkerung haben. An einem Abend ist eine indische Familie aus Delhi hier, Eltern mit ihrer 13-jährigen Tochter. Es handelt sich definitiv um sehr interessante Gesprächspartner, die auch wissen, wie es in Europa abläuft. Auf die Frage, was wir am schlimmsten und am beeindruckendsten in Indien finden, antworte ich: „Das Erschreckendste ist, wie Armut und Reichtum aufeinanderstoßen. Für die Reichen werden Parks mit Wasser und Lichtershows errichtet und die Armen verhungern auf der Straße. Es gibt hier keine ärztliche Versorgung in Not und auch keine Hilfe und Unterstützung, sollte man seinen Job verlieren. Deswegen versuchen die gut verdienenden Inder so viel Geld wie möglich beiseite zu schaffen, um in Notsituationen genügend zur Verfügung zu haben. Die Mittelklasse zahlt Unmengen an Steuern und die Reichen nichts. Was mich aber am meisten fasziniert ist, dass hier alles so einfach ist. Lösungsorientiertheit wird hier ganz groß geschrieben. Europäer gehen bei einem technischen Problem zuerst davon aus, dass man einen Fachmann benötigt, der sich auskennt. Es wird eine Firma rausgesucht, Preise verglichen, ein Termin ausgemacht und die nötigen Dinge besorgt. Hier dagegen liegt ein Stück Holz und eine Schraube herum und es wird vom nächstbesten Hobbyhandwerker repariert, der gerade herumsteht. Einfache Sache!"

Der Familienvater will seiner Tochter alle Möglichkeiten offen halten. Die Familie reist sehr viel und möchte dadurch den Horizont ihrer Tochter erweitern. Wir kommen im Gespräch auf das Thema Kulturunterschiede und der Vater erzählt uns eine Geschichte: Seine Frau und er waren erst ganz kurz verheiratet und wohnten in einer kleinen Wohnung mit gerade genug Platz für zwei Personen. Ein Freund, der sich seit sechs Jahren nicht gemeldet hatte, kündigte an, dass er am nächsten Tag in die Stadt kommen würde. Es war ein guter Freund und deshalb war klar, dass der Familienvater ihm anbot, zu ihnen zu kommen. Er dachte sich, dass sein Freund mit seiner Frau und eventuell einem oder höchstens zwei Kindern kommen würde. Seine Frau bereitete ein paar kleine Snacks vor, die sie den Gästen anbieten konnte, die sie noch nicht kannte, denn es waren allein Freunde ihres neuen Ehegatten. Abends nach der Arbeit blieben plötzlich zwei Autos vor der Tür stehen, besser gesagt: zwei Trucks. Es stiegen sein Freund, seine Frau und eine ungeheure Menge an Kindern jeden Alters aus. Wie sich herausstellte waren es 18 Personen, statt wie erwartet zwei bis vier. Hungrig nach einer langen Autofahrt bebte es in der kleinen Wohnung nur so von Gästen. Alle Frauen halfen mit, um Essen zuzubereiten und die hungrigen Mäuler zu stopfen. Obwohl sie nicht an Kinder gewöhnt waren und schon gar nicht genügend Platz für so viele Leute hatten, überstand das frisch verheiratete Ehepaar irgendwie den Besuch. Als die Horde am nächsten Tag aufbrach, gab es kein Dankeschön für alles, wie es bei uns der Fall wäre. Es ist eine Selbstverständlichkeit hier. Die Leute gingen und das Ehepaar prustete vor Lachen los, weil sie so erschöpft waren und ihnen gleichzeitig alles so surreal erschien. Bis jetzt – drei Jahre nach diesem Erlebnis – hat sich dieser Freund nicht mehr gemeldet. Eine normale Sache hier, für unsereiner hingegen unvorstellbar.

Ein unvergesslicher Sternenhimmel in der Wüste Thar

Balu fährt mit Sarah und mir mit seinem Jeep mitten in der Nacht weit weg vom Camp. Wir bleiben bei einer großen Sanddüne stehen und spazieren mühevoll eine Sanddüne hinauf. Oben angekommen graben wir uns kleine Einbuchtungen, in die sich jeder von uns hineinlegt. Der Sand an der Oberfläche ist schon abgekühlt, aber wenn man die erste Schicht beiseiteschiebt, kommt der aufgeheizte Sand vom Tag zum Vorschein. In diesen warmen Sand legen wir uns hinein und decken uns zu. Ich liege in der Wildnis, irgendwo am anderen Ende der Welt in einem Wüstengebiet Indiens. Es ist bereits dunkel und ein klarer Nachthimmel macht sich über uns breit, der von vielen Sternen übersät ist. Um uns herum ist es komplett still. Ich fühle mich wie in einer anderen Welt, alleine mit dem Himmel und den Sternen über mir. Tausende von ihnen leuchten hell und die Milchstraße habe ich zuvor noch nie so deutlich sehen können. Ich beobachte den atemberaubenden Sternenhimmel mit all seiner Schönheit und Macht. Nach längerem Beobachten sehe ich, dass einige Sterne zwischendurch heller aufleuchten, so als ob sie blinken würden. Ich kann den kleinen und den großen Wagen erkennen. Ich versuche weitere Symbole am Himmel zu finden als plötzlich eine Sternschnuppe über den Himmel huscht. Ich schließe meine Augen, denke fest an etwas und schicke einen Wunsch ins Universum.

Mein Kopf ist leer. Keine Erinnerung erscheint mir greifbar. Ich lasse meine Gedanken schweifen, denke an nichts Bestimmtes und zwischendurch bleibe ich geistig bei bestimmten Szenen hängen. Hier ein Ereignis, da ein Erlebnis, dort eine gute Erinnerung und da eine schmerzhafte Geschichte. Alles zieht vorbei und dennoch bleiben zwischendurch Bilder hängen und ziehen nach einer Weile wieder weiter. In diesem Moment scheint alles so einfach, klar und simpel und nichts unmöglich zu sein. Ich fühle mich so stark und gleichzeitig so unbedeutend. Der Sternenhimmel wird immer klarer, immer mächtiger und immer intensiver. Ein einfaches „ich will“ und alle Türen würden sich öffnen. Aber ich habe auch mal gelesen, dass man vorsichtig mit seinen Wünschen umgehen soll,

denn sie können schneller wahr werden als man denkt. Ich darf nicht außer Acht lassen, darauf vorbereitet zu sein, dass das, was ich mir wünsche, auch eintrifft und ich es eventuell nicht mehr rückgängig machen kann. Liebe, Hass, Kummer, Leid und Glück. Eine Umarmung, eine Zurückweisung oder ein Satz, ein Wort, ein einziger Blick könnte mein Leben verändern.
Wir drei liegen eine lange Zeit nebeneinander da und es herrscht eine absolute Stille. Dies ist einer der Momente, den ich bildlich niemals festhalten könnte, aber der mir mein Leben lang in Erinnerung bleiben wird.

Allgemeines über Rajasthan

Hindus und Moslems leben in Teilen Indiens dicht nebeneinander. 80 Prozent der Inder sind Hindus. Sie rasieren sich den Kopf wenn Verwandte sterben, allerdings bleibt eine Haarsträhne am Hinterkopf lang, das gilt aber nur für Männer. Moslems dürfen mehrere Frauen haben, müssen diese aber heiraten, denn eine Freundin ist nicht erlaubt. Die erste Frau wird von den Eltern ausgewählt und alle weiteren Frauen darf sich der Mann selbst aussuchen. Je reicher ein Moslem in Indien ist, desto mehr Frauen hat er.
Die muslimischen Männer tragen oft einen Lungi, das ist ein langes Tuch, das sie sich wie einen bodenlangen Rock um die Hüften wickeln. Es gibt noch den sogenannten Dhoti, eine Beinbekleidung der Männer, und die Kurta, eine Art kragenloses Hemd – beide sehr traditionelle Bekleidungen für muslimische Männer in Indien. Ein Langota wird nur von sehr strenggläubigen Indern getragen. Diese Bekleidung – falls man das unter der Kategorie Bekleidung einordnen kann – besteht aus einigen wenigen Zentimetern Stoff, der nichts anderes ist als ein String für einen Mann, mit dem er seine Genitalien bedeckt.
Was mir erzählt wurde – aber das ist sicher auch von Region zu Region unterschiedlich – ist, dass die Eltern der verheirateten Frauen nicht im Haus ihrer Tochter und dem des Mannes essen und trinken dürfen. Die Tochter kommt stattdessen meist ihre Eltern besuchen.

Getrunken wird hier immer aus derselben Flasche und demselben Glas. Das ist überhaupt nicht unhygienisch, denn das Wasser wird mit ein bis zwei Zentimeter Abstand in den Mund gegossen. Keine allzu einfache Aufgabe, aber nach einiger Zeit gewöhnt man sich daran.
Die Stadt Jaipur wird auch „Pink City“ genannt. Viele Gebäude, vor allem die, in denen sich Shops befinden, sind aus rotem Gestein, so wie auch der City Palace. Die Stadt besteht hauptsächlich aus Shops und Märkten und ist ganz anders als die Städte, die ich bis jetzt von Indien kenne. Die Stadt ist relativ groß und alles liegt irgendwie nebeneinander.

Von der Wüste in die Großstadt

Auf einer 17-stündigen Zugfahrt für 400 INR (=5€) fahren wir nun nach 19 Tagen Freiwilligenarbeit im Camp von der Wüste in Jaisalmer in die Großstadt Delhi. Was uns hier passiert, ist filmreif. Vor unserer Ankunft in Delhi organisierten Sarah und ich uns einen Platz bei einem Couchsurfer. Wir kommen in der Großstadt an und das Erste, was uns ärgert, ist, dass wir von unserem Gastgeber kurzfristig eine SMS bekommen, in der er uns mitteilt, dass er uns nicht wie vereinbart vom Zug abholt, sondern wir mit der Metro nahe seiner Wohnung fahren sollen. Als wir ihn anrufen und ihm sagen, bei welchem Aufgang wir warten, meint er: „Dies ist der falsche Ausgang, kommt zum anderen.“ Er ist währenddessen mit dem Auto unterwegs und es wäre nicht schwierig für ihn, zum anderen Ausgang zu fahren. Wir beide haben keine Ahnung, wo genau wir hin sollen und mit den schweren Rucksäcken ist uns nach der langen Zugfahrt jeder Schritt zu viel. Der Couchsurfer Lokesh kommt schlussendlich auf unsere Bitte hin zu unserem Ausgang. Er parkt und steigt nicht aus, um uns zu begrüßen oder uns zu helfen, sodass wir uns alleine abmühen, unser Gepäck irgendwie in sein Auto zu bekommen. Damit war unser erster Eindruck von ihm gefestigt: unsympathisch und desinteressiert. Ab dem Zeitpunkt sollte einfach nichts mehr so richtig klappen. Sonst sind Couchsurfer sehr interessiert und engagiert, aber bei Lokesh ist das genaue Gegenteil der Fall.

Wir machen einen Stopp, um kurz was zu essen, und teilen ihm mit, dass wir gerne in seine Wohnung fahren möchten, um unser Gepäck abzuliefern und uns von der anstrengenden Anreise kurz frisch zu machen. Im Auto erwähnt er noch nebenbei, dass es ihm leid tut, dass in seiner Wohnung zurzeit Unordnung herrscht. Wir geben ihm zu verstehen, dass es okay ist und denken uns beide, dass es sicher nicht so schlimm sein wird. Wir kämpfen uns mit unseren Rucksäcken rauf in den 4. Stock, er geht voran, öffnet die Türe und ich traue meinen Augen kaum. Das kann doch nur ein schlechter Scherz sein. Die Wohnung ist ein totales Chaos. Überall liegt Kleidung herum und Geschirr ist auf Stühlen, Tischen und dem Boden verstreut – die Wohnung ist ein einziger Saustall. Sauber ist definitiv etwas anderes und „Unordnung" ist eine absolute Untertreibung, denn selbst das Wort „Schweinestall" scheint für diese Wohnung noch zu harmlos. In einem Zimmer liegen zwei Matratzen auf dem Boden und die Leintücher darauf sind dreckig. Es ist so ekelhaft, dass ich mir sogar eine Zeitung auf das Bett lege, um mich hinzusetzen. Nach nur einigen Sekunden in der Wohnung wissen Sarah und ich, dass wir da keine Nacht schlafen können. Wenn man schon weiß, dass Gäste kommen und man sie über Couchsurfing einlädt, kann man sie doch nicht mit so einer Wohnung empfangen. Wenn wenigstens eines von beidem passen würde – entweder der Typ wäre nett oder die Wohnung in einem halbwegs guten Zustand –, wäre alles halb so schlimm, aber so passt absolut nichts.

Sarah und ich besprechen uns kurz und kommen zu dem Entschluss, dass wir uns beide sehr unwohl fühlen und keine Nacht hier verbringen möchten. Ich drehe mich zu Lokesh und meine: „Wir würden eigentlich doch jetzt schon was unternehmen wollen." Er schaut mich etwas verwundert an und sagt: „Ich dachte, ihr wollt euch frisch machen? Aber wir können auch gerne was unternehmen." Insgeheim denke ich mir, dass ich mich in diesem Fall sogar wohler fühle ohne zu duschen. Wir wollen einfach nur schnell weg und raus aus der Wohnung, um uns in Ruhe einen

Plan B zu überlegen. Wir können schließlich nicht so unhöflich sein und gleich wieder abhauen. Bevor wir losfahren kommt ein Freund von unserem Gastgeber dazu und wir sind zu viert. Wir gehen gemeinsam shoppen und etwas essen. In der Zwischenzeit schreibe ich dem Inder Ganan, den ich in Singapur kennengelernt habe und mit dem ich eine gemeinsame Partynacht verbracht habe. Ich erkläre ihm per SMS unsere Situation und schreibe ihm, dass wir uns sehr unwohl bei unserem Gastgeber fühlen und keine Nacht bei ihm übernachten möchten. Daraufhin kommt von Ganan eine SMS, in der er uns mitteilt, dass ein Freund von ihm uns für die nächsten Nächte etwas organisieren wird und dieser sich bei mir in der nächsten Stunde melden wird. Der besagte Freund ruft mich schließlich an, während wir gerade in einem Café sitzen und eine Nachspeise genießen. Ich gehe weg, um zu telefonieren. Ganans Freund teilt mir mit: „Ich habe für euch etwas organisiert und es wird euch ein Fahrer abholen." Lokesh tische ich eine andere Geschichte auf. Lügen ist normalerweise nicht der Weg, den ich wähle, aber um hier sauber aus der Sache rauszukommen und ihn nicht wegen seiner Wohnung zu beleidigen, bleibt mir nichts anderes übrig. Ich erzähle ihm: „Mein Vater arbeitet in einer Firma in Österreich, die oft mit Indern zu tun hat – sehr wichtige und hohe Geschäftsmänner. Mein Vater hat vor einigen Tagen einen dieser Geschäftsmänner angerufen, mit denen er ein sehr gutes Verhältnis hat, und gefragt, ob wir bei ihm unterkommen können. Der Geschäftsfreund meines Vaters hat sich aber danach nicht mehr gemeldet. Er hat mich jetzt gerade angerufen, um mir zu sagen, dass wir kommen sollen und seine Gäste sind. Da der Geschäftsmann sehr wichtig ist für die Firma und er nur zwei Tage in Delhi bleibt und danach geschäftlich irgendwohin muss, besteht er darauf, dass wir heute noch zu ihm kommen."

Wir entschuldigen uns höflich und lassen ihn wissen: „Wir werden bereits in einer Stunde abgeholt." Anschließend fahren wir zurück in die Wohnung, holen unser Gepäck und Lokesh bringt uns zu einem Treffpunkt, den ich mit dem Freund von Ganan ausgemacht habe. Er will warten, aber wir können ihn zum Glück abwimmeln, da wir uns in seiner Gesellschaft nicht wohlfühlen. Ich bekomme per SMS die Adresse zugeschickt, zu der wir fahren sollen, da das mit dem Fahrer doch nicht klappt, denn er hätte erst eineinhalb Stunden später Zeit und das ist uns zu lange zum Warten. Wir winken uns eine Rikscha heran und zeigen dem Fahrer die Adresse. Der Hotelname steht nicht darauf. Zuvor schrieb ich Ganan noch, dass unser Unterkunftsbudget 300 bis 400 INR (4€ bis 5€) die Nacht beträgt – nicht dass er uns eine Unterkunft besorgt, die wir uns nicht leisten können. Wir sind bereits aus dem Stadtzentrum draußen und tuckern auf einer stark befahrenen Straße dahin. Rechts und links ist außer vereinzelten großen Gebäuden nichts zu sehen. Der Fahrer schaut sich suchend in der Gegend um und wird zwischendurch immer wieder langsamer. Dies lässt mich vermuten, dass wir dem uns unbekannten Ziel immer näher kommen. Sarah und ich sind beide erschöpft von dem Tag. Es hat bereits sehr abgekühlt und ich sehne mich nach einem Bett. Der Rikscha-Fahrer hält am Straßenrand und zeigt anderen Fahrern den Zettel mit der Adresse darauf und fragt sie nach dem Weg. Keiner scheint die Adresse zu kennen und wir müssen wenden, um ein Stück in die Richtung zurückzufahren, von der wir gekommen sind. Auf dem Weg scherzen wir noch, als wir ein Fünf-Sterne-Luxushotel von Weitem sehen: „Ah, vielleicht fahren wir ja dahin, bestimmt sogar!" Der Witz ist eine Sekunde später verflogen. Unser Fahrer hat in der Zwischenzeit nochmal gehalten und wir rufen Ganans Freund an, damit er ihm erklärt, wo das Hotel ist. Nach dem Telefonat wissen wir, dass es tatsächlich das Luxushotel ist, in dem wir unterkommen sollen. Es folgt ein Lachanfall und Geschrei von unserer Seite, weil wir es nicht fassen können. Ich ahnte zwar bereits, dass Ganan ein wichtiger Mann ist, gutes Geld macht und auch bekannt in Indien ist, aber so was habe ich nicht erwartet. Wir kommen vor dem Luxushotel an, steigen mit unseren großen Backpackerrucksäcken aus, haben beide weite Alibabahosen an und sind alles andere als gestylt. Uns wird das Tor von zwei Wachmännern in cremefarbenem Outfit und Turban aufgemacht und gleich als wir aus der Rikscha steigen kommt uns ein Page entgegen und nimmt uns unser Gepäck ab. Er legt es auf einen vergoldeten Kofferwagen und schiebt ihn in die Lobby. Sehr viele Angestellte sind anwesend und alle falten die Hände und begrüßen uns mit einem „Namaste". Beim Betreten des Eingangsbereiches wird uns ein feuchtes Erfrischungshandtuch entgegengestreckt, mit dem wir uns Gesicht und Hände abwischen. „Was für ein Service!", denke ich mir. Wir kommen uns vor wie in einem Film. Nachdem wir mit der Rezeption Rücksprache gehalten und mit dem Freund von Ganan telefoniert haben, warten wir kurz in der Lobby auf die Bestätigung. Während wir auf der Couch sitzen, bekommen wir Erfrischungsgetränke serviert und können unser Glück kaum fassen. Kurze Zeit später werden wir von dem Rezeptionisten zu ihm gebeten, ich unterschreibe die Buchung und wir fahren mit dem Aufzug in den siebten Stock.

Die Aussicht ist der Hammer, das Zimmer ist traumhaft und es ist alles vorhanden, was man sich nur wünschen kann: Schreibtisch, Flatscreen, Radiowecker, Badewanne und Dusche – einfach alles, was das Herz begehrt. Wir sind ganz aus dem Häuschen. Das Beste ist aber, nach mehr als 24 Stunden endlich eine Dusche benutzen zu können.

Bevor wir unter die Dusche hüpfen, bekommen wir einen Anruf von Ganan, der meint: „Ich schicke euch meinen Fahrer. Er wird euch direkt vom Hotel abholen." Gegen 23 Uhr gehen wir raus und der Fahrer wartet schon mit einem Luxusauto auf uns. Ach, fühlt sich das unreal an! 20 Minuten später befinden wir uns in verwinkelten Straßen der Oberklasse, inmitten deren prunkvollen Häusern und pompösen Villen. Einige Gebäude sind hell beleuchtet und Leute stehen auf der Straße und sind festlich gekleidet. Nach zehn Minuten Fahrt durch die Villengegend kommen wir in der letzten Gasse an und der Fahrer bleibt stehen.

Eine Privatfeier erwartet uns. Ich trage einen kurzen Rock und ein Trägeroberteil, da wir angenommen haben, wir gehen fort. Vor uns steht ein riesiges Haus mit großem Garten. Alles ist hell beleuchtet und die Tische und Sessel sind festlich geschmückt. Es ist eine Vor-Diwali-Feier im Kreise der Großfamilie und mit Freunden. Diwali ist eine Festivität in Indien, die als Lichterfest bezeichnet wird und mit Weihnachten bei uns zu vergleichen ist. Üblich ist es, dass man einige Tage vor Diwali Karten spielt und zwar nicht nur an einem Abend, sondern öfters. Wir setzen uns dazu und dürfen gleich beim Black Jack mitspielen. Geldpacken liegen stapelweise auf dem Tisch und wir bekommen gleich einen Teil davon zugeschoben. Nach einer kurzen Erklärung sind Sarah und ich beim Spiel voll mit dabei. Nachdem wir das Geld verspielt haben, werden wir zum Essensbuffet geführt und dürfen uns dort bedienen. Anschließend verabschieden wir uns und werden mit Ganan und zwei seiner Freunde vom Fahrer in einen Club gebracht. Wir haben den VIP-Bereich für uns alleine. Es stehen den ganzen Abend Flaschen am Tisch und gegen hohes Trinkgeld wird uns ein privater Security zur Seite gestellt, damit wir nicht von anderen Männern angemacht werden. Das bin ich absolut nicht gewohnt. Als mich ein junger Mann auf der Tanzfläche anspricht, stehen Sekunden später schon fünf Freunde von Ganan rund um den Typen und motzen ihn an. Als Ganan meinen irritierten Blick sieht, kommt er zu mir und erklärt mir: „Geht man als Frau in Indien mit Männern aus, liegt es in deren Verantwortung, auf die Frau aufzupassen."

Am nächsten Morgen haut mich das riesige Frühstücksbuffet im Luxushotel um und überfordert mich so sehr, dass ich gar nicht weiß, wo ich anfangen soll. Wir genießen die vielfältige Essensauswahl und schlagen uns die Bäuche voll. Wir checken am späten Nachmittag aus und in ein günstigeres Business-Hotel woanders ein, das uns wieder Ganan organisiert. Am dritten Abend gehe ich alleine mit Ganan aus, nicht so lange und eher gemütlich.
Wenn ihr nun denkt, dass einem so ein Mann nur etwas zahlt, weil er sich etwas von einem erwartet, dann kann ich euch nur Recht geben. Aber man muss wissen, wie man damit umgeht. Ich setze klare Grenzen und bezahle diese gratis Übernachtungen natürlich nicht mit irgendwelchen Bettgeschichten mit meinem indischen Bekannten, sondern es bleibt bei netten Gesprächen und das akzeptiert er auch.

Wo bin ich eigentlich?

Ich bin in einer Stadt – in einer der bedeutendsten Städte Indiens, Delhi, und habe keine Ahnung, wo ich eigentlich genau bin. Nein, so schlimm ist es nicht. Worauf ich hinaus möchte, ist Folgendes:

Für manche bedeutet Reisen, alles gesehen zu haben, was der Europäer halt so kennt, alles, was einen Rang und Namen hat. Man kommt zurück nach Hause und wird gefragt: „Und warst du in dieser Kirche? Hast du das Gebäude gesehen, den Tempel angeschaut und diese Sehenswürdigkeit besichtigt? Hast du in diesem Land diese Aktivität gemacht, weil es daher kommt und dort entstanden ist?" Alles schön und gut, aber meine Vorstellung vom Reisen ist eine andere: Mir ist es nicht wichtig, all die Touristenattraktionen abzuklappern, über die Geschichte dahinter Bescheid zu wissen und von jedem Gebäude zu wissen, wie es heißt, wann und von wem es erbaut wurde und all die anderen Dinge, die ich auch im Internet nachlesen kann. Dafür war ich nie der Typ und werde es auch nie sein.

Natürlich ist es wieder etwas ganz anderes, wenn man für eine lange Zeit auf Reisen ist. Da kann man nicht immer alle wichtigen Orte besuchen und nicht jede Sehenswürdigkeit anschauen. So war ich in Delhi und habe nichts von Delhi gesehen. Mir war nicht danach, es hat sich nicht ergeben und ich wollte nicht so viel Zeit hier verbringen. Natürlich ist es interessant, sich die ein oder andere Attraktion anzusehen, aber ich muss nicht alles sehen und schon gar nicht unter Zeitdruck, nur weil man das nach der Meinung anderer unbedingt gesehen haben muss, wenn man schon mal da oder dort ist. Ein Land zu kennen, bedeutet nicht nur, über die ganze Geschichte Bescheid zu wissen und alle berühmten Gebäude zu kennen. Man liest Bücher, sieht Dokumentationen über Länder und deren Must-see-Attraktionen, aber es ist unglaublich schwer, Schilderungen darüber zu finden, wie die Leute wirklich sind, wie sie leben, denken und handeln. Das wird mir immer vor Augen geführt, wenn ich die riesigen Touristenbusse sehe, die vor den jeweiligen Sehenswürdigkeiten stehen bleiben. Die Touristen steigen aus, gehen in das Gebäude rein, kommen nach einiger Zeit raus und steigen wieder in den Bus. Wie es wirklich auf der Straße zugeht und wie die Einheimischen sind, bekommen diese Leute gar nicht mit. Natürlich spielen der Zeitfaktor und das Alter der Touristen immer eine große Rolle und das streite ich auch gar nicht ab. Dennoch ist es schade, wenn man in einem Land ist, aber gar nicht mitbekommt, wie dort wirklich gelebt wird. Was nützt es einem dann, über die ganze Geschichte des Landes Bescheid zu wissen?

Einladung einer indischen Familie

Im Wüstencamp in Jaisalmer haben wir Bekanntschaft mit einer indischen Familie gemacht. Wir kamen mit ihnen ins Gespräch und verstanden uns gut. Daraufhin luden sie uns ein, dass wir anlässlich zu Diwali zu ihnen kommen können. Es ist zwar sehr entspannend und angenehm zwischendurch in einem Luxushotel unterzukommen, aber ich freue mich nun auch wieder darauf, den Einheimischen näherzukommen und mehr von deren Kultur erfahren zu können. Ich werde mit Sarah zwei Nächte bei der indischen Familie verbringen und hatte mich eigentlich darauf gefreut, weg von dem Luxus zu kommen und mit ihnen gemeinsam einzukaufen zu gehen und zu kochen. Doch das war ein Irrtum. Sie leben in Gurgaon, einem Stadtteil am Rande von Delhi. Gurgaon besitzt das größte IT Center mit den meisten Shoppingmalls – insgesamt 25 Stück – und der höchsten Anzahl an Haustieren pro Kopf weltweit. Außerdem hat hier jeder durchschnittlich bis zu zwei Handys.
Als wir am Bahnhof ankommen, ist er wieder da, der private Fahrer mit einem Luxusauto. Wo sind wir da schon wieder gelandet? Nach kurzer Zeit stellt sich heraus, dass es mit dem gemeinsamen Kochen und Dekorieren nichts wird. Wir brauchen nichts tun, sondern sitzen nur da und müssen uns bedienen lassen. Um ehrlich zu sein ist das eine Situation, in der ich mich gar nicht wohlfühle. Die Familie ist reich und hat mehrere Angestellte in ihrem Haus plus einen extra Fahrer. Sie beschäftigen Angestellte, die irgendwo aus dem Dschungel kommen und kein Geld und keine Bildung haben. Sie werden gut bezahlt und bekommen zusätzlich zum Lohn noch Essen und Kleidung. Sie können im Haus leben und sich somit etwas Geld zur Seite legen. Das von ihnen angestellte Pärchen bekommt darüber hinaus die Möglichkeit, für bis zu drei Monate in ihr Heimatdorf zurückzugehen und dort mit

dem ersparten Geld ein Haus zu bauen. In der Zeit, in der sie nicht da sind, wird vorübergehend anderes Personal eingestellt. Den Sohn des Ehepaares will der Hausherr in die Schule schicken und dafür bezahlen, damit dieser eine Ausbildung bekommt. Bei unserer Ankunft sehen wir auch ein kleines Mädchen, das im Haus arbeitet. Ich vermute schon, dass sie extrem jung ist, zu jung, um zu arbeiten. Der Hausherr erzählt uns: „Das Mädchen ist erst 14 Jahre alt und normalerweise nimmt man Angestellte erst ab etwa 21 Jahren auf. Die Geschichte dahinter ist die, dass der Bruder des Mädchens zu unserem Haus kam und uns anflehte, seine Schwester aufzunehmen. Sie hat kein Dach über dem Kopf, da sie zu Hause acht Kinder sind und es nicht genug Platz für alle gibt. Es würde schon reichen, wenn sie zwei Mahlzeiten am Tag bekäme, flehte der Bruder sie an. Wir haben sie dann nach langem Überlegen aufgenommen. Natürlich bekommt sie drei Mahlzeiten am Tag und auch ein gutes Gehalt ausbezahlt sowie Kleidung. Obwohl die Kleine keine große Hilfe ist", fährt der Hausherr fort, „genügt es mir, wenn sie mir zwischendurch meine Hausschlappen bringt oder mir eine Tasse reicht, einfach nur, damit sie einen Job hat und etwas verdient. Glücklich darüber, dass sie hier arbeitet, bin ich nicht, weil sie in ihrem Alter draußen sein und mit anderen Kindern spielen sollte, aber da ihr Bruder mich so angefleht hat und die eigene Familie finanziell keine Möglichkeit hat, sich um das Mädchen zu kümmern, stimmte ich eben widerwillig zu." Er erzählt weiter: „Unser Fahrer ist ein spezieller Fall. Er hat nicht das kleinste bisschen Orientierungssinn und muss sogar bei Strecken, die er schon 100 Mal gefahren ist, nachfragen, wo es langgeht." Der Hausherr lacht kurz auf und redet weiter: „Nach vier Monaten kennt er noch immer nicht den Weg zu meinem Büro, das nur fünf Minuten entfernt liegt und zu dem wir fünf Mal die Woche fahren. Trotz allem behalten wir den Fahrer und bezahlen ihn, weil er sonst nirgends einen Job bekommen würde. Meine 13-jährige Tochter hat noch gar keine Vorstellung davon, was wir alles tun und weiß vieles noch nicht zu schätzen, was aber mit dem Alter hoffentlich noch kommen wird." Die Familie hat wirklich ein großes Herz.

Wir unterhalten uns noch lange mit dem Hausherrn und er erzählt uns, dass es abgesehen von Diwali noch einige andere Festivitäten in Indien gibt: „Zum Beispiel das Bhai Dooj-Festival, das am letzten Tag des fünftägigen Diwali Festivals stattfindet. An diesem Tag beten die Schwestern für ein langes und glückliches Leben ihrer Brüder und veranstalten eine Tika-Zeremonie, bei denen man Zeichen des Segens mit Pulverfarbe auf die Stirn malt. Anschließend werden sie von ihren Brüdern beschenkt. Ein weiteres Festival im Norden Indiens mit dem Namen Karva Chauth ist dafür da, dass verheiratete Frauen für ihre Ehemänner von Sonnenaufgang bis zum Mondaufgang fasten und sie für die Sicherheit und die Langlebigkeit der Ehemänner beten. Dieser Fastentag wird am vierten Tag nach Vollmond im November abgehalten."
Das ist wirklich interessant und ich frage ihn vorsichtig weiter: „Ich habe einmal bei einer Zugfahrt gesehen, dass komisch aussehende Leute durch den Zug gehen und laut etwas schreien. Sie gehen einfach zu den Einheimischen und verlangen von ihnen sehr fordernd Geld. Wer sind diese Menschen?" „Das sind sogenannte Hijras, auch Eunuchs genannt, und waren früher mal Sklaven. Heutzutage kommen diese Menschen, die eigentlich Männer sind, sich aber als Frauen herrichten, bei einer Heirat oder Geburt und fragen nach Geld. Sie haben ein extrem gutes Netzwerk von Informanten. Als unsere Tochter geboren wurde, standen sie vor dem Haus als wir vom Spital heimkamen. Keiner weiß, wie dieses Netzwerk genau funktioniert und woher diese Menschen immer über jede Heirat oder Geburt Bescheid wissen. Sie fordern viel Geld und wenn du diesem nicht nachkommst, verfluchen sie deinen Nachwuchs oder deine Ehe. Nach der Heirat der Nachbarn wurden etwa 21.000 INR (=247€) gefordert. Bei der Geburt von meiner Tochter waren es 11.000 INR (=130€). Das Minimum einer Forderung dieser Hijras liegt bei einem Mädchen bei 5.000 INR (=59€) und bei einem Jungen bei 10.000 INR (=117€). Die Hijras, die du im Zug gesehen hattest, verfluchen die Leute und wollen dann Geld, damit der Fluch wieder aufgehoben wird. Die Inder, die sehr gläubig sind, geben ihnen dann natürlich Geld."

Diwali findet immer zu Neumond Ende Oktober oder Anfang November statt. Der genaue Tag entscheidet sich je nachdem, wann der 15. Tag des Hindumonats Kartik ist. Jeder schmückt sein Haus und es wird alles mit Lichterketten und Teelichtern hell erleuchtet. Es wird gut gegessen und Feuerwerke gibt es auch. Die Familie bestellt zu diesem Anlass ein Catering mit einigen Bediensteten, die das Essen zubereiten und auch servieren. Wir werden bei der indischen Familie durchgehend mit kleinen Snacks und Getränken versorgt. Am ersten Abend – der Abend vor Diwali – findet bereits eine Party statt. Es ist, wie bereits erwähnt, üblich, dass in der Zeit vor Diwali Karten gespielt wird. Es werden Freunde und Verwandte eingeladen und Männer und Frauen spielen dabei getrennt Karten um Geld. Männer beim Tisch sitzend um mehr Geld und Frauen auf einer Matratze am Boden sitzend um kleinere Geldbeträge. Das Kartenspiel heißt Flash und es ist Tradition, dass man das Kartenspiel vor Diwali in privaten Häusern spielt, da es an öffentlichen Plätzen nicht erlaubt ist. Wenn man das an öffentlichen Plätzen machen würde, wäre es eine Art Geschäft, aber zu Hause wird es als bloßer Spaß angesehen. Nachdem ich 100 INR verspielt habe, steige ich aus dem Glücksspiel aus.

Es gibt Unmengen an Essen und bis das Dinner serviert wird, haben wir schon so viele Snacks verdrückt, dass fast kein Platz mehr in unseren Bäuchen ist. Abendessen gibt es schließlich um ein Uhr nachts, was für uns extrem spät aber in Indien ganz normal ist. Danach komme ich mir vor wie ein gemästetes Schwein, weil ich aus Höflichkeit alles durchprobiere. Jede Speise wird auf edlen Platten präsentiert und das Buffet am Schluss ist wirklich groß und reichhaltig und enthält typische nordindische Spezialitäten wie Chapati und Naan, Samosa, Tanduri-Hähnchen und Currygerichte wie zum Beispiel Moghul Massala. Chapati oder auch Roti und Naan sind verschiedene Arten von einem Fladenbrot. Samosa sind Teigtaschen, die mit den unterschiedlichsten Zutaten gefüllt werden. Das Essen ist wirklich gut und ich probiere mich überall durch.

Was mich fasziniert, ist die Art und Weise, wie der Koch die Chapatis macht. Chapati ist das gleiche wie Roti. Es ist ein Fladenbrot und zählt zum Hauptnahrungsmittel im Norden Indiens. Der Koch hat eine Tonne vor sich stehen, in der ein Feuer brennt, und diese Tonne fungiert wie ein Ofen. Die Chapatis werden mit einem nassen Schwamm an die Innenseite der Tonne angeklebt, wo das Feuer brennt. So geht es schneller und die Fladen werden knuspriger.

Am zweiten Tag wird uns von Mutter und Tochter das größte Einkaufszentrum Asiens gezeigt, das sieben Stöcke hoch und einen Kilometer lang ist. Das ist zwar recht beeindruckend, aber nun wirklich nicht das, was ich mir von meiner Indienreise und der fremden Kultur erhoffe. Als wir mit einer Art Golfwagen durch das Einkaufszentrum fahren und sie uns fragen, welche Marken es denn bei uns so gibt, hätte ich am liebsten losgeschrien und musste mich sehr zusammenreißen, damit ich freundlich bleibe. Ich komme doch nicht nach Indien, um mir ein Einkaufszentrum anzusehen, und noch dazu von einem Golfwagen aus! Ich weiß wirklich nicht, wie sich die Inder Europa vorstellen, aber wir haben auch riesige Einkaufszentren und die gleichen Markengeschäfte, die es eben überall auf der Welt gibt. Ich bin erleichtert, als wir endlich draußen sind und der Abend immer näher rückt.
Ich werde mit einem indischen Salwar Kamiz eingekleidet und um 20 Uhr beginnt die Zeremonie. Zuerst wird vor dem kleinen Tempel im Haus gebetet. Es ist wahnsinnig interessant zu beobachten, was alles in den Tempel gestellt und davor hingelegt und angezündet wird. Der Tempel an sich wird mit kleinen Figuren bestellt und mit Blumen behängt. Vor dem Tempel am Boden werden Schalen und Teller aus Edelstahl aufgestellt. Manche sind mit Obst gefüllt und auf anderen liegen Blumen und Münzen. Es stehen kleine Schälchen darauf, die mit einer roten Flüssigkeit gefüllt sind und oben schwimmt eine Blüte. Dazwischen kann ich Räucherstäbe erkennen, die ihren Duft verbreiten.
Nachdem dieser Teil der Zeremonie erledigt ist, machen wir uns daran, das Haus zu beleuchten. Die Lichterketten sind außen schon eingeschaltet und wir stellen noch kleine Tonbehälter, die mit Öl und einem Docht ausgestattet sind, am Balkon auf. Nun folgt der laute Teil des ganzen Spektakels: die Feuerwerke. Ich zähle nicht

nach, wie viele Kracher es sind, aber wir schießen damit sicher eine gute Stunde herum und die Männer haben sichtlich Spaß. Anschließend gibt es wieder ein spätes Abendessen und ein gemütliches Beisammensitzen. Es ist wirklich interessant, mit der Familie und ihren engen Verwandten über das Reisen und die damit verbundenen Schwierigkeiten zu plaudern. Da diese Leute besser betucht sind, sind ihre Augen umso größer als ich ihnen sage, dass mein Budget für eine Unterkunft in Indien pro Tag bei 150 bis 200 INR (=2€ bis 3€) liegt. Sie selbst bezahlen locker 2.300 INR (=29€) pro Nacht, wenn sie in Indien reisen. Daher sind sie nur schwer davon zu überzeugen, dass es wirklich möglich ist, so wenig für eine Unterkunft zu bezahlen.

Rückblick auf die Zeit mit Sarah

Leider ist es nach unserem Aufenthalt bei der indischen Familie an der Zeit, dass Sarah und ich uns voneinander verabschieden. Unsere Wege trennen sich hier: Ich bleibe noch in Indien und sie zieht weiter nach Nepal. Sarah ist einer der wenigen Menschen, die mir wirklich ehrlich sagt, was ihre Meinung ist. Ich frage sie zum Beispiel, wie meine Haut heute ist – ich habe da leider des Öfteren Probleme, wenn ich unterwegs bin – und sie sagt dann geradeheraus: „Heute schaut's wieder echt schlimm aus." Ich muss wirklich sagen, dass ich das genieße. Vielleicht ist das manchmal hart, aber es ist auch verdammt gut, wenn man weiß, dass man sich auf die Meinung und Aussage einer Person verlassen kann.
Wenn man lange zusammen unterwegs ist, erlebt man viele Geschichten und kann über viel Geschehenes lachen. Als wir beispielsweise im Meditationszentrum waren und am letzten Tag die Schweigepflicht aufgehoben wurde, zeigte uns die Zimmerkollegin von Sarah den Tempel, in dem sich auch die Meditationszellen befanden. Wir gingen mit ihr zum obersten Punkt des Tempels. Es sah so aus, als ob sie uns eine Führung geben würde und wir freuten uns darauf. Nach zwei Räumen, die sie uns zeigte, die außer vier weißen Wänden nicht viel mehr zu bieten hatten, machten wir einen Rundgang im Freien und genossen die Aussicht über das

Meditationszentrum. Als sie auf die Männerschlafstätte zeigte, sagte sie: „Und hier schlafen die Männer." „Okay", dachten wir uns beide, „das haben wir in diesen zehn Tagen definitiv mitbekommen." Als wir ein paar Meter weitergingen, sagte sie zu uns: „Und hier schlafen die Frauen." Da mussten wir schon ein Lachen unterdrücken, aber man will ja ihre Führung nicht ins Lächerliche ziehen. Als sie aber auch noch auf die Meditationshalle zeigte und sagte „Und das ist die Meditationshalle", konnten wir das Lachen kaum noch unterdrücken. Zehn Tage lang standen wir in dieser Halle Strapazen durch und sind jeden Tag mehrmals von unserer Schlafstätte in die Meditationshalle und wieder zurück spaziert. Wir wussten also sehr wohl, wo wir die letzten Tage verbracht hatten.

Eine andere lustige Geschichte passierte als wir einmal bei Einbruch der Dunkelheit in Jaipur in Richtung Stadt spazierten und uns zwei Typen anquatschten. Nach einigen Minuten Unterhaltung über Sehenswertes in der Gegend zeigte einer der beiden zum Himmel und sagte: „Das ist der Mond." Wie aus der Pistole geschossen kam von uns: „Wirklich? Das ist der Mond?" Ein schallendes Gelächter von Sarah und mir folgte darauf. Wir mussten uns beide so schnell wie möglich hinsetzen, sonst hätten wir uns vor Lachen nassgemacht.

Abends im Wüstencamp spielte einmal eine Band und eine Familie war zu Gast. Ich saß gerade am Netbook als Sarah zu mir kam und mir sagte: „Ein Gast hat mich eingeladen, mich zu ihm zu setzen." Als ich genauer nachfragte, meinte sie: „Er scheint irgendetwas Höheres zu sein. Weißt du vielleicht was ein Raghu ist?" Davon überzeugt, dass sie damit die österreichische Speise meinte, fing ich an, munter drauf los zu erzählen, aus was denn so ein Ragout bestehe. Als sie darauf meinte: „Das muss eine Bezeichnung sein, vielleicht für eine höhere Stellung, so wie zum Beispiel Doktor oder Ingenieur." Ich musste schmunzeln. Sarah meinte: „Ich möchte mich nicht alleine zu dem Mann setzen. Magst du mitkommen?" Daher klappte ich mein Netbook zu und wir setzten uns in den Kreis, in dem die Band spielte und es Abendessen gab. Als Sarah mir am anderen Ende des Kreises den Mann zeigte, meinte ich zu ihr: „Er würde deine Gesellschaft sicher lieber alleine genießen."

Als der Herr mit einem Serviertablett dastand, ging Sarah zu ihm rüber, um ihn zu fragen: „Möchten Sie sich denn nicht zu uns gesellen?“ Es schien so, dass es zwischen dem Herrn und Sarah ein Verständigungsproblem gab und so ging Sarah zu Balu und fragte ihn um Hilfe. Darauf sagte er ihr: „Der Mann arbeitet als Angestellter im Restaurant und sein Name ist Raghu. Er hat uns in den Kreis eingeladen, damit die Gäste sich nicht unwohl fühlen, weil sie die einzigen Anwesenden sind.“ Wir prusteten los vor Lachen. Vom Gast mit einer wichtigen Position war er plötzlich zum Angestellten im Camp mit dem Namen Raghu geworden.

Nun ist es also soweit. Sarah und ich fahren gemeinsam zurück nach Delhi und unsere Verabschiedung steht uns bevor. Ich glaube, wir sehen dieser Trennung mit gemischten Gefühlen entgegen. Auf der einen Seite wird es schwer für mich, weil ich sie wirklich ins Herz geschlossen habe und sie eine sehr angenehme Reisepartnerin ist. Weiters habe ich Respekt davor, alleine durch Indien zu reisen, aber auf der anderen Seite freue ich mich auch darauf, wieder auf mich alleine gestellt zu sein. Wir steigen aus dem Bus, schwingen beide unsere Rucksäcke auf den Rücken und umarmen uns fest. Wir waren uns vorher schon darüber einig, dass wir unsere Verabschiedung so kurz und schmerzlos wie möglich halten möchten. Somit drücken wir uns nochmal fest, halten kurz inne, drehen uns um und jeder geht seinen Weg mit dem Wissen, dass wir uns eines Tages wiedersehen werden.

Raus aus der Stadt

Nachdem ich mich von meiner bis jetzt längsten Reisepartnerin verabschiedet habe, reise ich von Delhi weiter nach Rishikesh. Das ist ein heiliger Ort weiter nördlich im Himalaya-Gebirge. Hier ist Yoga und Meditation der Hauptgrund für Besucher herzukommen. Unter dem Ort habe ich mir eigentlich ein kleines, idyllisches und verstecktes Örtchen vorgestellt, in dem man zur Ruhe kommen kann, doch damit liege ich wieder einmal daneben. Denn shoppen kann man hier besser als in Delhi, Yogaschulen gibt es wie Sand am Meer und aus Ashrams – religiösen Herbergen, in denen meist auch meditiert wird – kann man hier auch frei wählen. Das klingt jetzt vielleicht schlimmer als es ist.

Ich fahre gemeinsam mit Jakob, einem Freund aus Österreich, der ein paar Wochen in Indien verbringt, von Delhi nach Rishikesh. Nach einer siebenstündigen Busfahrt kommen wir schließlich an. Es ist ein eher sauberer Ort und auch die Essensstände sind hygienischer. Es gefällt mir – abgesehen von den kalten Temperaturen – sehr gut, nur das Bild, das ich vorab im Kopf hatte, als ich über diesen Ort las, war ein anderes.
Jakob verbringt seine Zeit hier in einem Ashram. Da ich mich dort nicht wohlfühle, beschließe ich, mich in einem Gästehaus einzuquartieren und habe somit viel Zeit für mich alleine. Ich verbringe diese mit Durchfall und nächtlicher Übelkeit, aber auch das vergeht. Gegen solche Probleme auf meiner Reise habe ich meine Imodium-Tabletten mit und schone mich beim Essen. Ich relaxe, lese, schreibe viel, fotografiere und genieße die frische Luft der Berge und den Ausblick auf den Fluss Ganges. In dieser Pilgerstadt bekomme ich die beste Massage meines Lebens. Ayurveda heißen die typisch indischen Massagen und ich genieße es sehr. Es ist eine Ganzkörpermassage mit Öl. Ich probiere hier auch zum ersten Mal Yoga aus. Die erste Stunde verläuft sehr gut und ich werde für den nächsten Tag in die fortgeschrittene Stunde geschickt. Ich genieße die Zeit hier sehr und schlendere oft untertags durch die Gassen von Rishikesh. An Straßenständen fehlt es hier definitiv nicht und es gibt Klangschalen zu kaufen, die mich besonders faszinieren. Sie schauen aus wie Schüsseln, sind schön verziert und man kann mit einem hölzernen Stab, der mit Leder überzogen ist, einen tollen Ton erzeugen, indem man außen am Schalenrand entlangfährt. Überall werden kleine Holzstücke aus Sandelholz verkauft. Man kann sie anzünden und sie riechen gut. Am Straßenrand werden auch kleine weiße Kügelchen aus Teig verkauft. Zuerst wusste ich nicht genau, was das ist. Da sie echt lecker ausschauen, wollte ich aber eines kosten, bevor ich mir eine Packung kaufe. Es kam vom Verkäufer daraufhin ein sehr unfreundliches: „Nein!" Erst später realisierte ich, dass es sich um Fischfutter handelt.

Sehr viele Inder pilgern durch Rishikesh und überall sitzen orange gekleidete Gurus oder Babas am Straßenrand und betteln. Da dieser Ort ganz im Zeichen der Gesundheit steht, vertraue ich mich einem Kräuterheilguru an, da ich auf meiner Reise oft Probleme mit meiner Haut habe. Nach ein paar guten Ratschlägen gehe ich in mein Zimmer und wende diese gleich an. Zuerst reinige ich die Haut mit Wasser, Zitrone und Salz. Danach muss ich mir eine Art Paste aus selbst zerriebenen Kernen und einem bestimmten Pulver machen und das auf mein Gesicht schmieren und über Nacht einwirken lassen. Nun hier das entsprechende Bild für euch: Ich mit einer langen Skiunterhose, langem T-Shirt und weißen Socken, da es im Himalaya-Gebiet Winter wird und in der Nacht sehr kalt ist, und einer braunen, ekelhaft aussehenden Paste im Gesicht. Bin ich froh, dass mich in diesem absolut peinlichen Zustand niemand gesehen hat!

Jakob und ich lernen am zweiten Tag in Rishikesh zwei deutsche Männer kennen und wir verstehen uns alle auf Anhieb gut. Es sind zwei lustige und etwas durchgeknallte Typen, die für jeden Spaß zu haben sind. Sie erzählen uns von einem Ashram, das irgendwo hier in der Nähe im Wald liegt, in dem die Beatles einige Zeit verbracht haben. Unter einem Ashram versteht man ein klosterähnliches Meditationszentrum. Es ist zwar schon später Nachmittag, aber wir beschließen zu viert dorthin aufzubrechen. Einige Taxilenker stehen am Straßenrand und verweisen uns auf die nächste Abbiegung, die uns direkt durch den Wald zu dem Ashram führen soll. Es ist ein längerer Fußweg, der durch den Wald verläuft, und wir folgen ihm auf gut Glück. Plötzlich kommt uns ein ekelhafter Gestank entgegen. Ich muss mir die Nase zuhalten, sonst würde mir schlecht werden. Wir schauen uns um, aber können nicht erkennen woher der Gestank kommt. Wir marschieren weiter und kommen an einer Mulde vorbei. Der Gestank ist nun fast unerträglich geworden, als ich plötzlich links neben uns eine tote Kuh entdecke, die auf einem engen Waldweg am Boden liegt. Mir entfährt ein lauter Schrei und ich muss mich fast übergeben. Erschrocken und angeekelt beschleunigen wir unser Schritttempo und lassen das tote Tier rasch hinter uns. Ein gutes Stück weiter taucht im dicht bewachsenen Wald ein großes Tor aus Metallstäben auf, an das eine Steinmauer angrenzt. Darüber ragen drei kegelförmige Kuppeln in die Höhe. Dahinter entdecken wir Teile einer Ruine und ein altes, verfallenes Haus. Ich lese ein Schild, auf dem steht: „Der Zutritt ist nicht gestattet." Wir bleiben einige Zeit lang vor dem verschlossenen Tor stehen und beraten uns. Wir sind uns einig, dass wir uns unbedingt Zutritt verschaffen wollen. Während wir in unsere Unterhaltung vertieft sind, entdeckt einer der beiden Deutschen plötzlich einen Mann. Es sieht so aus, als ob er da leben würde. Er geht gerade die Stiegen zu dem baufälligen Haus hinauf, als Jakob ihm hinterherschreit: „Entschuldigung! Dürfen wir uns das Ashram ansehen?" Er meint daraufhin: „Wenn ihr pro Nase 50 INR zahlt, könnt ihr rein." Gesagt, getan. Er öffnet uns das Tor und wir betreten das Gelände. Im Februar 1968 reisten die Beatles nach Rishikesh und blieben in dem Maharishi Mahesh Yogi Ashram, um die Kunst des Meditierens zu erlernen. Bei ihrem Eintreffen im Ashram kamen ihre Frauen, Freundinnen, Assistenten und unzählige Reporter mit. Sie hielten sich für etwa drei bis vier Monate da auf und feierten extreme Drogenexzesse. In dieser Zeit entstand ein komplettes Album und dies war somit für die Band ihre produktivste Zeit. Sie schrieben 48 Lieder in weniger als acht Wochen.

Es ist nun gerade kurz vor Sonnenuntergang, als wir den überwucherten Weg zum Ashram hochgehen. Der Weg führt steil nach oben und rechts und links davon sind Reste von Betonmauern und Bänken zu erkennen. Wir kommen an abgerundeten Kuppeln vorbei. Jede dieser Kuppeln verfügt über einen Eingang, der mehr als die Hälfte des gesamten Konstrukts umfasst. Die Außenmauer ist mit vielen kleinen Steinen besetzt und vermittelt ein niedliches Aussehen. Ich kann mir vorstellen, dass sie teilweise als Meditationskammern dienten oder Unterkünfte für die Meditierenden waren. Es ist alles sehr verwahrlost, aber das, was ich erkennen kann, weist auf eine detailgetreue Anlage hin. Es ist wirklich schade, dass hier alles so verkommen ist, denke ich mir. Wir setzen unsere Erkundungstour fort, da es recht schnell dunkel wird.
Es geht noch ein Stück weiter hoch, mit immer mehr überwucher-

ten Wegen, baufälligeren Gebäuden und unheimlicheren Strecken. Die Dämmerung bricht ein und ich fühle mich wie in einem Horrorfilm. Meine Fantasie geht mit mir durch. Vier Europäer lernen sich kennen, werden von herumlungernden Taxifahrern in die entsprechende Richtung verwiesen und dürfen in das Ashram eintreten, obwohl normalerweise hier Eintrittsverbot gilt. Es ist nun schon düster und wir erzählen uns Schauergeschichten auf dem Weg immer weiter nach oben. Wir entdecken ein eingefallenes Gebäude und betreten es vorsichtig. Mit dem Handy leuchten wir uns den Weg die Stiegen hinauf und uns ist allen Vieren mulmig zumute. Wir gehen durch leerstehende Räume mit eckigen Betonpfeilern in der Mitte des Raumes, die Fensterläden stehen speerangelweit offen und das Glas ist zerbrochen. Langsam schleichen wir durch den Raum durch um zu sehen, wohin die Türe am anderen Ende führt. Von einer Türe ist eigentlich nichts zu sehen. Vielmehr handelt es sich um ein Loch in der Wand. Jakob geht vor und ruft: „Schaut mal her!" Wir folgen ihm und schauen in die Richtung, in die er zeigt. Wir stehen außerhalb des Gebäudes auf einer kleinen Plattform aus Beton, die wie aus dem Nichts endet. Vor uns befinden sich Bäume und Gestrüpp und ein riesengroßes Spinnennetz. Die Bewohnerin dieses Prachtexemplars ist fast so groß wie eine Packung Taschentücher, hat einen gelb-schwarz gefleckten länglichen Körper und ihre Vorderbeine sind doppelt so lange wie ihr Körper. Das ist definitiv die größte und grässlichste Spinne, die ich bis jetzt zu Gesicht bekommen habe. Uns schaudert allen davor und wir machen mit genügend Sicherheitsabstand Fotos von ihr. Uns ist allen danach, das Gebäude zu verlassen. Auf dem Weg nach draußen kommen wir an kleinen Zimmern vorbei, die mit großen Betonbrocken zugeschüttet sind. Die Stimmung ist unheimlich und lässt uns allen einen kalten Schauer über den Rücken laufen.

Wir gehen den Weg weiter entlang und kommen an weiteren Kuppeln vorbei, die dicht nebeneinander gereiht stehen und etwas größer sind. Jakob betritt eine der Kuppeln und wir folgen ihm. Am Rand der Mauer führen freiliegende schmale, kurze Stiegen aus Beton in die Spitze der Kuppel hinauf. Es ist kein Geländer

vorhanden und zwischen jeder Stiege ist ein Abstand, durch den man hindurchschauen kann. Die Betonplatten sind teilweise abgebrochen und zerbröselt und das hält uns davon ab hinaufzusteigen. Wir verlassen die mysteriöse Kuppel und steigen den Weg weiter nach oben. Rechts neben uns führt ein schmaler Waldpfad zu einem weiteren baufälligem Gebäude mit Säulen und einem Balkon, das sich im Dickicht versteckt hält. Auch das betreten wir. Es ist noch verfallener und gleicht Gefängniszellen. Die Wände sind in verschiedenen Sprachen beschmiert. Wir müssen aufpassen, wo wir hinsteigen, um nicht zu stolpern. Überall liegt Schutt herum, Betonbrocken liegen am Boden und Eisenstangen ragen heraus. Vor einem großen Fensterrahmen ohne Glas führen Stiegen in einen Keller hinunter. Die Öffnung nach unten ist klein und die Stiegen sind schmal und gehen steil hinab. Keiner von uns traut sich da hinuntersteigen. Ich bin wirklich beruhigt, dass nicht nur ich mit einer Mischung aus Neugierde und Angst zu kämpfen habe. Es löst ein Kribbeln in mir aus, im Dunkeln umherzuschleichen und nicht zu wissen, was hinter der nächsten Ecke auf uns wartet. Mein Körper ist in ständiger Anspannung und es fühlt sich so an, als ob ich unter Strom stehen würde. Ich versuche achtsam zu sein und niemals als Erste oder Letzte in der Reihe unserer Gruppe zu gehen. Unsere Unterhaltungen lassen immer mehr nach und wir schleichen hintereinander von einem Raum zum nächsten. Jeder von uns ist sichtlich unter Anspannung.
Wir setzen unsere Entdeckungstour fort. Das Haus umfasst fünf Stockwerke und wir gehen langsam und vorsichtig die unstabilen Stiegen hinauf. Bei jedem Schritt, den ich setze, warte ich kurz ab bevor ich mein ganzes Gewicht verlagere. Ich möchte auf Nummer sicher gehen, dass die Stufen nicht unter meinem Gewicht nachgeben und ich abstürze. Die ersten beiden Stockwerke schauen wir uns noch genauer an, aber danach haben wir nur mehr das Bedürfnis, endlich oben anzukommen. Wir verlassen die letzten Treppen, die uns ins Freie auf das Dach des Gebäudes führen. Vor unseren Augen machen sich zwei große, runde Kuppeln breit, durch die jeweils ein Durchgang hindurchführt. Außen an den Kuppeln ist eine Leiter aus verrostetem Eisen angebracht, mit der man die Kuppeln bis an ihre Spitzen besteigen kann. Einer der

beiden Deutschen klettert nach oben und ruft zu uns hinunter: „Wahnsinn! Von hier oben sieht man kilometerweit nur Dschungel. Die Aussicht ist der Hammer! Es ist unheimlich und zugleich atemberaubend.“ Neidisch auf den Ausblick, aber wissend, dass ich mich nicht traue da raufzusteigen, rufe ich ihm zu: „Kannst du Fotos machen, damit ich auch sehen kann wie es aussieht?“ Er stimmt zu und ich sehe wie er abknipst.
Nun ist die Sonne endgültig untergegangen und wir beschließen uns so schnell wie möglich auf den Rückweg zu machen. Zügigen Schrittes, weil wir uns alle nicht so richtig wohlfühlen, gelangen wir schließlich zurück zum Ausgang. Jeder von uns ist froh, als wir zurück in der Stadt wieder unter Menschen sind.

Ich bin gerade auf dem Weg zurück in mein Gästehaus, als mich ein Verkäufer von einem Schmuckgeschäft schon zum zweiten Mal anspricht und fragt: „Hast du kurz einen Moment für mich Zeit? Ich würde dich gerne etwas fragen.“ Das erste Mal ging ich weiter, ohne ihn anzuschauen, aber diesmal bleibe ich stehen. Noch etwas skeptisch, ob dies nicht doch nur ein Trick ist, um mir etwas zu verkaufen, frage ich schließlich nach: „Was möchtest du mich denn fragen?“
Er meint: „Ich würde gerne wissen, warum die Touristen so eine Distanz zu den Einheimischen pflegen? Und mich würde die Sicht der Touristen interessieren.“
Mein Bauchgefühl ist positiv und so gehe ich alleine mit ihm in seinen Laden. Er zeigt in die linke hintere Ecke seines winzigen Ladens, in dem er Tücher und Schmuck verkauft. Ich folge seiner Geste und setze mich auf den kleinen Hocker aus Holz, der dort steht. Er organisiert uns einen Chai und setzt sich zu mir. Er fragt mich: „Was denkst du über Indien?“
„Indien ist ein schönes Land. Es ist sehr vielfältig und ich finde es toll, dass jede Region wie ein eigenes Land ist. Wenn ich in eine neue Stadt komme, dann ist meist das Essen ein anderes, die Menschen haben eine andere traditionelle Kleidung oder auch der Schmuck verändert sich von Region zu Region. Indien hat sehr viel Verschiedenes zu bieten und das gefällt mir sehr gut.“
„Und welche schlechten Erfahrungen hast du bis jetzt mit den

Menschen hier gemacht?“, hakt er weiter nach.
Ich denke kurz nach und beschließe, ihm gegenüber ganz offen und ehrlich zu sein. „Die Menschen hier wissen nicht, wie man jemanden höflich um etwas bittet und sie kennen keine Umgangsformen. Was mich noch stört ist, dass jeder einem etwas andrehen möchte.“
Er sagt daraufhin: „Ich frage dich das deswegen, weil ich oft das Gefühl habe, dass die Touristen zurückweisend uns gegenüber sind, und ich gerne wissen würde, woran das liegt. Manche sind sehr abweisend und ich weiß nicht wieso. Ich möchte, dass unser Land gut dasteht und die Touristen gerne hier herkommen.“
Wir reden noch eine Weile und schließlich lädt er mich nach Hause zu seiner Familie zum Abendessen ein. Ich lehne dankend ab, da ich am nächsten Tag früh los muss.

Von Rishikesh über Delhi weiter nach Khajuraho

Jakob und ich fahren von Rishikesh mit dem Bus zurück nach Delhi. Von dort aus reisen wir in 15 Stunden mit dem Zug nach Satna. Der Zug ist ausgebucht und somit stehen wir auf der Warteliste. Nach zwei Stunden Fahrt bekommen wir schließlich vom Lokführer zwei Plätze zugewiesen.
Von Satna nehmen wir einen Bus für 110 INR (=1,50€) und kommen vier Stunden später und eine weitere Fahrt mit der Rikscha, für die wir mehr zahlen müssen als die Einheimischen, endlich in Khajuraho an.
Wir haben nur zwei Stunden Zeit, uns die Tempel anzusehen, weil der nächste und letzte Bus zurück nach Satna um 15 Uhr geht. Das ist die einzige Möglichkeit zurückzukommen und wir besitzen schon unsere Zugtickets für den Anschlusszug. Wir wollen uns hier die Khajuraho-Tempeln ansehen, die mit Kamasutra-Figuren geschmückt sind. Wir zahlen 250 INR (=3€) Eintritt und zusätzlich 113 INR (=1,50€) für den Audioguide.
Beim Eingang des Tempels bekamen wir folgende Situation mit: Ein Österreicher hatte seine Kamera sowie sein Stativ mit. Im Tempel ist es verboten zu filmen und somit ist auch ein Stativ nicht

erlaubt. Für eine Fotokamera muss man extra bezahlen. Die Sicherheitskontrolleure wollten, dass der Österreicher sein Stativ abgibt und in die vorgesehenen Kästen einschließt, solange er im Tempel ist. Das passte dem guten Herrn aber gar nicht und somit gab er sein Englisch zum Besten. Ein typisches Wiener Laienenglisch mit nicht abzustreitendem, österreichischem Akzent: „Tis is mai stativ and I can tak tis mit mir. But warum derf i des not take wit me? I am a Polizist in Austria and I know wie des geht. What are you? Du bist a Security. You dont know wie des is. Na, tis is mai stativ and I dont give it, I geb eich des net." Ein typischer Wiener, ein gestandener Mann mit langen, grauen Haaren, die zu einem Zopf nach hinten gebunden waren. Es war zum Brüllen komisch, genau diesem Szenario beizuwohnen. Gerade in Khajuraho treffen wir so einen urtypischen Wiener – dort, wo genau zehn Touristen sind, an einem abgelegenen Ort.

Wir sehen uns die Tempel im Schnelldurchlauf an, weil wir wegen dem Bus unter Zeitdruck stehen. Der Audioguide gibt zwischendurch immer wieder den Geist auf, aber ein bisschen bleibt dann doch hängen. 250 Jahre hat man gebraucht, um die Tempel zu erbauen. Es sind außen überall Figuren, Menschen in verschiedenen Sexstellungen wie im Kamasutra. Sie gehören zu den Tempeln in Indien, die am besten erhalten blieben, und zwar deswegen, weil sie verschollen waren, vom Dschungel verschlungen sozusagen. Die Eroberer zerschlugen sonst alles, egal, wo sie hinkamen, aber diese Tempel waren so gut versteckt, dass man sie nicht fand. So viel zum Geschichtlichen.

Wir hetzen nun, schon viel zu spät dran, raus aus dem Tempel und nehmen uns ausnahmsweise zur Busstation zurück eine Fahrrad-Rikscha. Wir zahlen dafür 130 INR (=1,70€), 20 mehr als bei der Hinfahrt. Jakob will sich noch etwas zum Essen kaufen. Ich halte ihn davon ab, weil ich Bedenken habe, dass der Busfahrer nicht auf ihn warten würde. Wir haben uns vorher beim Schalter Sitzplätze gekauft und als der Bus kommt, ist er schon gerammelt voll. Es gibt keinen einzigen Sitzplatz mehr und sogar die Stehplätze sind alle bis zum Platzen voll. Da kommt der Touristenbonus ins Spiel und uns werden Sitzplätze frei gemacht. Die Sitze sind sehr unbequem. Sie sind hart, schmal und nah aneinander. Jakob hat gar keinen Platz im Beinbereich, sodass seine Knie halb auf den Gang rausragen, der auch voll mit Menschen ist. Es ist eine sehr rumplige und ungemütliche Fahrt, aber wenigstens haben wir Sitzplätze.

Die schlimmste Zugfahrt meines Lebens

Wir kommen wieder in Satna an und mit einer Rikscha geht es zurück zum Bahnhof. Dort erkundigen wir uns wegen unserer Plätze für den Zug. Wir erfahren, dass WL auf dem Ticket „waiting list" bedeutet und wir auf der WL20 stehen, das heißt, dass vor uns noch 19 andere Leute für einen Sitz- oder Liegeplatz drankommen. In der Zeit, in der wir in Khajuraho waren, sind wir von WL27 auf WL20 gehüpft, aber bis unser Zug kommt, wird sich nicht mehr viel daran ändern. Wir spazieren in der Bahnhofsgegend herum und wollen uns Klopapier besorgen. Doch es ist nichts auffindbar, wo es so etwas gäbe, genauso wenig wie eine Decke für die kalte Zugfahrt. Als wir zurück zum Bahnhof gehen, erfahren wir, dass unser Zug eineinhalb Stunden Verspätung hat. Wir vertreiben uns die Zeit bis dahin in der Wartehalle und kurz bevor der Zug einfahren sollte, wird uns mitgeteilt, dass er eine weitere Stunde Verspätung hat. Wir beschließen nun am Bahnsteig zu bleiben und nicht wieder zurück in die Wartehalle zu gehen. Es kommen ununterbrochen Inder, bleiben vor uns stehen und starren uns an, als ob sie einen dreibeinigen Elefanten sehen würden. Einer erklärt uns, dass sie deswegen so heftig starren, weil manche von ihnen zum ersten Mal in ihrem Leben einen Weißen sehen.
Nun sollte endlich der Zug ankommen, aber stattdessen steht ein anderer auf unserem Bahnsteig und es wird durchgesagt, dass unser Zug in Kürze auf einem anderen Bahnsteig einfährt. Die ganze Menschenmenge mit ihren Schachteln und Säcken fängt an sich gleichzeitig zu bewegen. Wir gehen der Menge nach. Ein Inder hilft uns, nimmt unser Ticket und begleitet uns zum richtigen Bahnsteig. Wir gehen den Bahnsteig entlang und sehen schon von draußen, dass der Zug sehr voll ist. Bei ein paar Wagons klopfen wir an die Tür, damit die Menschenmasse ein Stück zur Seite geht und wir die Tür überhaupt öffnen können. Wir wollen einsteigen,

aber es ist so voll im Zug, dass die Türen nicht einmal mehr einen Spalt aufgehen. Im ersten Wagon, in den wir auch einsteigen hätten können, gibt es im Vergleich zu den anderen richtig viel Platz. Zwar waren im ersten Wagon keine Plätze zum Sitzen mehr frei und die Leute saßen und lagen schon am Boden, aber wir haben immer wieder leere Flecken entdeckt, auf denen man hätte stehen können. Da wussten wir noch nicht, dass es im restlichen Zug noch schlimmer zugeht. Der junge Inder, der uns seine Hilfe angeboten hat, dreht sich zu Jakob und mir um und meint: „Los beeilt euch! Wir gehen nach hinten zum sogenannten Air-Condition-Abteil, vielleicht bekommt ihr dort gegen Aufpreis einen Platz."
Der Zug ist kurz davor wegzufahren und wir müssen mit unseren schweren Rucksäcken beladen am Bahnsteig nach hinten rennen. Es ist nicht so einfach mit vollem Gepäck so schnell wie möglich zu rennen. Verpassen wir den Zug, haben wir keine Möglichkeit mehr, hier wegzukommen. Ich bin total abgehetzt und verschwitzt, meine Schultern schmerzen, meine Knie tun mir weh und mich überkommt plötzlich eine starke Müdigkeit. Ich sage mir innerlich selbst vor: Du musst jetzt durchhalten und so schnell laufen wie es nur geht! Vor dem richtigen Wagon angekommen, springen wir schnell in das AC-Abteil und gehen zum Ticketmenschen, um ihm unsere Fahrkarte zu zeigen. Er ist extrem unfreundlich und sagt: „Ihr müsst sofort dieses Abteil verlassen. Ihr habt mit diesen Tickets hier nichts verloren."
Wir sagen: „Der Zug kann jede Sekunde wegfahren. Und was ist wenn wir den Zug verpassen, weil wir nun über den Bahnsteig zum nächsten Abteil laufen?"
„Das wird schon nicht passieren", entgegnet er uns desinteressiert. Mit den Nerven langsam am Ende und bereits kraftlos, raffe ich mich auf und folge den anderen beiden. Sie steigen vor mir aus dem Wagon aus und der Inder reicht mir die Hand und hilft mir beim Aussteigen. Fast wäre ich umgeknickt, weil der Abstand zwischen Zug und Bahnsteig so groß ist und ich das Gewicht meiner beiden Rucksäcke beim Aussteigen unterschätzt habe. Ich bleibe einige Sekunden stehen um mich zu fangen, als mir Jakob schon zuruft: „Los beeil dich, sonst schaffen wir es nicht mehr!"
Der Inder fragt mich: „Soll ich dir deinen Rucksack abnehmen?"

Ich lehne sein Angebot dankend ab, reiße mich nochmal zusammen und laufe los. Ich hetze total verschwitzt zum nächsten Wagon und bin vor lauter Erschöpfung den Tränen nahe. Der Junge, der uns die ganze Zeit über schon geholfen hat, versucht die Tür vom nächsten Abteil aufzumachen. Es ist aber so voll da drinnen, dass die Tür sich keinen Millimeter bewegt.
Zufällig ist der Schaffner aber gerade in dem Wagon und befiehlt den Indern, die am Boden zusammengepfercht vor der Tür sitzen: „Los weg da. Macht Platz, damit sie herein können."
So einfach ist das nicht mit ihrem ganzen Gepäck und den Dutzenden von Kindern. Der Junge huscht schnell durch die Tür rein, was für uns mit unserem Gepäck ein Ding der Unmöglichkeit ist. Er streckt mir durch den Spalt hindurch die Hand entgegen und fordert mich auf: „Los komm. Nimm meine Hand, ich ziehe die nach oben."
Ich entgegne ihm erschöpft: „Das geht sich nicht aus, mein Rucksack ist viel zu groß, um durch den schmalen Spalt zu passen!"
Er dreht sich zu den Einheimischen im Wagon um und erteilt ihnen Befehle. Die Massen bewegen sich ein kleines Stück weg von der Tür und der Spalt wird um wenige Zentimeter größer. Ich nehme die Hand des jungen Inders an und er zieht mich nach oben. Mit den Beinen passe ich durch den Spalt, aber die Schulter mit dem Rucksack hinten dran spielen nicht mit. Ich mache einen großen Schritt und falle rückwärts zu Boden. Ich habe Glück und mein Rucksack dient mir als Airbag und somit lande ich halbwegs weich auf meinem Rücken. Ich bin mit meinen Kräften nun wirklich am Ende, mir schmerzt alles, ich habe Durst und keine Lust mehr auf dieses Spektakel. Ich rolle mich zur Seite und schnalle meinen Rucksack ab.
Ich bitte Jakob: „Kannst du bitte den Rucksack hochheben, sodass der Inder ihn in den Zug ziehen kann?" Jakob folgt meiner Bitte und schafft es mit etwas Druck, den Rucksack durch die Zugtür zu quetschen. Ich steige schließlich auch auf, drehe mich zur Seite und schlüpfe durch den Türspalt hindurch.

Endlich befinde ich mich mit Müh und Not in dem Zugabteil und stehe direkt inmitten einer Horde von liegenden und sitzenden

Indern. Das Bild von einem Wirrwarr von Menschen, das sich vor meinen Augen breit macht, werde ich nie vergessen. Die Leute sind da drinnen zusammengepfercht wie auf einem Viehtransporter. Die Liegen und Sitzflächen sind doppelt und dreifach belegt, aufeinander liegend und nebeneinander zusammengedrängt stehend. Es ist der absolute Horror und so eine Menschenansammlung auf so engem Raum habe ich noch nie zu Gesicht bekommen. Hier stoßen sowohl ich als auch Jakob an unsere Grenzen. Ich bin im Gegensatz zu Jakob nach außen hin eher ruhig und lasse alles einmal auf mich wirken, obwohl es in mir drinnen ganz anders aussieht. Dadurch dass wir Weiße sind, haben wir Vorteile und auf uns wird mehr Rücksicht genommen. Wir kämpfen uns vom Türbereich ein Stück weiter nach vorne in das nächste Abteil. Weit kommen wir nicht und Jakob stellt sich in den Gang zwischen sechs Betten. Mir bietet ein Mann nach einiger Zeit an: „Komm her! Du kannst dich hier an das Ende des Liegebetts setzen."

Dankbar schaue ich ihn an und erwidere: „Sehr gerne. Vielen Dank."

Der Mann setzt sich von seiner Liegeposition auf und schiebt seinen Sohn, während er schläft, auf dem Bett zur Seite, um für mich Platz zu machen. Ich setze mich dort mit einer Pobacke drauf. Das ist wirklich sehr nett von ihm und Erleichterung macht sich in mir breit, endlich sitzen zu können.

Jakob wird sehr forsch von seinem Stehplatz von einem Mann verdrängt, obwohl genug Platz gewesen wäre. Er stellt sich ein Stück weiter weg, raus auf den langen Gang, wo absolut kein freier Raum mehr ist. Ein Mann zeigt mit dem Finger auf ein Bett, wo ein kleines Stück ungenutzt ist, und da setzt er sich hin. Plötzlich stößt ihn jemand mit dem Ellenbogen gegen den Kopf. Jakob ist schon total sauer. Der Mann, auf dessen Bett ich sitze, macht daraufhin noch mehr Platz für meinen Reisebegleiter. Ein junger Mann kommt und setzt sich auf den Platz, auf dem Jakob zu Beginn stand. Er wird auch grob weggeschickt. Ganz verstehe ich die Logik zu diesem Zeitpunkt nicht. Nach einiger Zeit wird uns jedoch klar, dass die Person unten am Liegebett seine Frau ist und der Mann nicht will, dass sich ihr ein anderer Mann nähert.

So sitzen Jakob und ich nun seit zwei Stunden auf dem Liegebett

von dem Mann mit dem Sohn. Ich bin zwar froh einen Sitzplatz zu haben aber gleichzeitig ist es auch sehr unbequem. Ich sitze nur mit halber Pobacke auf dem harten Liegebett und meine Beine verkrampfen sich, weil so wenig Platz rundherum ist. Außerdem ist es hier eiskalt, weil es vom Fenster genau auf meine Nieren zieht. Unsere Rucksäcke stehen natürlich total im Weg, mitten am Gang, und jeder trampelt drüber oder liegt darauf. Eine Decke oder einen Pullover zu holen ist daher ausgeschlossen. Alle paar Minuten geht jemand an uns vorbei, um zum Klo zu gelangen. Die Menschen trampeln einfach aufeinander, rempeln sich gegenseitig an und steigen unachtsam über die Köpfe der anderen.
Der Mann, bei dem wir auf dem Bett sitzen, tippt mich an und zeigt mir, dass ich mich doch dort in die Mitte am Boden auf die Koffer legen soll, wo anfangs Jakob gestanden hat. Ich setze mich wie angewiesen auf den Koffer und kann mich sogar hinlegen. Somit hat Jakob ein bisschen mehr Platz auf dem Liegebett und der Mann legt sich wieder neben seinen Sohn. Jakob versucht krampfhaft, nicht an deren Füße anzustoßen, aus Angst, dass der gute Mann ihn wieder wegschickt.
Der Mann, der Jakob anfangs auf sehr forsche Art und Weise wegschickte als er neben seiner Frau beim Bett stand, wacht auf und sagt zu mir: „Leg dich hier unter die Decke neben meine Frau aufs Liegebett." Ich folge seinem Angebot und lege mich hin. Schließlich endet meine Position so auf der Liegefläche, dass ich die Füße der Guten im Gesicht habe und wir Hintern an Hintern unter einer Decke liegen. Sie wurde natürlich nicht gefragt. Was der Mann bestimmt, wird gemacht. Jakob darf sich auf seine Anweisung hin auf den Platz bei den Koffern am Boden legen, wo ich mich vorher befunden habe. Für eine halbe Stunde bis Stunde bleibt dieser Zustand so, bis langsam alle aufstehen, weil die Ankunft des Zuges naht. Trotz oder gerade wegen meiner wechselnden Sitz- und Liegepositionen in den vergangenen Stunden bin ich kein bisschen ausgeruht und erschöpfter als während der anstrengenden Rucksack-Rennerei.

Als der Mann mit seiner Frau aussteigt, verweist er uns gleich auf ihren Platz, damit sich niemand vor uns dort hinsetzen kann. Ich

seufze vor Erleichterung auf. Wir werfen unsere Rucksäcke auf das obere Bett und somit sind zwei Quadratmeter mehr Platz am Boden, damit die Leute durchgehen können. Wir können gar nicht so schnell schauen, da setzt sich sofort irgendjemand rauf zu unseren Rucksäcken. Jakob verweist ihn runter und setzt sich selbst dorthin. Ich sitze hingegen am unteren Bett und freue mich schon auf genügend Platz für mich alleine. So schnell kann ich gar nicht schauen, setzen sich schon vier indische Männer neben mich auf das Liegebett und wir sitzen wie Sardinen nebeneinander aufgereiht. Ich versuche mich davon nicht weiter irritieren zu lassen, packe mein Buch aus und fange an zu lesen.
Plötzlich bekomme ich ein mulmiges Gefühl im Bauch, nicht vor Angst, sondern eher eine Art Durchfallgefühl. Ich habe Glück und diese Vorahnung tritt nicht ein. Ich bin froh, dass ich nicht aufs Klo muss, das wäre in diesem Zug gar nicht gut, weil man erstens ewig braucht, um über all die Leute bis zum Klo vorzudringen und zweitens das ganze Klo schon komplett unter Wasser und anderen Ausscheidungen steht.
Irgendwann werfe ich das Handtuch und quetsche mich rauf zwischen Jakob und unsere beiden Rucksäcke. Obwohl wir unsere Rucksäcke aufeinanderstapeln, bleibt für mich kaum Platz auf der Liegefläche und ich bereue bereits meinen Entschluss, den Sitzplatz zwischen den Indern hergegeben zu haben. Nach einer guten Stunde, in der ich ständig hin- und hergerückt bin, um eine halbwegs bequeme Position zu finden, bleiben wir schließlich in einer Station stehen. Ich steige aus und hole mir am Bahnsteig von einem der Stände etwas zum Essen.
Bei dieser Station steigt ein Inder ein, geht langsam an unserem Liegeplatz vorbei, schaut sich suchend um und fordert uns schließlich auf: „Zeigt mir euer Ticket. Das ist mein Platz, ich habe eine Reservierung für das Bett, auf dem ihr gerade sitzt."
Jakob entgegnet ihm daraufhin: „Wir stehen auf der Warteliste für zwei Plätze. Gibst du uns noch kurz Zeit, damit wir den Schaffner fragen können, ob in der Zwischenzeit bereits ein Platz freigeworden ist?"
Er willigt ein und Jakob sagt zu mir: „Such du den Schaffner, ich bleibe hier und passe auf unsere Rucksäcke auf." Jakob bleibt ge-

nüsslich oben sitzen, während ich mich auf die Suche nach einem Schaffner mache. Ich gehe entkräftet und ausgelaugt durch den Zug. Es ist der reinste Horror, sich da durchzuschlängeln. Bei jedem Schritt, den ich mache, muss ich aufpassen, wo ich hinsteige. Ich bin so konzentriert auf das, was vor mir liegt, dass ich außer Arme, Beine und Köpfe der Menschen, Koffer, Rucksäcke, Taschen und vereinzelte freie Stellen am Boden nichts anderes mehr sehe. Ich muss genau aufpassen, wohin ich meinen nächsten Schritt setze, um nicht auf jemanden draufzutrampeln. Als ich endlich einen Schaffner gefunden habe und ihn flehend frage: „Könnten Sie bitte nachschauen, ob wir auf der Warteliste für unseren Platz bereits nach vorne gerückt sind?", schickt der mich weiter und meint: „Dafür bin ich nicht verantwortlich." Ohne auf seine Antwort zu reagieren, gehe ich geknickt und kraftlos weiter. Ich möchte mich endlich hinlegen und die Augen zumachen. Ich komme kurz darauf zu einem zweiten Schaffner, dem ich dieselbe Frage stelle. Seine Antwort ist so ernüchternd wie die vom Schaffner zuvor: „Da musst du den anderen Schaffner in der Uniform fragen. Ich bin dafür nicht zuständig, dir einen Platz zu organisieren." Langsam verwandelt sich meine Kraftlosigkeit in Wut um. Es kann doch nicht sein, dass sich hier keiner verantwortlich fühlt! Wozu gibt es denn dann die Angestellten im Zug? Ich gehe nochmal zum ersten Zuständigen zurück, und bettle ihn an: „Können Sie bitte schauen, auf welchem Platz auf der Warteliste wir sind. Wir haben keinen Platz mehr zum Sitzen, wir wissen nicht wo wir hinsollen und ich bin schon so müde."
Er entgegnet mir: „Okay ich schau nach, aber jetzt musst du erst mal warten. Ich habe hier noch etwas fertigzustellen." So bleibe ich neben ihm stehen und die Minuten vergehen, die mir wie Stunden vorkommen. Nach guten 15 Minuten dreht er sich endlich in meine Richtung, nimmt eine Liste in die Hand und blättert darin herum. Endlich kommen die erlösenden Worte: „Ja, einen letzten Platz gibt es noch. Das hier ist die Nummer, sie ist im neunten Wagon." Er hält mir einen Zettel mit der Nummer entgegen. Erleichtert und mit einem Hoffnungsschimmer, dass die Rumrennerei bald ein Ende hat, kämpfe ich mich wieder zurück zu unserem noch derzeitigen Platz. Ich erzähle Jakob in wenigen Sätzen, was ich in Erfah-

rung gebracht habe. Wir überlegen kurz, in welchem Wagon wir uns befinden, als der Inder, der geduldig darauf wartet bis wir ihm seinen Platz frei machen, zu uns sagt: „Wir befinden uns gerade im 13. Wagon. Wenn ihr in den neunten wollt, dann müsst ihr in diese Richtung gehen." Er zeigt mit dem Finger in die richtige Richtung. Ich frage den Mann, der die Reservierung auf unseren jetzigen Platz hat: „Möchtest du nicht statt uns in den neunten Wagon wechseln? Wir müssten unser ganzes Gepäck nach hinten schleppen und das ist bei diesen Menschenmengen eine sehr schwere Aufgabe."
„Okay, aber nur wenn das andere Liegebett in einer oberen Etage ist. Ganz unten liege ich bestimmt nicht."
Jakob meint daraufhin zu mir: „Schau zuerst nach, wie es im neunten Wagon aussieht. Du kennst dich ja jetzt schon aus und vielleicht ist es dort nicht so eng wie hier und check gleich mal ab, in welcher Etage sich das Liegebett befindet."
Obwohl ich schon ein nervliches Wrack bin, hat Jakob Spaß daran dabei zuzusehen, wie weit er gehen kann und wo meine Grenzen liegen. In mir braut sich eine Mischung aus Kraftlosigkeit und Wut zusammen und ich bin kurz vor dem Ausrasten. Ich habe nicht mal mehr die Energie mit Jakob eine Diskussion anzufangen, wer von uns nun nach dem Liegeplatz sucht. Total fertig gehe ich los, um den anderen Platz auszukundschaften. Der Wagon neun, in dem wir unseren neuen Platz bekommen haben, ist gerammelt voll, es stinkt fürchterlich und soweit ich das richtig erkennen kann, befindet sich die Liegeplatznummer in der mittleren Etage. Ich komme zurück und teile dies Jakob mit. Der Mann mischt sich in unsere Unterhaltung ein und ich erkläre ihm: „Das Liegebett ist in der mittleren oder obersten Etage. Ich war mir nicht ganz sicher, welche Nummer zu welchem Bett gehört."
„Okay, dann wartet ihr hier und ich werde mir das selbst anschauen", gibt er uns zu verstehen. Er bringt in Erfahrung, dass die Platznummer in der untersten Etage ist und somit müssen wir wohl oder übel den Wagon wechseln. Der gute Mann bietet uns jedoch an: „Wenn ihr wollt, könnt ihr euer Gepäck bei mir lassen. Dann müsst ihr es nicht mitschleppen und vor dem Aussteigen holt ihr es euch wieder." Wir lehnen das Angebot dankend ab.

Unsere Gepäckstücke auf dem Rücken und vor die Brust geschnallt geht es los. Ich kämpfe mich vor und Jakob folgt mir. Wir kommen zu unserem Platz und sagen den Indern: „Das ist unser Platz und wir haben eine Reservierung." Zwei der drei Personen, die auf dem Liegebett sitzen, stehen ohne Einwand auf und wir können uns hinsetzen. Neben Jakob und mir bleibt noch ein älterer Herr sitzen. Ein Gemisch von Erschöpfung und Müdigkeit macht sich in mir breit und ich möchte das Liegebett einfach für mich alleine haben. Sehr forsch spreche ich den Befehl aus: „Ich möchte das Bett bitte herunterklappen, damit ich mich hinlegen kann" und schicke somit den älteren Herrn als auch Jakob weg. Mir reicht es und wenn ich jetzt nicht sofort eine Mütze Schlaf bekomme, bin ich zu jeder böswilligen Tat bereit.
Es gibt in den indischen Zügen immer drei Betten übereinander. Die zwei obersten Betten kann man jeweils an die Wand hochklappen, damit man dann auf dem untersten Bett aufrecht sitzen kann. Wenn es ans Schlafen geht, werden die Betten wieder heruntergeklappt und somit entstehen Liegeflächen.
Nach einer Stunde Schlaf deutet mir der ältere Mann, der vorher mit uns auf dem untersten Liegebett gesessen hat, dass wir die Betten wieder hochklappen sollen. Und so sitzen wir wieder alle nebeneinander auf der untersten Bank.

In der Bahnhofshalle von Kolkata

Die Kühe werden in Varanasi abends von ihren Besitzern gerufen

Das Leben der Menschen findet auf der Straße statt

Menschen-Rikschas gibt es an jeder Ecke

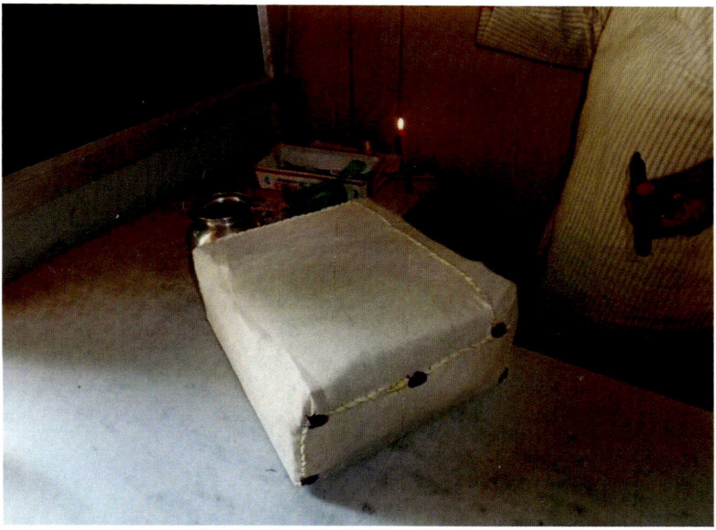

Ein Paket in Indien: in Stoff gehüllt und mit Wachs verschlossen

Das Straßenleben in Indien

In den Zügen sind drei Betten übereinander …

… und alles ist sehr beengt

Das Trinken aus einem Behälter mit etwas Abstand zum Mund

Beim Füttern der Kamele im Wüstencamp

Die verfallenen Gebäude am Weg zum Ashram in Rishikesh

Auf der Kuppel am Ende unserer Entdeckungstour des Ashrams

Es wird geheiratet

Nicht ich heirate, keine Sorge! Jakob ist auf einer Hochzeit eingeladen und ich darf ihn begleiten. Nach der Festlichkeit Diwali geht es für mich zur nächsten indisch-traditionellen Feier.

Nach der schlimmsten Zugfahrt meines Lebens, die 20 lange Stunden dauerte – so nahe war ich den Indern bis jetzt noch nie –, kommen wir in der Stadt Surat an, in der wir uns die nächsten Tage aufhalten werden. Surat liegt ein Stück oberhalb von Mumbai an der Westküste Indiens.

Wir treffen uns mit Jakobs Freund Surya, der uns vom Bahnsteig abholt. Er umarmt Jakob überschwänglich und freut sich sichtlich ihn zu sehen. Zu mir dreht er sich nur zur Hälfte um, schaut an mir vorbei, bekommt ein leises „Hallo" heraus und wendet sich wieder Jakob zu. Er nimmt Jakobs kleinen Rucksack und wir gehen ihm nach, ich in zweiter Reihe. Um halb acht abends kommen wir in Suryas Haus an und bekommen gleich etwas zu essen. Suryas Cousin kommt zu Besuch und sagt: „Ich möchte, dass ihr für zwei Nächte bei mir im Haus übernachtet."

Mir geht das auf die Nerven und ich hoffe, dass wir die Wahl haben, hier zu bleiben. Ich bin sehr erschöpft nach der langen Zugfahrt und möchte nicht schon wieder zwei Nächte woanders schlafen und danach wieder wechseln. Man muss jedes Mal zusammenpacken, nachdenken, was man braucht und ob man auch nichts vergessen hat. Das ist alles kräfteraubend, vor allem wenn man eh schon am Ende mit den Nerven ist. Es wird uns kurz nach unserer Ankunft unmissverständlich befohlen: „Packt ein paar Sachen zusammen und dann fahren wir." Gefragt, ob wir das überhaupt wollen, wird nicht. Deshalb fahren wir kurz nach unserer Ankunft und einem schnellen Essen in das Haus des Cousins. Die ganze Familie sitzt nun mit uns zusammen und sie unterhalten sich mit uns. Besser gesagt: mit Jakob. Wir sind hundemüde, müssen aber aus Höflichkeit noch ein bisschen wach bleiben und reden. Es ist schon nach zwölf Uhr als uns endlich befohlen wird, schlafen zu gehen. Sie teilen uns außerdem mit, dass wir um halb acht wieder aufstehen müssen. Wir fallen nach unserer dreitägigen Reise kraftlos ins Bett, ohne uns am nächsten Tag ausschlafen zu

können.
Um acht Uhr müssen wir fertig sein und um halb acht wollten wir daher aufstehen. Bereits um sieben werden wir jedoch durch lautes Klopfen an der Tür von dem Cousin geweckt.
Es finden zwei Hochzeiten mit zwei Tagen Abstand dazwischen statt. Die erste Hochzeit zieht sich über zwei Tage und die zweite über drei Tage. Dabei handelt es sich um arrangierte Hochzeiten, wie es hier in Indien allgemein so üblich ist. Im Prinzip ist eine indische Hochzeit ein Aufeinanderfolgen von Prozessen. Es wird gebetet und bestimmte Abläufe werden vollzogen. Gleichzeitig mit der Hochzeit finden auch die Prozesse der Einweihung der neuen Räumlichkeiten für das Brautpaar statt. Es gibt gemeinsame Abendessen und vieles mehr.
Das Essenszelt steht auf einem riesengroßen Gelände und die Hochzeitsgäste lassen sich von der ärmeren Gesellschaft bedienen. Am Buffet steht je eine Person bei einer Speise und gibt uns etwas auf den Teller. Als ich ein „Dankeschön" an jede Person richte und sie dabei anlächle, schaut die Hochzeitsgesellschaft verdutzt drein. Als ich noch ein Foto mit dem Küchenpersonal machen möchte und höflich nachfrage: „Ist es okay für euch, wenn ich ein Foto mit euch mache?" werden die Augen der Hochzeitsgäste immer größer.

Wenn die Menschen mich hier fotografieren wird nicht nachgefragt, sondern einfach fotografiert oder ich werde so hingestellt, wie es ihnen passt. Mittlerweile drehe ich mich absichtlich weg und halte die Hand vor mein Gesicht. Ich komme in ein Land und akzeptiere und respektiere dessen Kultur und Verhaltensweisen, aber mittlerweile bin ich auch der Meinung, dass ich den Menschen offen zeigen kann, wie man sich in unserer Kultur verhalten würde. Ich werfe keinen Müll auf die Straße oder aus dem Fenster des Zuges und sammle meinen Müll stattdessen in einer leeren Plastikflasche im Zug, um sie im nächsten Mistkübel zu entsorgen. Ich sage „Danke" und „Bitte" und frage nach, wenn ich etwas möchte und nehme es mir nicht einfach.
Indien macht zurzeit eine ganz starke Entwicklung durch und man merkt an der jungen Generation, dass sich sehr vieles verändern

wird und sich die Menschen dem Westen anpassen wollen. Das Gute ist, dass die Menschen auch sehr schnell dazulernen und man sofort merkt, wenn man es mit jemandem zu tun hat, der schon öfters mit Ausländern gesprochen hat.
Es ist nicht so, dass ich erst seit Kurzem von den Verhaltensweisen der Menschen hier genervt bin. Wenn man viel mit Einheimischen zusammen ist, bekommt man so etwas viel intensiver mit und es staut sich mit der Zeit auf. Jetzt reicht es mir jedoch endgültig. Ich habe keine Lust mehr auf Indien und die Menschen hier. Ich möchte Indien hinter mir lassen und weiterziehen, wohin es mich auch immer treiben wird.

Der erste Bräutigam, Suryas Cousin, zeigt uns vor seiner Hochzeitszeremonie sein Schlafzimmer und seine Parfums. Er ist ganz stolz darauf, weil man Parfums hier erst nach der Hochzeit trägt. Ich stelle fest: „Das sind ja alles Frauenparfums!“
„Wie Frauenparfums? Das ist ja für jeden gleich, oder etwa nicht?“
Am nächsten Tag gehen wir mit Surya Socken, Gürtel und Parfum einkaufen. Wir gehen dazu in ein Parfumgeschäft, wo es auch Dinge wie Gürtel, Schmuck und sonstige Sachen gibt – so wie es in Indien üblich ist. Der Verkäufer, der Surya berät, gibt ihm ausschließlich rosa Verpackungen mit süßen Düften und auf Französisch steht „pour femme“ darauf. Wir machen ihn darauf aufmerksam, dass es sich ausschließlich um Frauenparfums handelt, die der Verkäufer ihm zum Probieren gibt. Der Verkäufer meint daraufhin, dass das seine Bestseller sind und alle Männer diese Parfums bei ihm kaufen. Er beharrt noch immer darauf, dass er Unisex-Parfums verkauft. Surya holt sich nach unserer Beratung ein Männerparfum und ein Deo. Schlussendlich sieht sogar der Ladenbesitzer ein, dass es bei den Parfums eventuell doch einen Unterschied gibt.
Am eigentlichen Hochzeitstag ziehen alle Gäste gemeinsam – der Bräutigam in der Mitte auf einer Kutsche, die von zwei weißen Pferden gezogen wird – von dem Haus des Bräutigams zum Haus der Braut, um sie von dort abzuholen, wo eine zweistündige Zeremonie stattfindet. Männer und Frauen sitzen strikt getrennt. Es herrscht bei jeder Festlichkeit eine absolute Geschlechtertrennung.

Sobald man einen Raum betritt, setzen sich die Männer getrennt von den Frauen zusammen. Alles separiert sich sofort und ohne Ausnahme. Beim Essen müssen die Frauen warten, bis die Männer fertig gegessen haben und dürfen erst anschließend selbst zugreifen.
Es wird bei so einer Zeremonie vorwiegend gebetet, zwischendurch getrommelt, gesungen und noch mehr gebetet. Priester kommen und begleiten diesen ganzen Ablauf. Was mich erschüttert, ist die Tatsache, dass während der Gebete des Priesters die Hochzeitsgesellschaft untereinander tratscht und am Handy herumspielt. Die Schwester des Cousins von Surya meint mittendrin zu mir: „So jetzt gehen wir, mir ist langweilig." Der Priester ist mitten im Beten, als plötzlich sein Handy klingelt, er zu beten aufhört und in aller Ruhe telefoniert. Danach wird weitergebetet. Wie soll man bei so einem Verhalten als außenstehende Person diese Zeremonien und Religion respektieren? Es wirkt eher wie etwas, das man machen muss, weil es eben immer so gemacht wird, und nicht wie etwas, woran die Menschen wirklich glauben.

Jakob und ich haben vom Hausherrn ein Zimmer in seinem Haus zugeteilt bekommen. Wir lassen klarerweise den Tag über unsere Sachen in dem Raum, der uns zur Verfügung gestellt worden ist. Es ist das Haus der Familie von Surya und als ein paar Frauen der Familie sich in unserem Zimmer umziehen, denken wir uns nichts weiter dabei. Als wir jedoch zurück ins Zimmer kommen, bemerke ich, dass jemand in unseren Sachen herumgewühlt hat. Meinen Rucksack habe ich vor dem Verlassen des Zimmers zugemacht und jetzt ist er offen. Mein Gewand darin ist durchwühlt und meine Toilettentasche offen. In mir steigt Wut auf. Wieso stöbert jemand von der Familie in unseren privaten und intimen Sachen? Dass eine fremde Person meine Unterwäsche anfasst, stört mich sehr. Die Bücher, die ganz unten im Rucksack waren, liegen jetzt als Oberstes. Das bedeutet, dass der Rucksack komplett ausgeräumt wurde. Nach einer Kontrolle stelle ich fest, dass wenigstens nichts gestohlen wurde, aber meine Wertsachen habe ich auch so im Rucksack untergebracht, dass sie im ersten Moment nicht entdeckt werden können. Jakob kontrolliert auch gleich seine Sachen und

stellt voller Schrecken fest, dass sein Smartphone weg ist. Ich renne runter und hole Surya. Wir schildern ihm die Situation. Daraufhin kommt das Ehepaar, dem das Haus gehört. Wir reden länger darüber, zeigen ihnen, wo unsere Sachen standen und wie sie durchwühlt wurden. Wir bekommen einen Kasten, in dem wir unsere Sachen für den restlichen Abend wegschließen können.
Wir gehen wieder vors Haus, wo gerade ein indisches Bollywood-Getanze losgeht. Alle stehen im Kreis und bewegen sich in dieselbe Richtung, während jeder die gleiche Schrittabfolge tanzt. Wir tanzen wohl oder übel mit, aber Lust dazu haben wir nicht mehr. Als wir später gemeinsam im Wohnzimmer sitzen, meint der Hausherr ganz lapidar zu uns: „Das passiert hier eben. Wir haben in unserem eigenen Haus auch schon Ringe und Schmuck verloren und wir sperren auch immer all unsere Sachen weg." Sollte er einen Ring am Sofa liegen lassen, würde er ihm entwendet werden – auch von der eigenen Familie. Als er nachfragt: „Wie viel ist das Handy wert?", meint Jakob „Der derzeitige Wert liegt ungefähr bei 40.000 INR."
Höflichkeitshalber sagt Jakob zum Hausherrn: „Konzentrieren wir uns jetzt auf die Hochzeit und besprechen das alles im Anschluss. Daraufhin steht der Hausherr auf und sagt: „Wenn ihr Geld braucht, dann kommt zu mir."
Um Mitternacht gehen wir total erledigt und noch immer nicht von der anstrengenden Anreise erholt ins Haus. Wir fragen nach: „Sollen wir nach dem Vorfall mit unseren Sachen überhaupt noch eine Nacht bleiben?" Erst 20 Minuten später bekommen wir auf diese Frage ein „Ja" und gehen endlich ins Bett.

Am Vorabend hieß es noch, dass wir morgens um sieben Uhr fertig sein sollen. Wir fragten vor dem Schlafengehen sicherheitshalber nochmals nach und plötzlich hieß es, wir müssten um sechs Uhr fertig sein. Also haben wir für halb sechs den Wecker gestellt. Am nächsten Morgen klopft es aber bereits um fünf Uhr an unserer Tür. Wir bleiben noch eine halbe Stunde liegen. Um sechs Uhr gehen wir runter, wo es angeblich losgehen sollte – aber kein Mensch ist da. Schließlich sitzen wir noch eine Stunde herum, bis wir einen Verwandten fragen: „Wann geht es denn los?" und er darauf meint: „Die Zeremonie beginnt um halb acht." Jakob und ich sind richtig sauer, dass wir unnötigerweise um fünf Uhr geweckt worden waren. Es ist so, dass uns nicht nur die Zeit gesagt wird, zu der wir fertig sein sollen, sondern auch die Uhrzeit, wann wir uns den Wecker stellen sollen. Als ob wir uns das nicht selbst überlegen können und sie besser als wir wissen, wie lange wir brauchen, um uns fertig zu machen.

Nach dem Frühstück bekomme ich ein indisches Kostüm, das die Frauen tragen, bevor sie verheiratet sind. Es besteht aus einer Hose, die man Salwar nennt und einem knielangen Kleid, das Kamiz heißt. Dazu kommt noch eine Art Umhängetuch für die Schultern, das man als Dupatta bezeichnet. Ich werde von den Frauen mit Lidschatten und Wimperntusche angemalt. Jakob bekommt auch einen schwarzen Lidstrich. Die Mütter umranden mit schwarzem Mascara die Augen ihrer Kinder. Es soll gesund sein für die Augen und den Teufel fernhalten. Anschließend wird in der Küche gebetet. Das dient zur Einweihung des Raums. Es wird gebetet, gesungen und Blumen werden aufgelegt. Salz und Körner werden verstreut, Gaben, die aus zerbröselten Keksen oder Ähnlichem bestehen, werden in die Hand genommen und zu den Mündern von Statuen geführt, so als ob sie sie füttern würden. Viele Dinge verstehe ich nicht, die hier vonstattengehen.
Am zweiten Tag der mehrtägigen Hochzeitszeremonie der ersten Hochzeit kommt die Braut die Familie des Bräutigams besuchen und wir sitzen kurz zusammen. Jakob wird von irgendwelchen Nachbarn mitgenommen. Sie setzen ihn hin und fotografieren drauflos. Irgendwann reicht es ihm und er kommt zurück zu mir und den anderen. Jakob und ich unterhalten uns mit der zukünftigen Braut und erfahren von ihr: „Ich habe Fashiondesign studiert und mein großer Traum wäre es als solche auch zu arbeiten, aber leider wird das niemals möglich sein." Sie sagt den ersten Teil mit einem Schmunzeln und so viel Hingabe und Leidenschaft und ich kann bei dem Wort Fashiondesign ein Funkeln in ihren Augen wahrnehmen. Dieses erlischt aber beim zweiten Teil des Satzes sofort wieder und ihre Miene verfinstert sich.
„Es ist toll, wenn du weißt, was du genau willst! Aber wieso wird

das niemals möglich sein?“, frage ich sie neugierig und gleichzeitig erschrocken.
„Das wird mir als verheiratete Frau nicht erlaubt“, erwidert sie und in ihrem Gesicht macht sich Enttäuschung breit. Diese Leidenschaft für Fashiondesign, die sie uns zu spüren gibt, und die Emotionen, die durch den Raum schwingen, drücken bei mir direkt auf die Tränendrüsen und verursachen einen Knoten in meinem Hals. Dass die Frauen zwar studieren, aber nach der Heirat keinen Beruf ausüben dürfen, ist in diesem Teil Indiens so üblich. Wenn ich dann daran denke, dass bei uns in Europa Männern und eben auch Frauen beruflich alle Türen offen stehen, aber wenige wirklich einen Berufstraum haben, stimmt mich das noch trauriger. Hier hat eine Frau einen Berufstraum, sie weiß, was ihr berufliches Ziel wäre, kann dieses Ziel aus traditionellen Gründen aber nicht verfolgen. Als wir sie fragen: „Bist du denn glücklich?“, kommt eine Antwort mit sehr eigenartigem, schwer zu deutendem Unterton: „Ja, sehr glücklich.“ Überzeugen tut uns das beide nicht. Ich bemerke, dass meine Offenheit und doch etwas indiskreten Fragen den anderen, die mit uns im Raum sitzen, Unbehagen bereiten und wechsle deshalb das Thema: „Du siehst übrigens wirklich sehr schön aus in deinem Kleid!“ Die Stimmung wird entspannter und wir unterhalten uns noch kurze Zeit weiter.
Danach gehen wir Mittagessen. Gekocht wird neben dem Festzelt. Dort haben die Armen der Ärmsten eine Art Kochlager aufgebaut. Wenn Kühe zwischen den Töpfen spazieren, werden sie mit Stöcken vertrieben. Wir werden wieder ständig angestarrt und begutachtet. Ein Teil der Hochzeit und auch ein Teil vieler anderer indischer Zeremonien ist es, sich gegenseitig zu füttern. So müssen wir Braut und Bräutigam füttern und werden gefüttert. Ein Stück Süßigkeit zwischen die Finger nehmen und in den Mund des anderen schieben. Für mich sehr gewöhnungsbedürftig.
Hier in Indien ist es oft so, dass man gemütlich zusammensitzt, tratscht und von einer auf die andere Sekunde heißt es: „So jetzt stehen wir auf und fahren.“ Und wir, da wir die Sprache nicht verstehen, wissen nie, was als Nächstes passiert. Keiner sagt einem Bescheid, was als Nächstes am Plan steht und wir müssen jederzeit für alles bereit sein. Das kann sehr anstrengend sein.

So passiert es auch nach dem Essen, als Surya sagt: „Holt jetzt ganz schnell eure Sachen!“ Wir hetzen zurück zum Haus, rauf in unser Zimmer, packen unsere Sachen und fahren ins Haus von Surya, in dem wir nach unserer Ankunft schon für ein paar Stunden gerastet haben. Obwohl wir jetzt woanders wohnen, geht die erste Hochzeit noch immer weiter. Ich darf – oder muss – mir dort einen Sari, die traditionelle Kleidung Indiens, aussuchen. Ich wähle einen türkisen Sari und bekomme dazu noch Armreife, die in den verschiedensten Farben von Suryas Schwester zusammengestellt werden. Dass mit dem Sari funktioniert so, dass man zuerst eine Art Unterrock anzieht. Als Oberteil bekommt man ein bauchfreies Top, das knapp unter den Brüsten endet und danach wird man in ein riesengroßes Tuch eingewickelt. Dieses Tuch anzulegen ist definitiv eine Kunst, da man mal da und mal dort eine Stecknadel zum Fixieren anbringen muss. Danach richten sie mich wieder her wie einen Christbaum mit hängenden Ohrringen, Ketten, Armreifen, Make-up, Wimperntusche, Lidstrich, Lidschatten und Lippenstift. Wohlfühlen werde ich mich damit nicht, aber was macht man nicht alles aus Höflichkeit? Jakob wird auch in ein indisches Kostüm mit Aladinhose und einem langen Oberteil gesteckt. Der Bräutigam sitzt auf einer riesigen weißen Kutsche, die von zwei Pferden gezogen wird – wie ein König mit goldener Hose, Koboldschuhen und einer Art Turbankrone. Die Hochzeitsgesellschaft geht auf der Straße vor und hinter der Kutsche her, wieder mit strikter Geschlechtertrennung: die Frauen hinter der Kutsche und die Männer vor der Kutsche. Um die Gesellschaft beisammenzuhalten, gehen rechts und links Menschen mit Lampen, die mit einem Seil verbunden sind. Es finden danach viele und ewig lange Prozesse, die im Hause des jeweiligen Brautpartners getrennt voneinander gefeiert werden, statt. Es wird immer wieder aufs Neue gebetet, getanzt und Prozessionen vollzogen. Es folgen die ganze Zeit dieselben Abläufe und oft stecken unglaublich viele Widersprüche dahinter. Ein Priester ist die ganze Zeit über im Haus und hält die Zeremonien ab. Es wird wieder gleichzeitig gebetet, während einige tratschen, herumsitzen, sich langweilen oder telefonieren. Einerseits macht man für unsere Begriffe unvorstellbar viel Aufwand für diese Festlichkeiten, andererseits ist man aber gelangweilt und nicht bei der Sache. Ich kann nur sagen, dass ich wie so oft schon die ganzen Widersprüche, die hier herrschen, nicht verstehen kann und mir auch nicht mehr die Mühe machen will, sie zu verstehen. Für mich ergibt dieser ganze Glaube an ich-weiß-nicht-was, so wie er hier praktiziert wird, keinen Sinn. Einiges verstehe ich und respektiere ich, aber bei Vielem wiederum habe ich das Gefühl, dass es einfach nur gemacht wird, weil es zur Kultur gehört und es so ist und niemand viel hinterfragt.

Ich habe bei dieser ersten indischen Hochzeit nicht das Gefühl, dass das Brautpaar im Mittelpunkt steht. Was oder wer stattdessen im Mittelpunkt steht, kann ich nicht genau sagen. Das Schockierende für mich ist, dass das Brautpaar während dem ganzen Hin und Her und Herumgebete alles andere als glücklich dabei aussieht. Bei der Verabschiedung der Familie krallt sich die Braut richtig an ihrem Bruder fest, weil sie nicht weg will. Ihr Bruder nimmt ihre Hand und stößt sie von sich weg und sie bricht vor lauter Weinen fast zusammen. Sie wird vom einen auf den anderen Tag aus ihrer Familie, ihrem Elternhaus und ihrem vertrauten Umfeld gerissen und muss ab diesem Zeitpunkt Hausfrau in einem ihr noch fremden Haus sowie ihrem Mann untergeben sein. Nach der Aussage eines Verwandten des Brautpaares gilt: „Jeder Mensch hat seine eigene Lebenslinie. Ab dem Zeitpunkt der Heirat lebt die Frau die Lebenslinie ihres Mannes." Dazu muss ich nicht mehr viel erklären. Das alles ist ein Prozess, der nicht hinterfragt wird und von den Frauen leider so hingenommen wird.

Wir würden es sehr interessant finden zu wissen, wie das Paar sich zueinander verhält, nachdem es verheiratet ist, denn während der Hochzeit schauten sich Braut und Bräutigam kaum an. Wir werden jedoch vor dem gemeinsamen Essen nach Hause gebracht, ohne dass wir gefragt werden, ob wir das überhaupt wollen. Als wir uns danach darüber beschweren, sagt man uns, dass wir müde ausgesehen hätten und deswegen nicht mitkommen sollten.

Zwischendurch finde ich endlich ein bisschen Zeit für mich, um mit Sarah zu telefonieren. Wir haben eine intensive Zeit zusammen verbracht und ich möchte wissen, wie es ihr in Nepal bei dem Freiwilligenprojekt an einer Schule ergeht. Sie erzählt mir von der Schule und dem Unterrichten und in diesem Moment fühle ich mich ausgeschlossen, nicht beachtet und einsam. Ich verspüre eine unglaubliche Sehnsucht nach einem Menschen in meiner Nähe, der mich versteht und mit dem ich darüber reden kann, wie ich mich gerade fühle und wie es mir geht. Jemand, der mir zuhört, für mich da ist und mich in den Arm nimmt.

Die zweite Hochzeit – der eigentliche Grund unseres Kommens – fällt nicht so pompös aus. Sie dauert drei statt zwei Tage, aber die Abläufe sind im Grunde dieselben. Diese Hochzeit ist übrigens die von Surya selbst und sie gefällt mir um einiges besser, da sie nicht so protzig und dafür familiärer ist. Tagsüber finden die ganze Zeit Zeremonien statt und abends um 23 Uhr fahren wir alle gemeinsam mit einem Bus mit Schlafkabinen von Surat nach Ahmedabad. Bei der Busfahrt habe ich zum ersten Mal auf einem öffentlichen Klo ein Pissoir für Frauen gesehen. Mit jeweils niedrigen Trennwänden dazwischen befinden sich nebeneinander Löcher im Boden. Ich stelle mich dem Versuch, ziehe meinen Sari hoch und meine Unterwäsche runter und lasse raus, was raus muss. Dass die Frauen keine Unterhosen tragen, sehe ich hier zum ersten Mal. Vier bis fünf Stunden hätte die Fahrt dauern müssen, doch wir haben drei Stunden Verspätung wegen eines Staus. Ich bin aber froh über diese Verspätung, denn diese Busfahrt ist extrem erholsam für mich. Die ganze Fahrt über macht niemand Fotos von mir, ich werde nicht angestarrt oder es werden keine 0-8-15-Gespräche mit mir geführt. Fünf lächerliche Stunden und ich fühle mich wie nach einem dreiwöchigen Entspannungsurlaub am Strand. Das vermittelt euch vielleicht eine ungefähre Idee davon, wie anstrengend und energieraubend die Menschen hier in Indien sein können – und auch das Reisen an sich.
Wir kommen schließlich um acht Uhr in der Früh an. Es ist alles sehr stressig und es werden Teile von der Zeremonie ausgelassen. Die Braut hat wie üblich einen Sari an, ist mit Gold und Henna-Tattoos an Armen und Beinen geschmückt und trägt einen Nasenring, der über eine Kette mit einem Ohrring verbunden ist. Indische Bräutigame tragen bei ihrer Hochzeit einen langen Mantel, der wie damals bei uns wie das Gewand des Kaisers Franz Josef aussieht. Er ist vergoldet und dazu werden eine Art Koboldschuhe

und ein vergoldeter Hut getragen. Surya selbst sitzt nicht auf einer weißen Kutsche, sondern direkt auf einem weißen Pferd. Das macht ein netteres und nicht so protziges Bild. Wir gehen wieder durch die Straßen und tanzen, bis wir bei der Braut angelangt sind. Das ganze Szenarium von der ersten Hochzeit wiederholt sich. Es wird Musik gespielt, es gibt Unmengen an Essen und auch dieses Mal weint die Braut am Schluss. Aber diesmal empfinden Jakob und ich es als nicht so schlimm, denn einen Tag später schauen die Vermählten glücklich miteinander aus.
Diesmal lasse ich mich nicht von den Männern separieren und bleibe dort, wo es mir gefällt. Ich lasse alles mit mir machen, ziehe an, was man mir gibt, lasse mich beschmücken wie einen Weihnachtsbaum und tanze bei den indischen Tänzen mit. Als Besonderheit für die Hochzeit wünscht sich der Bräutigam, dass wir typisch österreichische Tänze vorführen sollen. Die Zeit, die wir zum Einstudieren der vier Tänze zur Verfügung haben, ist sehr knapp und wir stecken viel Arbeit und Energie ins Proben. Wir tanzen anschließend für die Gäste unseren Wiener Walzer und einen Boogie und alle sind begeistert. Dann ist die Polka an der Reihe. Wir wollen die Leute dazu animieren, sich in geschlechtergleichen Paaren aufzustellen, da ein Tanz mit Mann und Frau unter den Indern vom Familienältesten und einigen anderen nicht geduldet werden würde. Es finden sich fünf Pärchen und wir zeigen ihnen die Polka, doch da greift Surya schon ein und meint: „Nein, das ist zu kompliziert und die Leute sind nicht motiviert." Dabei wollen es einige wirklich lernen und fragen extra nach. Surya bestimmt einfach, dass es zu kompliziert ist: „So, nun tanzen wir wieder unsere einfachen Tänze. Warum habt ihr nicht mehr Pärchentänze vorbereitet, die ihr vorzeigen könnt? Dann hätten die Leute etwas zum Schauen." Sowohl Jakob als auch ich reagieren auf diese Bemerkung nicht. Alle beginnen wieder ihre Bollywood-Tänze zu tanzen. Wir bleiben für einen Tanz sitzen und danach gehen wir, ohne uns zu verabschieden, schlafen.

Allgemeines über Indien

In Indien ist es nicht so, dass jeder sein eigenes Geld verdient und auch für sich alleine ausgibt, denn hier wird alles mit der Familie geteilt. Bei einer großen Familie, bei der jeder arbeitet und gutes Geld verdient, kann es vorkommen, dass eines der Familienmitglieder nicht arbeiten muss und einfach herumreisen kann, da er sich keine Sorgen machen muss, weil er das Geld seiner Familie haben kann, das auf ein gemeinsames Konto fließt. Bei beispielsweise einer Familie ist es so, dass es drei Brüder gibt. Als sie jung waren wurden zwei von ihnen zur Schule geschickt und einer musste auf dem Feld arbeiten, um seinen beiden Brüdern die Schule zu finanzieren. Dafür wurde dem, der auf dem Feld arbeiten musste, versprochen, dass er später von den anderen beiden Brüdern Geld bekommen würde, weil sie nach der Ausbildung einen guten Job finden würden. Die zwei Brüder, die die Ausbildung gemacht haben, wohnen mittlerweile in der Stadt in Surat und verdienen gutes Geld mit einer Diamant- und Sarifabrik. Die Kinder von demjenigen, der noch immer im Dorf lebt, wohnen bei den beiden Brüdern in der Stadt, werden dort versorgt und können zur Schule gehen. Unter normalen Umständen wäre der Mann, der auf der Farm arbeitet, arm, aber da seine Brüder gut verdienen, braucht er sich keine Sorgen machen, da er auch Zugriff auf das Geld von ihnen hat.

Das Haus einer reicheren indischen Familie sieht wie folgt aus: Die Eltern haben ein Zimmer und die Söhne auch jeweils ein eigenes Zimmer mit Bett und Kasten, in dem sie mit ihrer Frau und ihren Kindern schlafen. Kinder und Eltern schlafen aufgeteilt auf dem Bett und auf dem Boden ohne Matratze. Entweder gibt es eine Küche für das gesamte Haus oder jeder Stock und jede Familie besitzt ihre eigene Küche.

Die Familien hier sind riesig und jeder ist irgendwie mit jedem verwandt. Oft kommt es vor, dass die Frauen für die arrangierten Hochzeiten im Umkreis der mehr oder minder fernen Verwandten gefunden werden. Fehlbildungen von Körperteilen beim Nachwuchs sind aus diesem Grund keine Seltenheit. Die Überbevölkerung ist eine extreme Belastung für das Land und die Menschen.

Inder reden oft untereinander auf Englisch und auch wenn Geschäftsmails geschrieben werden, erfolgt dies zumeist in englischer Sprache. Deshalb können sie alle gut Englisch und es ist auch fast alles auf Englisch angeschrieben, wie Schilder, Shops oder Ähnliches. „Atscha!" ist das Wort, das die Inder zwischendurch immer verwenden, wenn sie Englisch mit mir reden. Ich glaube, es bedeutet so viel wie „Achso", „Ah" oder „Aha".
Wenn man hier als Tourist bei einer Familie eingeladen ist, gilt: Man ist Gast und darf nichts zahlen. Es wird jede Kleinigkeit übernommen, jede Wasserflasche und jedes Essen wird bezahlt. Die indischen Touristen sind mit uns Europäern kaum zu vergleichen. Sie leisten sich die teuersten Unterkünfte statt Budget-Gästehäuser und hetzen voll bekleidet von Strand zu Strand, anstatt sich zu entspannen und schwimmen zu gehen.

Nach zweimonatigem und regelmäßigem Zugfahren in Indien entdeckte ich die Küche im Zug. In großen Kesseln und mit einer unglaublichen Hitze werden dort Snacks und Chai für die Fahrgäste zubereitet. So sehr mich Indien mittlerweile nervt, so sehr genieße ich das Feeling im Zug, wenn die Verkäufer mit frischem Chai und den unterschiedlichsten Snacks durchgehen, um diese zu verkaufen. So eine Zugfahrt hier wird von allen möglichen unangenehmen Körpergeräuschen und -gerüchen begleitet.
Je mehr Zeit ich mit den Indern verbringe, desto schlimmer wird es. Ich kenne jetzt schon sehr viele Eigenheiten von ihnen, vor allem dank meines dreiwöchigen Aufenthalts im Wüstencamp und von der Familie, mit der ich Diwali feierte. Irgendwann ist die Luft bei mir einfach raus und es reicht endgültig. Wenn ich etwas lese, kann ich mir sicher sein, dass drei Leute hinter mir stehen und mir über die Schulter schauen, obwohl sie die Sprache nicht verstehen. Wenn ich vor meinem Netbook sitze und im Internet surfe, setzt sich mit Sicherheit jemand neben mich und starrt auf den Bildschirm. Die Inder verabschieden sich am Telefon nicht, sondern legen einfach auf. Sie fragen nicht höflich nach, sondern nehmen sich einfach was sie wollen und bedanken sich dafür auch nicht. Respekt, wie wir ihn kennen, ist hier ein Fremdwort. Die Inder geben darüber hinaus liebend gerne und reichlich Anweisungen,

um zu zeigen, dass sie sich um einen kümmern und sorgen. Es wird immer darüber bestimmt, was man tun soll: „Setz dich hin! Iss das so oder so! Iss nicht zu viel!“ oder „Iss die Zwiebeln auf deinem Teller! Trink noch mehr Chai! Verstau die Flasche, die du in der Hand trägst, in deiner Tasche!“
In dieser Zeit musste ich eine Erfahrung machen, die mich sehr trifft. Was die letzten Tage bei den Hochzeiten geschah, belastet mich sehr: Man ist als Frau hier nicht sichtbar. Die Männer kommen, stellen sich vor, schütteln Jakob die Hand, begrüßen ihn herzlich und freundlich und fangen mit ihm das übliche indische Gespräch an. Ich stehe dann daneben und werde keines einzigen Blickes gewürdigt, so als ob ich Luft wäre. Jeder lädt Jakob zu sich ins Haus oder Dorf ein und ich stehe als unsichtbares Anhängsel daneben. Das Beste daran ist, dass diejenigen, die Jakob einladen in ihr Dorf zu kommen, kein Wort Englisch sprechen können und ihn einfach nur deshalb einladen, damit die Nachbarn und Dorfbewohner sehen, dass sie einen weißen Freund haben. Wir hatten oft das Gefühl, dass man nur mit uns sprach, etwas unternahm und uns herumführte, um zu zeigen, dass man weiße Freunde hat.
Zuerst sah ich das Ganze noch gelassen, aber als es ohne Ausnahmen auch weiterhin so ablief, war mir irgendwann zum Weinen zumute. Ich könnte wirklich heulen, weil ich Gast war, aber trotzdem keinerlei Beachtung geschenkt bekommen habe – nicht einmal bei Begrüßungen. Ich wollte am liebsten rausschreien: „Ich bin eine eigenständige Frau und diese Unterdrückung ist scheiße!“ Im Gegensatz dazu wird man stets mit einer gewissen Distanz bei allem beobachtet und angestarrt, was man tut. Egal ob man geht, steht, sich hinsetzt, einen Schluck Wasser trinkt, isst oder aufs Klo geht – alle Blicke folgten mir und ich wurde fotografiert und angestarrt. Das Gefühl, ein Affe im Zoo zu sein, war mein ständiger Begleiter.

Ein Foto mit dem Küchenpersonal ließ ich mir nicht nehmen

Das Kochlager der Armen, um für die Hochzeitsgesellschaft zu kochen

Die große Kutsche mit dem Bräutigam der ersten Hochzeit

Der Bräutigam der zweiten Hochzeit am Weg zu seiner Trauung

Das Brautpaar der zweiten Hochzeit

Zwei Frauen mit einem traditionellen Sari und ich in dem Gewand, das junge Mädchen vor der Hochzeit tragen

Meer in Sicht im Süden Indiens

Von den stinkenden, verschmutzten, stickigen und lauten Städten im Norden Indiens geht es für mich nun weiter in den Süden. An dieser Stelle trenne ich mich auch von Jakob. Die Verabschiedung fällt uns sehr leicht, denn es ist klar, dass wir uns in Wien irgendwann wiedersehen können.

Goa heißt mein nächstes Ziel. Diese Stadt ist als das Party- und Touristengebiet in Indien bekannt. Schön asphaltierte Straßen und ein geregelter Straßenverkehr erwarten mich dort. Das Hupen hält sich in Grenzen und es liegt nicht alle paar Meter Müll auf der Straße. Hier gibt es viele schöne und große Häuser und die Menschen scheinen nicht so arm zu sein. Es gibt viele Christen und viele moderne Kirchen. Ich bin glücklich, endlich mal wieder Sonne am Strand tanken zu können und Zeit im Wasser zu verbringen. Meine weiße Haut schreit schon förmlich danach.

Ich habe mir einen Couchsurfing-Platz organisiert und werde am Bahnhof in Margao vom Gastgeber abgeholt. Nach ein paar Stunden Rast fährt er mit mir zum Strand. Ich fühle mich nicht wohl, weil sein Appartement im Süden Goas sehr abgelegen ist und ich ohne ein eigenes Fortbewegungsmittel kaum von hier wegkomme. Die zwei Russinnen, die er über Couchsurfing ebenfalls bei sich hat, sind auch nicht wirklich auf meiner Wellenlänge. Ich fühle mich isoliert. So fasse ich den Entschluss, mich nicht lange herumzuquälen und von dort aus weiterzuziehen. Drei Stunden später fahre ich von Margao nach Tivim und treffe mich dort mit zwei anderen indischen Couchsurfern aus Kolkata. Schlussendlich teilen wir uns im Party- und Touristenzentrum Goa ein Zimmer in einem Gästehaus. Das klingt alles toll, aber schlussendlich gefällt mir die Stadt nicht so gut. Sie ist sehr touristisch und die einheimischen Männer sind Frauen sehr aufdringlich gegenüber. Des Weiteren sind hier 95 Prozent der Touristen russischer Herkunft. Diese bleiben eher unter sich und als Tourist aus einem anderen Land fühlt man sich schnell ausgegrenzt. Die Einheimischen können meist Russisch sprechen und Partyflyer bekommt man nicht auf Englisch, sondern ebenfalls auf Russisch. Meine Neugierde bringt mich

dazu, einen Deutschen, der bereits seit Langem in Goa arbeitet, zu fragen, ob er weiß, wieso hier so viele Russen sind. Er erzählt mir, dass hier vor einigen Jahren nur Engländer herkamen, dann Europäer und seit einigen Jahren sind es Russen. Es sind viele Touristen in Goa vergewaltigt worden, am Strand und in Taxis, und deswegen kommen Europäer nicht mehr her. Jetzt wundert mich nichts mehr. Männer gibt es hier wie Sand am Meer und so viele wie hier haben mich noch nie angesprochen. Jeder spricht mich hier mit einem „Spasiba" an, weil sie denken, ich sei Russin. Meine kopfschüttelnde Antwort ist jedes Mal, dass ich nicht aus Russland bin. Egal ob Einheimische oder Russen – jeder quatscht mich an. In den Shops, Restaurants und Discos sowieso. Sogar als ich im Wasser bin, bleibt ein Jetskiboy stehen und fragt mich, ob ich sein „girlfriend" sein möchte. Verrückt hier, alle miteinander!
Am Strand wird alles verkauft, was es so gibt. In Thailand wurde das zwar auch gemacht, nur dass sich dort niemand für deine Geschichte interessiert. Hier in Goa setzen sich die Verkäufer zu dir aufs Handtuch und fragen dich, wie du heißt, woher du kommst und wohin du gehst.
An einem Nachmittag erkunde ich die Gegend mit dem Moped. Seit ich in Indonesien zum ersten Mal auf einem Motorbike gesessen habe, habe ich mich in diese Art von Freiheit, die ich beim Fahren empfinde, verliebt. Sobald ich auf einem Roller sitze und eine tolle Landschaft entlangfahre, vergesse ich alles Schlechte rund um mich. Eigentlich wollte ich in Goa ein wenig relaxen und runterkommen, aber ich fühle mich trotz allem unwohl im Süden Indiens und halte mich deshalb nur vier Tage hier auf.

Sehnsucht

Zum ersten Mal habe ich das Gefühl, meine Familie zu vermissen und verspüre Heimweh. Liegt es daran, dass Weihnachten immer näher rückt oder dass es für mich immer schwieriger wird, mich von Menschen zu verabschieden? Ich sehne mich nach meinem Zuhause, meiner Familie und Freunden, nach meiner gewohnten Umgebung und ein bisschen Routine im Alltag. Ich sehne mich

nach länger andauernden zwischenmenschlichen Beziehungen, einen Menschen öfters zu sehen und nicht schon vorher zu wissen, dass man in zwei Tagen weiterreisen wird. Aber jedes Gefühl und jede Erfahrung auf meiner Reise bringt mich auch ein Stückchen weiter. Ich entwickle mich und wachse ein bisschen. Ich möchte mich mit jeder Gefühlslage auseinandersetzen. Es tut weh und gleichzeitig stärkt es mich. Ich beobachte mich selbst manchmal dabei, dass ich vor Sehnsucht leide, aber ich sehe mir mit einem Lächeln zu. Es ist schön zu fühlen, dass man seine Liebsten vermisst und dass man Sehnsucht und somit Verbundenheit verspürt. Ich bin mir sicher, diese neue Gefühlserfahrung stärkt mich und gibt mir mehr Kraft für mein weiteres Leben.
Zehn Monate sind eine lange Zeit und irgendwann kann man nichts mehr Neues aufnehmen. Zurzeit fühle ich mich verwirrt und weiß nicht genau, was ich will. Ich bin übersättigt von Allem und oft den Tränen nahe. Das versuche ich einfach so hinzunehmen, denn ich weiß, dass es vorbeigeht. Aber die Sehnsucht nach Zuhause sehe ich auch als Abenteuer und Herausforderung und ich will mich dem stellen. Es ist ein Teil, der zu so einer langen Reise dazugehört und auch dadurch lernt man sich selbst besser kennen. Einen Weg zu finden, seine Familie und engsten Freunde nicht so sehr zu vermissen, kann durchaus eine spannende Aufgabe sein. Ich suche Zuflucht in Musik, in Gedanken und im Schreiben. Ich schreibe erst ein paar Minuten, die aber dann zu einer halben Stunde werden und schließlich zu einer ganzen Stunde. Kurz darauf sind bereits 90 Minuten vergangen und ich schreibe immer noch. Nach drei Stunden merke ich plötzlich, dass ich nichts rund herum mitbekommen habe, die Zeit in Windeseile vergangen ist und die Kopfschmerzen, die mich zuvor quälten, verschwunden sind.

Ich werde oft gefragt, ob ich mich an viele Menschen, die mir auf meiner Reise begegnen, erinnere. Egal ob es Reisepartner für einigen Wochen waren oder Reisepartner für nur wenige Tage, ob es Menschen waren, mit denen ich nur einmal essen war oder die auf der Straße anhielten, um ein Foto mit mir zu machen, egal ob es der Schneider war, der wenig Englisch sprach und es trotzdem

schaffte mein Kleid nach meinen Vorstellungen zu schneidern, oder ob es der Typ war, der mir am Straßenrand eine Cola ausgab oder der Rikscha-Fahrer, der mir half eine günstige Unterkunft zu finden. Egal ob es nur ein kurzer Wortwechsel war oder eine einstündige Konversation während einer Zugfahrt, oder einfach nur ein kurzer Blick in die Augen eines Fremden, wenn man auf der Straße aneinander vorbeiging. Meine Antwort lautet: Ja! Ich werde jeden Einzelnen in Erinnerung behalten und mir viele Gesichter und Gespräche von den Menschen merken, die mir begegnet sind oder von denen ich etwas für mich mitnehmen konnte. Es ist ein ständiges Geben und Nehmen auf einer Reise und oft wissen Menschen gar nicht, dass sie mir Kraft für die Weiterreise geschenkt haben oder sie mich auf Dinge aufmerksam gemacht haben, die mir zuvor nicht aufgefallen wären. Jeder wird mir in Erinnerung bleiben. Manche Begegnungen werden nach längerer Zeit vielleicht etwas verschwimmen, aber in gewissen Situationen werden sie mir plötzlich wieder einfallen.
Natürlich ist es auch kräfteraubend, ständig neue Leute kennenzulernen und jeder fragt mich das Gleiche. Da komme ich immer wieder leicht in Versuchung zu sagen, dass ich einfach nur drei Wochen auf Urlaub in dem jeweiligen Land bin, zu Hause einen langweiligen 40-Stunden-Bürojob und eine gewöhnliche Wohnsituation habe. Dann werde ich als uninteressant abgestempelt und nicht weiter ausgefragt und ich spare einiges an Energie, Kieferknochenbewegung und Speichel.

Beim Reisen sind nicht immer die offensichtlichen Dinge eine Herausforderung. Nicht nur die Länder, die Kulturen, die Menschen oder die Organisation sind kompliziert. Nein, ein großer Teil der Herausforderung ist die eigene Gefühlswelt, die sonst niemand rund um einen mitbekommt und nachvollziehen kann.
Ich wollte dieses Reisejahr durchziehen und ich wusste von Anfang an, dass es auch schwere Zeiten geben würde. Ich wollte mich all dem stellen und daran wachsen. Ich möchte das Wort „Heimweh“ nicht verwenden, weil ich das Gefühl habe, dass es nicht das richtige Wort für meine Gefühlslage ist. Dieses Jahr ist für mich nicht nur ein Lernen über andere Länder, Kulturen und Menschen,

sondern auch ein Lernen über mich selbst. Ich entdecke mich selbst, beobachte mich in den verschiedensten Situationen und erkunde, welche Gefühle in mir aufkommen. Ich stelle mich all dem, was sich vor mir aufbaut, lege jeden Stein vorsichtig zur Seite, steige über Äste und weiche großen Hindernissen aus.

Vom Südwesten in den Südosten Indiens

Es geht für mich weiter nach Chennai, in den Osten Südindiens. Abgesehen von dieser einen Horror-Zugfahrt mit Jakob liebe ich das Zugfahren in Indien mittlerweile. Je länger eine Zugfahrt dauert, desto besser. Und da bin ich in Indien genau richtig, denn man kann dabei locker mit zwölf bis 20 Stunden rechnen.
Am 6. Dezember erreiche ich mittags den Bahnhof in Goa und warte auf meinen Abfahrtszug. Es ist ein netter und sauberer Bahnhof. Ich sitze am Bahnsteig auf einer Bank und mir laufen die Tränen über die Wangen: Erschöpfung, Einsamkeit und Kraftlosigkeit. Ich bin mit meinen Kräften und meiner psychischen Stärke am Ende. Ich habe keine Kraft mehr. Menschen kommen zu mir, fangen Gespräche an und ich weiß in dem Moment, in dem sie anfangen mit mir zu sprechen, dass ich sie in ein paar Minuten, Stunden oder spätestens in ein paar Tagen nie mehr wiedersehen werde. Die größte Belastung ist für mich zurzeit die, dass sich kaum Möglichkeiten ergeben, um längerfristige Beziehungen aufzubauen.
Viele von euch werden sich vielleicht fragen, warum ich nicht einfach heimfliege, wenn ich in letzter Zeit so traurig bin. Es ist nicht so, dass ich denke, jemandem etwas beweisen zu müssen. Ich möchte das für mich tun, ich möchte viel eher mir selbst etwas beweisen. Mit diesem Pakt, dass egal was passiert, ich diese Reise durchziehen werde, bin ich von zu Hause losgeflogen und damit werde ich auch wieder heimfliegen. Komme was wolle.
Ich befinde mich zwar im Moment in diesem verwirrenden Gefühlszustand, aber ich denke mir auch, dass das nach einiger Zeit vorbeigehen wird. Ich bin neugierig auf meine Verhaltensweise und darauf, wie ich nun mit so einem schlechten Gefühlszustand

umgehe, wie ich da wieder rauskomme und wann es aufhört. Ich möchte jedes Gefühl zulassen und wenn ich an meine psychischen Grenzen stoße, dann möchte ich auch das zulassen, daran arbeiten und mich davon nicht unterkriegen lassen. Das ist unter anderem das Ziel meiner Reise.

Ich komme schließlich in Chennai am Bahnhof an und werde von meinem Gastgeber Keshava abgeholt. Wir verstehen uns von Anfang an sehr gut und haben eine tolle Gesprächsbasis. Seine Wohnung ist schön und vor allem sauber. Er teilt sie sich mit einem Mitbewohner. Da er weiß, dass ich für meine Weiterreise viel Organisatorisches zu tun habe, hat er mir schon bevor ich noch nach Chennai kam teilweise damit geholfen. Er ist der erste Gastgeber, der wirklich nett, aber trotzdem nicht aufdringlich ist. Während den drei Tagen meines Aufenthalts unternehmen wir zwar einiges zusammen, aber ich verbringe auch viel Zeit am Netbook, um meine Weiterreise zu regeln. Ich buche von Chennai aus einen Flug, um für vier Wochen auf den Andamanen zu bleiben und wieder mal einen richtigen Erhol- und Relaxurlaub zu machen. Die Andamanen und die Nikobaren gehören zusammen zu einer Inselgruppe in der Andamanensee. Sie liegen jeweils über tausend Kilometer südöstlich von Kolkata und östlich von Chennai. Der Hauptanknüpfungspunkt ist die größte Stadt Port Blair. Ich freue mich schon richtig darauf, endlich zu entspannen und Zeit für mich zu haben, um das Erlebte zu verarbeiten. Obwohl ich nun schon seit neun Monaten reise, kann ich sagen, dass ich nie wirklich alleine war. Auf dieser abgeschnittenen Inselgruppe werde ich es aber sein und kann es kaum erwarten.

In der Früh – an dem Tag, an dem mein Flug von Chennai nach Port Blair geht – sagt Keshava, nachdem wir beide wach sind, zu mir: „Ich habe eine Überraschung für dich!“

Ich schaue ihn mit aufgerissenen Augen an, mein Herz fängt heftig an zu pochen und ein verkrampftes Gefühl macht sich in meiner Magengrube breit.

Mit strahlendem Lächeln und einem Funkeln in den Augen fährt er fort: „Ich komme mit!“

Ich erschrecke im ersten Moment richtig und frage, nicht wissend, was er damit genau meint, nach: „Was? Wohin kommst du mit?"
Er zeigt auf sein Handy, auf dem ein Flugticket abgebildet ist. Vor Panik, dass meine Befürchtung zutrifft, schaffe ich es gar nicht richtig auf sein Handydisplay zu schauen, und frage benommen: „Was soll ich damit?"
„Na ja, das ist mein Ticket nach Port Blair", entgegnet er mir.
„Das ist dein Ticket?", hake ich nach und hoffe auf ein Missverständnis.
„Ich wollte dich damit überraschen und fliege mit dir gemeinsam nach Port Blair!"
Ich bin wirklich geschockt. „Wie lange?", frage ich ihn darauf.
„Gute zwei Wochen, bis zum 25. Dezember."
Ich bin total überrumpelt und meine Gedanken fahren Achterbahn. Auch wenn ich die Zeit in Chennai mit ihm genossen habe, freute ich mich schon sehr auf das Alleinsein.
Er fragt mich: „Bist du glücklich über meine Überraschung und darüber, dass ich mitkomme?"
Ich bin noch immer so sprachlos, dass ich darauf nichts antworten kann. Ich gebe ihm nur zu verstehen: „Ich bin sehr überrascht und weiß gerade nicht, was ich sagen soll." Bei dem Gedanken, dass er fast ganze zwei Wochen – die Hälfte meiner Zeit dort – mit mir verbringen möchte, geht es mir beschissen. Es vergeht eine halbe Stunde und wir reden darüber, weil er bemerkt, dass es mir nicht gut geht. Er fragt mich nochmals: „Bist du glücklich darüber, dass ich mitkomme?"
„Diese Zeit auf den Andamanen ist für mich eine Art Auszeit."
Das überrascht und verwirrt ihn: „Ich habe das deswegen gemacht, weil du auf meine Frage vor einigen Tage hin, ob dich schon jemals jemand in deinem Leben mit einer Geburtstagsfeier oder Ähnlichem überrascht hat, verneint hast. Ich wollte dich einfach glücklich machen und dich überraschen."
Das Komische daran ist, dass ich absolut nie das Gefühl hatte, dass er näher an mir interessiert wäre und deswegen finde ich das alles umso eigenartiger. Ich bin ab diesem Zeitpunkt ziemlich genervt, weil ich einfach nur alleine sein möchte. Ich habe keine Lust darauf mir das Zimmer mit jemandem zu teilen und schon gar nicht auf

die Geräuschkulisse, die im Bad herrscht, wenn ein Inder seine Körperhygiene betreibt. Da die Inder keine Taschentücher verwenden, hört man immer lautstarke Geräusche aus dem Bad: Spucken, Würgen und Husten. Ich möchte Platz für mich haben, mir keine Ablageflächen im Zimmer teilen müssen und ich möchte keine Klimaanlage verwenden oder den Ventilator nach meinem Geschmack einstellen. Ich möchte nicht, dass sobald ein Inder neben mir steht, die Einheimischen kein Englisch mehr mit mir sprechen und sich nur mit meiner indischen Begleitung in Hindi unterhalten.

Wir diskutieren lange über alles und ich bin wirklich sauer und alles andere als nett zu ihm. Es ist ja nicht so, dass wir ein Liebespärchen sind! Er hat mich nur bei sich unterkommen lassen und wir haben uns ganz gut verstanden, das war's. Selbst wenn es lieb gemeint ist, weckt sein Verhalten die Frustration in mir, die ich schon länger für Indien und die Rolle der Frau hier empfinde: Er kann nicht als jemand, den ich erst seit drei Tagen kenne, über mich entscheiden.

Auf dem Weg nach Port Blair mache ich ihm klar: „Ich möchte definitiv alleine reisen und bin nicht bereit, mir mit dir ein Zimmer zu teilen. Ich möchte keine Kompromisse eingehen, wenn es darum geht, wann ich essen gehe, wann ich etwas unternehme, wie viel Geld ich ausgebe und wofür."

Schließlich ist ihm klar, dass ich nicht mit ihm reisen werde und sofort am nächsten Tag alleine auf die Little Andaman fahren werde. Wir beschließen allerdings, dass wir uns zu Weihnachten auf Havelock Island wiedertreffen werden. Bis dahin habe ich Zeit für mich und zu Weihnachten ist es für mich okay, wenn ich nicht alleine bin. Am 25.12. geht dann sein Flieger zurück nach Chennai.

Abschließende Gedanken zu Indien

Hier herrscht Überbevölkerung, denn Indien ist das Land mit der höchsten Population. Die Armen, die es sich nicht leisten können, haben bis zu acht oder mehr Kinder und die Gebildeten, deren Budget höher ist, haben meist nur ein oder höchstens zwei Kinder.

Vieles erscheint mir in diesem riesigen Land verkehrt.
Eine lustige und gewöhnungsbedürftige Sache an den Indern ist, dass die Männer auf der Straße Händchen halten, genauso wie ich es bereits in Papua gesehen habe. Nein, nicht weil sie schwul sind, sondern einfach nur weil sie sehr enge und gute Freunde sind. Noch dazu ist es kein normales Hände-Halten, sondern ein liebevolles Herumspielen und auch Umarmen. Ebenso legen sie einander den Arm um die Schulter. Wenn der Kopf eines Mannes im Schoß eines anderen Mannes ruht, ist das bei einer Zugfahrt nichts Außergewöhnliches.

Eine Zugfahrt durch Indien und alles rundherum funktioniert wie folgt: Das Ticket kann man sich entweder selbst buchen oder buchen lassen. Ist ein Zug ausgebucht, gibt es noch zwei Möglichkeiten: Ein Emergency Ticket oder ein Tourist Quota Ticket. Man kann zwischen Sitz- oder Schlafwagon und ohne oder mit Klimaanlage wählen. Ich würde mich immer gegen die Variante mit der Klimaanlage entscheiden. In der Nacht kühlt es im Zug sowieso ab und in den Klimaanlage-Abteilen ist es meist so stark heruntergekühlt, dass man leicht krank werden kann. Ich entschied mich deswegen immer für Non-AC Sleeper Class, also die Schlafklasse ohne Klimaanlage. Wenn der Zug einfährt, musst du zuerst außen am Zug nach der Wagonnummer suchen, die auf deinem Ticket steht – S10 zum Beispiel. Anschließend steigst du ein und hältst Ausschau nach deiner Sitz- oder Liegebettnummer. Es gibt Upper, Middle und Lower Class, und diese Bezeichnung deutet darauf hin, wo sich das Liegebett befindet. Upper ist immer die beste Variante als Tourist und das Liegebett befindet sich in der obersten Etage und somit hat man seine Ruhe und kann nicht beim Schlafen begrapscht werden. Essen, Trinken und Chai wird auf der Fahrt zur Genüge verkauft. Von 21 Uhr bis sechs Uhr morgens ist Schlafenszeit im Zug. Morgens wird man meist von den Worten der Verkäufer „Chai, Chai, Chai" geweckt.
Was ich im Zug immer griffbereit in meinem Daypack hatte ist ein Tuch zum Zudecken für die Nacht sowie einen Schal für Hals und Kopf, denn es zieht oft nachts. Ich schlief immer mit dem Kopf auf meinem kleinen Rucksack und darüber legte ich ein weiteres Tuch

damit es weicher ist. Ich schlief auf meinem Daypack, damit er auch gleich vor Diebstählen sicher ist. Immer mit dabei hatte ich einen warmen Pullover und dicke Socken. Dies muss natürlich nicht für jedermann gelten, aber da mir schnell kalt wird, waren diese Dinge für mich nicht wegzudenken bei einer Zugfahrt durch Indien. Meine Zahnbürste hatte ich in meinem Daypack auch verstaut, um in der Früh Zähneputzen zu gehen. Ein Kamm und Feuchttücher waren auch immer mit dabei. Weiters hatte ich immer ein Buch, meinen MP3–Player und eine Wasserflasche als Oberstes im kleinen Rucksack gepackt. Was ich mir allgemein von meiner Ausrüstung nicht wegdenken konnte, war mein Zahlenschloss und mein Inlett aus Seide. Das Zahlenschloss verwendete ich teilweise, um einen Kasten im Zimmer zu verschließen oder bei den Türriegeln, bei denen man eines einhängen konnte. Das Inlett ist mir schon sehr oft bei unhygienischen Bettbezügen zugutegekommen und hat mir meinen Schlaf gesichert.

Was mich an den Indern nervt, ist ihr „Humor". Sie erzählen liebend gerne Lügengeschichten und bezeichnen es als Scherz. Es wird nicht gleich im Nachhinein aufgedeckt, sondern sie lassen den anderen einfach in dem Glauben, dass es so sei, wie sie sagen. Kommt man dann durch Zufall darauf, dass es nicht so ist, wie sie es erzählt haben, meinen sie nur, dass sie doch nur Spaß gemacht haben. Sie sehen das selbst auch überhaupt nicht als Lüge, sondern als spaßigen Zeitvertreib. Das kann manchmal ganz schön anstrengend sein und nerven.
Die Inder sind aber definitiv freundlicher als die Thailänder. Man kann mit ihnen auch Gespräche führen, ohne dass es darauf hinausläuft, dass sie einem etwas verkaufen wollen. Allgemein haben die indischen Einwohner aber dennoch eine sehr schroffe und fordernde Art. Dazu ein Beispiel, das das typische Benehmen eines Inders widerspiegelt: Ich saß gerade im Zug von Jaisalmer nach Delhi. Zehn Minuten nachdem der Zug losfuhr, packte ich meinen Reiseführer für Indien aus, um darin zu lesen. Drei Minuten später streckte mir der Inder, der gegenüber von mir saß und mit mir noch kein einziges Wort gewechselt hatte, einfach die Hand entgegen und machte eine fordernde Kopfbewegung, die

bedeuten sollte, dass er den Reiseführer haben möchte. Das ist typisch für die Inder: Es wird nicht höflich gefragt, sondern einfach gefordert oder genommen. Ein Danke und Bitte – diese zwei Worte, die uns Europäern als Kind eingeflößt werden – kennen die Inder nicht.

Ein anderes Beispiel: Ich stand an einem Verkaufsstand, schaute mir gerade etwas an und hielt dies in der Hand, als plötzlich ein Inder auf mich zukam und sagte: „Gib her!" Eine ganz typisch indische Situation. Das passiert nicht nur Touristen, sondern ist auch unter den Indern selbst eine ganz normale Verhaltensweise. Oft verhielt ich mich daraufhin geduldig, aber immer öfter reagierte ich einfach nicht mehr oder ich reagierte genauso wie mein Gegenüber.

Ein weiterer Punkt, der mich stört, ist, dass, sobald ich mit einem Inder unterwegs war, ich nicht mehr wahrgenommen und alles auf Indisch ohne mich besprochen wurde. Ein kleines Beispiel dazu: Auf dem Weg zum Flughafen in Chennai saßen Keshava und ich im Auto und der Motor lief schon, aber wir fuhren noch nicht los und warteten. Nach einigen Minuten der Verwunderung sprach ich ihn darauf an und fragte: „Worauf warten wir?" Er meinte: „Wir warten noch auf meinen Freund. Er kommt zum Flughafen mit, um mit dem Auto wieder zurück zur Wohnung zu fahren." Das mag jetzt vielleicht lächerlich klingen, aber wenn einem solche Kleinigkeiten am Tag an die zehn Mal passieren, ist das ganz schön störend. Man weiß nie, was rund um einen passiert.

Ein weiteres Beispiel: Wir waren mit zwei Freunden von Keshava fort. Nach der Party gingen wir noch zum Essen in ein Hotel und saßen dort zusammen. Es wurde auf Tamin, der indischen Sprache in dieser Region, gesprochen. Irgendwann wendete sich eine Freundin von Keshava an mich: „Wir zwei schlafen heute gemeinsam."

Ich war total überrascht und dachte mir: „Wo?! Wie?! In einem Hotel oder was?" Ich fragte aber nicht weiter nach, weil ich nicht immer alles hinterfragen möchte. Wie sich rausstellte, war es so, dass wir gemeinsam nach Hause fuhren, Keshava und ich in seinem Bett und das Mädel mit dem Freund von Keshava am Boden im selben Zimmer auf einer Matratze geschlafen haben.

Genauso geschieht es schließlich auch am Flughafen in Chennai. Ich lege meinen Pass beim Check-In vor und plötzlich fängt Keshava an, mit dem Mann hinter dem Check-In-Schalter zu reden und es wird einfach bestimmt, wo ich sitze, ohne dass ich es mitbekomme. Ich habe eigentlich vorab schon übers Internet meinen Sitzplatz ausgesucht und wollte beim Fenster im vorderen Teil des Flugzeuges sitzen. Während des ganzen Vorganges schaut mich der Airline-Angestellte kein einziges Mal an, so als ob ich gar nicht mitfliegen würde.

Im Paradies angekommen

Die Andamanen sind das letzte Inselparadies auf unserer Erde ohne großen Massentourismus. Wieso versteht sich von selbst: Entweder man nimmt ein Boot von Chennai nach Port Blair, wobei die Fahrt vier bis fünf Tage dauert und alles andere als angenehm ist, oder einen überteuerten Flug. Um ein extra Visum und eine beschränkte Aufenthaltsgenehmigung kommt man auch nicht herum.
Ich komme in Port Blair an, von wo aus Boote zu den einzelnen Inseln ablegen. Für mich geht es nach einer Nacht gleich weiter auf die Insel Little Andaman. Die südlichste Insel der Inselgruppe der Andamanen und Nikobaren ist acht Stunden entfernt. Ich bezahle schlappe 0,40 Euro und bin die einzige weiße Touristin auf dieser Fähre. Fünf Tage verbringe ich auf dieser Trauminsel, die ich mir mit nur sechs anderen Touristen teile. Wegen der langen Anfahrt, der oft gecancelten Boote und der vielen Krokodile trauen sich hier nur wenige Touristen her. Was andere fürchten, weckt in mir die Abenteuerlust. Nach so langem Reisen ist für mich vieles harmlos geworden. Nichts erschüttert mich mehr und keiner kann mich übers Ohr hauen. Wenn es ums Verhandeln geht, erkenne ich mich selbst oft nicht wieder und eine über 20-stündige Reise ist für mich mittlerweile ein Klacks.

Wie schon erwähnt bin ich auf der Fähre die einzige Weiße und der Rest sind Inder. Die Sitze sind allesamt sehr unbequem. Nachdem

ich in den letzten Tagen nicht wirklich viel geschlafen habe, besteht mein sehnlichster Wunsch darin, mich einfach nur hinzulegen. Ich sitze in der ersten Reihe auf dem Boot unter Deck und als ich mich nach einer halben Stunde umdrehe, ist das zuvor noch fast voll besetzte Boot plötzlich – bis auf ein paar Ausnahmen – leer. Wie kann das sein? Ich sitze direkt neben der Tür und habe nicht bemerkt, dass so viele Menschen den Raum verlassen haben. Das kann doch nicht sein. Ein genauerer Blick offenbart, dass es sich die guten Inder am Boden zum Schlafen bequem gemacht haben. Die meisten von ihnen haben ein Tuch aufgelegt – reinlich sind sie ja –, verwenden das Gepäckstück als Kopfkissen und legen sich so schlafen. Da ich dies noch nicht auf meiner Reise ausprobiert habe, ist es nun höchste Zeit, das nachzuholen. Ich hole mein Strandtuch raus, breite es am Boden aus, rücke mir mein Daypack als Kopfkissen zurecht und verschwinde ins Land der Träume.
Drei Stunden schlafe ich durch und das noch dazu wie ein Baby. Auf dem harten Boden zwischen den Sesseln richte ich es mir recht gemütlich ein und finde es überhaupt nicht schlimm, dort zu schlafen. Bei uns würde das einige komische Blicke und vermutlich sogar lautes Geläster auslösen.
Die Fähre legt schließlich auf der Insel Little Andaman an, ich steige aus und bin im Paradies angekommen. Das, was ich all die letzten Wochen und Monate vermisst habe, begrüßt mich jetzt: der Geruch nach frischem Grün.
Zwei Polizisten winken mich zur Seite, um meinen Pass anzusehen und sich meinen Namen, meine Nationalität und meine Ankunftsdaten zu notieren. Damit wollen sie einen Überblick über die Touristen, die sich auf der Insel aufhalten, haben. Einer der ersten Bewohner, die ich sehe, als ich vom Boot aussteige, ist der Besitzer meiner vorab gebuchten Unterkunft. Er hält mir vorsichtig seine Karte entgegen und ich komme gleich mit ihm mit. Was für ein angenehmer Start! So muss ich nicht wie sonst 100 INR mit dem Jeep bezahlen, sondern nur 50 und habe gleich eine Kontaktperson und Unterkunft. Während wir von der Bootsanlegestelle auf die gegenüberliegende Seite der Insel zu einer der beiden auf der Insel befindlichen Unterkünfte fahren, realisiere ich, wo ich hier gelandet bin. Wahnsinn! Das Wort trifft es am besten. Es herrscht eine

absolute Ruhe und Harmonie. Alles ist grüner als grün und die Luft ist rein. Ich kann die Bäume, das Salzwasser und die Frische riechen. Ich sauge die unverschmutzte Luft in mich auf und spüre das salzige Meerwasser auf meiner Zunge. Wir fahren mit dem Jeep über schmale Wege und ich genieße den Anblick von Palmen, Sträuchern und allen möglichen Arten von Bäumen. Rechts neben uns kann ich einen Blick auf den menschenleeren Strand und das abgöttisch schöne Meer erhaschen. Nur selten fahren wir an Hütten von Einheimischen vorbei oder sehen Menschen. Auf dem Weg mit dem Jeep zur Unterkunft kommen mir oft verstohlen die Tränen. Ich kann gar nicht fassen, wie schön es hier ist. Diese Luft, Ruhe und Harmonie verschlagen mir die Sprache. Ich bin im Paradies angekommen und bin mir vom ersten Moment an sicher, dass das hier mein absoluter Favorit auf der Erde ist. Krokodile gibt es auf der Insel überall und man findet bei jedem Fluss und jeder Kreuzung ein Schild, das sagt: „Beware of crocodiles." Ich steige aus und befinde mich mitten im Dschungel auf einer Lichtung. Ein paar kleine Hütten stehen im Kreis und in der Mitte ist ein großer Holztisch, an dem drei Gäste zusammensitzen und sich unterhalten. Wir sind im Ganzen sieben Touristen auf dieser Insel. Die Zimmer – besser gesagt die kleinen Übernachtungshütten – sind alle sehr simpel und für den Preis sicher nicht das Beste, aber trotz allem einfach ein Traum.
Ein Deutscher und ein Pärchen – er aus Italien, sie aus Israel – sitzen an dem Holztisch. Ich setze mich dazu und wir plaudern drauflos, fünf Minuten, 15 Minuten, 30 Minuten, eine Stunde und länger. Ich fühle mich wohl und weiß: Das hier ist es. Als ich dann noch erfahre, dass man hier gut surfen kann, bin ich noch glücklicher. Endlich wieder Wellenreiten. Hoffentlich habe ich es nicht schon wieder verlernt! Nach dem Essen machen wir uns alle gemeinsam auf zum Strand. Dafür brauchen wir nur die Straße zu überqueren und ein kurzes Stück durch den Dschungel zu gehen, bis wir unser Ziel erreicht haben. Da ist er, der menschenleere Strand und mein persönliches Paradies. Der Strand ist kilometerlang und außer dem rauschenden Meer ist nichts zu hören. Einfach großartig. Die klare, warme Luft ist so wundervoll und ich liebe es den Wellen zuzusehen. Ich liebe es, im Wasser zu sein und zu

beobachten, wie eine Welle auf mich zukommt bevor sie bricht. Dann lasse ich mich von der Welle vom Boden abheben oder tauche unter ihr durch. Das Spiel könnte ich stundenlang immer und immer wiederholen.
Diese Insel ist noch dazu sehr einfach gehalten. Es gibt kein Internet, keinen Handyempfang und nicht viel Auswahl an erhältlichen Produkten, Aktivitäten oder Ausgehmöglichkeiten. Ich befinde mich auf einer naturbelassenen Insel ohne viel Schnickschnack. Genau das, wonach mir ist und wonach ich gesucht habe. Den Tag lasse ich mit einem langen Strandspaziergang ausklingen und abends sitze ich mit den anderen gemütlich zusammen.

An meinem zweiten Tag miete ich mir ein Fahrrad von der Unterkunft, in der ich untergekommen bin, und mache mich auf zu einem Wasserfall. Mein Plan ist es, den ganzen Tag über mit dem Rad die Insel zu erkunden. Das Rad hat keine Gangschaltung und das Fahren ist somit eine echte Herausforderung. Ich radle die Straße entlang und sehe kilometerlang nichts außer dem Asphalt vor mir, die riesengroßen Palmen, die sich vor mir rechts und links aufmachen, das viele Grün rundherum und zu meiner linken Seite den atemberaubenden Strand und das Meer mit den Wellen. Es ist traumhaft, die frische Luft zu riechen und ich versuche die Gerüche des Meeres, der Bäume, der Palmen und der Blumen in meinem Kopf abzuspeichern. Das Radeln ist anstrengend, weil es stetig leicht bergauf geht und die Straße einen schlechten Untergrund hat. Es scheint kein Ende zu nehmen. Nach vielleicht vier oder fünf Kilometern komme ich an einer Stelle an, wo ein Weg zum Wasserfall führt.
Um es ehrlich zuzugeben: Wohl fühle ich mich nicht. Ich bin mit einem Rad unterwegs, mit dem ich nicht mal schnell wegradeln kann, weil das ohne Gangschaltung nicht so einfach möglich ist, und oft ist lange Zeit nichts und niemand weit und breit zu sehen. Nur hie und da begegnete ich auf meiner Fahrt einem Inder auf einem Zweirad, einer Gruppe von Menschen mit dem Jeep oder Gleichgesinnten mit dem Fahrrad. Ich stelle mein Rad ab und eile menschenseelenalleine durch den Dschungel zum Wasserfall. Die Begeisterung hält sich in Grenzen, da ich schon zu viel dergleichen

gesehen habe. Ich schieße ein paar Fotos, bevor ich mich auf den anstrengenden Rückweg mache. Angekommen in der Unterkunft muss ich erst einmal durchatmen und beschließe den nächsten Dschungelausflug nicht mehr alleine zu machen.
Nach meiner Rast mache ich mich mit Jan, dem Deutschen, mit dem Motorrad auf zu einem Leuchtturm. Der Weg dorthin ist lang, nicht so einfach zu bewältigen und führt auf einem kleinen Weg mitten durch den Dschungel. Das Gefühl von Freiheit, Unabhängigkeit und grenzenloser Kraft ist traumhaft. Die warme Luft, die durch den Fahrtwind entsteht und an meinem Körper entlangstreift, bereitet mir Gänsehaut und ich kann nicht aufhören, in die vielfältige und grüne Landschaft des Dschungels zu schauen.
Als wir ankommen, stelle ich fest, dass der Leuchtturm riesig ist. Stiege für Stiege geht es hinauf, Umdrehung für Umdrehung, bis wir irgendwann oben sind. Was ich da zu sehen bekomme, haut mich fast um: Es macht sich vor meinen Augen eine gigantische und nicht enden wollende Dschungellandschaft breit. Es ist weit und breit nichts anderes zu sehen als grün, grün, grün. Die Bäume haben die unterschiedlichsten Formen und Strukturen und die Grüntöne der Baumkronen würden eine ganze Farbpalette füllen. Über den Baumkronen ragen zwischendurch Palmen hindurch und kahle Äste, bei denen die Baumkronen erst weiter oben beginnen. Auf der anderen Seite ist ein kilometerlanger Strand. Es ist gerade Ebbe und somit kommen Algenflächen und Steine zum Vorschein und dahinter macht sich das tiefblaue Meer auf. Dass eine Insel auf dieser Welt existiert, die so naturbelassen ist und so eine Harmonie ausstrahlt, wo kein Massentourismus herrscht und man trotzdem als Tourist Zugang hat, ist fast undenkbar. Es ist definitiv ein Geschenk, so etwas heutzutage noch erleben zu dürfen und ich habe Sorge, dass dies bald nicht mehr so sein wird. Diese Insel könnte in kürzester Zeit vom Tourismus ruiniert werden.
Abends sitzen wir wenigen Touristen in der netten und familiären Unterkunft zusammen, reden über alles Mögliche, trinken etwas und essen frisch gefangenen Fisch. Die nächsten Tage verbringe ich entweder mit einem Buch am Strand oder in meiner neuen Hängematte, die ich mir habe nähen lassen. Ich habe mir einen Stoff

ausgesucht, ihn zum Schneider gebracht und bereits am nächsten Tag war meine Hängematte fertig. Ich sitze manchmal alleine am Strand und kann es kaum glauben.

Ich befinde mich aber zurzeit auch in einem Zwiespalt: Einerseits bin ich – wie bereits weiter oben schon erwähnt – erschöpft und müde vom Reisen und nicht mehr so leicht zu beeindrucken von alledem und andererseits bin ich hier gerade auf einer Trauminsel. Ich bin die ersten Tage damit beschäftigt, mit meinem Papa Kontakt aufzunehmen, um ihm mitzuteilen, dass er meine Flüge von Chennai nach Manila und von dort aus nach Hawaii stornieren und dafür einen Flug von Chennai direkt nach Hawaii buchen soll. Alles nicht so einfach. Ich habe mich nämlich dazu entschlossen, eines meiner Traumziele, nämlich die Philippinen, auf ein anderes Mal zu verschieben, damit ich es mehr genießen kann und mich nicht durch das Land quäle. Wenn man einmal übersättigt ist vom vielen Reisen, ist da ohnehin nicht mehr viel dran rumzurütteln. Nach zwei bis drei Tagen der schwierigen Kontaktaufnahme – es gibt hier weder Internet noch einen guten Handynetzempfang – stellt sich heraus, dass die Flüge nicht stornierbar sind. Somit entschließe ich mich, doch alles so zu belassen wie geplant.
Was mich auch beschäftigt, ist das Problem, dass ich kein Internet dafür habe, um meinen Aufenthalt mit Couchsurfing auf den Philippinen und in Hawaii zu planen, was es mir um einiges günstiger machen würde. Ich wollte mir aber gerne eine Freiwilligenarbeit auf Hawaii suchen und so würde sich der Kreis mit der Sorge um mein Reisebudget wieder schließen. So weit so gut. Ich muss krampfhaft versuchen abzuschalten und alles auf mich zukommen zu lassen, so wie ich es sonst auch tue.
Nach fünf Tagen ist es mein Plan, zurück nach Port Blair zu fahren, dort eine Nacht zu verbringen und am nächsten Tag mit dem Boot weiter auf Neil Island zu fahren. Das Boot soll am 15.12. um 13 Uhr ablegen. Es wird jedoch gestrichen, da zu starke Unwetter herrschen. So nehme ich das Nachtboot, das – wie man mir sagte – nicht gestrichen wird. Um 20 Uhr soll das Boot ablegen. Um 17 Uhr bin ich am Hafen und es erhebt sich ein ungeheurer Sturm. Von Weitem sind schon wahnsinnig heftige Blitze zu sehen und

der Donner ist nicht zu überhören. Diesmal habe ich gar kein gutes Gefühl bei der Sache. Bei dem Unwetter möchte ich nicht auf offener See sein. Ich und die anderen Wartenden stellen uns unter ein Blechdach und plötzlich geht es auch schon los. Ein Sturm, Gewitter und Regen macht sich über unseren Köpfen breit und lässt mich darauf hoffen, dass das Boot nicht kommt. Wir stehen und sitzen eng aneinander gepfercht unter dem Dach und bei jedem aufhellenden Blitzschlag und jedem Donnergeräusch zucke ich zusammen. Es ist kalt und der Wind bläst unter dem Dach hindurch. Ich fühle mich unwohl und hilflos und bete, dass wir alle den Sturm unbeschadet überleben.

Mit zwei Stunden Verspätung und nach dem Ende des Gewitters ist das riesige Schiff endlich da. Acht Stunden soll die Fahrt dauern – elf sind wir tatsächlich unterwegs. Eigentlich sind die Sessel diesmal recht bequem, aber trotzdem kann ich am Boden besser schlafen und so breite ich wieder mein Strandtuch aus und lege mich hin. Heiß ist es da unten und ich schwitze während des Schlafens. Da ich leicht seekrank werde, ist es für mich das Beste, einfach liegen zu bleiben und nicht viel aufzustehen oder herumzugehen. Ich habe kein Wasser und zu essen auch nichts mehr. Als die Frühstückskantine aufmacht, hält mich der Halbschlaf noch gefangen und mulmig ist mir auch im Bauch, sodass ich nicht aufstehen kann. Es ist bereits nach zehn Uhr als sich das Boot dem Hafen von Port Blair nähert und mir schon vor lauter Hunger und Durst übel ist. Um elf Uhr kommen wir schließlich an und um halb zwölf geht mein nächstes Schiff nach Neil Island. Es bleibt mir keine Zeit, um mich um etwas Nahrhaftes oder Durstlöschendes zu kümmern. Erschöpft von der Bootsfahrt, mit immer noch einem mulmigen Gefühl im Bauch von den Schwankungen am Meer, hungrig, durstig und extrem genervt steige ich auf das nächste Boot. Es gibt hier nichts zu essen, nichts zu trinken und die Fahrt mit dem Boot dauert zwei Stunden. Ich stoße hier wiedermal an meine Grenzen. Mit einem Stück Schokolade und einigen Schlucken Wasser hilft mir eine deutsche Frau, die ich auf dem Boot kennenlerne, über das Schlimmste hinweg.

Neil Island ist mir nicht auf Anhieb sympathisch. Ich brauche zwei Tage, doch danach verliebe ich mich auch in diese Insel. Die Deutsche Silvia und ich beschließen einige Minuten nach unserem Kennenlernen uns gemeinsam eine Unterkunft zu nehmen. So landen wir nach längerem Verhandeln im letzten Resort auf Strand Nummer eins für schlappe 100 INR (=1,40€) pro Nacht – bis jetzt meine günstigste Unterkunft auf meiner Reise. Aber denkt jetzt nicht, dass die Inseln hier sehr preiswert sind, nein, leider nicht. Die Unterkunftspreise sind höher als sonst wo, nur bei unserer Unterkunft handelt es sich um noch nicht ganz fertig gebaute Hütten. Wir haben jeder für uns eine Hütte, sehr einfach gehalten, aber ausreichend. Sie steht auf Holzstelzen aus Kokosnusspalmenblättern. Eine Matratze hat Platz darin und freier Raum für mein Gepäck ist auch vorhanden. Einen kleinen Ventilator und ein spartanisches Licht gibt es ebenfalls und über dem Schlafplatz ist ein Moskitonetz gespannt. Was will man mehr? Das Badezimmer ist einige Meter weiter weg, aber damit kann ich leben. So bin ich wieder einmal nicht alleine und habe eine deutsche Hüttennachbarin. Eine sehr nette und sympathische junge Frau, keine Frage, aber die erhoffte Einsamkeit, die ich zwischendurch gerne hätte, bleibt aus. Die ersten zwei bis drei Tage brauche ich ein bisschen Zeit, um mich an sie zu gewöhnen und ich habe oftmals das Bedürfnis, alleine zu sein. Nach den ersten drei Tagen habe ich sie aber sehr lieb gewonnen. Sie gibt mir viel Kraft, weil ich mit ihr – so wie mit meinen engsten Freundinnen zu Hause – über alles reden kann. Ich habe das Gefühl, dass wir uns schon länger kennen als es der Fall ist. Ich genieße die Zeit mit ihr und dass jemand da ist, dem ich alles anvertrauen kann.

Am Ankunftstag erkunden wir die Gegend rund um unsere Unterkunft und müssen abends feststellen, dass das Essen in unserem Resort alles andere als gut ist. Am nächsten Tag beschließen wir, ein Fahrrad zu mieten und die anderen Strände zu erkunden. Eine Trauminsel aus Palmen, Bäumen und Büschen. Der Sandstreifen zwischen Dschungel und Meer ist nur schmale zwei Meter breit, aber das macht alles umso idyllischer. Der Strand, den wir erkunden, ist menschenleer und wir finden ein schönes Schattenplätzchen unter einem Baum. Nach einigen Stunden Rast setzen wir unsere Erkundungstour fort. Wir radeln an Feldern vorbei, auf denen die Einheimischen gerade zufrieden am Arbeiten sind, und daneben grasen Kühe und Ziegen. Ein Hund rennt über das Feld und die Vögel zwitschern. Auf unserem Weg kommen uns zwei kleine Schulmädchen entgegen, die beide die gleiche Uniform tragen. Sie winken uns zu und laufen uns lachend einige Meter hinterher. Im Dschungel versteckt sehen wir die Wellblechdächer von drei Hütten und daneben spazieren Hähne auf und ab. Einige Minuten später kommen wir an einem Feld vorbei, auf dem ein Einheimischer gerade etwas verbrennt und es steigen große Rauchwolken in den Himmel auf. Immer wieder sehen wir große, hohe Heuhaufen an Feldrändern und in dem einen oder anderen steckt noch die Heugabel drin oder es liegen ein Tuch oder Palmwedeln darüber. Die Wäsche der Bewohner hängt auf weitläufig gespannten Schnüren draußen zum Trocknen und ein voll beladenes Fahrrad kreuzt unseren Weg. Bei einem Weg zu einem Haus liegen rechts und links Kartoffeln zum Trocknen in der Sonne. Die Sonne steht bereits tief und wirft ihre grellen Strahlen durch die Palmen direkt auf die dürftig asphaltierte Straße. Wir machen uns auf den Heimweg und genießen den Anblick, der sich rund um uns breit macht.

Nach dem enttäuschenden Abendessen vom Vortag beschließen wir diesmal selbst zu kochen. So bleiben wir beim Fischmarkt stehen, der aus drei Verkäufern besteht, nehmen vier Prachtexemplare für 180 INR mit und kaufen dazu Kartoffeln, Butter, Knoblauch, Salz, Ingwer, eine Zitrone, eine Jackfrucht, Bananen, Nutella und Alufolie. Wir machen uns daran, beim Sunset Point unseres Resorts ein Feuer zu entfachen und unser Abendessen vorzubereiten. Die Kartoffeln kommen zuerst in Alufolie und dann in die Glut. Die Fische werden mit Butter, geschnittenem Knoblauch, Salz, Ingwer und Zitronensaft gefüllt und mit dem Kopf vorwärts auf einen Ast aufgespießt und übers Feuer gehängt. Es ist bereits dunkel und wir haben unsere Stirnlampen auf. Immer wieder wenden wir die Fische und kontrollieren, ob die Kartoffeln schon durch sind. Nach einer guten halben Stunde oder länger ist unser

Mahl fertig. Wir nehmen die köstlich zubereiteten Fische vom Feuer und die Kartoffeln aus der Glut, legen sie auf unsere Teller und verspeisen alles in der Dunkelheit. Herrlich! Es ist ein reiner Genuss und um etliches besser als das Essen unserer Unterkunft. Für die Nachspeise nehme ich die Bananen, schneide sie mit der Schale auf, fülle das Nutella in die Mitte, schließe sie wieder und erhitze sie über dem Feuer. Schon richtig Appetit auf etwas Süßes nehmen wir die Nachspeise schließlich vom Grill, öffnen die Schale der Bananen und löffeln das Dessert heraus.

Nach den ersten beiden Tagen sind wir eine nette Gruppe von neun Leuten mit sieben Nationalitäten. Damit sind wir auch schon alle nicht-asiatischen Touristen auf dieser Insel. Wir gehen gemeinsam Schnorcheln und Mittagessen, grillen unseren eigenen Fisch bei einem Lagerfeuer zum Abendessen und spielen Karten. Ich genieße die Zeit und die Gesellschaft mittlerweile wieder sehr. Die Zeit vergeht wie im Flug. Gestern hatten wir einen sehr lustigen Abend. Wir gingen allesamt in ein nahe gelegenes Restaurant essen. Erst waren die Gesprächsthemen eher spärlich und manchmal herrschte eine unangenehme Stille. Wir beschlossen daraufhin, uns verschiedene Mahlzeiten zu bestellen und zu teilen. Drei Vorspeisen, fünf Hauptgerichte und eine Menge Bier gingen über den Tisch. Zuerst wurde ein Teller mit Garnelenpasta durchgereicht. Jeder nahm sich ein bisschen was runter und der Teller wanderte so durch die Runde. Mit dem Gemüse-Thali war es schon etwas spannender. Der Israeli unserer Gruppe mischte den Reis mit allen Soßen zusammen und die Platte machte die Runde. Diesmal nahm sich jeder mit der Hand. Es wurde gegessen, getrunken, Geschichten erzählt und viel gelacht. Der weißhäutige Tauchlehrer aus Afrika erzählte uns von seinem Erfolgserlebnis beim Tauchen, das er drei Tage zuvor hatte. Es gibt anscheinend auf der Welt nur zwei Plätze, an denen es Seekühe zu sehen gibt, und ein Platz davon ist hier auf Neil Island direkt vor unserem Resort. Er war einer Seekuh so nahe wie wahrscheinlich noch niemand zuvor. Es ist ein riesengroßes Wassertier, das sich von Seegras ernährt. Gefährlich ist es nicht und man kann es anlocken, indem man unter Wasser singt. Der Tauchlehrer hat dieses Erlebnis gefilmt und uns das

Video gezeigt. Es ist ein gigantisches Tier und wenn es mir so nahe kommen würde wie dem Tauchlehrer, hätte ich bestimmt große Panik.

Weihnachten

Nach sechs Tagen, die viel zu schnell vergehen, ziehe ich weiter, um Weihnachten und Silvester auf der Insel der Andamanen zu verbringen, die noch am meisten auf Tourismus ausgelegt ist: Havelock. Keshava hat sich gleich zu Beginn auf Havelock niedergelassen. Der Fairness halber habe ich ihn nun kontaktiert und ihm mitgeteilt, dass ich auch auf Havelock bin. Wir treffen uns bald nach meiner Ankunft. Mittlerweile ist er nicht mehr alleine und zwei seiner Freunde machen mit ihm gemeinsam Urlaub auf der Insel. Es ist ein kurzes Treffen und ich gehe mit ihm und seinen beiden Freunden etwas essen. Die Versuche mich zu überreden, mit ihm Weihnachten zu verbringen, scheitern und ich verabschiede mich ziemlich bald und wünsche ihm alles Gute. Auf Havelock verabschiede ich mich auch von den lieben Menschen, die ich auf Neil Island kennengelernt habe, und ziehe alleine weiter. Ich nehme mir eine nette öko-freundliche Bambushütte inmitten von Kokosnusspalmen. Wie es das Schicksal so will, kommen nach und nach die Leute von Neil Island und wir werden somit durch Zufall, ohne es ausgemacht zu haben, im selben Resort wieder zu Nachbarn. Somit steht meinem schönen Weihnachten auf dieser Insel nichts mehr im Wege.

Wieder vereint gönnen wir uns allesamt ein gemütliches Weihnachtsessen. Es ist ein angenehmer und entspannter Abend. Ich rufe meine Eltern an, um ihnen frohe Weihnachten zu wünschen. Ein paar Tränchen laufen mir bei dem Gespräch mit meiner Mama über die Wangen. Nicht unbedingt deswegen, weil Weihnachten ist – dieses Fest ist mir nicht so wichtig – sondern weil ich meine Eltern vermisse. Meine Freundin Julia hat einen E-Mail-Adventskalender für mich anlegt. Jeden Tag bis zum 24. Dezember habe ich eine Mail mit einem süßen Bild und einem Spruch bekommen. Das lässt mich natürlich noch mehr an Familie und Freunde zu Hause denken. Schöner hätte mein Weihnachten aber hier auf der Insel nicht sein können. Ich besuche um Mitternacht noch die katholische Messe, die in Hindi abgehalten wird, die am weitesten verbreitete Sprache in Indien.

Silvester am Strand wird auch ein einmaliges Erlebnis mit den vielen lieben Menschen, die ich auf Neil Island kennenlernte. Wir gehen abends am 31. Dezember gemeinsam essen und im Anschluss findet eine Party am Strand statt, gleich bei unserem Resort. Die Party wird von Gästen selbst organisiert. Auf den Andamanen ist Alkohol verboten und wird auch deshalb nicht ausgeschenkt. Bars gibt es daher kaum. Auf Neil Island gab es nur eine Bar und hier auf Havelock gibt es auch nur eine einzige. Alkohol ist daher rar und wenn man sich vom Liquor Store Alkohol kauft und dann in einem Restaurant oder auf offener Straße trinken möchte, wird man darauf hingewiesen, dies zu unterlassen. Wenn eine Party stattfindet, heißt es daher: Alkohol selbst mitbringen. Die Musik wird normalerweise ab 22 Uhr leiser gedreht und ab 23 Uhr ganz ausgeschaltet. Zu Neujahr wird eine Ausnahme gemacht, aber auch nicht bei jeder Party.

Unsere Privatparty läuft bis nach Mitternacht. Wir sitzen am Strand zusammen, trinken, tanzen und unterhalten uns. Es herrscht eine tolle Stimmung, der warme Wind ist herrlich, der Mond leuchtet durch die dichte Wolkendecke und die Musik geht ins Blut und bringt mich dazu, mich automatisch zum Rhythmus zu bewegen. Ich schaue nach Mitternacht in den Himmel und bin dankbar dafür, was für ein tolles letztes Jahr ich verbringen durfte. Komischerweise habe ich gar nicht das Gefühl, dass kein besseres Jahr mehr kommen wird. Es ist eine wahnsinnig tolle Zeit, ich habe schon so viel erlebt, so viel gelernt und bis jetzt von dieser Reise mitgenommen. Trotz allem habe ich das Gefühl, dass mit dem Start meiner Reise mein restliches Leben erst richtig beginnen wird. Ich habe in mir die Abenteuerlust entdeckt und möchte weiterhin so viel wie möglich herumkommen, Dinge sehen und Neues ausprobieren. Ich bin beruflich offen und flexibel und will mich nicht auf eine Sache versteifen. Für mich ist klar, dass ich nicht nur mein Privatleben bunt gestalten kann, sondern auch mein Berufsleben. Wieso einen Job machen, wenn man mehrere verschiedene Dinge tun kann, die einem Spaß machen?

Eine spontane Dschungeltour

Ein paar Tage nach Silvester unternehmen wir als vereinte Gruppe eine kleine Motorbike-Tour auf der Insel. Wir fahren in einer Kolonne hintereinander los und bleiben stehen, wo es uns gefällt. Irgendwann hört plötzlich unangekündigt die Straße auf und wir stehen mitten in einem kleinen einheimischen Dorf. Eine Schar von Kindern stürzt sich auf uns als wir von unseren Motorbikes absteigen. Die etwas älteren von ihnen sind mit schmutzigen T-Shirts und kurzen Shorts bekleidet und gehen barfuß, die ganz kleinen sind nackt. Voller Freude begrüßen sie uns, packen uns bei der Hand und wir folgen ihnen. Sie lotsen uns ein Stückchen in den Dschungel hinein und erklären uns voller Begeisterung die Namen der Bäume und Pflanzen und wozu sie dies oder jenes verwenden. Die Palmen im Dschungel stehen stellenweisen in Reih und Glied, so als ob man sie mit präziser Genauigkeit im gleichen Abstand zueinander gepflanzt hätte. Die Kinder verlieren bald wieder die Lust an dem Spaziergang und wir kehren um. Zurück im Dorf bei ihren Hütten werden wir von ihren Müttern hineingebeten und eine der Frauen fragt uns: „Wollt ihr eine Tasse Tee?“ Wir nehmen dankend an. Wir setzen uns am Boden der Hütte und unterhalten uns mit den Frauen, als auch der Familienvater kommt und sich zu uns gesellt. Er fragt uns: „Habt ihr Lust auf eine Dschungeltour mit mir? Ich gehe mit euch tief in den Wald hinein, wo zuvor noch kaum Touristen waren.“ Begeistert von der Idee nehmen wir sein Angebot sofort einstimmig an. Nach der Teepause machen wir uns also auf den Weg in den Dschungel.

Unser Guide Raj geht voran und hat eine gekrümmte Machete bei sich, um uns den Weg durch das Dickicht des Dschungels frei zu machen. Wir stampfen gleich zu Beginn über Steine, unebenen

Waldboden und über heruntergefallene Äste. Ein Weg ist kaum zu erkennen. Raj verlässt sich auf seine Orientierung und führt uns quer durch den Dschungel. Wir sind die Einzigen weit und breit und niemand kommt uns entgegen. Der Dschungel ist sehr dicht bewachsen und es kommt nur wenig Licht durch die Baumkronen hindurch. Nach längerem Gehen kommen wir an eine Lichtung, an der wir eine Rast einlegen. Wir setzen uns auf den Boden, trinken etwas und unterhalten uns mit Raj. Nach kurzem Ausruhen führen wir unsere Wanderung fort. Wir kommen an sehr schlammigem Untergrund vorbei, der von Rinnsalen und einer Wasserstraße durchzogen ist. Die Konsistenz ist weich und matschig und wir bleiben immer wieder mit unseren Schuhen im Schlamm hängen. Langsam kämpfen wir uns vorwärts. Nachdem wir diesen Teil des Weges überwunden haben, geht der schmale Pfad durch den Dschungel weiter. Immer wieder macht Raj uns den Weg mit seiner Machete frei. Die Hitze ist erdrückend und durch den Schutz der Bäume rund um uns steht die Luft und es ist schwül. Mein T-Shirt ist bereits am Rücken durchnässt und immer wieder spüre ich wie sich ein Schweißtropfen den Weg von meinem Haaransatz über meine Stirn bahnt. Nach einer guten halben Stunde kommen wir zu einem Naturwasserbecken. Es erstreckt sich vor meinem Auge ein idyllisches und zugleich mystisches Bild. An einer Stelle der Wassergrube sind die Bäume etwas spärlicher und so schafft sich die Sonne einen Weg durch die Baumkronen hindurch. Die Sonne scheint mit ihrer vollen Kraft direkt auf die Wasseroberfläche und es entsteht ein heller schmaler Lichtstreifen. Rund um uns ist alles grün und die großen Bäume strahlen eine unglaubliche Kraft aus. Es riecht nach modrigem Waldboden und nach leicht abgestandenem Wasser. Einige von uns beschließen sich eine Abkühlung zu gönnen, ziehen ihre Schuhe aus und springen mitsamt der Kleidung ins Wasser. In ihren Gesichtern zeichnet sich eine Erlösung von der drückenden Hitze ab. Nach einer kurzen Schwimm- und Essensrast setzen wir unseren Weg fort. Wir kommen an Bäumen vorbei, deren Stämme vier Meter dick sind und manche davon haben ein Loch im unteren Teil des Stammes, was wie eine Höhle aussieht. Ich genieße die Wanderung und die unberührte Natur, durch die wir uns Stück für Stück hindurch kämpfen. Es ist aufregend und macht viel Spaß, abseits aller Touristenpfade unterwegs zu sein.

Nach einiger Zeit kommen wir zu einem kleinen Fluss und ich ziehe mir meine Schuhe aus und wate barfuß durchs Wasser, da mir das wesentlich einfacher erscheint. Ich gehe vorsichtig Schritt für Schritt um sicher zu gehen, auf keine Schlange oder sonstiges Getier draufzusteigen. Die Steine im Wasser sind teilweise rutschig und es ist Vorsicht geboten. Wir kommen zu einer weiteren Wasserstelle, die um einiges tiefer ist als die erste. Diesmal gehen wir alle schwimmen und es ist ein einmaliges Erlebnis, mitten im Dschungel zu schwimmen, während die hellen und warmen Sonnenstrahlen versuchen, ihren Weg durch die dichten Baumkronen zu finden. Einfach ein herrlicher und toller Tag! Langsam machen wir uns auf den Rückweg, der um einiges kürzer ausfällt und die meiste Zeit bergab geht. Nach unserer Tour sind wir alle sichtlich glücklich und zufrieden, aber auch müde und geschafft. Wir bedanken uns überschwänglich bei Raj und fahren mit unseren Motorbikes zurück zu unserer Unterkunft.

Mein erster Eintrag im neuen Jahr

Es geht weiter nach Long Island, für mich die vierte und somit letzte Insel meines Andamanen-Aufenthalts. Ich brauche von Havelock nach Long Island zwei Stunden mit dem Boot. Wir sind jetzt noch – mich eingeschlossen – vier von unserer zehnköpfigen Gruppe, die gemeinsam nach Long Island weiterreisen. Wir legen im Meer mit dem Schiff auf dem Weg zu Long Island unerwartet einen Zwischenstopp ein. Einige Meter entfernt ist eine Insel sichtbar – eine von den vielen Inseln der Inselgruppe Andamanen und Nikobaren. Die Insel schaut winzig und unberührt aus. Auf diesen Inseln sind keine Touristen erlaubt und auch für Forscher ist es schwierig, Zutritt zu bekommen. Die Einheimischen steigen vom Schiff in ein kleines Boot, um an Land dieser Insel zu kommen. Die Menschen erinnern mich ein bisschen an die Einheimischen in Papua: sie sind sehr dunkel, haben runde Köpfe und große Augen.

Es ist nicht erlaubt zu fotografieren, weil man die Einheimischen, die sonst niemand zu Gesicht bekommt, schützen möchte.

Als wir auf Long Island ankommen, mache ich in Indien zum ersten Mal die Erfahrung, bei der Ankunft von keinem Rikscha-Fahrer angequatscht zu werden, da hier keine Fortbewegungsmittel erlaubt sind. Wir müssen uns somit zu Fuß zu der einzigen Unterkunft der ganzen Insel aufmachen. Es steht uns ein nicht ganz so einfacher Fußmarsch bevor, der über teilweise unterbrochene Wege steil bergauf führt. 20 Minuten später sind wir am Ziel angelangt. Im Nirgendwo. Wir stehen vor einem einfach gehaltenen aber anschaulichen Gästehaus und entscheiden uns dazu, uns etwas zu gönnen. Wir nehmen das etwas teurere Cottage, zehn Gehminuten entfernt von der eigentlichen Unterkunft und dem dazugehörigen Restaurant. Hier sind wir nun wirklich alleine. Viele Ziegen, glücklich ausschauende Kühe und spielende Kinder – das sind die einzigen Lebewesen weit und breit und somit die Hauptattraktionen dieser Insel. Das Meer auf Long Island ist sehr ruhig und ich fühle mich, als ob ich in einem See in Österreich schwimmen würde. Es ist ein tolles Landschaftsbild, weil man rundherum einige kleine Inseln sehen kann. Ich genieße die Zeit mit Relaxen und Nichtstun, da es hier auch sonst nichts zu tun gibt. So stärke ich mich für meine Weiterreise auf die Philippinen.

Ein persönliches Anliegen

Ich habe lange überlegt, ob ich die Andamanen überhaupt in meinem Buch namentlich erwähnen soll oder nicht. Ich finde es wichtig, die Inseln, die noch nicht vom Tourismus überlaufen sind, zu schützen und den Tourismus dort nicht zu fördern. Ich war diesbezüglich in einem großen Konflikt mit mir selbst und habe mich schlussendlich dafür entschieden, sie namentlich zu nennen, weil für mich Ehrlichkeit wichtig ist und ich in diesem Buch nichts verheimlichen möchte.

Im Leuchtturm auf Little Andaman führten viele Stiegen nach oben

Der Ausblick vom Leuchtturm auf Little Andaman

Bei der Inselerkundungstour auf Neil Island

Auf Neil Island beobachtete ich einen Einheimischen beim Strohtrocknen

Beim Fischeinkauf für unser Abendessen

Silvia und ich bereiteten den Fisch für unser Abendessen vor

Bei der Motorbike-Tour auf Neil Island

Die Kinder erklärten uns voller Begeisterung jeden Baum und Pflanze

Ein ruhiger Strandabschnitt auf Havellock

Bei meiner Inselerkundungstour auf Long Island begegnete ich Schulkindern am Nachhauseweg.

Philippinen

Mein erster Jetlag und meine erste Vulkanbesteigung

Zurück in Chennai am Festland Indiens habe ich ganze elf Stunden Zeit bis zu meinem nächsten Flug. Die Zeit vertreibe ich mir, indem ich in die Stadt fahre und vier Stunden im Internet surfe, nachdem ich die letzten vier Wochen so gut wie keinen Kontakt zur Außenwelt hatte. Um zwölf Uhr Mitternacht geht mein Weiterflug nach Singapur. Auch dieser gestaltet sich als anstrengend und ich habe am Flughafen in Singapur eine Wartezeit von 18 Stunden. Teilweise schlafend am Boden in einer Ecke oder auf unbequemen Sesseln, im Internet surfend, lesend, schreibend oder bei McDonalds auf ein Getränk schlage ich die Zeit tot. Irgendwann komme ich ausgelaugt und übermüdet in Manila, der Hauptstadt der Philippinen, an. Die nächsten zwei bis drei Tage bin ich zu nichts zu gebrauchen.
Ich breche nach dem zweiten Tag in den Norden nach Banaue auf, um mir Reisterrassen anzuschauen. Als ich in dem kleinen Ort ankomme, fühle ich mich wie zu Hause in Österreich: ein kleines heimisches Dörfchen und rundherum viel Grün und bergiges Gelände. Das Dorf hat sich zumeist im Tal angesiedelt und nur vereinzelt stehen Häuser am Hang des Berges. Der Himmel ist wolkenverhangen und eine leichte Nebelschicht liegt über der Landschaft. Die Temperaturen bewegen sich um die zwölf bis 20 Grad. Einen Tag nach meiner Ankunft in Banaue mache ich dann schließlich den Tagesausflug nach Batad zu den berühmtesten Reisterrassen der Welt. Die anderen, die die Tour machen, und ich kommen nach einer einstündigen Fahrt am Zielort an und starten auch gleich unsere Wanderung. Wir sind eine Gruppe von zehn Leuten und uns wird ein Guide zur Seite gestellt. Auch heute ist der Himmel wolkengehangen und es regnet. Alles ist sehr rutschig und wir müssen bei unserer Wanderung achtsam sein. Wir brauchen einige Zeit bis wir zu den Reisterrassen gelangen. Wir gehen in einer Kolonne hintereinander, da die Wege sehr schmal sind und

uns immer wieder andere Touristengruppen entgegenkommen. Irgendwann gelangen wir zu den berühmt berüchtigten Terrassen und bevor es richtig losgeht, legen wir eine kurze Kaffeepause ein. Anschließend machen wir uns auf zu einem höher gelegenen Aussichtspunkt. Es ist eine abenteuerliche und sehr regnerische Wanderung. Die Reisterrassen sind bis oben hin gefüllt mit Regenwasser und der Nebel liegt tief. Es regnet unaufhörlich und wir sind alle mit einem Regenschutz und einem Gehstock ausgerüstet. Die Reisterrassen sind nur von fußbreiten Steinmauern umrandet und das Wasser schließt auf derselben Ebene mit ihnen ab. Wir müssen aufpassen, dass wir nicht hinfallen. Sowohl nach links als auch nach rechts würde es sonst direkt in eine wasserbefüllte Reisterrasse gehen, obwohl es auf der rechten Seite noch einige Meter nach unten geht. Wir gehen einzeln über die sehr schmalen und nassen Pfade. Der Guide hilft uns dabei und wir suchen vor jedem Schritt Halt mit dem hölzernen Gehstock. Es ist eine Kletterpartie und erfordert vollste Konzentration. Da diese Wanderung nicht ganz ungefährlich ist, gibt es die sogenannte „human ambulance". Das sind freiwillige Helfer, die bei einem Unfall auf den Reisterrassen zur Hilfe kommen. Sie kommen mit einer Trage aus zwei Bambusstäben, über die in der Mitte ein Tuch gespannt wird, um etwaige Verletzte zu bergen. Wenn ich einen Blick von oben auf die vernebelte Landschaft erhaschen möchte, muss ich stehenbleiben, da es sonst zu gefährlich wäre. Ich sehe eine wassergefüllte Reisterrasse neben der anderen und weiter unten erkenne ich zwischen den Feldern einige Häuser, die sich scheinbar dort angesiedelt haben. Bei manchen Feldern sieht man, wie sich ganz spärlich dünne, grasgrüne Halme durch das Wasser hinaufgekämpft haben. Komplett durchnässt legen wir eine kurze Rast ein und bekommen einen Reiswein zu trinken, bevor es zurückgeht.

Am nächsten Tag geht es weiter rauf in den Norden nach Sagada, ein idyllisches Städtchen inmitten von Bergen. Wieder fühle ich mich heimisch hier, weil es sehr unserer schönen Landschaft in Österreich gleicht. Es regnet durchgehend und das nehme ich gleich als Ausrede, mich nicht viel zu bewegen und einen Nachmittag in meinem Zimmer zu verbringen und zu lesen. Ich nütze die nächsten Tage aber dann wieder, um die Gegend zu erkunden. Mit einer netten Gruppe von zwei Kanadiern, einem Pärchen aus Amerika, einem Schweizer und einer Holländerin mache ich eine Höhlenwanderung, wir gehen zu einem Wasserfall und schauen uns die berühmten hängenden Särge an, die nach alter Tradition sichtbar außen an den Felsen befestigt werden. In den hängenden Särgen werden heute noch die Einheimischen, die mindestens in der dritten Generation in Sagada leben und sterben, in so einen hängenden Sarg an einer Felswand bestattet.

Ein kleiner Wunsch auf meiner Reise war es, einen Vulkan zu besteigen. So kommt es, dass ich mich auf den Philippinen dazu entscheide. Ich beschließe, nicht wie die Touristen die Vulkanbesteigung mit einem Tourpackage von Manila aus zu starten, sondern wähle die billigere Variante und fahre direkt in das kleine Örtchen beim Vulkan namens Mount Pinatubo. Die Reise kostet mich einen ganzen Tag, drei Busumstiege und einiges an Nerven. Der Bus hält 20 Kilometer entfernt von dem Ort, zu dem ich eigentlich möchte und es ist bereits dunkel. Ich habe nichts vorgebucht und hoffe nun inständig, dass in dem Ort Santa Juliana, in den ich möchte, noch ein Zimmer frei ist. Egal – Abenteuer, ich komme! Ich steige irgendwo auf einer Durchzugsstraße aus und unterhalte mich mit drei Tricycle-Fahrern: „Ich möchte nach Santa Juliana. Wisst ihr, ob es dort ein Hotel gibt? Und wie weit ist der Ort entfernt?“
Bin ich nervös? Klar. Ich weiß, der Ort liegt weiter weg und es ist bereits dunkel. Kann ich denn irgendeinem Fremden trauen, der jederzeit unterwegs anhalten könnte? Und sollte es kein Hotel in dem Ort geben oder die gar kein Zimmer frei haben, was dann? Mein Dickkopf rät mir: „Nicht nachdenken, einfach mal auf mich zukommen lassen, so wie immer, nur diesmal mit etwas mehr Kribbeln als sonst!“ Während der Tricycle-Fahrt durchs Nirgendwo habe ich zwar ein kribbeliges Gefühl im Bauch, aber gleichzeitig ein großes Grinsen im Gesicht, denn so was gehört einfach dazu und macht das Reisen spannender. Ich fahre mit dem Tricycle mit zwei jungen Burschen, die nicht älter sind als 17 Jahre. 400 philippinische Peso (PHP) (=7€), 20 Kilometer und eineinhalb Stunden

später, erreiche ich den Ort Santa Juliana und bekomme gleich beim zweiten Hotel ein freies Zimmer. Ich lege mich sehr spät ins Bett und hoffe darauf, dass morgen eine Vulkantour stattfindet. Ich stelle meinen Wecker auf halb fünf Uhr in der Hoffnung, mich noch bei einer Tour am nächsten Tag anschließen zu können.
Ich bin schon seit Ewigkeiten nicht mehr so früh aufgestanden, aber es zahlt sich aus und ich kann bei einer Gruppe bei der Vulkantour mitgehen. Wir starten mit dem Jeep und vor uns liegt eine eineinhalbstündige Fahrt. Die Fahrt beginnt zuerst noch harmlos. Kurz nachdem wir losgefahren sind, halten wir auch schon wieder, weil uns eine zehnköpfige Kinderschar aufhält. Sie wohnen in unstabilen Hütten, die nur aus Palmenblättern bestehen. Sie bieten uns Wasser und Kekse an und jeder von uns kauft eine Kleinigkeit. Bald darauf setzen wir unsere Fahrt fort. Unser Weg führt uns über einen weitläufigen Sandweg und immer wieder muss der Fahrer großen Felsbrocken ausweichen. Eine Straße existiert hier nicht und der Fahrer verlässt sich einzig und alleine auf seine Orientierung. Der Untergrund wird immer holpriger und die großen Steine bringen unser Gefährt oft in eine Schräglage. Wir queren einen Fluss und in der Mitte scheint es, als ob das Wasser bis zu uns ins Auto rinnt. Wir halten uns alle rechts und links über unseren Köpfen an den Halterungen fest und ich hoffe darauf, dass ich bei dem vielen Gerumpel mit meinem Kopf nicht irgendwo dagegen knalle. Ich verkrampfe meinen ganzen Körper um so viel Spannung wie möglich zu erzeugen. Die Luft ist noch frisch aber die Sonne lässt sich bereits in der Morgendämmerung blicken. Die Fahrt ist alles andere als gemütlich und an Schlaf nachholen ist nicht zu denken. Nach der turbulenten Autofahrt durch Flüsse, kleinen Bäche und über Stock und Stein sind wir endlich angelangt und uns steht ein sieben Kilometer langer Fußmarsch zum Krater des Mount Pinatubos bevor. Der letzte Ausbruch dieses Vulkans fand 1991 statt und er ist der einzige Vulkan, bei dem man im Krater schwimmen gehen kann.
Wir gehen einen steinigen Weg neben einem kleinen Bach entlang. Die Sonne hat bereits mehr Kraft bekommen und wärmt mich. Rechts und links gehen grün bewachsene Hänge hinauf und wir marschieren dazwischen hindurch. Wir überqueren einen Fluss

und unser Guide hilft uns über eine Steinstraße zu stolzieren, damit unsere Schuhe nicht nass werden. Einer nach dem anderen passiert den Fluss. Wir haben den steinigen Weg nun hinter uns gelassen und vor mir erstreckt sich ein grünes Tal, das fast etwas Unechtes an sich hat. Bald darauf erreichen wir nach einem leichten Spaziergang unser Ziel und vor mir erstreckt sich der Kratersee. Das türkisblaue Wasser ist umgeben von einer hohen Gebirgskette. Teils sieht man die Farbe der Felsen und teils sind sie grün bewachsen. Es ist Mittag, die Sonne steht am höchsten Punkt und wird an der Wasseroberfläche reflektiert. Wir setzen uns gemütlich zusammen, essen eine Kleinigkeit und genießen die Sonne und den Anblick, bis wir uns wieder auf den Rückweg machen.
Am nächsten Tag geht es für mich zurück in die Hauptstadt Manila, um auf meinen Weiterflug nach Palawan, eine philippinische Insel im Westen, zu warten.

Palawan – von Puerto Princesa nach Port Barton

Ich lande schließlich in Puerto Princesa auf der Insel Palawan, einer der 7.107 Inseln der Philippinen. Dort verbringe ich eine Nacht bei einem Couchsurfer, der zu dieser Zeit auch noch sechs andere Couchsurfer bei sich aufgenommen hat. Es herrscht eine sehr nette und offenherzige Stimmung und ich fühle mich gleich wohl. Zwei Pärchen aus Frankreich, eine Amerikanerin und ein Belgier sind die anderen Couchsurfer. Maliksi, der Gastgeber, hat viel Platz und jeder bekommt sein eigenes Bett oder sogar ein eigenes Zimmer. Sein Heim liegt im Grünen unter vielen großen Bäumen. Zum einen hat er sein kleines Haus, in dem er selbst wohnt, und zum anderen hat er zwei Häuser aus Bambus gebaut, extra für seine Gäste. Es stehen zwei Einzelzimmer, zwei Doppelzimmer mit Stockbetten und ein Viererzimmer, ebenfalls mit Stockbetten, zur Verfügung. Auch die Betten sind aus Bambus hergestellt. Es ist alles selbst gebaut und sehr nett hergerichtet.
Am nächsten Tag mache ich mich nach Port Barton auf, das weiter nördlich an der Westküste liegt. Hier merke ich wieder Mal wie entspannt dieses Land im Gegensatz zu Indien ist. Obwohl ich

einen ganzen Tag einige Male umsteige und Transportmittel wechsle und es eigentlich kräfteraubend sein sollte, ist es hier auf den Philippinen im Gegensatz zu Indien die reinste Entspannung für mich. Indien hat mich ausgelaugt und das wird mir erst im Nachhinein so richtig bewusst. Maliksi bringt mich zum Busterminal, wo ein großer Jeepney mit fehlendem Reifen vorne links wartet. Der Jeepney ist gewissermaßen das Wahrzeichen der Philippinen. Es sind Kleinbusse, welche die US-Amerikaner zurückgelassen haben und nun als beliebte Transportmittel dienen. Als das Gepäck von allen Passagieren auf dem Dach angeschnallt ist und die meisten schon drinnen sitzen, kommt jemand mit dem Reifen. Der Reifen wird auf einem kleinen Beistellwagen, der an einem Motorrad montiert ist, transportiert. Obwohl das Auto voll beladen ist, machen sich zwei Männer an die Montage. Das geht schnell und der Reifen ist bald dran. Der Motor lässt sich nun aber nicht starten, was anscheinend ein bereits bekanntes Problem ist. Ein paar Männer begeben sich mit einer Selbstverständlichkeit hinten zum Fahrzeug und schieben gleichzeitig an, bis es ins Rollen kommt und der Motor startet. Na das kann ja eine lustige Fahrt werden!
Ich bin müde und habe mich eigentlich auf eine Busfahrt gefreut, bei der ich nach zwei Minuten einschlafen kann. Mit diesem Fortbewegungsmittel ist das jedoch nicht möglich, da die Sitze hart sind und keine einzige Unebenheit abgedämpft wird. Nach einer Stunde Fahrt halten wir mit einer Notbremsung mitten auf einer Landstraße an. Neugierig darauf, wieso wir halten, beobachte ich den Fahrer. Er steigt aus und nimmt von einer anderen Person, die am Straßenrand bereits gewartet hat, Bambusstämme entgegen und hievt sie aufs Dach zu den Gepäcksstücken und schnürt diese fest. Wir setzen unsere Fahrt fort. Der Grund, wieso wir nicht mit einem normalen Bus fahren, sondern uns mit einem Jeepney fortbewegen, ist eine Straße, wie sie jetzt kommt. Es ist eher ein Erdweg mit Steinen und Schlammgruben. Bei jeder Grube und jedem Stein, über den wir fahren, hüpfe ich im Sitz auf und ab. Ich sehe wie überall Staub aufgewirbelt wird. Ich binde mir ein Tuch über den Kopf und versuche, mein Gesicht so bedeckt wie möglich zu halten. Zwischendurch stoppen wir und der Fahrer steigt aus und

klopft mit einem Holzstab einmal gegen jeden Reifen. Vielleicht kontrolliert er, ob sich da mittlerweile etwas gelockert hat. Wir fahren weiter. Bevor wir ankommen wird nochmal ein Stopp eingelegt, um Wasser in Kanistern auf das Dach zu packen. Nach fünfeinhalb Stunden anstrengender Fahrt landen wir in Port Barton. Sofort kommt mir ein junger philippinischer Mann entgegen, nimmt mir mein Gepäck ab und trägt es mir eine halbe Stunde hinterher, um mit mir für mich die beste Unterkunft zu suchen. Seine Forderung danach: Nichts! Er ist einfach nur nett und hat gerade nichts zu tun. Meinen dreitägigen Aufenthalt auf Port Barton nutze ich für eine Wanderung zu einem Wasserfall, einen Schnorcheltrip und einer Inselhopping-Tour.
Nach drei Tagen in Port Barton ziehe ich gemeinsam mit einer Kanadierin weiter zu meinem letzten Ziel, bevor mein Aufenthalt auf den Philippinen leider schon wieder vorbei sein wird: El Nido, dem nördlichsten Punkt von Palawan. Die Kanadierin ist eine sehr angenehme Reisepartnerin und wir führen viele intensive Gespräche.
Sie erzählt mir, dass sie vor zwei Jahren eine einjährige Reise gemacht hat. Wir unterhalten uns länger darüber und ich frage sie, ob sie am Ende ihrer Reise ebenfalls Heimweh hatte. Sie bestätigte dies und meint, dass dies ganz normal ist. Auch als ich bei Maliksi in Puerto Princesa übernachtet hatte, unterhielt ich mich mit dem Belgier und er erzählte mir, dass er gerade den achten Monat seiner Reise bestreitet und er seit Kurzem Heimweh verspürt.
Am Anfang meiner Reise hatte ich nie jemanden getroffen, der schon so lange unterwegs war, sondern immer nur Menschen, die entweder erst am Anfang einer langen Reise standen oder nur kurz unterwegs waren. Umso besser tut es nun von anderen Leuten zu hören, dass es ihnen gleich ergeht wie mir. Die Kanadierin und ich sprechen auch über Indien und sie berichtet mir: „Ich war für sieben Wochen in Indien unterwegs. Wie hast du Indien denn so erlebt?" Wir tauschen unsere Indienerfahrungen und Sichtweisen aus und stimmen in den Punkten überein, dass es sehr kräfteraubend war und man nach einiger Zeit eine sehr forsche und unfreundliche Art an den Tag legt, da man sonst in diesem Land nicht überleben kann.

El Nido – das Thailand auf den Philippinen

In El Nido passiert es mir zum ersten Mal, dass ich bei der Unterkunft gezwungenermaßen etwas tiefer in die Tasche greifen muss. Aber da es mein letzter Strandurlaub in Asien sein wird, ist das in Ordnung. Ich zahle 500 PHP (= 9,25€) pro Nacht. Dies ist die „teuerste“ Unterkunft auf meinem ganzen Trip. Am zweiten Tag auf El Nido geht es auf eine Inselhopping-Tour zu den Bacuit Archipelago, einem Wasserwunderland bestehend aus Höhlen, Klippen und versteckten Traumstränden. Zusammen mit der Kanadierin und anderen Touristen fahre ich mit dem berühmten philippinischen Banca-Boat, das sich durch seine großen Ausleger aus Bambusrohren auszeichnet, um für Stabilität zu sorgen. Der Wellengang ist teilweise etwas höher als gewohnt, aber das macht das Ganze nur noch aufregender. Wir schippern einige Zeit quer durch das offene Meer und müssen uns wegen der unruhigen See gut festhalten. Die Sonne brennt herunter, aber durch den Fahrtwind wird ihre Hitze gemindert. Irgendwann sehen wir von Weitem die ersten großen Felsformationen aus dem Wasser ragen, teilweise kahl und teilweise spärlich bewachsen. Langsam aber doch kommen wir immer näher. Mir ist schon ein klein wenig übel von den starken Schwankungen des Bootes und ich sehne mich nach festem Untergrund. Kurze Zeit später halten wir vor einem riesigen Felsen, durch den man durch ein Loch hindurch schwimmen kann. Begeistert springen wir allesamt ins Wasser und schwimmen auf die Felswand hinzu. Meine Übelkeit ist dank der Aufregung verflogen und ich konzentriere mich darauf, geradewegs auf die Felsöffnung zuzuschwimmen. Der Wellengang ist stark und wir müssen aufpassen, dass wir nicht an den Felsen anschlagen. Ich schwimme durch den höhlenartigen Eingang hindurch und befinde mich Sekunden später in einem niedrigen Wasserbecken und einer kleinen Sandbank. Rund um mich ragen spitze Felsen weit nach oben. Ich stehe auf und wate zur Sandbank. Ich setze mich einige Minuten hin, raste mich aus und erhole mich kurz von der turbulenten Bootsfahrt. Das Wasser ist gerade mal knöchelhoch und die Sandbank vielleicht zwei Meter breit. Ich genieße noch einige Zeit den Anblick und schwimme dann zurück zu unserem Boot.

Die See hat sich beruhigt und wir tuckern gemütlich zu unserer nächsten Anlegestelle. Das Wasser spiegelt alle Blautöne wider und reicht von Hellblau über Türkis bis hin zu Smaragdblau. Rund um uns erheben sich viele grün bewachsene Berge, die direkt aus dem Meer ragen. Der Himmel ist bewölkt, aber die Luft ist warm und es weht ein leichter Wind. Wir legen an einem Strand an, dessen Sand fast schneeweiß und weich ist. Wir haben Zeit uns etwas auszuruhen und ich nütze diese dazu, schwimmen zu gehen und die Bucht zu erkunden. Nach einiger Zeit legen wir wieder ab und fahren zu einem anderen Strand, an dem uns ein Barbecue erwartet. Es gibt Salat, frisch geschnittenes Gemüse, gegrillten ganzen Fisch, Calamari, Reis, eine Sauce dazu und zum Nachtisch Wassermelone und Bananen. Mit knurrendem Magen und großem Appetit verschlinge ich das Barbecue am Strand. Vollgegessen und müde lege ich mich an den Strand und lese ein Buch. Nach der Rast erkunde ich mit einigen anderen die Insel. Wir gehen einen schmalen Weg entlang und klettern zwischen Felsen hindurch bis wir zu einem Aussichtspunkt gelangen, bei dem man einen guten Blick über die Berge und das Wasser hat. Wir werden wieder zum Boot zurückgerufen und der Weg führt uns übers Wasser zur letzten versteckten Bucht für heute. Wir fahren durch eine schmale Wasserstraße zwischen riesigen Felsen hindurch. Das Wasser ist seicht und somit muss einer der Bootsmänner unser Boot mit einem langen, stabilen Holzstab fortbewegen. Wir schlängeln uns zwischen den Felsgebilden hindurch und umfahren einen kleinen Felsen, der mitten im Wasser steht. Plötzlich entdecke ich die versteckte Bucht. Es ist kein Mensch weit und breit zu sehen und auch kein anderes Boot. Wir sind ganz alleine hier. Das Wasser spiegelt Grüntöne wieder und wir werden mit dem Boot direkt an den Strand gebracht. Auch hier gibt es nichts zu tun außer zu relaxen.

Eine skurrile Berührung

Was an diesem Tag passiert, könnte eine Antwort auf die Frage sein, warum ich diese Reise mache.
Ich komme zum zweiten Mal für eine Nacht bei dem Couchsurfer Jonas in Puerto Princesa unter, da schon morgen mein Flug geht. Alles läuft normal ab, bis wir Abendessen gehen wollen und wir das erste Mal alleine sind. Nein, das wird jetzt keine Liebesgeschichte!
Jonas steht vor mir und sagt zu mir: „Ich fühle mich in deiner Gegenwart so wohl und gut und du hast eine wahnsinnig positive und starke Energie." Dann umarmt er mich. Es hat absolut nichts Sexuelles an sich. Er umarmt mich und fängt an, mich fester und fester zu drücken, mich überall zu berühren und ich spüre, wie meine ganze Energie in ihn überfließt und er mich förmlich aussaugt und ich immer schwächer und schwächer werde. Am stärksten ist es, als er meine Hände berührt. Diese Energie, die da zwischen uns fließt, ist nicht mehr von dieser Welt. Ich kann sehen, wie er immer stärker wird und sich förmlich wie ein Tier unter unserer intensiven Umarmung aufbäumt. Ich glaube nicht an übersinnliche Kräfte, aber das hier ist definitiv etwas von höherer Macht. Die Umarmungen werden immer heftiger und intensiver. Zwischenzeitlich sinke ich in die Knie, weil mich meine Energie und Kraft verlässt. Die Umarmungen mit meinem Gastgeber dauern insgesamt wahrscheinlich 15 Minuten. Schlussendlich drücke ich Jonas weg und sinke auf die Bank neben mir, weil mich meine Kräfte verlassen haben. Er setzt sich dazu und streicht mir über den Kopf. Er fängt an meine Wangen zu berühren und über meine Stirn zu streifen. Plötzlich fängt alles um mich an, sich zu drehen. Ich stoppe ihn. Trotz der Schwäche, die ich verspüre, bin ich glücklich, dass ich diese starke Energie, die ich über all die Monate und Jahre in mir spürte, endlich mit jemandem teilen kann. Er ist der erste Mensch, der meine Energie so stark wahrnimmt und weiß, dass ich eine solch große Kraft in mir habe und er sich diese holen kann.
Ich brauche nun frische Luft. Als ich Jonas frage, ob ihm das schon mal zuvor passiert ist, verneint er. Wir beide sind so überwältigt

von dem, was gerade passiert ist, dass wir sprachlos sind.
Ich bin auf der Fahrt mit dem Motorrad zum Restaurant noch immer total hin und weg und kann mich kaum bewegen. Ich sitze wie gelähmt da, mit starrem Blick und meine Gedanken verschwimmen vor mir. Was war das, was da wenige Minuten vorher passiert ist? Auch in den folgenden Tagen schwirrt mir das Ereignis noch in meinem Kopf herum. Ich kann dieses Erlebnis zuerst mit niemandem teilen, weil ich nicht weiß, wie die Leute darauf reagieren würden und ob es nicht zu abgedreht ist. Ich denke, dass das vielleicht die Antwort auf die Frage war, warum ich diese Reise überhaupt angetreten bin. Gibt es da etwas in mir, das ich nicht einzusetzen weiß? Diese Frage bleibt aber offen und mir ist bis zum heutigen Tag nichts Ähnliches mehr widerfahren.

Allgemeines über die Philippinen

Manila ist, wenn man dem glaubt, was überall geschrieben steht, eine Drecksstadt. Nicht so aber für mich. Die Abhärtung dank Indien ist dafür wahrscheinlich verantwortlich, denn nach den indischen Städten ist Manila für mich sauber und organisiert.
Der Straßenverkehr ist rechts. Die Busse sind gut, aber es ist extrem kalt darin. Da es Second-Hand Busse sind – aus Japan oder China importiert –, ist der Motor nicht mehr gut und man muss mittels Klimaanlage das Getriebe abkühlen. Jeder sitzt im Bus, friert, hat eine Haube auf und eine Decke umgewickelt. Da half mir meine Ausrüstung im Daypack gut: ein dickes Paar Socken, meine Fleeceweste, zwei Schals und mein Strandtuch. Nicht nur die Kälte im Bus, sondern auch die laut dröhnende Musik, die aus den Boxen schallt, ist gewöhnungsbedürftig. Die beliebten Fortbewegungsmittel hier sind Tricycles und Jeepneys. Wenn man in so ein Jeepney einsteigt, gibt man das Geld für die Fahrt seinem Sitznachbarn und der reicht es wiederum zum Nächsten nach vorne weiter bis hin zum Fahrer. Das Retourgeld kommt auf demselben Weg zurück. Ich saß mittendrin und wohnte dem regen Geldverkehr bei, einmal in die eine Richtung und einmal in die andere Richtung.

Ganz im Gegensatz zu Indien sind Frauen auf den Philippinen wertvoll. So genoss ich den respektvollen Umgang sehr, den man hier mit dem weiblichen Geschlecht pflegt. Ging ich auf der Straße, wurde ich überall mit „Ma'am" angesprochen. Hier sind die Blicke der Männer irgendwie anders als in Indien. In Indien waren es Blicke, die meistens sagten: „Von welchem Planeten kommt die denn?" Hier sind es Blicke, die sagen: „Oh, eine Weiße, sehr interessant!"

Ansonsten sind die Philippinen wenig touristisch. Wenn man vereinzelt Weiße sieht, sind das meistens Männer mit einheimischen Frauen. Auf den Philippinen reisen hauptsächlich Pärchen. Es sind sehr viele Franzosen unterwegs und auch einige Amerikaner.

Rund 81 Prozent sind Katholiken und diese sind sehr streng gläubig. Das Land ist das größte christlich geprägte Land Südostasiens und es gibt viele moderne Kirchen. Mir wurde von einem Filipino erzählt, dass Geburtstage nicht wichtig sind und nur jeder siebente Geburtstag gefeiert wird. Scheidungen sind illegal und jede Familie hat mindestens fünf Kinder. Unser Guide auf Banaue hat von einer Familie gehört, die 21 Kinder hat. Meist hat die Frau das Sagen in einer Ehe, denn Frauen haben auf den Philippinen sehr viel Autorität. Sagt der Mann ein böses Wort zu seiner Frau oder beschimpft sie, wird ihm etwas angetan. Ist der Mann untreu, wird ihm sein Penis abgehackt. Ist hingegen die Frau untreu, passiert nichts, außer dass sie vielleicht weggeschickt wird. Arm, mittel und reich: Es gibt drei verschiedene Arten hier, eine Ehe einzugehen. Bei den Reichen ist es wie folgt: Das erste Kind wird verheiratet und mit 16 Jahren in eine Art Kamasutra-Raum gesperrt. Den Kindern wird ein Getränk aus Kräutern gegeben, das Lust macht. Dann haben sie keine andere Wahl: egal, wie die Frau oder der Mann aussieht, sie müssen miteinander schlafen. Bei der mittleren Schicht ist es so: Wenn ein Mann eine Frau mag, muss er zur Familie gehen und um die Tochter werben. Wenn die Eltern zustimmen, muss er für Wochen, Monate oder manchmal sogar Jahre im Haushalt mithelfen und kochen, putzen oder Wäsche machen, bis die Tochter zustimmt und sie Sex haben. Wenn dabei ein Baby entsteht, wird geheiratet. Bei den Armen stellt sich der

Mann mit einem Gitarrenspieler vor das Fenster der Frau und singt. Singt er gut, hat er Glück, singt er schlecht, muss er weiterüben, bis die Familie das Fenster öffnet. Wie weit dies heute noch zutrifft ist mir unbekannt, auch dies habe ich mir von einem Einheimischen erzählen lassen.

Das Hauptnahrungsmittel – so wie auch im Rest Asiens – ist Reis. Es gibt in der Früh, mittags und abends Reis und dazu Fisch, Fleisch und Gemüse. Die Früchte, zum Beispiel Ananas und Mango, sind besser als sonst wo in Asien, süß und schön reif.
Die Preise auf den Philippinen sind wie folgt: eine große Wasserflasche kostet etwa 15 PHP (0,24€). Ein billiges Zimmer bekommt man für 200 bis 400 PHP (3,80€ bis 7,60€), einen Fruchtshake für 70 bis 90 PHP (1,30€ bis 1,70€), eine Ananas für 70 bis 85 PHP und eine Mango kostet 40 bis 60 PHP. Die Philippinen zählen zu den teureren Ländern meiner Reise und für das Essen werden die Filipinos wohl nie berühmt werden. Darüber sieht man aber leicht hinweg, wenn man alles rundherum betrachtet. Das Land ist mit seinen zahlreichen Inseln so vielfältig und es gibt viel zu entdecken. Die Menschen sind sehr freundlich und wir europäischen Touristen werden nicht als bloße Geldmaschinen gesehen. Die Kinder hier sind für mich die süßesten, die ich bis jetzt auf meiner Reise gesehen habe. Die Philippinen sind ein Land, in das ich gerne wieder reisen möchte – das kann ich jetzt schon sagen!

Flug zur nördlichsten Spitze des polynesischen Dreiecks

Am 29. Jänner fliege ich zuerst von Puerto Princesa nach Manila und von Manila weiter über Tamuning nach Hawaii. Es ist das erste Mal, dass ich nach Amerika fliege und ich habe schon von der Striktheit der Airlines gehört. In meinem Fall muss ich 550 PHP für die Flughafensteuer bezahlen (13,50 USD). Ich besitze zum Glück noch meinen Notfall-100-Dollar-Schein, da ich nur noch um die 400 PHP habe. Also bezahle ich damit und die Frau am Schalter schaut mich an und entgegnet mir: „Ich habe kein Wechselgeld." Ich rea-

giere nicht auf ihre Aussage und halte ihr den 100-Dollar-Schein weiter hin. Nach kurzem Zögern streckt sie mir dann doch das Retourgeld entgegen.
Beim Check-In-Schalter der United Airlines in Manila verlangsamt es sich zunächst sehr, da jeder einzelne Passagier genau befragt wird und alle Dokumente zur Einreise kontrolliert werden. Ich muss klarerweise mein Ausreiseticket vorzeigen und mein ESTA-Dokument, das ich vorab ausgedruckt, ausgefüllt und mit 14 US-Dollar bezahlt hatte. Dann wird genau notiert, wann ich aus Hawaii wieder ausreise und mir werden einige Fragen gestellt, zum Beispiel was ich dort mache und ob ich jemanden kenne und wo ich unterkommen werde.
Bevor ich zu den Gates darf, muss ich nochmals zu einer Passkontrolle und bekomme dort mein Visum. Ich bekomme wieder genau die gleichen Fragen gestellt wie beim Check-In-Schalter und ein Telefongespräch später kommt ein Officer und ich muss ihn begleiten. Er nimmt meinen Pass und meine Boardingkarte und ich folge ihm. Ich werde in einen extra Raum gesetzt und muss warten. Diesmal bin ich zum Glück nicht die Einzige, denn es warten auch noch einige Asiaten in dem Raum. 15 Minuten später werde ich aufgerufen und in eine Art Verhörraum verwiesen. Dieselbe Fragerei wie schon am Schalter vorhin beginnt von vorne, nur diesmal etwas spezifischer: „Wie viel Geld haben Sie noch?“, „Wie finanzieren Sie sich das alles?“, „Was haben Sie zuvor gearbeitet?“
In mir macht sich ein leicht mulmiges Gefühl breit und die Bilder vom Neuseeländer Flughafen kommen hoch. Ich versuche die Gedanken und Bilder schnell beiseite zu schieben und nach 20 Minuten bin ich draußen und darf weiter zur nächsten Kontrolle. Das Prozedere findet zum wiederholten Male statt, nur dass ich diesmal mein Gepäck abgeben darf. Ich werde weiter zur Abflug-Kontrolle geschickt. Ich muss mein Netbook aus dem Rucksack nehmen, meine Jacke, Weste und die Schuhe ausziehen und nochmals durch die Kontrolle durch. An der Seite muss ich warten bis ich an der Reihe bin und ich werde wieder durchsucht und kontrolliert. Beim Gate angekommen ist es auch schon Zeit fürs Boarding. Diesmal wird jeder einzeln mit seinem Handgepäck kontrolliert. Ich muss zu einer Kontrollperson gehen, meinen Rucksack

öffnen und es wird alles bis ins kleinste Detail per Hand durchsucht. Ich werde weiter zur Körperkontrolle verwiesen. Der letzte Schritt ist die Schuhkontrolle. Ich habe – so wie schon die letzten elf Monate – Flip-Flops an. Ich muss mich hinsetzen, die „Schuhe" ausziehen und sie auf eine Art Podest stellen. Der gute Mann von der Schuhkontrolle streift mit seinen Handschuhen über meine Flip-Flops und da kann ich es einfach nicht mehr halten. Ich lache los und laufe dabei rot an. Flip-Flops, bei denen man offensichtlich sieht, dass man darin nichts verstecken kann werden trotzdem nochmals gründlich abgetastet. Aber das ist zum Glück nun endlich die letzte Kontrolle, bevor man gruppenweise das Flugzeug betreten darf.

Achtung: Suchtgefahr!

Ich rauche keine Zigaretten, trinke keinen Kaffee und kein Bier, komme nur manchmal in den Genuss von Alkohol und habe sonst keine Süchte wie zum Beispiel eine Shopping- oder Internet-Sucht. Nein, meine Sucht ist anders: Mich hat auf meinem Trip die Reisesucht gepackt.

Man reist und sieht fast täglich etwas Neues, sei es ein anderes Land, andere Menschen, Kulturen, Religionen und Sitten oder seien es Kleinigkeiten wie Landschaften, Transportmittel, Speisen, Getränke und Kleidungsstücke. Man macht zwischendurch einen Stopp und bleibt für einige Tage oder vielleicht sogar für ein, zwei oder mehrere Wochen an einem Ort. Es packt einen aber bald wieder der Drang, etwas Neues zu sehen und zu erleben. Man trifft beim Reisen sehr viele unterschiedliche Menschen, die einen auf die verschiedensten Ideen bringen: welches Land schön ist, wo es gute Arbeit gibt, wo das Essen phänomenal ist und so weiter – und das macht mich neugierig. Bei mir waren es viele Länder, an die ich vorher niemals gedacht oder für die ich mich nicht interessiert hätte.

Nehmen wir zum Beispiel Israel her. Ich habe in Thailand einige Zeit mit den zwei Israelis verbracht und hatte eine tolle Zeit. Dadurch habe ich viel über ihr Land und auch über ihre Essensspezialitäten gehört. Aber nicht nur Israel erscheint mir jetzt verführerischer, sondern etwa auch Südkorea. Ich hatte von Einigen auf meinem Trip gehört, dass sie selbst in Südkorea Englisch unterrichten, man dort einfaches Geld machen kann und das Land toll sein soll. Das weckt Neugierde in mir und macht die Reiselust um einiges größer!

Das kleine heimische Dörfchen Banaue erinnerte mich an meine Heimat

Die berühmtesten Reisterrassen der Welt

Trotz Regen machte ich den Tagesausflug nach Batad

Die hängenden Särge von Sagada

Am Weg zum Vulkan durchquerten wir mit dem Auto einen Fluss

Unser Weg führte uns durch eine tolle Landschaft von grün bewachsene Hängen

Angekommen am Kratersee des Mount Pinatubos

Der voll beladene Jeepney, der mich nach Port Barton brachte

Das Boot für die Inselhopping-Tour auf Port Barton

Auf der Inselhopping-Tour zu den Bacuit Archipelago auf El Nido

Hawaii

Aloha Hawaii

Hier verbringe ich die letzten vier Wochen meiner Reise. Ich habe mich wieder dazu entschieden, Freiwilligenarbeit zu machen und habe auch dieses Projekt über *workaway.info* gefunden. Ich komme in Honolulu an und werde gleich mit einer hawaiianischen Blumenkette empfangen. Wir fahren nach Wahiawa, auf die Mitte der Insel Oahu. Was mich dort erwartet, überrascht mich: eine riesige Community mit etwa 100 jungen Menschen, die hier Freiwilligenarbeit leisten. Die Organisation heißt Surfing The Nations (STN) und besteht aus vielen jungen Menschen, die Bedürftigen rund um Wahiawa helfen. Was hier alles getan wird, ist weit entfernt von dem, was ich bis jetzt bei Freiwilligenprojekten gesehen habe. So viele junge Menschen und auch Familien mit Kleinkindern kommen zusammen und lassen zu Hause alles zurück, um mit geringen Ausgaben für Essen und Unterkunft anderen zu helfen. Was für einen selbst dabei herausschaut? Das schöne Gefühl zu helfen und etwas gemeinsam zu bewirken!
Ich komme hier also an und treffe all diese wunderbaren jungen Menschen, die mich so herzlich begrüßen und sich freuen, dass ich helfen möchte. Es wird fünf Tage die Woche und acht Stunden am Tag gearbeitet, ein kleiner Beitrag für die Unterkunft wird von jedem beigesteuert und ums Essen kümmert sich jeder selbst. Hört sich anfangs so an wie ein schlechter Deal – ist es aber nicht. Das hier ist eine Community, die ein Stück die Welt von jedem verändert, ein Zusammenhalt und eine Gemeinschaft, die stärker nicht sein könnte. Diese Lebensfreude, soziale Hingabe und Gemeinschaft, die man hier spürt, ist enorm! Bei dieser Freiwilligenarbeit sind – außer mir – hauptsächlich Amerikaner und Schweden. Bis jetzt zog diese Community mittels Mundpropaganda die Leute herbei. Es gibt hier die Möglichkeit ein freiwilliger Helfer zu sein, an einem dreimonatigen Praktikum teilzunehmen oder ein fixer Mitarbeiter zu werden.

Am ersten Tag bekomme ich früh morgens meinen Monatsplan. Das Ganze läuft so ab, dass man fünf Tage die Woche von Dienstag bis Samstag, jeweils acht Stunden – aber eigentlich sind es nur sieben –, arbeitet. Der Tag beginnt um acht Uhr, wobei von acht bis neun Uhr Ruhezeit ist. Das bedeutet, dass bis um acht Uhr alles erledigt sein muss, wie zum Beispiel das Frühstück und den Abwasch machen oder die Dusche säubern. Von acht bis neun Uhr hat jeder Zeit seinen persönlichen Dingen nachzugehen. Es ist Ruhe angesagt und jeder kann tun, was er möchte – sei es Mails schreiben, lesen, surfen gehen oder was auch immer. Ab neun Uhr beginnt dann der eigentliche Arbeitstag. Mittagszeit ist von zwölf bis 13 Uhr und abends arbeitet jeder bis 17 Uhr. Ich bekomme täglich Pflicht-Aufgaben, für die ich vormittags ungefähr eine Stunde Zeit habe. Wenn es aber länger dauert, macht es auch nichts. Meine täglichen Aufgaben sind: Klo und Bad im Büro sauber halten, die Böden in den Büros kehren, alle Abfallbehälter ausleeren, das Büro organisieren und die Fensterbänke von vier Gebäuden wischen.
Jeder hier hat seinen eigenen Monatsplan, der sich nach seinen individuellen Fähigkeiten und Erfahrungen richtet. Mein Plan für die nächsten vier Wochen ist ziemlich bunt gemischt. Eines meiner Hauptprojekte besteht darin, eine Rumpelkammer in eine Küche zu verwandeln. Und sobald mir jemand eine Aufgabe gibt, bei der ich meine Kreativität und Organisationsstärke ausleben kann, lege ich los. Ich werde erst so richtig warm und innerhalb weniger Tage ist der Abstellraum eine gut sortierte und übersichtliche kleine Küche und Speisekammer zugleich.
Anschließend bekomme ich die Aufgabe einen Menüplan für die wöchentliche „Surfers Church" zu schreiben. Die Herausforderung dabei ist, vier verschiedene Menüs mit den Zutaten Reis, Nudeln, Chili, Bohnen und Tomatensauce zu kreieren, ohne frische Zutaten in die Menüfolge einzubauen. Das ist ein Projekt, das jeden Samstag stattfindet und bei dem wir für Bedürftige in der Umgebung kochen und ein gratis Buffet zur Verfügung stellen. Die Verwirklichung einer guten Marketingidee, um neue Sponsoren zu gewinnen, ist eine weitere meiner Aufgaben. Zwischendurch sind immer wieder Putzarbeiten zu leisten und Umschlicht-, Wegräum- oder Umräumaktionen, die meist in einer Gruppe erledigt werden. STN

hat auch noch einige spezielle Aktionen, wie zum Beispiel einen Flohmarkt, an dem wir teilnehmen. Die Dinge werden zu den niedrigsten Preisen verkauft – 0,25 bis 0,50 US-Dollar – und zu guter Letzt geben wir alles, was übrig bleibt, zur freien Entnahme her. Außerdem gibt es da noch das mehrmals wöchentlich stattfindende Projekt „Feeding the Hungry". Dabei wird mit einer Firma zusammengearbeitet, die Lebensmittel von Supermärkten in der Umgebung bekommt und sie an die Armen weitergibt, wie eine riesige organisierte Lebensmittelausgabe. STN unterrichtet auch Kinder im Schwimmen und Surfen und es gibt das Programm „Ulu Pono" für Kinder nach der Schule.

Meine Tage im Detail

Am ersten Tag nehmen meine täglichen Aufgaben den ganzen Vormittag in Anspruch. Nachmittags besteht meine Aufgabe darin, das Spendenemporium zu organisieren. Alle Spenden – Kleidung, Elektronik, Schuhe, Möbel oder Bücher –, die von Leuten abgegeben wurden, werden in einem Raum gestapelt. Das muss organisiert und geordnet werden, damit daraus am Schluss ein kleiner, süßer Laden entsteht, in den die Leute kommen und sich bedienen können.

Mein zweiter Tag besteht darin, dass ich vormittags die Fensterbänke wische und sonstige tägliche Aufgaben erledige. Am Nachmittag beginne ich damit, die Speisekammer zu einer Küche umzufunktionieren: Regale verrücken, Lebensmittel schlichten, einen Herd putzen und versetzen und so weiter. Im Prinzip eine einfache, aber schweißtreibende Arbeit. Ein wenig einsam fühle ich mich, da ich meine Aufgabe allein bewältigen muss und sonst jeder zu zweit oder gar in Gruppen arbeitet. Abends fahre ich mit einigen anderen zu einem Strand an der Nordküste, um den Sonnenuntergang anzuschauen. Wir setzen uns nebeneinander in den Sand und beobachten, wie die Sonne langsam am Horizont verschwindet. Es ist windig und das Wasser schlägt große Wellen. Ich lege mir einen Pullover um, vergrabe meine Zehen im noch warmen Sand, höre den Wellen zu, wie sie brechen und bis an den

Strand kommen, und genieße es, dem roten Sonnenball zuzusehen. Anschließend fahren wir zurück und setzen uns in den Coffeeshop. Zuerst spielen wir ein Gesellschaftsspiel und anschließend packt jemand spontan die Gitarre aus und wir singen zusammen. Die Leute sind alle nett, aber bis jetzt habe ich noch keinen richtigen Anschluss zu jemandem gefunden. Da alle schon seit drei Wochen oder länger da sind, haben sich schon Gruppen gebildet und Freundschaften geschlossen. Nicht so einfach, sich da irgendwo einzufügen. Aber ich bin immer irgendwo am Rande mit dabei und werde sehen, wie es sich weiterentwickelt.
Die Meisten sind etwas jünger – 18 bis 21 Jahre – und sind nach der Schule oder Uni hierhergekommen. Zwei Familien sind auch da. Die eine Familie verbringt drei Monate hier, nutzt den Mutterschutz aus und bekommt somit auch Geld vom Staat beigesteuert. Die andere Familie hat zwei Kinder und ist vor zwei Wochen aus Schweden hierher umgezogen. Sie hat auch vor, für längere Zeit zu bleiben.
Der dritte Tag ist etwas deprimierend. Ich wurde nicht über den Abfahrtszeitpunkt informiert und habe somit die Gruppe verpasst, mit der ich an diesem Tag zu dem Projekt „Feeding the Hungry" mitfahren hätte können. An diesem Tag habe ich auch ein Gespräch mit John, meinem Verantwortlichen, und ich sage ihm ehrlich, dass ich mich bei meinen Arbeiten einsam fühle und ich mich nicht als Teil der Gruppe sehe.
Am nächsten Morgen gehe ich mit allen Mitgliedern von STN in eine christliche Messe. Sie ist ganz anders als bei uns, mit moderner Musik und Texten, es wird laut mit Mikro gesungen und von E-Gitarren und einem Schlagzeug begleitet. Die coolsten Typen mit Tattoos, Surfer Shorts und Kappe kommen mit der Bibel in der Hand in die Kirche. Zuvor sah ich sie noch die tollsten Wellen in der Pipeline surfen und eine halbe Stunde später sind sie in der Kirche, haben die Augen geschlossen und sprechen zu Gott. Der Priester ist hip und modern angezogen und die Leute umarmen sich am Schluss. Ich werde als Neue in der Kirche mit einer Muschelkette begrüßt und von jedem umarmt.
Bevor ich zu dem Projekt gekommen bin, war mir nicht klar, dass alle Teilnehmenden streng religiös sind. Entweder wurden sie von

Geburt an so erzogen, oder ein schwerer Schicksalsschlag hat sie zu Gott geführt. Ich fand erst ein paar Tage nach meiner Ankunft heraus, dass ich die einzige Nichtgläubige bin.
Am nächsten Tag versuche ich die Speisekammer zum zweiten Mal zu ordnen, und diesmal habe ich zum Glück Gesellschaft von Madison, einer Neuseeländerin, die einen Tag zuvor ankam. Im ersten Moment als ich die Speisekammer wieder sehe, bekomme ich einen Schock. Es steht uns noch so viel Arbeit bevor, obwohl ich bereits gute zwei Tage alleine in diesem Raum verbracht habe, um ihn irgendwie zu sortieren. Es ist deprimierend, trotz harter Arbeit noch immer ein Chaos vorzufinden. Aber auch weitere Aufgaben erwarten mich: Ich arbeite mit einem freiwilligen Mitarbeiter in der Abteilung International daran, eine Broschüre für Sponsoren zu gestalten. Weiters unterstütze ich die Medienabteilung bei Arbeiten mit Text- und Bildbearbeitungsprogrammen. Heute ist auch Fastentag, was bedeutet, dass bis 17 Uhr nichts gegessen wird. Ich mache aus reiner Neugierde mit und finde es nicht so schlimm. Der Sinn dahinter soll sein, dass man dabei an Gott denkt und sich gedanklich nur auf ihn konzentriert. Ein Teil des Fastentages besteht darin, zu beten und gemeinsam zu singen. Es wird beispielsweise gemeinsam laut für Länder oder bestimmte Personen gebetet. Wir stellen uns dabei in Gruppen zusammen und jeder betet einmal laut vor. Zwischendurch wird gemeinsam gesungen und dabei entsteht so eine positive Energie, dass es mich zu Tränen rührt. Viele stehen auf, öffnen die Arme dem Himmel entgegen und andere wiederum sitzen mit dem Kopf nach unten und beten laut für sich, die Augen geschlossen. Jeder dieser jungen Menschen hat eine Beziehung zu Gott. Es ist hier alles so emotional und diese Energie, die in den Räumen herrscht, rührt mich. Wir beten zum Beispiel für Leon, der sich verletzt hat und eine Halskrause trägt. Wir berühren ihn alle und jeder betet für sich in leisem Ton, aber trotzdem hörbar, dass es ihm bald besser geht. Das alles bringt so viele Emotionen mit sich, diese Kraft, Stärke und Hingabe für andere.
Es gibt auch jede Woche etwas, das sich „Biographien" nennt. Dabei erzählt zuerst jemand seine Lebensgeschichte und wie er zu Gott fand oder welche Erfahrungen er machte, dann sprechen

andere über ihn, was sie über das denken, was er gesagt hat, und was sie ihm im weiteren Leben wünschen und wofür sie für denjenigen beten. Täglich wird gefragt, wie der Tag war und wie es einem geht, man umarmt sich gegenseitig, wird gedrückt und es herrscht ein offener und netter Umgang. Wir erleben bei dem Teil, in dem wir singen und für andere beten, auch eine Ansprache eines Mitarbeiters. Er spricht darüber, wie froh er ist, seine Freundin zu haben, was sie für ihn bedeutet und wie sie sein Leben bereichert. Es fällt ihm sichtbar schwer, vor einer großen Gruppe so intim und emotional zu sprechen und genau das macht es wunderschön. Er gibt offiziell die Beziehung bekannt und lässt uns alle daran teilhaben. Vor meiner Reise war ich niemals so emotional und den Tränen nahe, aber im Laufe der Zeit wurde ich immer gefühlvoller und sensibler und hier ist es jetzt ganz krass mit meinen Emotionen. Zu spüren, wie toll die Menschen hier miteinander umgehen, ist so schön und bereichert mein Leben ungemein. Ich muss hier erwähnen, dass ich nicht streng religiös bin und Gott in meinem Leben noch nie eine große Rolle gespielt hat. Daher ist das alles hier auf eine gewisse Art und Weise befremdlich und macht mir auch teilweise Angst, aber es ist auch toll, so etwas einmal mitzuerleben und sich darauf einzulassen und zu wissen, dass man da jederzeit wieder aussteigen kann.

Ich arbeite hier viel, aber ein bisschen Freizeit muss auch sein. Sonntag und Montag sind unsere freien Tage. Wir fahren an den Strand, gehen schwimmen, surfen und wandern. An den Arbeitstagen wird oft abends Film geschaut oder einfach zusammen gesessen und manchmal geht es nach Arbeitsschluss noch an den Strand zum Beachvolleyball spielen.

An einem unserer freien Tage fahre ich zum Beispiel mit sechs jungen Frauen von STN an einen schönen und eher leeren Strand auf Hawaii. Es ist ein sonniger aber windiger Tag. Ich seile mich nach einiger Zeit von der Gruppe ab und gehe für einen Spaziergang den Strand entlang. Irgendwann bleibe ich stehen, begebe mich in Meditationsposition und spüre den Wind, den Sand und das Meer. Ich bedanke mich in Gedanken dafür, dass ich gehen, sprechen, denken, fühlen, schmecken und riechen kann und einen

gesunden Körper habe und mein bisheriges Leben so toll verlaufen ist. Ich bedanke mich und mir läuft eine Träne über meine Wange. Der Wind bläst mir durch die Haare und der Sand kribbelt angenehm auf meinem Körper. Als ich den Kopf einer Schildkröte aus dem Wasser rausschauen sehe und es bei strahlendem Sonnenschein zu tröpfeln beginnt, weiß ich, dass alles gut ist und ich für alles bereit bin, was auch immer auf mich zukommen mag.
Am nächsten Tag am Nachmittag arbeite ich bei „Ulu Pono" mit, dem Kinderprogramm bei STN. Die Kinder in dem Ghetto von Wahiawa werden eingesammelt und zu STN gebracht. Zuerst gibt es eine halbe Stunde Ruhezeit, in der etwas vorgelesen wird und Hausaufgaben gemacht werden, und danach findet immer ein anderes Programm statt. Dieses Mal ist es malen. Es herrscht die ganze Zeit über Unruhe und ein Gewusel.

Ich weiß nicht wieso, aber bei manchen Ereignissen kommen mir manchmal ganz unwillkürlich Erinnerungen hoch, die mich sehr traurig machen. Ich kann meine Gedanken meistens nur schwer festhalten. Alles in meinem Kopf fängt rasch an, durcheinander zu schwimmen, es ist nebelig und alles passiert rasend schnell. Ein Gedanke von der Zeit, in der ich in Kolkata durch die Straßen ging und nackte Kleinkinder und Babies am Straßenrand liegen sah, schlafend, verlassen und alleine. Eine weitere Erinnerung, die in meinen Gedanken hochkommt, stammt aus Kambodscha, als ich in der Schule arbeitete und ich mit dem Direktor der Schule über ein verwahrlostes Kind sprach, das wegen der Nachlässigkeit seiner Eltern keine Schuhe anhatte und nur halb angezogen war. Mit Geldmangel hatte das nichts zu tun. In meinem Kopf kommt der Gedanke auf, dass die Kinder in Kambodscha so glücklich waren, wenn ihre Eltern ihnen erlaubt haben, zur Schule zu gehen und sie nicht als Arbeitskräfte auf den Feldern eingesetzt wurden. Der Gedanken, dass es kein einziges Danke von der Schule in Kambodscha gegeben hat, obwohl ich so viel dort getan habe. Der Gedanke, dass die Obdachlosen in Varanasi sich im dreckigen Fluss baden oder dass in Delhi die Rikschas Arbeitsplatz und Schlafplatz gleichzeitig sind. Der Gedanke, dass in Jakarta trotz der großen Armut die Mädchen und jungen Frauen den Schönheitsidealen in

Magazinen nachgehen und sich schlank hungern. Plötzlich wird mir übel als all diese Gedanken zusammenkommen. Ich versuche mich abzulenken und auf andere Gedanken zu kommen.
Abends mache ich mir mit ein paar Leuten von STN aus, Essen zu gehen, um meinen Geburtstag gemeinsam ausklingen zu lassen. 25 wurde ich heute, aber mein Geburtstag ist mir nicht sonderlich wichtig. Als ich am Morgen die Mail meiner Eltern bekomme, in der sie mich fragen, was ich mir denn wünsche, weiß ich im selben Moment, dass ich einfach nur glücklich wäre, mit ihnen den Tag zu verbringen, wenn ich zu Hause ankomme. Zeit ist für mich das schönste Geschenk, das man mir machen kann. Mir Zeit zu schenken und etwas gemeinsam zu unternehmen, bedeutet mir sehr viel. Heutzutage ist Zeit etwas so Wertvolles in Europa, dass es fast schon mehr wert ist als Geld.

Meine Verabschiedung von STN

Am letzten Arbeitstag bei STN ist die „Feeding the Hungry"-Veranstaltung, bei der wir alle gemeinsam mithelfen. Das macht viel Spaß. Zuerst laden wir alles von den zwei großen LKWs ab. Das ist eine einzige Herumschlepperei, aber weil wir in der Produktionsschlange arbeiten, ist es dennoch witzig. Jeder nimmt einen Karton und reicht ihn in der Reihe weiter. Wir schlichten die Waren auf die Tische, die in einer Reihe stehen. Danach wird Essen ausgeteilt. Meine Aufgabe ist es, Buchstaben zu ziehen und sie hochzuhalten, damit man sieht, welcher Buchstabe dran ist. Jeder, dessen Nachname mit dem Buchstaben anfängt, darf sich anstellen, um gratis einzukaufen und die Lebensmittel von den STN-Leuten entgegenzunehmen. Jede Person, die sich anstellt, hat eine Punktekarte, auf der vermerkt ist, um wie viele Punkte sie sich Lebensmittel nehmen darf. Dieses Punktesystem richtet sich nach der Hilfsbedürftigkeit der einzelnen Familien. Nachdem unsere Arbeit am Nachmittag getan ist, stehen wir im Kreis zusammen und klatschen für unsere tolle Leistung und Zusammenarbeit. Dann sagt der Leiter des FTH-Programms: „Heute ist Christinas letzter Tag. Jeder, der etwas sagen möchte, kann das nun tun!" Drei Personen

sagen schließlich sehr liebe und nette Dinge über mich: „Du hast wirklich toll gearbeitet und warst stets für alles offen. Du hast deine Marke bei STN hinterlassen." Hier ist es ganz normal, dass egal was man macht oder arbeitet, jemand vorbeikommt und sagt: „Toll, was du machst, super Leistung!" Hier wird man ständig gelobt und sich bei einem bedankt und man bekommt somit das Gefühl, ein wichtiger Teil dieser Gemeinschaft zu sein. Wir stehen noch immer im Kreis zusammen, reichen uns alle die Hände, schließen die Augen und es wird laut für mich gebetet. So befremdlich diese Situation auch für mich ist, so sehr berührt sie mich.
Die Freude auf daheim ist nun aber größer als die Trauer über den Abschied von Hawaii. Ich spüre es nicht mehr so richtig, weil ich mit meinem Kopf schon zu Hause bin und ich mich so auf meine Familie und Freunde freue.

Die letzte Woche auf Hawaii arbeite ich nicht mehr bei STN, sondern gönne mir abschließend Zeit für mich selbst. Zuerst bin ich ein paar Tage an der North Shore und danach lasse ich es mir am populärsten Strand von Hawaii – dem Waikiki Beach – gut gehen.

Allgemeines über Hawaii

Hawaii besteht aus vielen kleineren und größeren Inseln. Ich hielt mich auf der Insel Oahu auf, die touristischste und bekannteste Insel. Die Inseln Kauai und Maui sind bekannt als die schönsten und typischsten Inseln Hawaiis, für dessen Besichtigung ich aber leider kein Geld mehr übrig hatte.
Immer wieder wurde ich hier gefragt, was in Hawaii anders ist als in meinem Zuhause. So viel anders als in Europa ist es auf Hawaii nicht, wenn man davor in Asien war. Es gibt Straßenregeln, es liegt kein Müll herum und es gibt Supermärkte! Hawaii ist eindeutig die Light-Version von den USA. Autos fahren mit heruntergelassenen Scheiben und lauter Musik vorbei und an jeder Ecke gibt es Fast Food Restaurants. Man hört alle paar Stunden die Rettungskräfte oder Feuerwehr vorbeifahren. Die Leute auf der Straße und in den

Shops sind sehr freundlich, die Busfahrer hingegen unfreundlich.
Eine Sache, die mir zuerst bei Hawaii einfällt: Sie haben so viel Fast Food hier! Es ist eine wahre Herausforderung, sich hier gesund zu ernähren. Wenn man mal ein „gesundes" Lunchpacket bekommt, kann man sich sicher sein, dass Chips dabei sind. Aber eines muss ich den Amerikanern dafür lassen: Der Service in den Restaurants ist Weltklasse! So was habe ich noch nie erlebt. Sie sind sehr höflich und zuvorkommend, meist werden einem die Speisen aufgesagt, es wird gefragt, ob alles zur vollsten Zufriedenheit ist und ständig werden die Getränke nachgefüllt.
Die Locals, die Hawaiianer, schauen wie folgt aus: dunkel, aber nicht sehr dunkel und rundlich. Auf Hawaii leben vielleicht noch acht Prozent Einheimische. Der Rest sind Japaner, Chinesen, Filipinos und Menschen vieler anderer Kulturen.
Die Menschen hier bei STN waren so voller Gefühl, Liebe, Offenheit und Hilfsbereitschaft. Die, die aus Amerika stammen, hatten meist eine Lebensgeschichte, die Drogen-, Alkohol- und Partyexzesse beinhaltet. Es wurde hier oft gesagt, wie wundervoll man ist und ich kam mir vor wie in einem Film, in dem alles so perfekt ist und am Ende rauskommt, dass es nicht real war. Die Amerikaner sind allgemein fasziniert von Ausländern. Sie reisen selbst nicht viel, weil ihnen Dinge wie Autos, Häuser und Kleidung wichtiger sind und somit fürs Reisen kein Geld mehr übrig bleibt. Für sie ist es total interessant, andere Englisch sprechen zu hören und die Geschichten der Reisenden erzählt zu bekommen. Einige Amerikaner, die ich traf und die bereits in Österreich in Wien gewesen waren, sagten, dass es die schönste Stadt sei, die sie je besucht hatten.
Wir hatten immer Pech mit dem Wetter auf Hawaii: Arbeiteten wir, war es schön, hatten wir frei, regnete es. Es war zum Schreien. Man sieht hier zur Winterzeit sehr viele Regenbögen und oft liegt man in der brennenden Sonne und es beginnt plötzlich zu nieseln oder gar zu regnen.

Es ist hart das zuzugeben, aber Hawaii hat mich nicht umgehauen. Vielleicht lag es daran, dass ich in Hawaii im Vergleich zu Asien zu leicht zurechtgekommen bin und es mich an Europa erinnert hat.

Es hat zwischen mir und dieser Trauminsel einfach nicht gefunkt. Vielleicht aber auch deshalb, weil ich mit meinem Kopf schon zu Hause war, oder ich leider nicht allzu viel von Hawaii gesehen habe – ich weiß es nicht!

Beim Flohmarkt stürzten sich die Menschen auf unsere Waren

Bei dem Projekt „Feeding the Hungry" teilten wir an die Bedürftigen Lebensmittel aus

In unserer Freizeit versuchten wir uns beim Surfen

Beim Surfen entdeckten wir eine zutrauliche Schildkröte, die neugierig ihren Kopf aus dem Wasser streckte

Der Ausblick während einer Wanderung auf der Insel Oahu

Dem Sonnenuntergang entgegen

Auf einem ruhigen Strandschnitt bei Waikiki

Die Aussicht auf die Küste während einer Wanderung bei Honolulu

Das Ende meiner Reise

Heimflug

In einigen Stunden geht es von Hawaii über Shanghai und Deutschland zurück nach Wien. Es ist ein Gefühlschaos pur – so viel Durcheinander war noch nie in meinem Kopf. Ich denke über tausend Dinge nach. Hinzu kommt noch, dass ausgerechnet dies mein erster Flug ist, der nicht ruhig verläuft. Es dauert elf Stunden von Hawaii nach Shanghai und dann folgen sieben Stunden Wartezeit dort. Beim Zwischenstopp am Frankfurter Flughafen wird mir dann wieder bewusst, wie gut organisiert und sauber die deutschen Flughäfen sind und mir steigt nach einem Jahr endlich wieder der Geruch frischer Backwaren in die Nase. Von Deutschland nach Wien beträgt die Flugzeit nur noch eine Stunde und 15 Minuten. Die Leute im Flugzeug riechen anders, der österreichische Akzent ist traumhaft und beim Einsteigen in das Flugzeug spielt es den Wiener Walzer. Die Stewardessen sagen zu jedem einzelnen Gast „Danke" und „Bitte" beim Ausschenken der Getränke, die Sitze sind bequemer und mir wird klar, dass jedes Land die Sitze für sein Volk anpasst. Beim Flug von Jayapura nach Wamena zum Beispiel war zwischen den Sitzreihen extrem wenig Platz, da auch die Menschen dort sehr klein waren.
Mein Blutdruck ist nun bei 180, meine Nerven habe ich schon in Shanghai über Bord geworfen und ich schwitze wie verrückt. Ich kenne meine Familie seit ich auf der Welt bin – logischerweise – und trotz allem bin ich nervöser und aufgeregter als ich es bei Dunkelheit in Thailand alleine auf dem Moped mit einem Platten war oder als ich das erste Mal Schulkinder in Kambodscha in Englisch unterrichtete, als mich der Hund in Indien biss, ich das erste Mal in ein indisches Krankenhaus kam oder als ich bei strömendem Regen eine Wanderung machte und nicht wusste, ob ich es noch rechtzeitig zurückschaffen würde.

Ich steige aus dem Flugzeug in Wien aus und eile zur Gepäckausgabe. Mein Rucksack ist einer der ersten und hat somit überraschenderweise den ganzen Weg von Hawaii nach Österreich mit drei verschiedenen Flugmaschinen geschafft, ohne dass ich mein Gepäck jedes Mal neu einchecken musste. Nun heißt es schnell raus hier und durch die Türen, bis ich meine Familie endlich nach einem Jahr wiedersehe. Aber wenn das so einfach wäre!
Einige wenige Meter vor der Ausgangstür hält mich ein Zollbeamter auf und fragt mich: „Von wo kommen Sie gerade?"
Ich antworte, auf die Ausgangstür fokussiert: „Von Amerika."
Als er dann in aller Seelenruhe fragt: „Haben Sie irgendetwas zu deklarieren? Oder haben Sie Geschenke gekauft oder andere Dinge, die man verzollen sollte?", verneine ich das nur hektisch und meine: „Ich freue mich schon so sehr auf meine Familie!"
In meinem Kopf spielt sich das Szenario am Neuseeländer Flughafen ab, als ich erst nach vier Stunden genauester Gepäckdurchsuchung weg konnte. Den Tränen nahe, da ich nicht darauf warten kann, meine Familie und Freunde noch für weitere zwei bis drei Stunden nicht zu sehen, meine ich sehr sicher und bestimmt: „Ich habe nichts im Gepäck, was zu deklarieren ist."
Nach einem kurzen Smalltalk über meine einjährige Weltreise meint der gute Flughafenmitarbeiter, ob ich denn das Lied von dem einen Sänger kenne, an dessen Namen ich mich schon nicht mehr erinnern kann. Das Lied handle ebenfalls von einer Reise um die Welt. Dieser gute Mann ist sehr relaxt und offenbar in der Stimmung, sich mit mir zu unterhalten. Ich will jedoch nichts anderes als einfach nur raus aus dieser Halle. Als er nach einigen Minuten, die mir wie Stunden vorkommen, den Namen des Liedes in Zusammenarbeit mit seinen Kollegen herausgefunden hat, lässt er mich zum Glück gehen. Puh, das ging ja nochmal gut!

Ich eile aus der Halle, die Tür geht auf und da sind sie: Meine Mama, mein Papa, meine Schwester, ihr Freund, meine Tante und zwei Freundinnen von mir. Sie halten ein Plakat auf dem „Herzlich Willkommen!" steht, haben einen Blumenstrauß dabei und empfangen mich mit offenen Armen. Ich stürme los, lasse alles fallen und umarme einen nach dem anderen. Ah, tut das gut, alle wieder in den Arm nehmen zu können und so begrüßt zu werden! Es fließen nicht nur bei mir die Tränen vor Freude und Erleichterung, meine Liebsten wieder in die Arme schließen zu können, sondern auch meine Familie lässt ihren Tränen freien Lauf. Den restlichen Tag verbringen wir alle gemeinsam und es wird geredet, geredet, geredet, geredet und geredet.

Drei Tage danach

Ich bin jetzt seit drei Tagen zu Hause und muss mich langsam wieder eingewöhnen. Statt Flip-Flops werden geschlossene Schuhe getragen, statt einer bequemen luftigen Hose oder einem Rock quetscht man sich in eine Jeans und statt einem Trägertop muss eine Winterjacke getragen werden.

Das alles mache ich nun zum ersten Mal seit einem Jahr wieder:

- einen geregelten Alltag haben
- mich beim Schlafen sicher fühlen
- mich heimisch und beschützt fühlen
- Österreichisch hören
- mit dem Auto fahren
- SMS statt E-Mails von meinen Freundinnen bekommen
- richtig frische, klare und saubere Luft schnuppern
- darauf achten, wie ich mich kleide
- die Auswahl eines riesigen Kleiderschranks haben
- Sportschuhe tragen
- Jeans anziehen
- bemerken, dass ich nur noch in eine meiner zwölf Jeans passe
- eine Handtasche verwenden und nicht wissen, was ich dort überhaupt reingeben soll
- Schmuck tragen
- einen Haarföhn benutzen
- Schminke verwenden
- Parfum benutzen
- regelmäßig und gesund essen

- guten Käse essen
- einen vollen Kühlschrank vor mir haben, ohne dass ich mir darüber Gedanken machen muss, wie dort Lebensmittel reinkommen
- das Wasser aus der Leitung trinken
- den Luxus von Klopapier und Taschentüchern genießen
- eine Waschmaschine mit warmem Wasser verwenden
- sicher sein, mich in eine saubere und frisch gewaschene Bettwäsche zu legen
- ein kuscheliges Handtuch nach der Dusche verwenden
- jeglichen Luxus eines Elternhauses genießen
- und mit Menschen reden, die alles über mich wissen!

Ein Monat danach

Wien ist eine Multikulti-Stadt: Chinesen, Japaner, Koreaner, Türken, Afrikaner, Polen, Rumänen, Tschechen, Tunesier und viele andere Nationalitäten können hier gefunden werden. Die Luft hier ist so frisch und wenn man durch die Straßen von Wien geht, kommt einem des Öfteren der süße Geruch einer Bäckerei entgegen. Ich dachte mir, ich komme nach Hause und werde die nächsten Wochen nur relaxen, lange schlafen und nichts tun. Irgendwie klappt das aber gar nicht und das ist vielleicht auch gut so. Fernsehen interessiert mich nicht mehr, seit ich zurück bin. Ich schreibe an meinem Buch, übe Gitarre oder lese abends etwas. Ich habe anfangs einen Mangel an Aufmerksamkeit anderer, weil ich hier dieselbe Hautfarbe wie die meisten habe und nicht mehr ständig wie etwas Besonderes angestarrt werde – was mir auf der Reise allerdings auf die Nerven gegangen ist. Seit ich zurück bin, bin ich sehr aktiv. Ich möchte nicht nachdenken, denn sonst würde ich ständig nach dem Sinn des Lebens fragen. Ich möchte nicht in meine Gedanken versinken, sonst werde ich wahnsinnig. Erst nach drei Tagen fällt mir auf, dass die Batterien meiner Uhr, die ich wieder seit meiner Ankunft trage, leer sind.

Oft fühle ich mich so extrem einsam, obwohl rund um mich Menschen sind. Es passiert mir dann, dass ich spazieren gehe und

Menschen, die an mir vorbeigehen, anspreche, einfach weil ich das so gewohnt bin von meiner Reise. Ich glaube es kann Wochen, Monate oder sogar Jahre dauern, bis ich diese Reise und die ganzen Erlebnisse wirklich verarbeitet habe. Ich habe das Gefühl, dass mein Gehirn noch nicht einmal mit der Verarbeitung begonnen hat und dass das auch noch einige Zeit lang dauern wird.
Einige meiner Freunde haben darauf spekuliert, dass ich länger als ein Jahr weg sein werde oder irgendwo hängen bleibe und gar nicht mehr zurückkehre. Nichts davon ist passiert. Wenn ich an die Erlebnisse zurückdenke, sehe ich nicht nur Gutes, Tolles und Lustiges, sondern es ist ein Mix aus vielen Hochs und Tiefs und es war nicht immer leicht. Aber genau das macht so eine Reise aus. Dafür bin ich unheimlich dankbar und davon kann ich profitieren!

Eigentlich möchte ich nicht genau darüber nachdenken wie ich mich fühle und auch nicht darüber schreiben. Trotz allem: Auf die Fragen, wie meine weiteren privaten und beruflichen Pläne aussehen, kann ich niemandem konkrete Antworten geben, weil ich sie selbst nicht kenne. Ständig kommen Ideen in meinem Kopf hoch, was ich denn machen könnte und sie ändern sich nicht nur wöchentlich oder täglich, sondern sogar stündlich. Tja und somit stehe ich nun inmitten meines Lebens und habe so wenig Ahnung wie noch nie, was ich will oder nicht will!

Sechs Monate danach

Sechs Monate und ich könnte nicht einmal die Frage beantworten, ob es mir schon länger vorkommt oder kürzer. Wie mein Leben knapp ein halbes Jahr nach meiner Rückkehr aussieht? Noch etwas zerstreut und ungeordnet.
Eines ist an dieser Stelle ganz wichtig zu erwähnen: Letzten Endes interessiert sich fast niemand dafür, was man wirklich alles erlebt hat. Es gibt zwar immer Ausnahmen, Menschen, die dich Dinge fragen – auch noch Monate danach –, an denen man eindeutig erkennt, dass sie wirklich interessiert sind. Und für diese Ausnahmen bin ich auch sehr dankbar. Ich muss aber ehrlich zugeben,

dass, wenn man mich nach meiner Reise fragt, es absolut unmöglich für mich ist zu beschreiben, was ich diesem ganzen Jahr erlebt habe. Aber das wird verlangt und dann kommt es mir oft vor, als ob ich die Geschichte einer wildfremden Person erzähle, die mich nicht großartig berührt. Das liegt wahrscheinlich daran, dass diese Geschichten nur an der Oberfläche kratzen und schon tausende Male erzählt wurden. Es ergibt sich selten die Gelegenheit bei den Erzählungen über meine Reise in die Tiefe zu gehen und zu schildern, wie es mir zwischendurch wirklich ergangen ist. Wenn du so eine Reise machst, mache sie also nur für dich und für deine Persönlichkeit, um dich weiterzuentwickeln, deinen Horizont zu erweitern, Menschen mit interessanten Geschichten zu begegnen und die Welt von einer anderen Seite kennenzulernen. Mache die Reise nicht, um Anerkennung zu bekommen oder damit jemand „Wow!" und „Toll!" zu dir sagt. Denn was ist das schon im Gegensatz zu den Erfahrungen, die du davon mitgenommen hast, wert?

Viele, ja sogar sehr viele Menschen haben nach so einer Reise den Drang, so schnell wie möglich Geld zu machen und wieder wegzufliegen. Ich kam anfangs nach Hause und mein Leben war toll. Ich genoss Österreich, liebte es, meine Freunde zu sehen und Zeit mit meiner Familie zu verbringen. Das hat sich kein bisschen geändert, natürlich nicht. Aber es kommen seit einiger Zeit eigenartige, nicht zuzuordnende Gedanken in meinem Kopf zusammen. Was hat einen Sinn? Was will ich wirklich? Was hat das Leben für mich bestimmt? Bin ich auf dem richtigen Weg? Fragen über Fragen kommen auf und ich finde keine Antworten. In der einen Minute weiß ich ganz genau, was ich will und in der nächsten schleicht sich plötzlich ein großes Fragezeichen dazwischen. Das Leben ist ein Haufen bunter Smarties. Man muss sich nur für die richtigen Farben entscheiden und das Beste daraus machen. Nimm dein Leben selbst in die Hand und mache dich nicht von anderen Menschen, deinem Job oder deiner Wohnung abhängig! Jeder Tag bringt seine ganz eigene Geschichte und ich bin für jeden neuen Tag dankbar, für jedes Gefühl und jedes Erlebnis, das mich stärkt oder mich zurückwirft und mich dazu motiviert, aufzustehen und weiterzumachen. Wie langweilig wäre das Leben ohne Hindernisse und Probleme? Sein Leben zu hinterfragen ist gut und kann einiges bewirken – oder es kann einen in Zweifel und Depressionen fallen lassen. Bevor das passiert, sollte man lieber so weiterleben wie bisher und nicht viel darüber nachdenken. Auch ich denke mir zwischendurch trotz meiner Reise: „Und? Das war's jetzt schon? Das Leben muss doch noch mehr zu bieten haben! Wohin will ich in meinem Leben gehen, was erwarte ich und was würde mir gut tun?" Ich muss mir darüber im Klaren sein, was ich möchte und wenn das mal erledigt ist, kommt der nächste Teil: Den Weg dorthin zu finden.

Nun möchte ich zu guter Letzt darauf zurückkommen, ob das Backpacking etwas für mich ist oder nicht. Ich kann dies mit einem großen und lauten Ja bestätigen. Klar bringt es auch einige Herausforderungen mit sich und man muss sich bei jedem Gramm überlegen, ob man es wirklich braucht, weil man es ja dann am Rücken trägt – und da zählt jedes Kilo. Aber wenn ich beispielsweise nur über ein Wochenende einen Städtetrip mache, entscheide ich mich immer lieber für den Rucksack als für einen Koffer. Ich mag den Gedanken, all mein Hab und Gut direkt am Rücken zu tragen. Somit: Ja, das Backpacking ist definitiv etwas für mich!

Ein paar Zeilen an dich

Vielleicht geht es dir so wie mir vor einigen Jahren und du spürst etwas in dir. Etwas, das dir sagt, dass da mehr im Leben ist, und dass du am Fleck stehst, aber nicht weißt, wie du dich von der Stelle bewegen kannst. Etwas, das dir sagt, dass du aus deinem jetzigen System ausbrechen sollst, aber du nicht weißt, was du ändern kannst, obwohl du unglücklich bist.
Wenn du aus deinem trüben Alltag ausbrechen willst, dann fokussiere dich auf deine Ziele und deine Träume und lass dich von negativ denkenden Menschen nicht von diesen abbringen. Wenn du gesagt bekommst: „Das wirst du niemals schaffen!", dann sieh dies als Herausforderung und sei dir bewusst, dass du alles locker

schaffen kannst. Glaub an dich, denn jeder Traum kann Wirklichkeit werden. Bleib stets positiv! Durch positive Gedanken ziehst du auch Positives an, denn dein Inneres spiegelt sich auch in deinem Umfeld wider. Hab den Mut alles zuzulassen und es passieren zu lassen.
Ich möchte dir zeigen, dass der Schlüssel zu Vielem in Veränderungen liegt und den Mut zu haben, Dinge im Leben selbst in die Hand zu nehmen. Ein Risiko einzugehen und nach vorne zu schauen. Sich Dinge zu trauen und ein Ziel vor sich zu haben. Meine Mission ist es deshalb, dir Mut zu machen, Dinge im Leben selbst anzupacken und nicht zu warten bis das Leben an dir vorbeigezogen ist und du zurückblickst und dir denkst: „Hätte ich nur damals..." oder „Was wäre gewesen, wenn ich das ausprobiert hätte..."

Stell dir vor, dass jeder Tag deines Lebens in Bildern und Videos festgehalten wird: Deine Gefühle, die Menschen, mit denen du zu tun hast, die Dinge, mit denen du deine Zeit verbringst, die guten und schlechten Erlebnisse und alle Hochs und Tiefs. Diese Bilder und Videos hängen in deinem persönlichen Raum des Lebens. Langsam schlenderst du durch und siehst jedes Erlebnis, jede Erfahrung und alles, was du schon geschafft und erreicht hast, an der Wand hängen. Du siehst nicht deine Träume, sondern nur die Dinge, die wirklich passiert sind und zwar ohne eine jegliche Beschönigung. Was hast du erreicht? Welche Bilder hängen an der Wand? Worauf bist du stolz? Wie würdest du jeden Tag gestalten wollen, um gerne durch deinen Raum des Lebens zu gehen und Freude daran zu haben?

Das Leben beginnt am Ende deiner Komfortzone und der schwerste Schritt ist immer der erste. Aber alles, was du wiederholt tust, wird leichter, schneller und besser. Man ist selten für etwas zu 100 Prozent bereit. Besser du springst gleich ins kalte Wasser!
Trotz der langen Reise kostet es sogar mich noch immer aufs Neue Mut, alleine unterwegs zu sein. Ich muss jedes Mal aufs Neue aus meiner Komfortzone treten und habe oft ein nervöses Kribbeln im Bauch. Aber weißt du was? Es zahlt sich jedes Mal aus! Du be-

kommst dafür dann die Belohnung. Alleine zu reisen bedeutet eine absolute Freiheit. Du kannst alles selbst entscheiden, bist niemandem eine Rechenschaft schuldig und es steht dir jeder Tag aufs Neue offen, frei zu wählen, was du willst. Du hast Angst etwas falsch zu machen oder Angst davor, dass deine Vorhaben nicht klappen? Dann habe ich jetzt eine gute Nachricht für dich: Mache so viele Fehler wie möglich, um daran zu wachsen!
Ich möchte dir den Mut mitgeben, Dinge anzupacken und auszuprobieren. Dabei geht es nicht nur ums Reisen. Es geht dabei um dein ganzes Leben. Seien es deine Beziehungen, dein Beruf oder deine Träume: Verschieb sie nicht auf morgen, sondern beginne sofort damit, sie zu bearbeiten. Deine Zeit verläuft so schnell wie der Sand in einer Sanduhr. Und im Endeffekt kann nichts Schlimmes passieren, wenn du loslässt und es einfach probierst. Deine Erfolge im Leben hängen mit deinen Erwartungen zusammen und die Risiken, die du dabei eingehst, zerstören dich nicht, sondern das Wachstum bringt dich voran. Du musst etwas für deine Träume tun. Du kannst nicht warten bis jemand an deine Türe klopft und dich bei der Hand nimmt. Es liegt in deiner Hand und nur du brauchst den Willen und vor allem das Vertrauen ins Leben. Du alleine bist für dein Glück und für die Erfüllung in deinem Leben verantwortlich, denn das Glück liegt im Mut des Alltags!

Ich habe zwar nun bereits das Ende meiner Reise erreicht, aber ich bin mir sicher: Das Ende jeder Reise ist der Anfang von etwas Großem. Es war meine einzige lange Reise, die ich bis jetzt gemacht habe, und es wird definitiv nicht meine letzte gewesen sein. Meine Neugierde und Reiselust ist in diesem Jahr richtig groß geworden und wenn ich einmal etwas entdecke, was mir gefällt, bekomme ich nicht so schnell genug davon. Ich bin mir sicher, dir wird es genauso ergehen!

An dieser Stelle möchte ich nun meine Geschichte beenden und mich bei dir bedanken, dass du mich in diesem Jahr begleitet hast. Ich wollte dir mit diesem Buch den Mut mitgeben, auch alleine auf Reisen zu gehen und nicht immer auf andere zu warten. Nimm dein Leben selbst in die Hand und gestalte es dir so bunt und so schön wie nur möglich. Mein Geheimnis bei all den Dingen, die ich bereits erlebt habe, ist das Vertrauen ins Leben und in mich selbst.

Anhang

Reisedauer: 6. März 2012 bis 3. März 2013

Reisedauer im Detail (diese kann von den Daten im Text abweichen, da ich sie hier inklusive der Reisetage gezählt habe):

Brasilien: 7 Tage
Neuseeland: 38 Tage
Australien: 5 Tage
Indonesien: 30 Tage
Singapur: 3 Tage
Indonesien: 15 Tage
Malaysia: 7 Tage
Thailand: 74 Tage
Kambodscha: 12 Tage
Thailand: 10 Tage
Indien: 110 Tage
Philippinen: 21 Tage
Hawaii: 30 Tage

Reisefakten insgesamt: 362 Tage, 11 Länder und 20 Flüge

Reisefakten im Detail:
Meine Flugkosten betrugen insgesamt 4.800 Euro und ich habe ein Reisebudget von 9.100 Euro gebraucht. Somit liegt mein Gesamtbudget für das Jahr bei 13.900 Euro. Mein niedrigstes Tagesbudget mit 5 Euro war in Kambodscha als ich bei dem Freiwilligenprojekt gearbeitet habe und mein höchstes Tagesbudget mit 77 Euro in Neuseeland. Mein längster Aufenthalt in einem Land waren die dreieinhalb Monate in Indien. Im Gegensatz dazu umfasste mein kürzester Aufenthalt 3 Tage in Singapur. Insgesamt habe ich 5 Mal ferngesehen und an die 20 englische Bücher gelesen. Ich habe 7 Kilo mehr Körperfülle mit nach Hause gebracht und bin dafür mit 4 Kilo weniger Rucksackgewicht heimgekommen. Ich habe 21.435 Fotos geschossen (das sind etwa 1786 Fotos im Monat, 447 Fotos in der Woche und 64 Fotos täglich), 80 Blogartikel geschrieben und

234 Kommentare auf meinem Blog erhalten.

Neuseeland war landschaftlich das schönste Reiseland für mich, auf den Philippinen waren die Menschen am freundlichsten, in Thailand und Indonesien gab es das beste Essen und Indien war das vielfältigste Land, in dem ich je war.

Reisevorbereitungen, Tipps und Tricks

Um gleich zuallererst die Frage, wann man mit dem Ausrüstungseinkauf beginnen sollte, zu klären: Das ist natürlich jedem selbst überlassen. Ich hatte vor meiner Reise noch keinen einzigen Ausrüstungsgegenstand und begann dann zwei Monate vor meiner Abreise damit, alles einzukaufen. Einige Zeit vorher hatte ich mich schon erkundigt, wann und wo Ausverkäufe stattfinden und ob es über das Internet oder direkt in einem Shop günstiger wäre. Ich erkundigte mich ausführlich in Foren und auf vielen anderen Reiseblogs und las mir Berichte von Leuten durch, die schon viel unterwegs waren und über ihre Erfahrungen berichteten. Das half mir natürlich enorm und ich kannte mich schon vor der Beratung meines ersten großen Einkaufs sehr gut aus und wusste bereits, was ich genau brauche. Diesen Teil der Organisation für eine Reise sollte man nicht unterschätzen. Auch die Zusammenstellung der Reiseapotheke und der Körperhygieneartikel sollte man sich gut überlegen.

Im Folgenden findest du eine Liste davon, was ich alles auf meiner Reise mithatte:

- **Einen Rucksack**: Ich fange gleich mal mit dem Wichtigsten an, denn er ist das Ding, in dem ich ein ganzes Jahr lang mein Leben und die Dinge, mit denen ich überleben musste, aufbewahrt habe und er ist das Ding, das ich stets mit mir herumgetragen habe. Ich habe mich nach einer langen Recherche im Internet sowie bei den entsprechenden Fachgeschäften für den *Deuter Aircontact Pro 55+15SL* in der Farbe *coffee-black* entschieden. Dieser Rucksack hat tolle Funktionen und mir gute Dienste geleistet.

- **Einen Daypack**: Unter einem Daypack verstehen Backpacker eine Tasche oder einen Rucksack, mit dem man Tagesausflüge macht und der eine gute Hilfe zur Gewichtsverlagerung ist. Ich löste das, indem ich den großen Rucksack auf dem Rücken trug, und die Dinge, die ich ständig bei der Hand brauchte, im Daypack vorne am Bauch verstaute. Hierfür habe ich mich für den *Rock Ultralight Comfort 25* entschieden. Der Daypack muss gerade so groß sein, dass Reiseführer, Trinkflasche, Kamera und bei Bedarf auch das Netbook hineinpassen sowie andere Dinge, die man täglich braucht.

- **Einen Schlafsack**: Der *Helium 250 Daunenschlafsack* von *Mountain Equipment* war hier mein treuer Begleiter. Er hielt Temperaturen von +25°C bis +2°C aus. Ich habe noch nie einen Schlafsack gesehen, den man so klein zusammenpacken kann, wirklich ein Wahnsinn!

- **Ein Inlett**: Das ist nichts anderes als ein hauchdünner Schlafsack, den es aus Baumwolle oder Seide gibt. Die Marke, für die ich mich entschieden habe, ist der *Cocoon Anti-Mücken Seidenschlafsack*. Er kann erstens dafür verwendet werden, wenn man drinnen schläft und die Bettwäsche, die einem zur Verfügung gestellt wird, nicht hygienisch genug ist. Zweitens kann man das Inlett in den normalen Schlafsack reinlegen und dieser ist damit um vier Grad wärmer. Ich habe das Inlett rückblickend jedoch öfter in Unterkünften verwendet, in denen die Bettwäsche nicht sehr hygienisch war.

- **Ein Reisehandtuch**: Ein weiteres nicht wegzudenkendes Reiseutensil war mein Reisehandtuch von der Marke *Cocoon Ultralight*. Ja, es gibt tatsächlich extra Reisehandtücher und ich wusste das bis vor meiner Planung auch nicht. Diese Handtücher trocknen extrem schnell und sind sehr kompakt, also perfekt für so eine Reise.

- **Einen Reise-Kulturbeutel**: Für meine Wasch- und Kosmetikartikel habe ich mir den *Base Camp Travel Canister* besorgt. Das ist dasselbe wie ein Kulturbeutel nur kleiner und er hat einen Haken zum Aufhängen sowie einen kleinen Spiegel.

- **Einen wasserdichten Beutel**: Das *Fold Drybag Ultralight* hat auf der einen Seite den Zweck, Dinge, die zum Beispiel nass oder schmutzig sind, hinein zu tun und auf der anderen Seite schütz es Gegenstände vor Nässe, da es wasserfest und gut verschließbar ist.

- **Eine Stirnlampe**: Jetzt kommen wir schon zum Kleinkram. Wenn man einen Flug sehr früh morgens oder mitten in der Nacht antritt oder man das Licht in einem Hostel nicht aufdrehen möchte, um nicht alle zu wecken, ist eine Stirnlampe sehr hilfreich. Diese ist auch hilfreich, wenn man bei einer Busfahrt umsteigen und den Rucksack schnell zusammenpacken möchte.

- **Einen Reiseadapter**: Auch ein Reiseadapter ist wahrscheinlich ein nicht wegzudenkender Gegenstand. Erkundige dich einfach darüber, welchen Adapter du brauchst oder kaufe dir einen Allzweckadapter, bei dem du für jedes Land den richtigen Stecker drauf hast.

- **Ein Erste-Hilfe-Set**: Was natürlich ebenso wenig fehlen darf, ist ein Erste-Hilfe-Set. Als sehr praktisch erwiesen haben sich für mich einzeln abgepackte Alkoholtupfer, die ich stets in meiner Geldbörse dabei hatte. Gerade in den dreckigen Städten Indiens bot das oft eine nützliche und schnelle Desinfektionslösung.

- **Hygieneartikel**: Ich war während meiner Vorbereitungen und Erkundigungen bezüglich Hygieneartikeln immer wieder auf der Suche nach guten und speziell für eine Reise ausgelegten Dingen, die vor allem Platz und Gewicht sparen. Ein wichtiger Punkt waren für mich Shampoo und Duschgel. Solche Artikel können viel Platz in einem Rucksack wegnehmen und sind alles andere als leicht. Ich möchte fast behaupten, dass dies die Dinge sind, die für ihre Größe am meisten Gewicht besitzen. Nach langem Hin und Her kam ich durch viel Lesen und

Durchstöbern des Netzes auf folgende Lösung: Es gibt festes Shampoo und Duschgel, Feuchtigkeitscremen in Seifenform, Zahnpasta in Form von kleinen Dragees oder auch Trockenshampoo. Diese Dinge sparen an Platz und vor allem an Gewicht. Sie sind aber Gewöhnungssache und sollten vorher eventuell ausprobiert werden.

- **Kleine praktische Gegenstände**: Nun zu ein paar kleineren Gegenständen, die kein Muss sind, aber dennoch sehr praktisch sein können:

    - Ein Taschenmesser – egal, ob zum Brot- oder Käseschneiden oder zum Öffnen einer Flasche. Es kann einem stets zur Seite stehen.
    - Ein Kompass und ein Thermometer in einem, in der Größe eines Feuerzeuges.
    - Ein Besteckset (Messer, Gabel und Löffel) zum Zusammenstecken aus Metall – das kann auch zu einem notwendigen Gegenstand auf einer Reise werden.
    - Ein Dreier-Set aus Schlafhörnchen, Schlafmaske und Ohrstöpsel. Ich dachte, dass mir diese drei Gegenstände auf meiner Reise sehr zugutekommen würden. Im Nachhinein muss ich aber sagen: Für mich total unnötig. Ich traf aber immer wieder – und das waren nicht wenige – Leute, die eines dieser Dinge regelmäßig in Verwendung hatten.
    - Luftdurchlässige Säcke in drei verschiedenen Größen, um meine Kleidung, Unterwäsche oder meinen Bikini an einem Platz geordnet im Rucksack vorzufinden. Dabei entschied ich mich für das 3-teilige *Eagle Creek Kleidertasche Pack-it Mesh Wurststopfer* Set.
    - Ein Zahlenschloss aus Stahl, das auch sehr hilfreich war.

- Eine Iso-Matte zum Drauflegen, gegen die ich mich aber schließlich entschieden habe.
- Ein Moskitonetz, das ich auch vorab gekauft aber nicht auf die Reise mitgenommen habe.

Bei dem Einkauf von Funktionskleidung oder allgemein von Kleidung, die man auf eine Reise mitnimmt, sollte man darauf achten, dass man eher unauffällige Farben wie zum Beispiel Schwarz, Braun, Grün oder Grau verwendet, um nicht noch mehr herauszustechen. Dazu ist allgemein noch zu sagen, dass man sich gut überlegen sollte, wofür man Geld ausgibt und was eine Verschwendung ist. Meine Prioritäten hierbei waren die Schuhe, eine Zipp-Off-Hose und eine Fleeceweste. Dafür habe ich gerne mehr ausgegeben. Außerdem habe ich mir Funktionsunterwäsche und eine Regenjacke gekauft. Den Rest habe ich aus meinem Kleiderschrank von zu Hause mitgenommen. Kleidung wie zum Beispiel eine kurze Hose habe ich vorerst nicht mitgenommen, aber dafür eben die Zipp-Off-Hose gekauft, die auch als kurze Hose verwendet werden kann. Wenn ich unterwegs zufällig etwas entdeckt hatte, habe ich mir dies vor Ort gekauft, was oft billiger war als bei uns.
Hervorheben möchte ich hier meine Trampingschuhe, die *G Beta Low GTX LS*. Ich habe mich gegen Wanderschuhe oder sonstige hoch geschnittenen Schuhe mit hoher, dicker Sohle entschieden, da ich von Anfang an nicht vorhatte, tagelange Wanderungen in Gletschergebirgen zu machen. Für normale Wanderungen reichten die Trampingschuhe für mich absolut aus. Das Gute an diesen Schuhen ist auch, dass sie sich wirklich extrem gut an den Fuß anpassen, eine sehr weiche Sohle haben und nicht so schwer wie Wanderschuhe sind.
Zu guter Letzt noch ein kleiner Tipp für den Kauf einer Regenjacke: Wenn „wasserdicht“ draufsteht, ist es nicht immer wasserdicht! Du musst darauf achten, dass Angaben über Millimeter draufstehen. Wenn du wirklich oft in Gegenden unterwegs bist, in denen es lange und viel regnet, bist du mit einer 10.000 Millimeter Wasserdichte sehr gut dabei.

Zusammenfassend kann ich an diesem Punkt sagen: Dinge mitnehmen, die unauffällig aussehen, leicht zu waschen sind, schnell trocknen und von denen man sich auch jederzeit trennen würde.

Rucksackpacktechnik

Man glaubt gar nicht, wie viel Wissen und Arbeit hinter dem Rucksackpacken steckt! Nein, im Ernst, man muss sich genau überlegen, wo und wie man was verpackt, in welchen Teil vom Rucksack man die schweren und in welchen Teil die leichten Dinge gibt und was man eventuell schnell griffbereit braucht. Man spricht beim Rucksackpacken von einzelnen Modulen. Man sollte zum Beispiel alle elektronischen Gegenstände in ein Modul packen, das heißt einen Behälter oder Sack finden, in dem man alle Elektro-Sachen verstaut. Dann gibt es ein extra Modul für die Medikamente, eines für die Kleidung und so weiter.
Bei einem Probepacken kommt man auf Kleinigkeiten drauf, die einem eventuell noch fehlen und an die man vorher nicht gedacht hat. Zwei Wochen vor der Reise den Rucksack probezupacken ist daher keine schlechte Idee. Ich packte meinen Rucksack gute zwei Wochen vor meiner Abreise schon mal zur Probe und es klappte ganz gut, da ich mir über die einzelnen Module schon vorher einige Gedanken machte und immer wieder zwischendurch etwas in kleineren Behältern verstaute.
Das Gute bei so tollen weiterentwickelten Trampingrucksäcken ist auch, dass sie mittlerweile schon so viele Gurte und Riemchen haben, dass alles viel leichter fällt und man mehr Verstellmöglichkeiten hat. Im Prinzip wird das ganze Gewicht des Rucksacks durch einen Gurt, den man zusammenschnallen kann, von der Hüfte getragen, womit der Rücken entlastet wird. In der Mitte am Rücken und im Schulterbereich sollte man daher die schweren Sachen und oben, unten und außen die leichten Dinge einpacken.
Mein Daypack hatte 7 Kilo und mein großer Rucksack wog zu Beginn 15 Kilo und beim Nach-Hause-Kommen 11 Kilo, was abso-

lut ok ist und womit ich mich im Normalbereich des Gewichts für so eine lange Reise befand.

Danksagung

Dass ich kein Heimweh hatte, war nicht dahingehend begründet, dass mir meine Liebsten nicht genug bedeuten – ganz im Gegenteil. Es zeigt viel mehr, dass die Verbindung mit ihnen stark ist und ich mir sicher sein konnte, dass sich nichts ändern wird, wenn ich von meiner Reise zurückkomme.

Ich danke meinen Eltern, die sich trotz Sorgen um mich sehr tapfer geschlagen haben und es sich vor mir so wenig wie möglich anmerken ließen, wenn sie sich darüber Gedanken machten, wie es mir geht und wo ich mich gerade befinde. Ein großes Dankeschön möchte ich auch an meinen Papa richten, der mir stets mit seiner Meinung und seinen Gedanken zur Seite gestanden ist und noch immer steht. Ich möchte mich auch bei meiner Tante bedanken, die immer da ist, wenn ich sie brauche und auf deren Unterstützung ich immer zählen kann. Auch ein großes Dankeschön gilt meiner Schwester und meinen engsten Freunden. Es könnte ein Vulkan neben uns ausbrechen und ich wüsste, dass ich mich auf sie verlassen kann und dafür bin ich unheimlich dankbar. Es ist nicht selbstverständlich, dass eine Freundschaft immer noch so ist wie sie vor der Abreise war, sondern sogar noch stärker wurde.

Einen besonderen Dank möchte ich auch an meine Freundinnen Julia Pölzl, Julia Denner und Birgit Kopp richten. Julia Pölzl hat mir bei der ersten Überarbeitung meines Manuskripts geholfen und ich weiß deine Zeit, die du dafür aufgewendet hast, sehr zu schätzen. Julia Denner und Birgit haben mich dabei unterstützt, Teile meiner handschriftlichen und diktierten Reiseerfahrungen abzutippen. Auch Nikolaus Erben gilt ein großer Dank für die Unterstützung beim Niederschreiben meiner Gedanken. An dieser Stelle möchte ich meiner Lektorin Natalie Herold danken. Danke für deine großartige, geduldige und vor allem gewissenhafte Arbeit. Es hat mir unglaublich viel Spaß gemacht, mit dir gemeinsam an meinem Buch zu arbeiten und es zu dem zu machen was es heute ist.

Ich bedanke mich auch bei all meinen Freunden und meiner Großfamilie für die guten Zusprüche und die aufmunternden Worte. Ihr habt immer mehr Vertrauen in mein Schreiben gesetzt

als ich selbst.
Und damit wären wir auch schon bei euch, meinen Leserinnen und Lesern. Ohne euch wäre mein Herzensprojekt niemals möglich gewesen. Ihr seid die, die seit Monaten und Jahren regelmäßig meine Beiträge auf meinem Blog lesen und kommentieren. Ich habe mich über jede einzelne E-Mail von euch gefreut und habe jede Frage mit größter Freude beantwortet. Danke für eure Treue!
Danke auch an diejenigen, die ich hier noch nicht erwähnt habe und die mir mit Tipps, Tricks und Erfahrungsaustausch zur Seite gestanden haben.

Eure Christina